bioskop 9/10

Herausgeber

Autoren

Gymnasium
Berlin/Brandenburg

Berater

westermann

westermann GRUPPE

© 2017 Bildungshaus Schulbuchverlage
Westermann Schroedel Diesterweg Schöningh Winklers GmbH, Braunschweig
www.westermann.de

Das Werk und seine Teile sind urheberrechtlich geschützt.
Jede Nutzung in anderen als den gesetzlich zugelassenen Fällen bedarf der vorherigen schriftlichen Einwilligung des Verlages.
Hinweis zu § 52 a UrhG: Weder das Werk noch seine Teile dürfen ohne eine solche Einwilligung gescannt und in ein Netzwerk eingestellt werden.
Dies gilt auch für Intranets von Schulen und sonstigen Bildungseinrichtungen.

Druck A^1 / Jahr 2017
Alle Drucke der Serie A sind inhaltlich unverändert.

Redaktion: Dr. Helga Röske
Herstellung: Satz und Grafik Partner GmbH, Meitingen
Umschlaggestaltung und Typographie: Jennifer Kirchhof
Druck und Bindung: westermann druck GmbH, Braunschweig

ISBN 978-3-14-**150735**-5

Inhaltsverzeichnis

M Aufgaben richtig verstehen   6
B Arbeiten mit Basiskonzepten   8

Gesundheit und Krankheit

1.1 Bakterien als Krankheitserreger   12
1.2 Geschichte des Penicillins – Antibiotika   14
M   Ein schriftliches Referat erstellen   16
1.3 Viren als Krankheitserreger   18
1.4 Das Immunsystem – spezifische Immunabwehr   20
1.5 Unspezifische Abwehr von körperfremden Stoffen   22
1.6 Aktive und passive Immunisierung   24
1.7 Schutzimpfung – Wohl oder Übel   26
1.8 Multiresistente Bakterien und Antibiotika   28
1.9 Marie hat eine Lungenentzündung – ein Fallbeispiel   30
1.10 Die Grippe – eine gefährliche Infektionskrankheit   32
1.11 AIDS – eine Krankheit des Immunsystems   34
1.12 Allergien   36
1.13 Zecken – Tiere als Krankheitserreger   38
     Wiederholen – Üben – Festigen zum Thema Gesundheit und Krankheit   40

Bau und Funktion des Nervensystems

2   Nervensystem und Sinne des Menschen

2.1 Aufbau und Funktion des Nervensystems   44
2.2 Bau und Funktion der Nervenzelle   46
2.3 Sinnesorgane und Reizarten   48
2.4 Bau und Funktion des Auges   50
2.5 Akkommodation und Funktionsstörungen des Auges   52
2.6 Sinne und Gehirn arbeiten zusammen – Sinnestäuschungen   54
2.7 Bau und Funktion des Ohres   56
2.8 Gehirn und Rückenmark   58
2.9 Reiz-Reaktions-Schema, Reflexe   60
2.10 Lernen und Gedächtnis   62
2.11 Lärm kann Stress verursachen   64
2.12 Stress meiden – gesund bleiben   66
M   Präsentieren von Ergebnissen   68
2.13 Erkrankungen des Nervensystems   70

3   Sucht und Suchtprävention

3.1 Wege in die Sucht – legale und illegale Drogen   72
3.2 Entstehung von Drogensucht   74
M   Portfolio   76
3.3 Alkoholmissbrauch und seine Folgen   78

Wiederholen – Üben – Festigen zum Thema Nervensystem und Sinne des Menschen 80

Genetik

4 Zelluläre Grundlagen der Vererbung

- 4.1 Die Bedeutung des Zellkerns 84
- 4.2 Chromosomen als Träger der Erbinformation 86
- 4.3 Bau der DNA 88
- 4.4 Eigenschaften und Bedeutung der DNA 90
- 4.5 Die Mitose und ihre Bedeutung 92
- 4.6 Die Meiose und ihre Bedeutung 94
- 4.7 Gregor Mendel untersucht die Vererbung 96
- 4.8 Mendel stellt Regeln zur Vererbung auf 98
- 4.9 Die Regel von der Neukombination 100
- 4.10 Intermediäre Erbgänge 102
- 4.11 Mendels Ergebnisse werden durch die Zellforschung bestätigt 104
- 4.12 Genetik in der Landwirtschaft – Züchtung 106
- 4.13 Die Erbinformation kann durch Mutationen verändert werden 108
- 4.14 Modifikationen – Gene und Umwelt 110

5 Vererbung beim Menschen

- 5.1 Bedeutung der Meiose beim Menschen 112
- 5.2 Methoden der Humangenetik – Stammbaumanalyse 114
- 5.3 Die Vererbung des Geschlechts und genetisch bedingte Krankheiten 116
- 5.4 Vererbung der Blutgruppen 118
- 5.5 Trisomie 21 – vorgeburtliche Diagnostik 120
- 5.6 Rot-Grün-Schwäche – eine genetisch bedingte Krankheit 122
- 5.7 PKU – eine genetisch bedingte Krankheit 124
- 5.8 Genetische Beratung am Beispiel der Mukoviszidose 126
- 5.9 Fortpflanzungsmedizin 128
- M Ethisches Bewerten 130

Wiederholen – Üben – Festigen zum Thema Genetik 132

Evolution

6 Indizien für die Evolution

- 6.1 Wie alles begann – chemische Evolution 136
- 6.2 Wie alles begann – biologische Evolution 138
- 6.3 Stammesgeschichte der Lebewesen 140
- 6.4 Fossilien als Belege für die Evolution 142
- 6.5 Der Landgang der Wirbeltiere 144
- 6.6 Der Landgang der Pflanzen 146
- 6.7 Archaeopteryx – ein Brückentier 148
- 6.8 Homologien und Analogien 150
- 6.9 Die Entwicklung der Wirbeltiere ist ein Beleg für die Evolution 152
- 6.10 Stammbaum der Wirbeltiere und Brückentiere 154
- 6.11 Stammbaum der Pferde 156
- 6.12 Vielfalt der Arten 158

7 Evolutionstheorien

- 7.1 Darwin – ein Forscherleben 160
- 7.2 Verschiedene Vorstellungen zur Entstehung der Arten 162
- **M** Informationen beschaffen, gliedern und bewerten – Recherchieren 164
- 7.3 Variabilität und Selektion sind wichtige Evolutionsfaktoren 166
- 7.4 Der Birkenspanner – Angepasstheit durch Mutation und Selektion 168
- 7.5 Artbildung durch Wirken von Evolutionsfaktoren 170
- 7.6 Wirken der Selektion – Tarnen und Warnen 172

8 Evolution des Menschen

- 8.1 Der Mensch und seine engsten Verwandten 174
- 8.2 Geschichte der Menschwerdung 176
- 8.3 Wie wir wurden, was wir sind 178
- 8.4 Menschen – verschieden und doch gleich 180
- Wiederholen – Üben – Festigen zum Thema Evolution 182

- Stichwortverzeichnis 184
- Worterklärungen 187
- Bildquelle 191

Für die grün hervorgehobenen Aufgaben werden gestufte Hilfen angeboten. Diese Hilfestellungen sind auf der BiBox zu diesem Band zu finden.

Aufgaben richtig verstehen

anwenden	einen bekannten Sachverhalt oder eine bekannte Methode auf etwas Neues beziehen
auswerten	vorgegebene Daten oder Sachverhalte in einen Zusammenhang stellen
begründen	einen vorgegebenen Sachverhalt auf seine Ursachen oder Gesetzmäßigkeiten zurückführen
beschreiben	Strukturen, Merkmale oder Sachverhalte mit eigenen Worten wiedergeben
beobachten	aufmerksame Betrachtung eines Vorgangs mit dem Ziel, entsprechend einer vorgegebenen Fragestellung bestimmte Informationen zu erhalten
beurteilen (bewerten)	zu einem vorgegebenen Sachverhalt ein eigenständiges, sachlich begründetes Urteil oder eine Bewertung abgeben
darstellen	Sachverhalte in gegliederter Form wiedergeben
diskutieren (erörtern)	zu einem vorgegebenen Thema oder Sachverhalt Argumente von verschiedenen Standpunkten aus gegeneinander abwägen
entwickeln	eine Hypothese, eine Skizze, ein Experiment oder ein Modell schrittweise weiterführen und ausbauen.
Vermutung entwickeln	eine begründete Vermutung (Hypothese) auf der Grundlage von Beobachtungen, Experimenten oder Sachaussagen formulieren
erklären	einen Sachverhalt erläutern und begründen
erläutern	einen Sachverhalt veranschaulichen und verständlich machen
nennen	Eigenschaften, Sachverhalte oder Begriffe ohne Erläuterungen aufzählen
planen eines Experiments	zu einem vorgegebenen Problem ein passendes Experiment planen
protokollieren	Beobachtungen oder die Durchführung von Experimenten genau und in gegliederter Form wiedergeben
skizzieren	das Wesentliche eines Sachverhalts in übersichtlicher Form grafisch darstellen
Stellung nehmen	zu einem Sachverhalt oder einer Aussage, die nicht eindeutig ist, nach sorgfältigem Abwägen ein begründetes Urteil abgeben
vergleichen	Gemeinsamkeiten und Unterschiede ermitteln
zeichnen	eine möglichst exakte grafische Darstellung anfertigen
zusammenfassen	das Wesentliche in knapper Form herausstellen

1 *Eine Auswahl häufiger Arbeitsanweisungen und die Beschreibung der erwarteten Leistung*

Um Aufgaben richtig zu verstehen, ist es notwendig, die Bedeutung der verschiedenen Arbeitsanweisungen zu kennen. In Abbildung 1 sind häufige **Arbeitsanweisungen** in einer Auswahl zusammengestellt und die jeweils erwartete Leistung beschrieben. Fast alle Abschnitte in diesem Buch enthalten auf der rechten Seite Aufgaben, die unterschiedliche Anforderungen stellen. Aufgaben können für dich und deine Mitschülerinnen und Mitschüler unterschiedlich schwierig sein. Das hat auch damit zu tun, dass sich Menschen in ihrem Lerntempo, in ihrem Wissen und in ihrem Können nicht vollkommen gleichen, sondern unterschiedlich sind.

Die Unterschiede von Aufgaben können sich unter anderem auf folgende Merkmale beziehen:
- Aufgaben unterscheiden sich im Schwierigkeitsgrad sowie in den Anforderungen, die für eine eigenständige Lösung notwendig sind. Zum Beispiel können der Umfang des notwendigen Wissens, der Zeitbedarf oder die Genauigkeit der Lösung unterschiedlich sein. Auch in der Anschaulichkeit können sich Aufgaben unterscheiden.
- Aufgaben können sich darin unterscheiden, ob sie überwiegend in Einzel-, Partner- und/oder Gruppenarbeit gelöst werden. Manche Aufgaben verlangen, dass man nacheinander in Einzel-, Partner- oder Gruppenarbeit zur Lösung gelangt (Abb. 2).
- Aufgaben können sich darin unterscheiden, wie die Lösung dargestellt wird, zum Beispiel in Form von Text, einer Gliederung, einer Zeichnung, einer Tabelle, in einem Diagramm, mit einem Experiment oder mit einem Modell. Das Vorstellen der Lösung vor der Klasse nennt man auch Präsentation der Lösung. Die Präsentation kann zum Beispiel durch einen kurzen Vortrag, mithilfe eines Plakates, einer Skizze an der Tafel oder digital mit Computer und Whiteboard erfolgen.

Viele Abschnitte in diesem Schulbuch enthalten auf der rechten Seite eine Aufgabe, die farbig hervorgehoben ist. Diese Aufgaben sind in der Regel nicht einfach zu lösen. Sie benötigen Zeit für eigene Überlegungen. Meistens sind mehrere Schritte notwendig, um zu einer Lösung zu gelangen. Und meistens ist ein Weg, wie du und deine Mitschülerinnen und Mitschüler zu einer Lösung gelangen können, nicht vorgegeben. Die farbig hervorgehobenen Aufgaben können so wie andere Aufgaben auch nach den Vorgaben deiner Lehrerin oder deines Lehrers bearbeitet werden. Unter bestimmten Bedingungen kannst du jedoch von deiner Lehrerin oder deinem Lehrer Hilfestellungen erhalten. Diese Hilfestellungen enthalten nicht die Lösung der Aufgabe, sondern Hilfen, die dich auf dem Weg zur Lösung voranbringen können. Ob du diese Hilfen in Anspruch nimmst, musst du entscheiden. Du kannst zunächst versuchen, die Aufgabe ohne Hilfe zu lösen. Übrigens: Ob du die Hilfen in Anspruch nimmst oder nicht, hat nichts damit zu tun, wie klug du bist.

Think: Arbeite zunächst allein. Lies den Text. Denke über die Aufgabenstellung nach. Recherchiere im Schulbuch, in anderen Büchern, dem Internet oder den Arbeitsmaterialien. Mache dir Notizen.

Pair: Stelle die Ergebnisse deiner Überlegungen deinen Mitschülerinnen und Mitschülern in der Kleingruppe vor. Vertieft in Partner- oder in Gruppenarbeit eure Überlegungen. Plant gemeinsam die Präsentation.

Share: Präsentiert zu zweit oder in der Gruppe eure Arbeitsergebnisse der gesamten Klasse. Vergleicht eure Ergebnisse. Ergänzt, vertieft oder korrigiert sie gegebenenfalls.

2 Think-Pair-Share – Gemeinsames Lösen von Aufgaben

Arbeiten mit Basiskonzepten

Unter Basiskonzepten versteht man grundlegende Erkenntnisse der Wissenschaft Biologie. Basiskonzepte sind biologische Grundsätze oder biologische Prinzipien. Fast jedes Thema des Biologieunterrichts lässt sich einem Basiskonzept oder mehreren Basiskonzepten zuordnen.

Durch die Zuordnung entsteht im Laufe des Biologieunterrichts eine übersichtliche Struktur, die hilft, die vielen Biologiethemen gedanklich zu verbinden.

Struktur und Funktion

Unter Struktur versteht man in der Biologie den Bau von Lebewesen und ihrer Teile (Moleküle, Zellen, Gewebe und Organe). Mit ihrem Bau sind Lebewesen und ihre Teile an bestimmte Aufgaben (Funktionen) angepasst. Zum Beispiel hat ein grünes Laubblatt einen bestimmten mikroskopisch sichtbaren Bau. Diesem Bau entspricht unter anderem die Funktion, Fotosynthese durchzuführen.

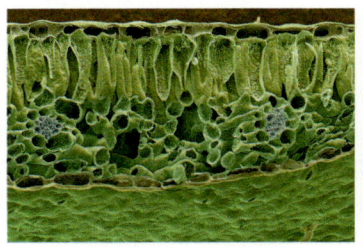

Information und Kommunikation

Lebewesen nehmen mit ihren Sinnesorganen Informationen aus ihrem Körper und aus ihrer Umwelt auf. Das Ergebnis der Informationsverarbeitung kann Einfluss darauf haben, was ein Lebewesen tut und wie es sich verhält. Auch innerhalb eines Organismus werden Informationen ausgetauscht und weitergegeben. Von großer Bedeutung für jedes Lebewesen sind die Informationen in den Erbanlagen.

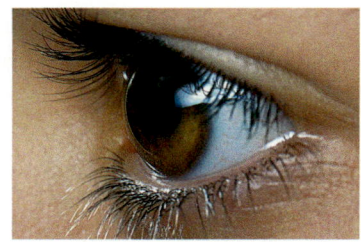

Steuerung und Regelung

Viele Zustände und Vorgänge im Körper eines Lebewesens werden gesteuert oder geregelt. Dadurch reagiert der Körper auf Veränderungen und kann Bedingungen im Körper stabil halten. Die erhöhte Häufigkeit des Herzschlags bei körperlichen Anstrengungen eines Menschen ist ein Beispiel für Regulation.

Kompartimentierung

Unter Kompartimentierung versteht man eine räumliche Aufteilung, zum Beispiel verschiedener Aufgaben, in einem Organismus. Auch eine einzelne Zelle ist in verschiedene Teilräume, die Zellorganellen, gegliedert. In Teilräumen können verschiedene Vorgänge gleichzeitig stattfinden ohne sich gegenseitig zu stören.

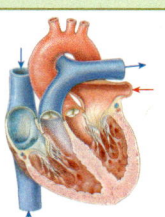

Basiskonzepte

Stoff- und Energieumwandlung

Alle Lebewesen bestehen aus Stoffen, vor allem aus Wasser und Kohlenstoffverbindungen. Die Aufnahme, Umwandlung und Abgabe von Stoffen nennt man Stoffwechsel. An der Umwandlung von Stoffen im Körper ist eine bestimmte Gruppe von Proteinen, die Enzyme, beteiligt. Energie ist für alle Lebensvorgänge notwendig und tritt in verschiedenen Formen auf. Lebewesen sind Energiewandler, sie können bestimmte Formen von Energie in andere Formen von Energie umwandeln.

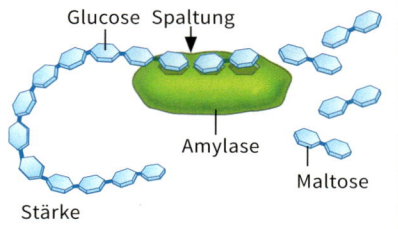

Fortpflanzung und Entwicklung

Lebewesen haben eine begrenzte Lebensdauer. Durch Fortpflanzung vermehren sich Lebewesen und dadurch wird ihr Fortbestand gesichert. Bei der Fortpflanzung werden Erbanlagen weitergegeben. Erbanlagen enthalten Informationen, die die Entwicklung und die Ausbildung von Merkmalen eines Lebewesens beeinflussen. In der Regel wirken Erbanlagen und Umwelt bei der Ausbildung von Merkmalen zusammen.

Variabilität und Angepasstheit

Unter Variabilität versteht man die Veränderlichkeit von Merkmalen, die zu Vielfalt führt. Man spricht zum Beispiel von der Artenvielfalt. Innerhalb einer Art zeigen die Individuen neben Gemeinsamkeiten vielfältige Merkmalsunterschiede. Alle Lebewesen besitzen Merkmale, die durch natürliche Auslese entstanden und genetisch festgelegt sind. Man nennt sie Angepasstheiten. Individuelle Anpassungen im Laufe eines Lebens werden dagegen nicht vererbt.

Geschichte und Verwandtschaft

Jedes heutige Lebewesen lässt sich durch eine ununterbrochene Kette von Fortpflanzungen auf Vorfahren, Vor-Vorfahren bis hin zu den Ursprüngen des Lebens zurückführen. Die vielfältigen Arten von Lebewesen sind im Laufe langer Zeiträume aus anderen Formen hervorgegangen. Diesen Vorgang bezeichnet man als Evolution. Die abgestuften Ähnlichkeiten zwischen Lebewesen, unter anderem im Körperbau, sind ein Beleg für den Grad der Verwandtschaft.

Gesundheit und Krankheit

1 Gesundheit und Krankheit

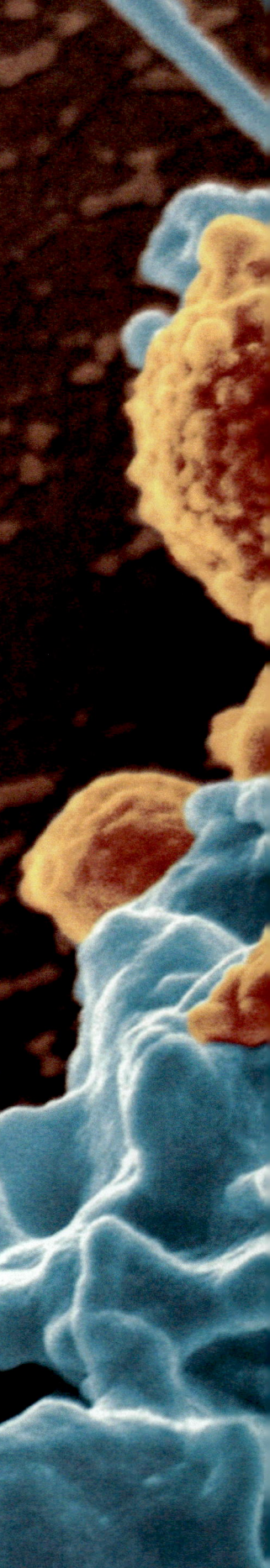

| Bakterien | Viren |

Antibiotika

Erbinformation DNA

AIDS, Grippe, Masern …

Tetanus, Keuchhusten, Cholera …

Antigen

Schlüssel-Schloss-Prinzip

Immunantwort

Antikörper

aktive Immunisierung mit abgeschwächten Erregern → mehrjähriger Schutz

Fresszellen	T-Killerzellen	Plasmazellen
	T-Helferzellen	B-Zellen
Gedächtniszellen		

passive Immunisierung mit Antikörpern gegen Erreger → wenige Wochen Schutz

gesunde Ernährung, Bewegung, Hygiene, wenig Stress …

Barrieren: Haut – Schleimhäute – Säureschutzmantel – Fresszellen

10

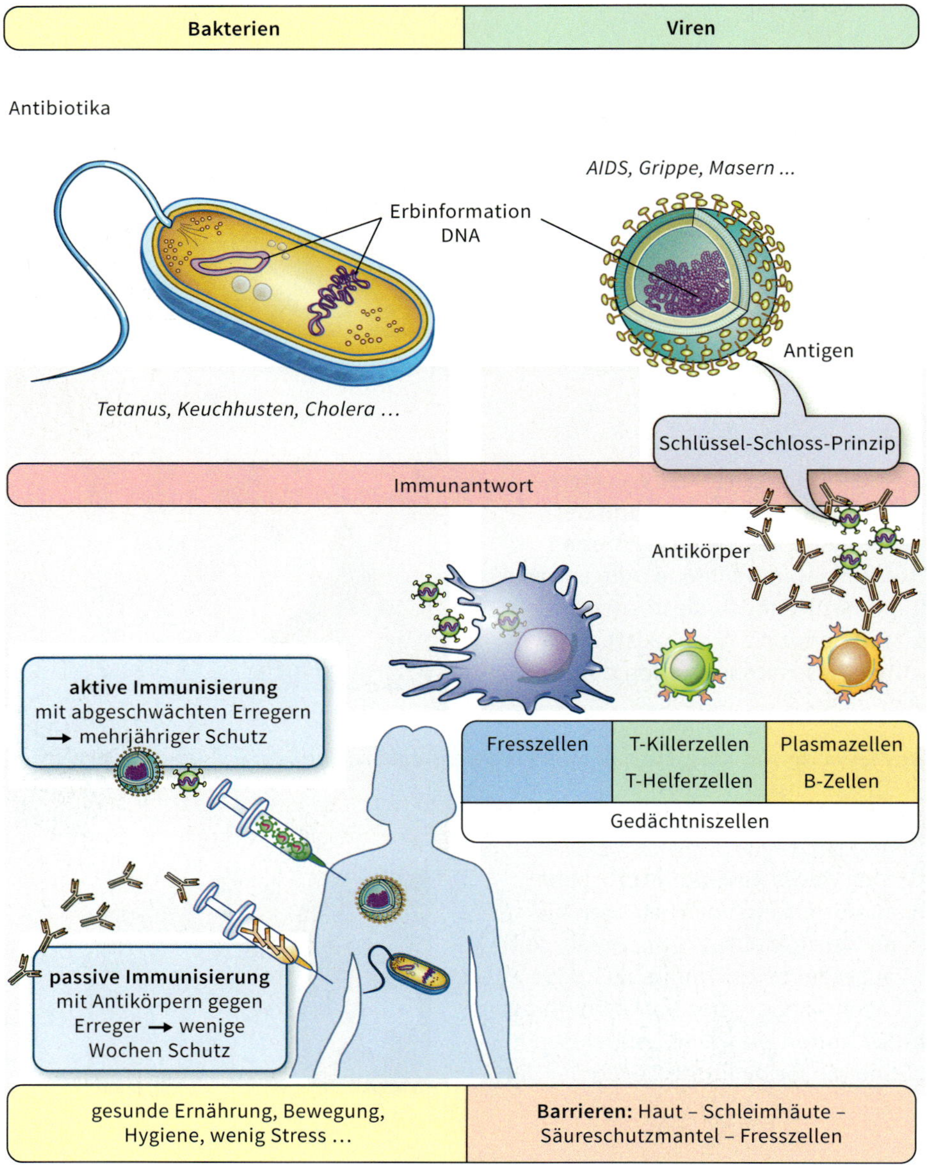

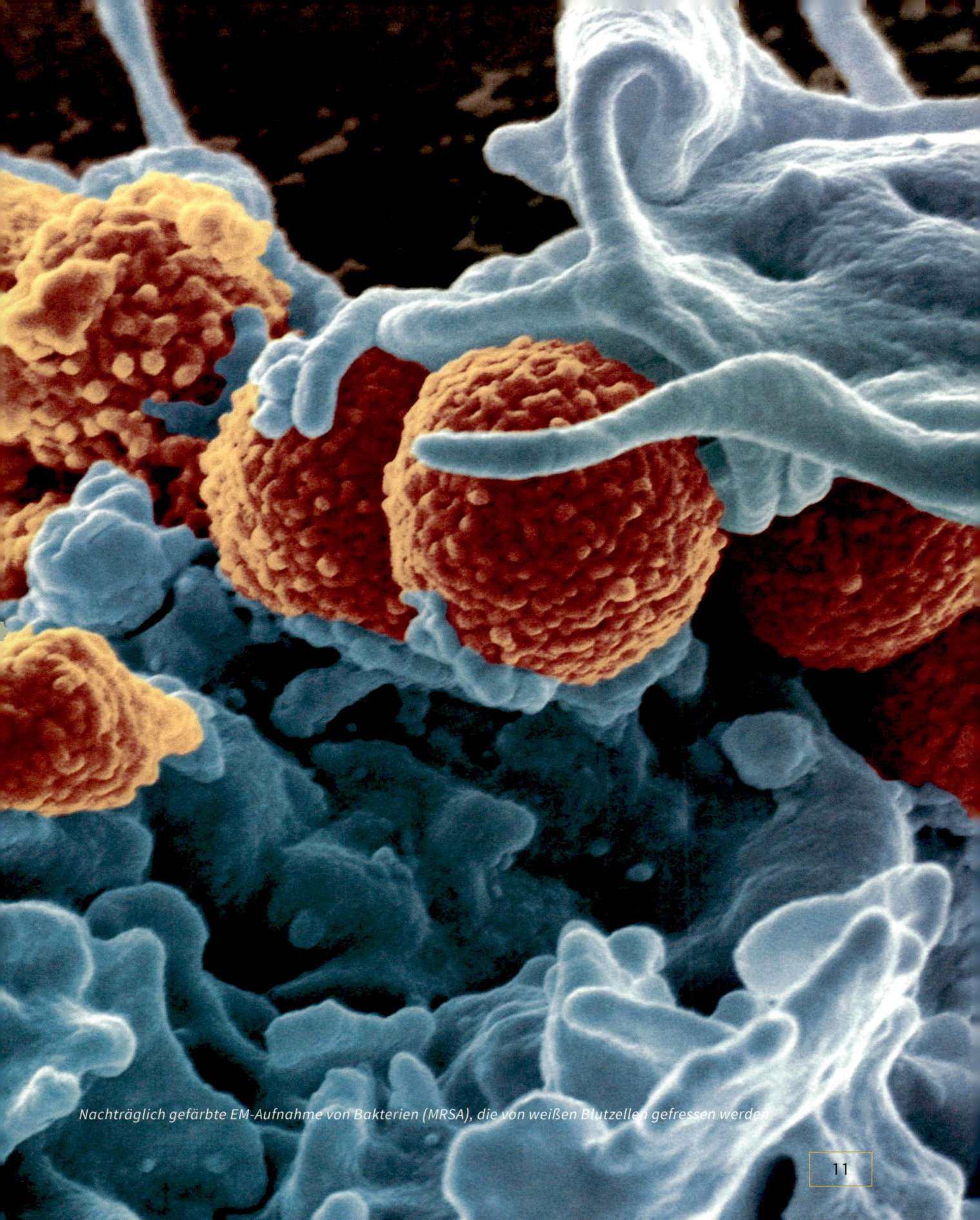

Nachträglich gefärbte EM-Aufnahme von Bakterien (MRSA), die von weißen Blutzellen gefressen werden.

1.1 Bakterien als Krankheitserreger

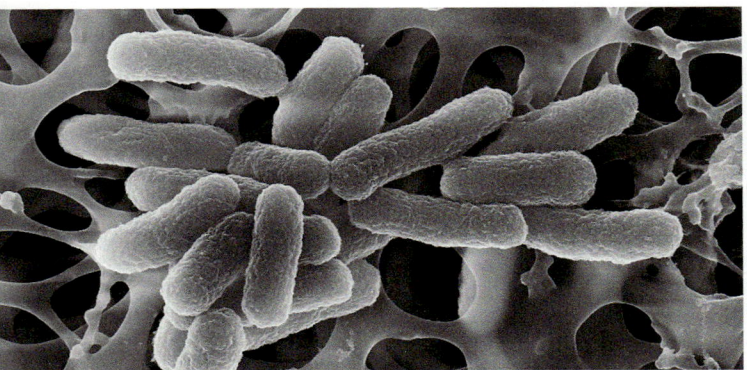

1 *Bakterien (länglich, oval)*

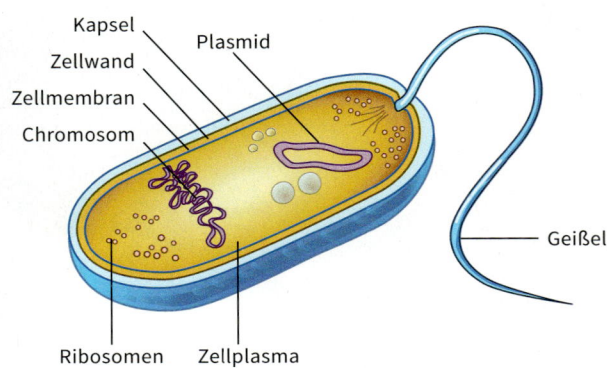

2 *Bau eines Bakteriums*

Bakterien sind einzellige Lebewesen ohne abgegrenzten Zellkern. Die Erbinformation liegt als einfaches Chromosom im Zellplasma vor. Daneben können Bakterien kleine ringförmige Chromosomen enthalten, die man **Plasmide** nennt. Bakterien können untereinander Plasmide austauschen, indem sie für eine kurze Zeit eine Plasmabrücke zwischen zwei Zellen aufbauen. Die einfach gebaute Bakterienzelle wird von einer Membran sowie von einer Zellwand umschlossen, die jedoch anders aufgebaut ist als die Zellwand der Pflanzen (Abb. 1, 2). Aufgrund dieser Baumerkmale gehören Bakterien zur Gruppe der **Prokaryoten**. Manche Bakterien sind zusätzlich von einer klebrigen Schleimschicht umgeben, die man Kapsel nennt. Nach ihrer Form unterscheidet man stäbchenförmige Bakterien (Bazillen), kugelförmige (Kokken) und spiralig geformte Bakterien (Spirillen, Spirochäten). Viele Bakterienarten bewegen sich mithilfe von Geißeln oder Wimpern fort. Alle Bakterien benötigen zum Leben eine feuchte Umgebung. Bakterien vermehren sich ungeschlechtlich durch Teilung. Unter günstigen Bedingungen kann eine Teilung alle 20 bis 30 Minuten erfolgen. So entstehen aus einzelnen Bakterien **Kolonien**. Bei Bakterien bezeichnet man die Zunahme der Bakterienzahl als **Wachstum**.

Bakterien nehmen Nährstoffe über ihre Zelloberfläche auf und geben Stoffwechselprodukte an ihre Umgebung ab. Unter ungünstigen Bedingungen bilden viele Bakterienarten **Endosporen** aus. Das sind umgewandelte Bakterienzellen in einer Art Ruhephase, die unempfindlich gegen Wasser- und Nährstoffmangel sind. Sie können große Kälte und Hitze bis über 100 °C sowie viele Gifte überstehen und auf diese Weise Jahrhunderte überdauern. Bei günstigen Bedingungen wandeln sie sich wieder in eine normale Bakterienzelle um.

Ein erwachsener Mensch besteht aus ca. 100 Billionen Zellen. Mund, Verdauungstrakt und Haut sind dabei der Lebensraum für eine Billiarde Mikroorganismen, hauptsächlich Bakterien. Man kann dabei den Verdauungstrakt als Schlauch auffassen, der sich durch den Körper zieht. Die Bakterien leben gewissermaßen als Untermieter darin und befinden sich doch außerhalb des eigentlichen Körpers. Sie helfen zum Beispiel bei der Verdauung und beeinflussen das Immunsystem. Dabei tragen sie erheblich zu unserem Wohlbefinden bei.

Gelangen bestimmte Bakterienarten in den Körper, lösen sie oder ihre Stoffwechselprodukte Entzündungen oder Krankheiten aus, von denen einige tödlich verlaufen können. Viele Krankheiten werden durch winzige Speicheltröpfchen, in denen Bakterien enthalten sind, übertragen. Man nennt diese Art der Übertragung **Tröpfcheninfektion**. Bei der Krankheitsbekämpfung spielt Hygiene deshalb eine große Rolle. Die Zeit zwischen der Infektion und dem Ausbruch der Krankheit heißt **Inkubationszeit** (Abb. 3).

Krankheit	Inkubationszeit	Übertragung und Symptome
Tetanus (Wundstarrkrampf)	4–14 Tage	Verschmutzung von Wunden durch Erde oder Kot; Schmerzen, Krämpfe, hohes Fieber
Keuchhusten	7–14 Tage	Tröpfcheninfektion; starke Hustenanfälle
Cholera	2–3 Tage	verunreinigtes Trinkwasser oder Nahrungsmittel, Kot; schwere Durchfälle
Scharlach	2–6 Tage	Tröpfcheninfektion; hohes Fieber, Hautausschläge, Ausschlag auf der Zunge
Typhus	2–3 Wochen	verunreinigtes Trinkwasser oder Nahrungsmittel, Kot; steigendes Fieber, erst Verstopfung, dann starke Durchfälle, Hautausschläge

3 *Krankheiten, die von Bakterien ausgelöst werden*

1. Pest. Stelle Thesen auf, warum sich die Pest im Mittelalter nach dem ersten Auftreten meist schnell ausbreitete und viele Tote forderte (Abb. 4).

2. Krankheiten. Cholera und Typhus sind nach großen Naturkatastrophen gefürchtete Seuchen, Tetanus, Scharlach und Keuchhusten treten dagegen meist nur sporadisch auf. Erläutere diesen Sachverhalt (Abb. 3).

3. Vermehrung von Bakterien.
a) Berechne die Anzahl der Bakterien in einer Bakterienkolonie bei optimalen Vermehrungsbedingungen zu jeder vollen Stunde, wenn zur Startzeit (0 Uhr) ein Bakterium in die Kultur eingebracht wird und alle 30 Minuten eine Teilung erfolgt. Stelle die Ergebnisse für die ersten sechs Stunden in einem Diagramm dar.
b) Ein Mitschüler klagt in der dritten Stunde plötzlich über Kopfschmerzen und Übelkeit. Dabei schien er kurz vorher noch völlig gesund zu sein. Erläutere diese Entwicklung.

4. Wachstumskurve von Bakterien. Betrachtet man das Wachstum von Bakterien über längere Zeit, erhält man eine typische Wachstumskurve (Abb. 5). Entwickle eine Hypothese, die den Verlauf erklären kann.

Die Pest wird durch Bakterien hervorgerufen. Diese werden durch den direkten Kontakt mit befallenen Nagetieren, den Biss des Rattenflohs, der auch Menschen befällt, oder durch Tröpfcheninfektion übertragen. Die Inkubationszeit beträgt zwei bis acht Tage. Bei der Beulenpest erkranken besonders die Haut und die darunter liegenden Lymphknoten. Bei der Lungenpest ist die Lunge betroffen. Die Lungenpest verläuft ohne sofortige medikamentöse Behandlung tödlich. Bei der Beulenpest sterben zwischen 30–75 % der unbehandelten Kranken. Im Mittelalter wurden durch die Pest, die wegen der dunklen Hautstellen bei der Beulenpest der schwarze Tod genannt wurde, große Teile der Bevölkerung getötet. In Wien kam zum Beispiel 1679/80 ein Viertel der Bevölkerung ums Leben, es gab mehr als 50 000 Pesttote. Eine sinnvolle Behandlung und die eigentliche Ursache der Krankheit waren nicht bekannt. Hygiene im heutigen Sinn war unbekannt. Zum Beispiel wurden Abwässer und Fäkalien einfach auf die Straße entsorgt. Die Siedlungen waren voll von Mäusen und Ratten. So konnte sich die Krankheit in einer Stadt oder einem Dorf schnell ausbreiten. Durch panikartige Flucht der Menschen wurde die Krankheit immer weiter verbreitet.

4 *Informationen zur Pest*

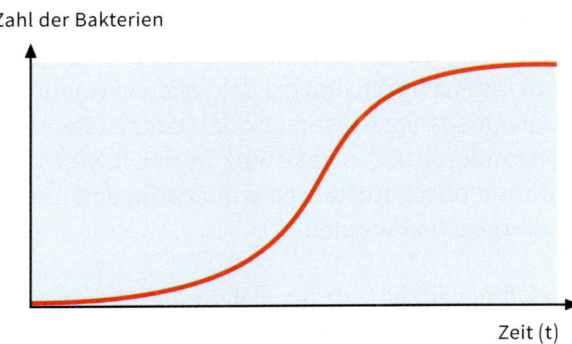

5 *Wachstumskurve von Bakterien*

1.2 Geschichte des Penicillins – Antibiotika

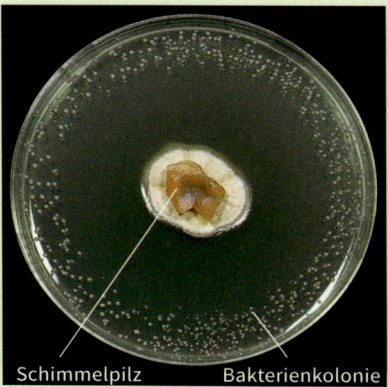
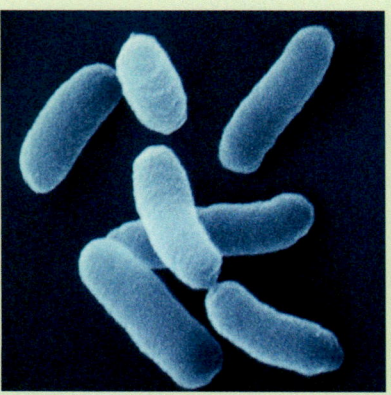
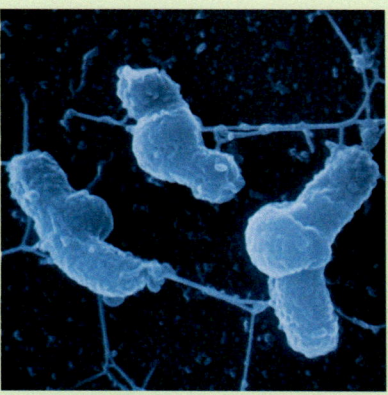

1 *Ein Schimmelpilz verhindert das Wachstum von Bakterien*

2 *Bakterien vor Penicillineinwirkung*

3 *Bakterien nach Penicillineinwirkung*

Antibiotika sind Substanzen, die Bakterien abtöten, ohne die Zellen von Menschen und Tieren zu schädigen. Viele Antibiotika bewirken, dass Bakterien keine neuen Zellwände oder Membranen aufbauen können. Bei der Teilung wird ihre Zellwand instabil und die Bakterien platzen (Abb. 2, 3). Das erste Antibiotikum, das Penicillin, wurde 1928 von Alexander Fleming entdeckt (Abb. 4). Seit etwa 1950 werden Patienten mit Antibiotika behandelt. Mit dem Penicillin war es erstmals möglich, bakterielle Infektionskrankheiten schnell und wirksam zu bekämpfen. Lange herrschte eine große Euphorie. Man glaubte, diese Krankheiten endgültig besiegt zu haben. Doch bald traten Bakterienstämme auf, bei denen das Antibiotikum nicht wirkte. Diese Bakterienstämme waren gegen das Medikament **resistent**.

In der Erbinformation von Bakterien treten wie bei allen Organismen zufällige Veränderungen auf. Man nennt sie **Mutationen**. Bei Bakterien ereignen sich Mutationen sehr häufig. Sie können dazu führen, dass ein Antibiotikum bei einem Bakterium nicht wirksam ist. Wird dieses Medikament eingesetzt, sterben alle Bakterien ab, nur das mit der Resistenz bleibt am Leben und kann sich nun ohne Konkurrenz durch andere Bakterien vermehren. Alle Nachkommen besitzen das Resistenzmerkmal, ein resistenter Bakterienstamm ist entstanden. Da die Resistenz in der Erbinformation festgelegt ist, kann sie durch Austausch von Erbinformation an andere Bakterien weitergegeben werden.

Im Laufe der Zeit wurden viele weitere Antibiotika entdeckt oder chemisch hergestellt. Inzwischen gibt es weltweit aber Bakterienstämme, die gegen fast alle Antibiotika resistent sind.

1928 kehrte der Bakteriologe Alexander Fleming nach einem Urlaub in sein Labor zurück. Er arbeitete zu dieser Zeit mit Bakterienkulturen. Beim Aufräumen entdeckte er Nährböden mit Kulturen, die einen grünlichen Schimmel aufwiesen. Ihm fiel auf, dass die Bakterien auf den verschimmelten Nährböden abgestorben waren. Weitere Versuche ergaben, dass der Schimmelpilz mit dem Namen *Penicillium* eine Substanz abscheidet, die Bakterien abtötet. Fleming nannte sie Penicillin.
Erst zehn Jahre später gelang es den Biologen Florey und Chain, die Substanz konzentriert zu gewinnen. 1941 wurde der erste Patient mit Penicillin behandelt. Nach einer ersten phänomenalen Besserung starb der Patient dennoch, weil die gewonnene Penicillinmenge nicht für eine Fortsetzung der Behandlung reichte.

4 *Die Entdeckung von Penicillin*

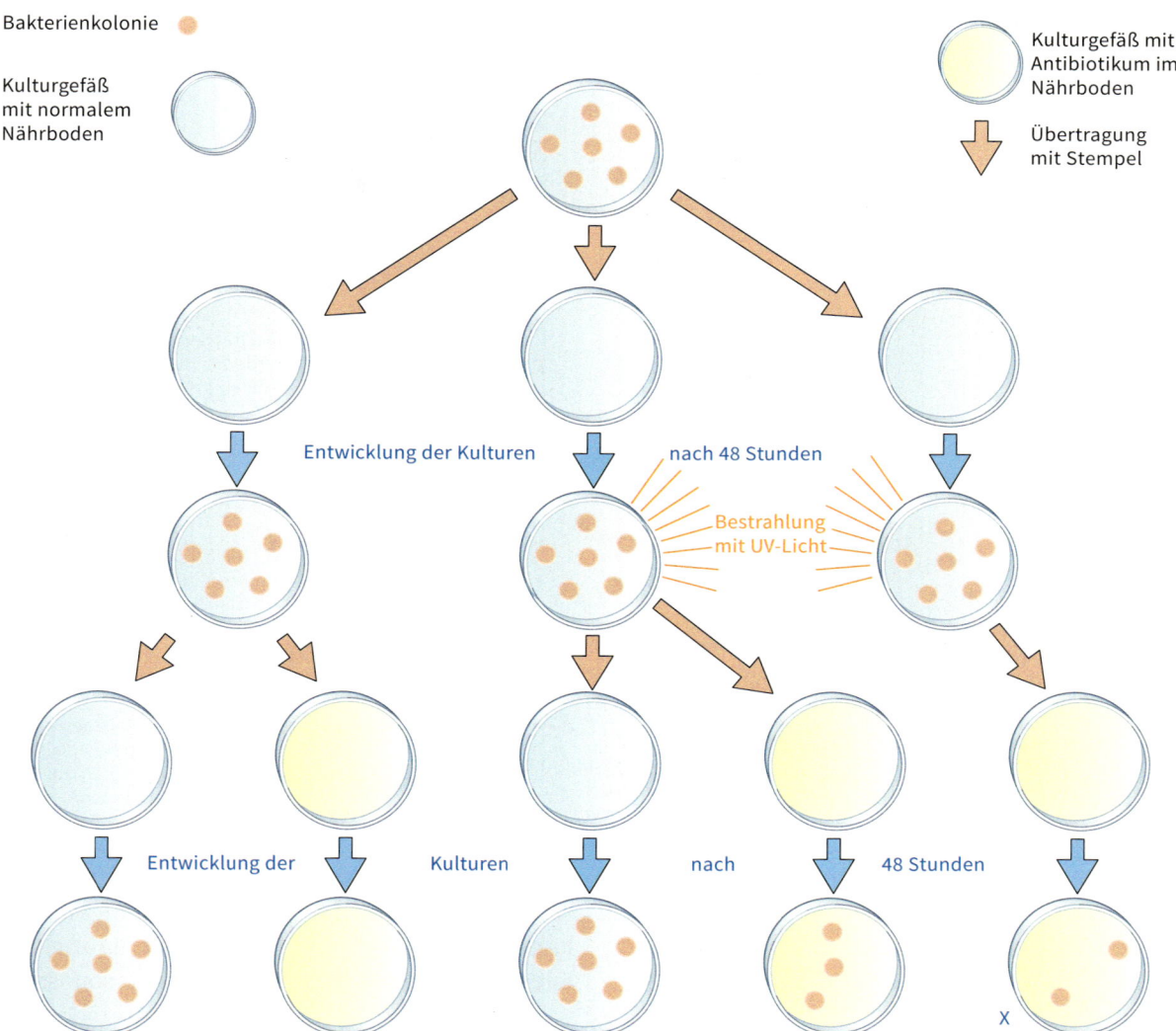

5 *Stempelversuche mit Bakterienkolonien*

1. Schimmelpilzwirkung. Beschreibe Abbildung 1. Erkläre, wie die Verteilung der Bakterienkulturen zustande kommt.

2. Stempelversuche. Bakterien können auf speziellen Nährböden in Petrischalen gezüchtet werden. Hat man in ein solches Kulturgefäß Bakterien eingebracht, vermehren sich diese und bilden Bakterienkolonien. Mithilfe eines so genannten Stempels kann man von den Kolonien einen genauen Abdruck machen. Die Bakterien bleiben an dem Stempel hängen und werden auf einen neuen Nährboden übertragen. Durch UV-Licht wird die Wahrscheinlichkeit von Mutationen sehr stark erhöht.
a) Erkläre die Vorgehensweise in den in Abbildung 5 dargestellten Versuchen. Begründe die Ergebnisse.
b) Vergleiche die Bedingungen in der Petrischale in Abbildung 1 und von Abbildung 5.

c) Lässt man die Bakterienkulturen in der Petrischale X in Abbildung 5 weiter wachsen, füllen sie nach einiger Zeit die ganze Petrischale aus. Stelle eine Hypothese zum Ergebnis auf, wenn man in diese Petrischale den Schimmelpilz aus Abbildung 1 einsetzen würde.

3. Wettlauf zwischen Medizin und Bakterien. Begründe, warum ein zu häufiger Einsatz von Antibiotika kritisiert wird.

1.3 Viren als Krankheitserreger

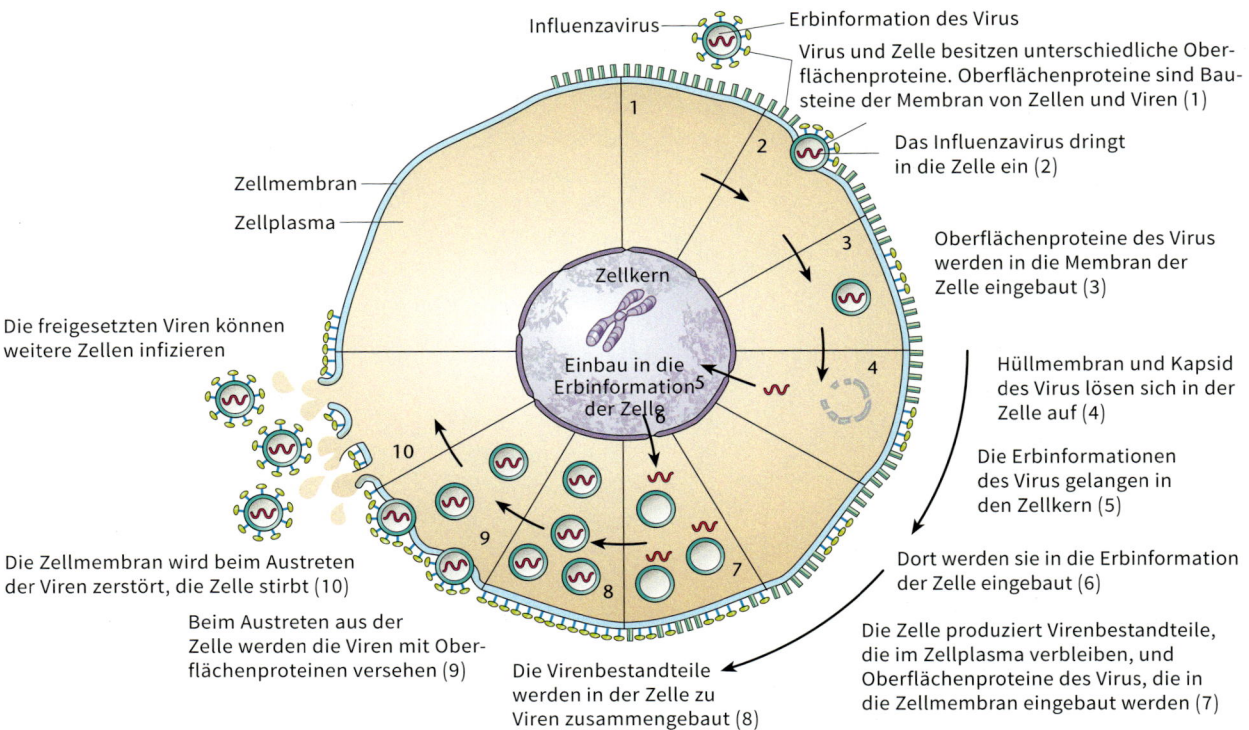

1 Vermehrung des Influenzavirus in einer menschlichen Zelle

Viren sind nur im Elektronenmikroskop sichtbar. Sie bestehen aus Erbinformation und einer Kapsel, die man **Kapsid** nennt. Viele Viren, z. B. das Influenzavirus, das die Grippe auslöst, sind zusätzlich von einer Hüllmembran umgeben (Abb. 4). Viren haben keinen eigenen Stoffwechsel und können sich nicht aktiv fortbewegen. Die Vermehrung von Viren erfolgt nur in Wirtszellen (Abb. 1). Das sind Zellen von Menschen, Tieren oder Pflanzen, die vom Virus befallen werden. Das Virus programmiert die befallene Zelle so um, dass sie neue Viren produziert. Die befallene Zelle stirbt ab, wenn die Viren die Zelle verlassen.

Bestimmte Krankheiten werden von Viren hervorgerufen (Abb. 2). Sie lassen sich teilweise nur schwer behandeln, weil Viren infolge des fehlenden eigenen Stoffwechsels nur wenige Angriffspunkte für Medikamente bieten. Krankheiten, die von Viren hervorgerufen werden, deren Membranoberfläche über lange Zeit konstant bleibt, lassen sich meist gut durch **Impfen** vorbeugend bekämpfen. Bei manchen Viren treten häufig Veränderungen der Erbinformation auf, sodass sie von Generation zu Generation unterschiedliche Membranoberflächen aufweisen. Dies erschwert die Bekämpfung durch das Immunsystem und die Wirksamkeit einer Impfung. Das HI-Virus und das Influenzavirus gehören zu diesen Viren (Abb. 4).

Bestimmte Viren sind an der Entstehung von Krebs beteiligt. Dies ist bei einigen Varianten des **HPV** (Human Papillom Virus) der Fall. HPV besiedelt Haut- und Schleimhautzellen und verursacht Hautveränderungen und Warzen. Etwa 20 Prozent der Viren gelten als Hochrisiko-HPV, die sich zum Beispiel in denTumoren des Gebärmutterhalskrebses nachweisen lassen. Allerdings führt nur ein geringer Teil solcher Infektionen wirklich zum Krebs. Eine Schutzimpfung bietet weitgehend Schutz vor der Infektion.

Krankheit	Inkubationszeit	Übertragung und Symptome
Röteln	1–3 Wochen	Tröpfcheninfektion; kleine rötliche Flecken am Körper
Masern	9–11 Tage	Tröpfcheninfektion; Husten, Fieber, rote Flecken am ganzen Körper
Influenza (Grippe)	wenige Stunden bis 3 Tage	Tröpfcheninfektion; Gliederschmerzen, Mattigkeit, Kopfschmerzen, Entzündung der Atemwege, häufig hohes Fieber, kann besonders bei Menschen mit geschwächtem Immunsystem zum Tod durch Herz-Kreislauf-Versagen führen
Windpocken	2–3 Wochen	Tröpfcheninfektion; bläschenartiger Ausschlag, manchmal Fieber

2 *Krankheiten, die von Viren hervorgerufen werden*

1. Virenvermehrung. Stelle die Vermehrung der Viren anhand der Abbildung 1 in einem Fließdiagramm dar.

2. Viren als Lebewesen. „Viren sind keine Lebewesen." Diskutiere anhand von Argumenten für und gegen diese These.

3. Vermischung von Viren. Abbildung 5 zeigt schematisch die Vermischung zweier Viren in einem dritten Wirt.
a) Beschreibe in eigenen Worten die Aussagen der Abbildung 5.
b) Zeichne ein Schaubild für die in Abbildung 3 beschriebenen Vorgänge. Vergleiche es mit dem in Abbildung 5 dargestellten Vorgang.

4. Viren als Krankheitserreger. Erkläre, warum Antibiotika bei Scharlach und Keuchhusten sinnvoll eingesetzt werden, bei Windpocken und Masern aber nicht wirksam sind.

Grippeviren existieren nicht nur bei Menschen, sondern auch bei Vögeln und Säugetieren. Da die Viren auf die Oberfläche ihrer Wirtszellen spezialisiert sind, erkranken in der Regel nur Tiere der gleichen Artengruppe. Erkrankt einmal ein Mensch an einer „Tiergrippe", kann die Krankheit nicht ohne weiteres an andere Menschen weitergegeben werden. Durch Mutationen oder durch Vermischung mit einem auf den Menschen spezialisierten Grippevirus kann es dennoch vorkommen, dass ein solches tierisches Virus von Mensch zu Mensch überspringen kann. Dann droht Gefahr, da das menschliche Immunsystem auf das Virus nicht vorbereitet ist. Die Erkrankung verläuft deshalb oft sehr schwer und die Entwicklung eines Impfstoffes dauert viele Monate. Meist hat sich die Krankheit dann bereits weit ausgebreitet.

3 *Grippe bei Tieren und ihre Gefahren für Menschen*

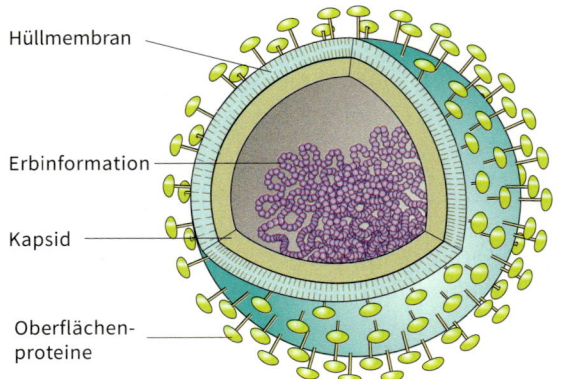

4 *Schema des Influenzavirus*

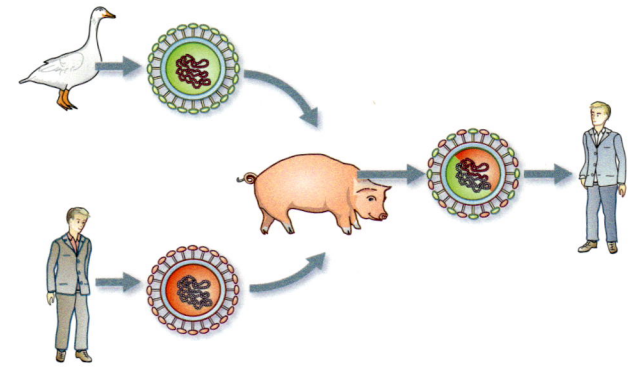

5 *Gefährliche Neukombination der Erbinformation von zwei Virenstämmen*

Ein schriftliches Referat erstellen

1. Vorbereitung
Beginne die Arbeit damit, dass du überlegst, was du bereits über dein Thema weißt. Halte dein Wissen auf einem DIN-A4-Blatt fest.
Lege einen Ordner an, in den du alle Texte, Aufzeichnungen und Materialien für dein Referat einheften kannst.

2. Überblick verschaffen
Wenn du bislang nur wenig über dein Thema weißt, verschaffe dir mithilfe von Lexika, Zeitschriftenartikeln oder dem Internet einen ersten Überblick.

3. Fragen formulieren
Überlege dir Fragen, die durch das Referat beantwortet werden sollen. Halte diese auf einem „Fragenzettel" (DIN-A4-Blatt) fest (Abb. 1).

4. Materialien sammeln
Suche in der Bücherei oder im Internet nach passenden Büchern, Zeitschriften, Karten, Bildern und Internetseiten zu deinem Thema (Abb. 2).

5. Sichten des Materials
Verschaffe dir einen Überblick über das gefundene Material und entscheide, welche Texte, Bilder oder Karten zu deinem Thema passen. Prüfe, ob du mit dem bislang gefundenen Material deine Fragen beantworten kannst. Suche ansonsten nach weiteren Materialien.
Falls du beim Sichten auf weitere wichtige Gesichtspunkte deines Themas stößt, die du bislang noch nicht berücksichtigt hattest, ergänze sie auf deinem „Fragenzettel".
Überprüfe anschließend, ob sich manche Fragen vom Inhalt her überschneiden und sich deshalb zusammenfassen lassen. Streiche Fragen, die das Thema wenig oder gar nicht berühren.

6. Erstellen einer Gliederung
Überlege, welches die Kernpunkte deines Themas sind, die du auf jeden Fall in deinem Referat behandeln willst. Das gefundene Material und deine Fragen, die du dir zu Anfang gestellt hast, helfen dir dabei, mögliche Schwerpunkte zu finden. Diese Schwerpunkte, auch Gliederungspunkte genannt, stellen das Gerüst deines Referates dar. Achte beim Erstellen der Gliederung auf eine sinnvolle und logische Reihenfolge der Gliederungspunkte (Abb. 3).

7. Auswerten des Materials
Werte die Materialien aus, indem du die wichtigsten Informationen für dein Referat sicherst. Das kann beispielsweise so geschehen, dass du wichtige Textstellen oder Bilder kopierst, wichtige kurze Passagen abschreibst oder einen Textauszug anfertigst. Hefte dieses Material in deinen Ordner. Schreibe auf jede Seite, zu welchem Gliederungspunkt die Informationen passen. Trage auch den Titel des Buches oder die Adresse der Internetseite ein. So weißt du, woher die gefundenen Informationen stammen.

Methode

8. Das schriftliche Referat ausarbeiten
Nachdem du die gefundenen Informationen den einzelnen Gliederungspunkten zugeordnet hast, kannst du mit dem Ausarbeiten des Referates beginnen. Ausarbeiten bedeutet, dass du mithilfe der gesammelten Informationen einen zusammenhängenden Text verfasst. Wichtig beim Ausarbeiten ist, dass du nicht aus den Vorlagen abschreibst, sondern mit deinen eigenen Worten die Sachverhalte wiedergibst. Manchmal ist es jedoch sinnvoll, einen besonders gut formulierten Satz aus einer Quelle komplett zu übernehmen, das heißt ihn zu zitieren.

9. Regeln für das Zitieren
Zitieren bedeutet, einen oder mehrere Sätze aus einem Text wortwörtlich zu übernehmen. Beachte, dass du ein Zitat als solches kenntlich machen musst. Das geschieht dadurch, dass das Zitat in Anführungszeichen gesetzt wird.
Zitiere genau, das heißt, dass du den Text wortwörtlich wiedergeben musst und ihn nicht verändern darfst. Wenn du längere Zitate kürzt, achte darauf, dass durch die Kürzung der Sinn nicht verfälscht wird. Kennzeichne die Auslassungen durch Punkte [...]. Gib auch die Quelle an, aus der das Zitat stammt, damit der Leser die Richtigkeit des Zitates überprüfen kann.

10. Ausgewogenheit der Darstellung
Achte vor allem bei strittigen Themen auf eine ausgewogene Darstellung, das heißt, dass du sowohl die Argumente der Befürworter als auch der Gegner angemessen darstellst.

1) Wodurch wird die Pest ausgelöst?
2) Wodurch wird diese Krankheit übertragen?
3) Woran erkennt man, dass ein Mensch an der Pest erkrankt ist?
4) Ist die Pest heilbar?
5) In welchen Ländern gibt es die Pest noch heute?
6) Wie kann man sich vor der Pest schützen?

1 *Fragen zum Thema „Pest"*

1. Definition
2. Arten
2.1 Beulenpest
2.2 Lungenpest
3 Übertragungswege
4 Behandlung
5 Geschichte der Pest
5.1 Pest in der Antike
5.2 Pest im Mittelalter
6 Pest heute

3 *Mögliche Gliederung*

Bergdolt, Klaus: Der schwarze Tod in Europa. Die große Pest und das Ende des Mittelalters. München 1994.
Herlihy, David: Der schwarze Tod und die Verwandlung Europas. Berlin 1998.
Meier, Mischa: Pest. Die Geschichte eines Menschheitstraumas. Stuttgart 2005.
Vasold, Manfred: Die Pest. Ende eines Mythos. Darmstadt 2003.

2 *Wanderratte, Floh, Pestbakterien*

4 *Fachbücher zum Thema Pest*

1.4 Das Immunsystem – spezifische Immunabwehr

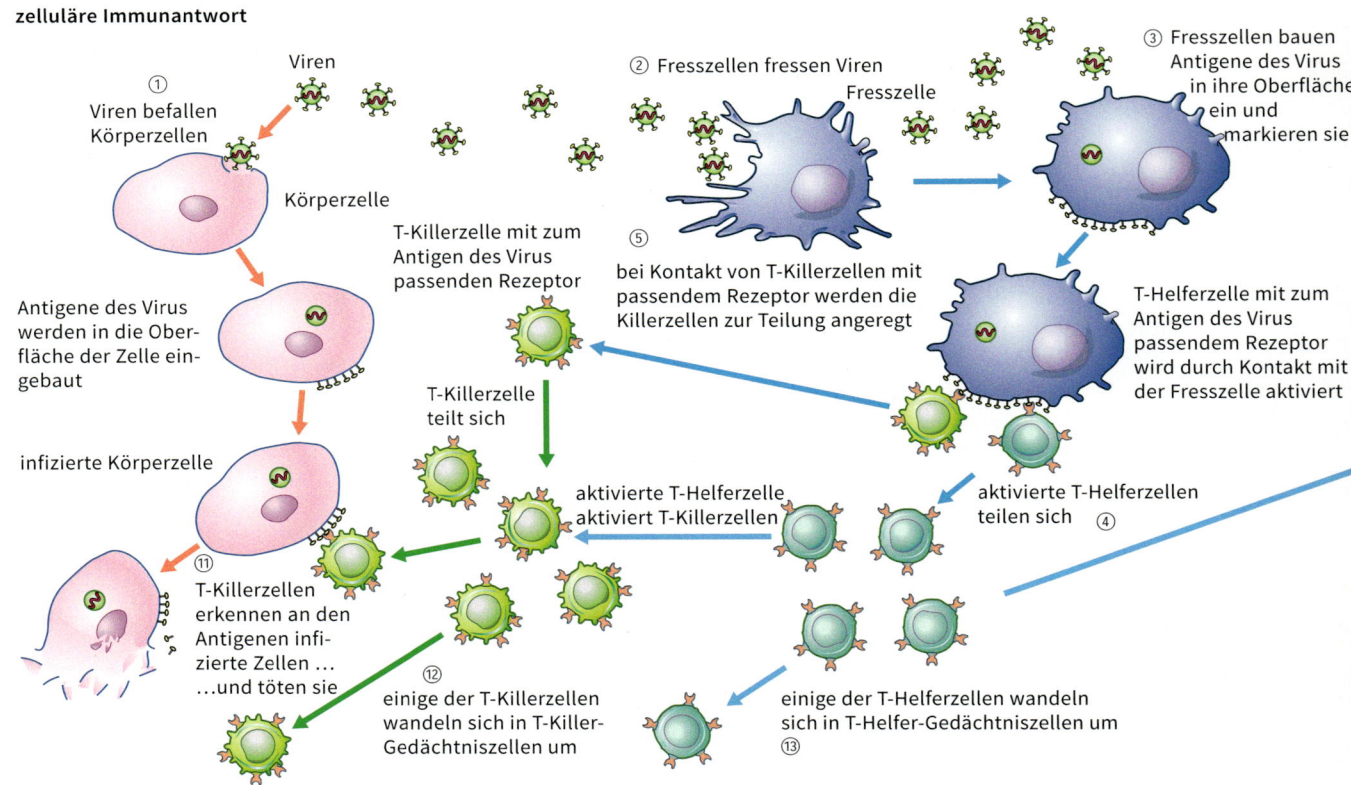

1 *So bekämpft das Immunsystem Influenzaviren*

Alle Zellen des Immunsystems werden im Knochenmark gebildet. Sie werden als Weiße Blutzellen oder **Leukozyten** bezeichnet. Zu den Leukozyten gehören Fresszellen, T-Zellen und B-Zellen. Bei ihrer Reifung „lernen" Leukozyten, Fremdkörper von körpereigenen Stoffen zu unterscheiden. Die Unterscheidung erfolgt durch Proteine auf der Oberfläche. Jede körpereigene Zelle enthält bestimmte Proteine, die man MHC-Marker nennt. Alle Zellen oder Stoffe, die auf ihrer Oberfläche andere MHC-Marker tragen, werden erkannt und bekämpft. Solche Zellen oder Stoffe bezeichnet man als **Antigene**. Die Reifung erfolgt bei den B-Zellen im Knochenmark und bei den T-Zellen in der Thymusdrüse, einer Drüse hinter dem Brustbein. Bei der Reifung werden **Rezeptoren** in die Oberfläche der B- und T-Zellen eingebaut, die auf bestimmte Antigene passen. Jede Zelle entwickelt nur eine Sorte der Rezeptoren. B- und T-Zellen, deren Rezeptoren zu Oberflächenmolekülen körpereigener Zellen passen, werden getötet, damit sie sich nicht gegen den eigenen Körper wenden können. T-Zellen und B-Zellen reagieren spezifisch nur auf solche Antigene, die nach dem **Schlüssel-Schloss-Prinzip** zu den Rezeptoren auf ihrer Oberfläche passen (Abb. 2). Sie bilden die Grundlage der **spezifischen Abwehr** von Krankheitserregern, die in den Körper eingedrungen sind. ① Es gibt hunderttausende von T- und B-Zellen, die sich in ihren Rezeptoren für Antigene unterscheiden.

Fresszellen können sich amöbenartig zwischen den Zellen im Gewebe fortbewegen. Sie fressen eingedrungene Erreger, Fremdkörper, aber auch abgestorbene Körperzellen. ② Die Bekämpfung

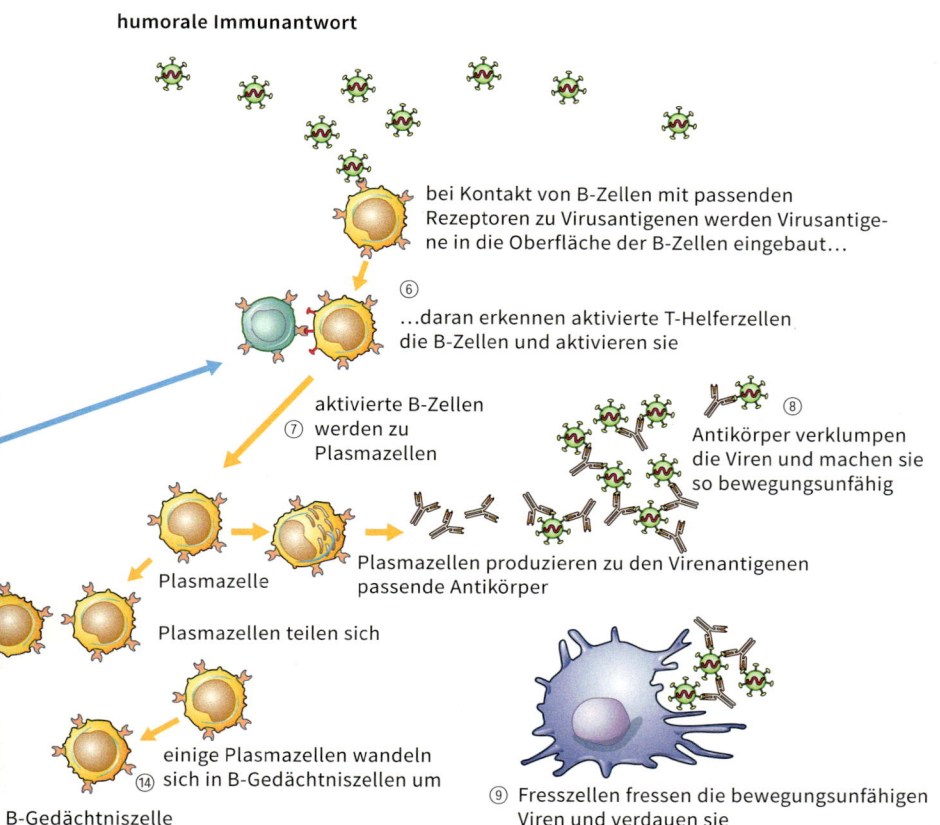

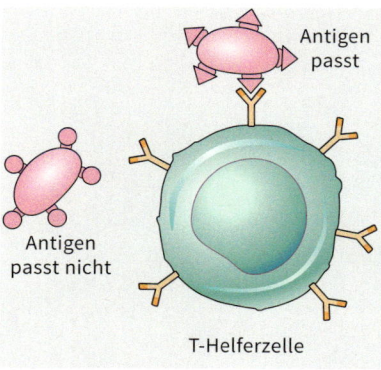

2 *Schlüssel-Schloss-Prinzip*

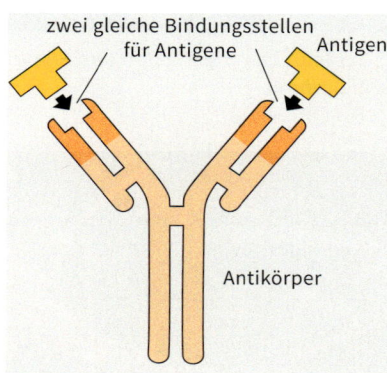

3 *Antikörper*

durch Fresszellen bezeichnet man als **unspezifische Abwehr**, weil sie sich gegen alle körperfremden Stoffe richtet. Dabei bauen die Fresszellen nach dem Verzehr der körperfremden Stoffe Teile der Antigene in ihre eigene Oberfläche ein und kennzeichnen sie mit speziellen Molekülen ③. Die Kennzeichnung verhindert, dass die Fresszelle als infiziert angesehen wird. Trifft eine Fresszelle mit markierten Antigenen auf eine T-Zelle mit passendem Rezeptor, wird diese zur Teilung angeregt.

Bei den T-Zellen gibt es zwei Gruppen, die **T-Helferzellen** und die **T-Killerzellen**. T-Helferzellen, die Kontakt mit einer Fresszelle mit passendem Antigen hatten, aktivieren die T-Killerzellen sowie die B-Zellen und regulieren auf diese Weise die Immunaktivität ④ ⑤ ⑥. T-Killerzellen töten nach ihrer Aktivierung alle Zellen, in die ein Virus eingedrungen ist. Dadurch wird die Virusvermehrung gestoppt ⑪. Diese Art der Bekämpfung bezeichnet man als **zelluläre Immunantwort**.

Aktivierte B-Zellen wandeln sich in Plasmazellen um. Diese Plasmazellen teilen sich dann häufig und geben große Mengen **Antikörper** an die Umgebung ab. Antikörper sind Proteine (Abb. 3). Ihre Bindungsstellen weisen die gleiche Form auf wie die Rezeptoren auf der Oberfläche der B-Zelle, die sie gebildet hat. Antikörper verklumpen Antigene und machen Erreger dadurch bewegungsunfähig. Diese Art der Bekämpfung bezeichnet man als **humorale Immunantwort**. Ein Teil der aktivierten Zellen wandelt sich in langlebige Gedächtniszellen um ⑫ ⑬ ⑭. Sie werden bei einer erneuten Infektion mit den gleichen Krankheitserregern sofort aktiv.

1.5 Unspezifische Abwehr von körperfremden Stoffen

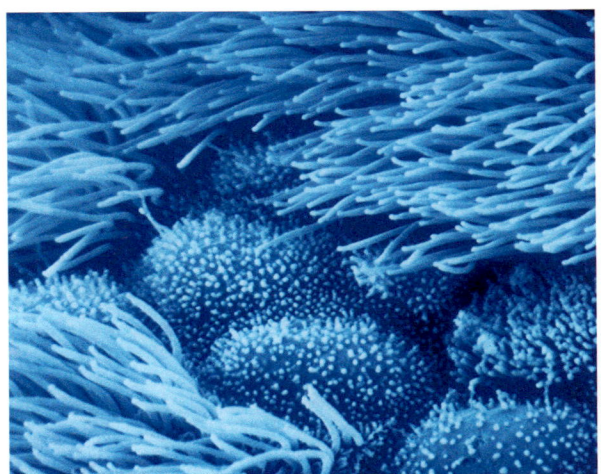

1 Schleim bildende Zellen und Flimmerhärchen in der Schleimhaut

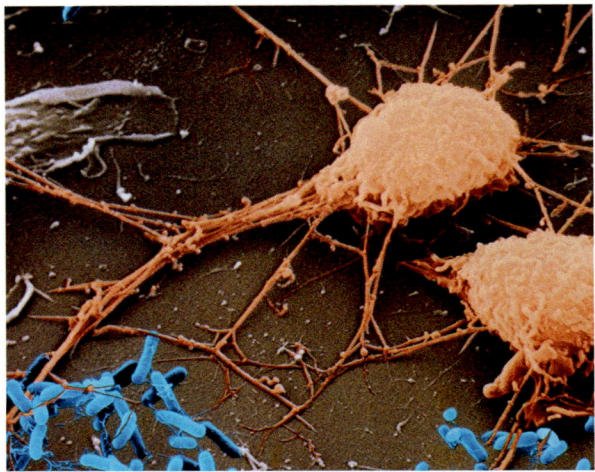

2 Fresszellen (rot) beim „Aufsammeln" und Fressen von Bakterien (blau)

Im täglichen Leben sind wir ständig von Bakterien, Viren und anderen Erregern umgeben. Erreger, gleich welcher Art, müssen zunächst die Haut bzw. Schleimhaut passieren, bevor sie in das Körperinnere eindringen können. Ist die Haut intakt, können Bakterien und Viren nicht durchdringen. Aber kleinste Verletzungen genügen den Erregern, um Einlass zu finden. Die Haut stellt also die erste Verteidigungslinie dar. Sie hat einen natürlichen Schutzmantel aus Schweiß und Talg, die einen Säurefilm auf die Haut legen. Bei den Schleimhäuten in den Atemwegen und den Verdauungsorganen gibt es ähnliche Schutzmechanismen wie die Abgabe von Schleim oder Säure, zum Beispiel der Magensäure. Der Schleim wird mit den darin eingeschlossenen Erregern durch Flimmerhärchen nach außen befördert (Abb. 1).

Gelingt es den Erregern dennoch, in den Körper einzudringen, treten zunächst die **Fresszellen** in Aktion (Abb. 2). Sie bilden die zweite Verteidigungslinie und werden durch **Entzündungsreaktionen** unterstützt. Entzündungsstoffe fördern die Durchblutung und locken weitere Fresszellen an. Fresszellen starten außerdem die dritte Verteidigungslinie, die spezifische Abwehr durch T- und B-Zellen bei einer Infektion. Damit diese Abwehr zuverlässig arbeitet, müssen gegen möglichst viele Erreger Gedächtniszellen vorliegen, um bei einer Infektion schnell reagieren zu können.

Das **Immunsystem** kann durch eine gesunde Ernährung gestärkt werden. Der Effekt wird durch regelmäßige Bewegung begünstigt. Auch die Psyche eines Menschen wirkt sich auf das Immunsystem aus. Stress und Angst setzen die Vermehrungsfähigkeit von Zellen des Immunsystems herab. Es wird diskutiert, ob eine positive Lebenseinstellung das Immunsystem effektiver macht und damit Selbstheilungskräfte weckt.

Bei **Organtransplantationen** kann es zu Abstoßungsreaktionen des Körpers auf das neue Organ kommen. Dabei bekämpft das Immunsystem das Spenderorgan als körperfremde Substanz. Die Wahrscheinlichkeit einer solchen Abstoßung ist umso größer, je mehr MHC-Marker bei Spender und Empfänger unterschiedlich sind. MHC-Marker sind Oberflächenproteine, an denen körpereigene Zellen vom Immunsystem erkannt werden. Im Fall einer Abstoßungsreaktion muss das Immunsystem des Empfängers unterdrückt werden, wodurch die Infektanfälligkeit des Patienten steigt.

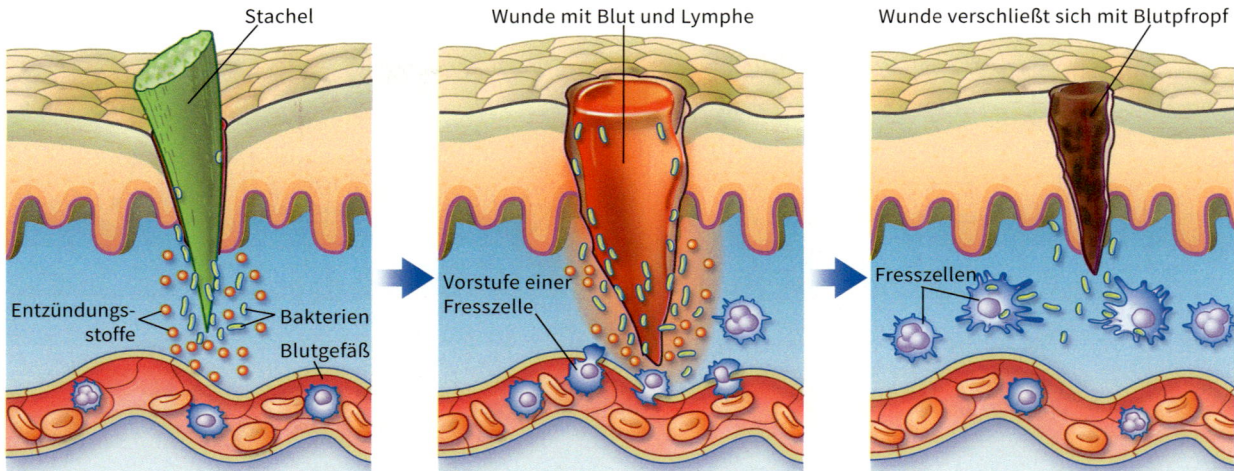

3 *Ein Stachel in der Haut*

1. Krankheitsabwehr. Beschreibe anhand der Abbildung 3 die Verteidigungslinien des Immunsystems und ihre Funktion.

2. Transplantationsgesetz. Täglich sterben in Deutschland Patienten, weil sie nicht rechtzeitig ein Organ bekommen. Nimm unter Einbeziehung der Abbildungen 5 und 6 zu einem Gesetz Stellung, dass jedem Menschen, der nicht ausdrücklich die Organspende ablehnt, im Todesfall Organe entnommen werden können.

3. Transplantationen. Begründe, welche Organe in Abbildung 4 für eine Organtransplantation am ehesten in Frage kommen.

Jahr 2013	Herz	Niere	Leber
Transplantationen 2013	408	854	862
auf der Warteliste Ende 2013	929	7908	1534
Wartezeit in Jahren	0,5–2	4–8	0,5–2

5 *Zahlen zu Transplantationen in Deutschland*

Eine Organtransplantation ist nur sinnvoll, wenn möglichst viele MHC-Marker von Empfänger und Spender übereinstimmen. Eine 100-prozentige Übereinstimmung gibt es nur bei eineiigen Zwillingen. Bei einer Lebendspende wird ein Organ, z. B. eine Niere oder ein Leberlappen, von einem lebenden Menschen gespendet, meist von einem nahen Verwandten. In der Regel werden die Organe aber einem gerade Verstorbenen entnommen. Voraussetzung dafür ist ein Organspendeausweis oder die Zustimmung der nächsten Angehörigen. Trotz Werbung führen zu wenig Menschen einen Organspendeausweis mit sich, um den Bedarf an Organen zu decken.

6 *Organspende*

4 *MHC-Marker auf der Zelloberfläche*

1.6 Aktive und passive Immunisierung

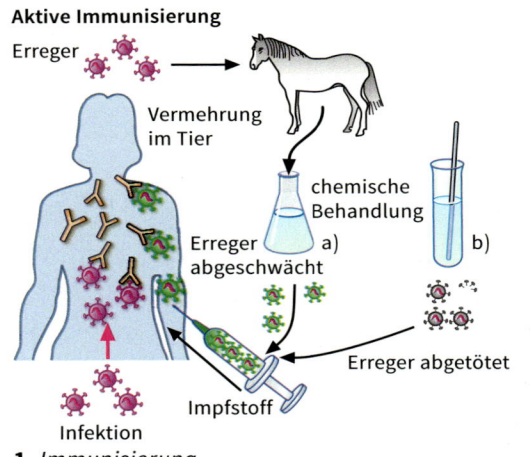
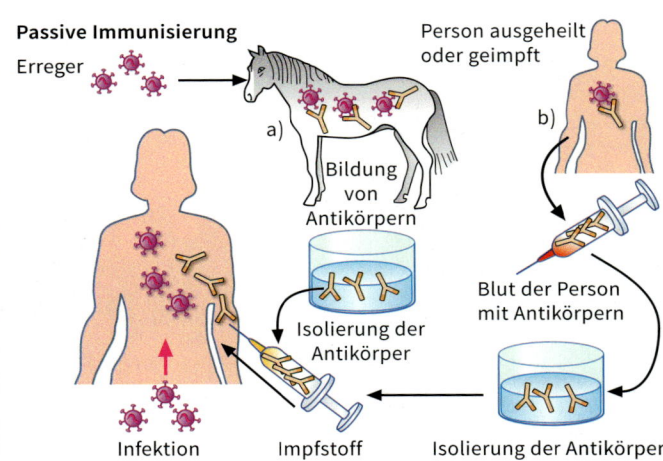

1 *Immunisierung*

Durch Schutzimpfungen kann der Mensch immun gegen Krankheiten werden. Man unterscheidet bei der Impfung zwischen aktiver und passiver Immunisierung. Eine aktive Immunisierung wird zur Vorbeugung durchgeführt. Sie führt dazu, dass die geimpfte Person nicht oder nur harmlos an der betreffenden Krankheit erkrankt. Eine passive Immunisierung wird in der Regel vorgenommen, wenn die Person bereits mit dem Erreger infiziert ist oder ein Verdacht darauf besteht.

Bei einer **aktiven Immunisierung** verwendet man Lebendimpfstoffe oder Totimpfstoffe. Bei **Lebendimpfstoffen** enthält der Impfstoff abgeschwächte Erreger, die normalerweise keine Infektion mehr auslösen können (Abb. 1). **Totimpfstoffe** enthalten abgetötete Erreger oder Bruchstücke der Oberfläche. Diese Impfstoffe lösen im Körper eine Immunreaktion aus, bei der Gedächtniszellen gegen die Antigene der Erreger produziert werden. Die Gedächtniszellen leben sehr lange, meist mehrere Jahre. Bei erneutem Kontakt mit den Antigenen vermehren sich die Gedächtniszellen sehr rasch, worauf B-Zellen in sehr großer Anzahl Antikörper produzieren. Die Infektion kann dadurch schnell bekämpft werden, der Mensch erkrankt nicht oder nur schwach. Aktive Immunisierungen bieten einen mehrjährigen, manchmal sogar lebenslangen Schutz vor der Erkrankung. Dieser Schutz wird auch als Immunität bezeichnet.

Die Impfstoffe für die **passive Immunisierung** werden aus dem Blut zuvor infizierter Tiere oder aus dem Blut von Menschen gewonnen, die bereits erkrankt waren (Abb. 1). Diese Impfstoffe enthalten die Antikörper gegen das Antigen der Krankheitserreger. Sie werden erst den bereits erkrankten Menschen verabreicht. Die Antikörper verklumpen die Antigene, die so von den Fresszellen beseitigt werden können. Zudem verhindert das Verklumpen das Eindringen von Viren in Wirtszellen. Die passive Immunisierung wirkt aber nur wenige Wochen lang. Dann sind die Antikörper abgebaut. Ein dauerhafter Schutz wird durch die passive Immunisierung nicht erreicht.

> Im Jahr 1796 führte der englische Arzt EDWARD JENNER die erste Schutzimpfung durch. Ihm war aufgefallen, dass Menschen, die sich im Umgang mit Tieren an den harmlosen Kuhpocken infizierten, später nicht an den Pocken, die zur damaligen Zeit viele Todesfälle forderten, erkrankten. Er ritzte einem Jungen mit einem Messer, das er mit Blut eines an Kuhpocken erkrankten Menschen „verunreinigt" hatte, in die Haut. Der Junge erkrankte später nicht an den Pocken.

2 *Zur Geschichte der Impfung*

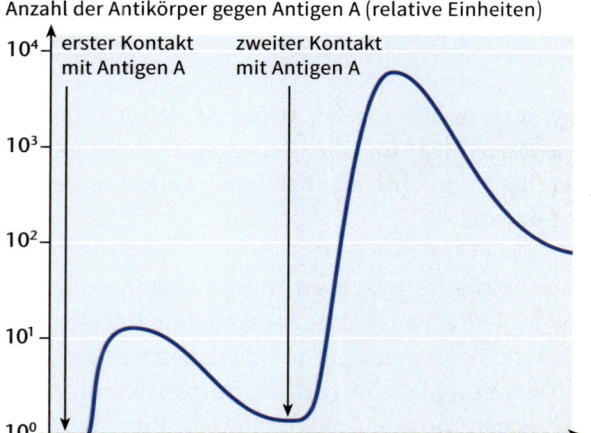

3 Immunreaktion bei einer Infektion

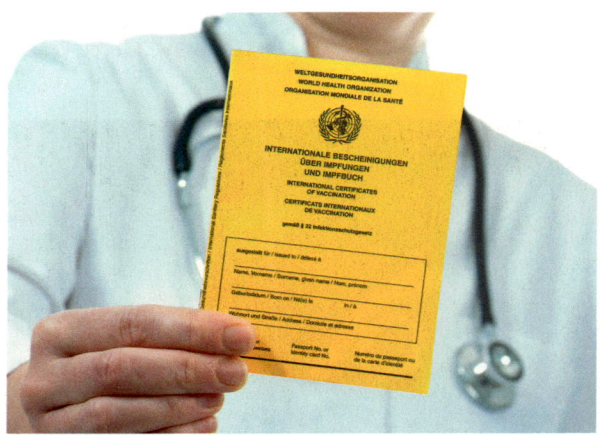

4 Impfpass

1. Impfung.
a) Vergleiche aktive und passive Immunisierung.
b) Begründe, warum bei vielen Impfungen nach einiger Zeit eine erneute Impfung nötig ist. Erkläre, was bei der erneuten Impfung passiert.

2. Immunantwort.
a) Beschreibe die Vorgänge, die während des in Abbildung 3 dargestellten Zeitraums ablaufen.
b) Skizziere, wie die Kurve bei einer aktiven Immunisierung und anschließendem Antigenkontakt aussehen würde.

3. Reisen in andere Klimazonen.
Ärzte empfehlen für die Bevölkerung einige Impfungen, die in einen Impfpass eingetragen werden (Abb. 4). Besonders bei Reisen in andere Klimazonen sind besondere Schutzimpfungen empfohlen oder erforderlich.
a) Begründe, warum bei solchen Reisen besondere Impfungen empfohlen werden.
b) Erläutere die Funktion eines Impfpasses.

4. Kinderlähmung.
a) Fasse die Informationen aus der Abbildung 5 kurz in eigenen Worten zusammen.
b) Manche Mediziner beklagen, dass sich heute zu wenig Menschen in Deutschland gegen Kinderlähmung impfen lassen. Begründe die Bedenken der Mediziner.

Die Kinderlähmung ist eine Viruserkrankung, die zu Lähmungen und Dauerschäden, häufig sogar zum Tode führt. Medikamente gibt es nicht, nur die Impfung bietet Schutz. 1962 wurde die Schluckimpfung in Deutschland eingeführt. Kinderlähmung tritt heute noch in Südasien und in vielen afrikanischen Ländern auf.

Jahr	Erkrankte	Todesfälle
1955	3109	234
1956	4159	258
1957	2402	193
1958	1698	131
1959	2118	127
1960	4236	281
1961	4661	305
1962	234	31
1963	234	17
1964	44	5
1965	45	6
1966	15	0
1967–2016	367	14

5 Kinderlähmung in Deutschland

c) Für die Impfung wurde mit dem Slogan "Schluckimpfung ist süß, Kinderlähmung ist grausam" geworben. Werte das Zitat aus

5. Passivimpfstoffe. Gegen Schlangengifte werden Impfstoffe für passive Immunisierung produziert. Beschreibe, wie die Gewinnung eines solchen Impfstoffes vor sich gehen könnte.

1.7 Schutzimpfung – Wohl oder Übel

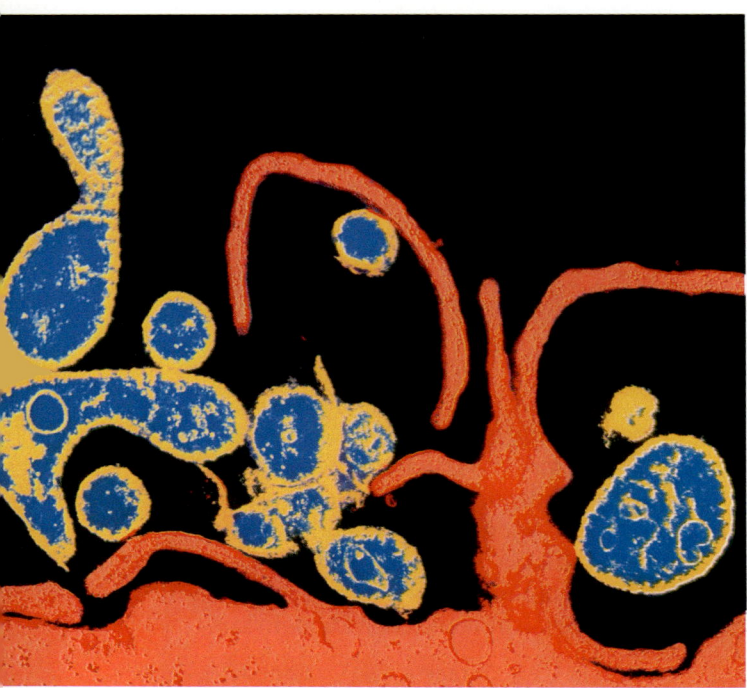

1 *Zerstören von Zellen durch Masernviren*

Die Masern sind eine Erkrankung, die durch ein Virus hervorgerufen wird (Abb.1). Beim Sprechen, Husten oder Niesen werden Masernviren auch über mehrere Meter hinweg von Mensch zu Mensch übertragen. Kommt es zu einem Kontakt mit dem Virus, bricht die Krankheit bei nicht geimpften Menschen fast immer aus. Die Masern gehören zu den ansteckendsten Krankheiten überhaupt.

Etwa zehn Tage nach dem Kontakt mit dem Masernvirus treten die ersten **Krankheitssymptome** auf. Hohes Fieber, Husten, Schnupfen und Bindehautentzündung zeigen sich. Im weiteren Verlauf kommt es zudem zu einem Hautausschlag mit bräunlich-rosafarbenen Flecken am ganzen Körper. Bei einem intakten Immunsystem erfolgt durch die **zelluläre Immunantwort** eine vollständige Genesung. Gebildete T-Helfer-Gedächtniszellen und T-Killer-Gedächtniszellen ermöglichen es dem Immunsystem zukünftig, schnell auf einen erneuten Kontakt mit Masernviren zu reagieren. Da sich das Masernvirus im Gegensatz zu vielen anderen Viren in seiner Oberflächenstruktur nicht verändert, liegt nun eine lebenslange Immunität gegen Masern vor.

Bei einem geschwächten Immunsystem können Masern jedoch auch eine Lungen- oder Gehirnentzündung hervorrufen und lebensbedrohlich sein. Auftretende Mittelohrentzündungen können zu Hörverlust führen. Gehirnentzündungen können schwere geistige Schäden bewirken, die das weitere Leben dauerhaft verändern.

Durch eine **aktive Immunisierung** kann man sich jedoch wirksam vor einer Masernerkrankung schützen. Dafür werden abgeschwächte Masernviren als Lebendimpfstoff eingesetzt. Nach zwei aufeinanderfolgenden Impfungen sind etwa 99 % aller Menschen immun. In Deutschland versucht man, neue Masernerkrankungen durch Impfmaßnahmen zu verhindern. Dazu müsste im Idealfall jeder Einwohner gegen Masern geimpft sein. Wenn 95 % der Bevölkerung immun sind, können Ausbrüche der Krankheit örtlich isoliert und gezielt bekämpft werden. Das Virus kann dann nicht mehr frei in der Bevölkerung zirkulieren. Viele Länder in Nord- und Südamerika, Skandinavien und Osteuropa sind bereits masernfrei.

Das seltene Auftreten von Masern hat in Deutschland dazu geführt, dass die Gefahr einer Erkrankung nicht mehr bewusst wahrgenommen wird. Viele Menschen vernachlässigen deshalb ihren Impfschutz. Eine „Impfmüdigkeit" hat eingesetzt. Aus Überzeugung lassen sich einige Menschen nicht impfen. Sie sind Impfgegner.

In Deutschland treten stark schwankend zwischen 150 und 2600 Masernerkrankungen pro Jahr auf. Eine Tendenz ist nicht erkennbar. Weltweit konnte die Zahl der Erkrankungen durch gezielte Impfmaßnahmen von 4,2 Mio. Erkrankungen im Jahr (1980) auf 200 000 (2013) gesenkt werden.

Symptome	bei einer Erkrankung an Masern	als Folge auf eine Impfung gegen Masern
Fieber	98 % überwiegend sehr hoch	7 % selten hoch
Fieberkrämpfe	8 %	0,018 %
Gehirnentzündung	0,1 %	0,000001 %
Mittelohrentzündung	5 %	0,0025 %
schwere, bakterielle Infektion	7 %	0 %
verminderte Anzahl von Blutplättchen	0,0004 %	0,000027 %
tödlicher Ausgang	0,1 % bis 30 %	0 %

2 *Krankheitssymptome mit und ohne Impfung*

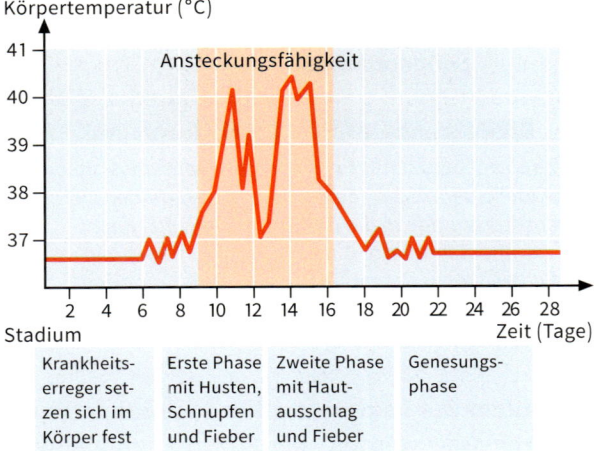

Stadium			
Krankheitserreger setzen sich im Körper fest	Erste Phase mit Husten, Schnupfen und Fieber	Zweite Phase mit Hautausschlag und Fieber	Genesungsphase

3 *Verlauf einer Masernerkrankung*

1. Verlauf einer Masernerkrankung. Beschreibe den Krankheitsverlauf einer Infektion mit Masern anhand von Abbildung 3.

2. Krankheitssymptome mit und ohne Impfung. Werte die Tabelle in Abbildung 2 aus und gib die wesentlichen Ergebnisse in eigenen Worten wieder.

3. Für und Wider der Masern-Impfung. Führt unter Bezug auf Abbildung 4 eine Bewertung mit abschließender Entscheidung hinsichtlich der Frage durch, ob Säuglinge und Kleinkinder gegen Masern geimpft werden sollen oder nicht.

Bewerten: Wenn du als Schüler oder Schülerin im Biologieunterricht etwas bewerten sollst, geht es oftmals um Anwendungsgebiete der Biologie, in denen Menschen verantwortliche Handlungsentscheidungen treffen müssen. Es geht also um die Verantwortung des Menschen für sich selbst, für andere Menschen, für andere Lebewesen und für die Umwelt. Beispiele aus dem Biologieunterricht sind unter anderem Gesundheit (gesunde Ernährung, Gefahren des Rauchens), Verhütung, sexuelle Selbstbestimmung und Toleranz sowie Nachhaltige Entwicklung (Schutz der Biosphäre und Verantwortung für biologische Vielfalt). Auch das Thema „Impfen am Beispiel von Masern – Pro und Contra" kann einer Bewertung unterzogen werden, geht es doch um Verantwortung für sich selbst und für andere.

Folgende Schritte können für einen Bewertungsprozess mit abschließender Entscheidung sinnvoll sein:
1. Die Handlungsmöglichkeiten in der Entscheidungssituation werden herausgearbeitet.
2. Pro-Argumente und Contra-Argumente werden gesammelt. Dabei wird zwischen der Sachebene („so ist es") und der Werteebene* unterschieden. Dabei können verschiedene Menschen unterschiedliche Wertvorstellungen haben und ihre Wertvorstellungen unterschiedlich gewichten.
3. Die Argumente werden gewichtet. Manche Argumente können wichtiger/unwichtiger als andere sein.
4. Eine Entscheidung wird getroffen.

*Unter Wertvorstellungen oder Werten versteht man Dinge, Ideen oder Handlungen, die einem Menschen als wertvoll erscheinen (einem anderen vielleicht nicht). Hier eine Auswahl von Werten: Menschlichkeit, Freiheit, Gesundheit, Vertrauen, Wohlstand, Schutz des Lebens, Gerechtigkeit, Wahrheit, Toleranz, Meinungsfreiheit, Hilfsbereitschaft, Sicherheit, Nachhaltigkeit, Selbstbestimmtheit und Rücksichtnahme.

4 *Bewertung*

1.8 Multiresistente Bakterien und Antibiotika

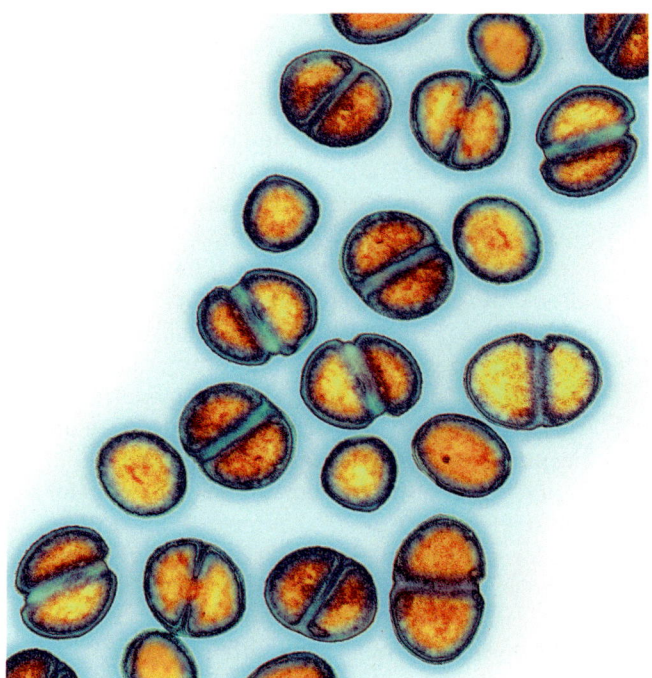

1 In etwa 15 000-facher Vergrößerung Varianten der Bakterienart Staphylococcus aureus, die gegen mehrere Antibiotika resistent sind (MRSA: Multi-resistente Staphylococcus aureus). Manche der abgebildeten Bakterien befinden sich im Teilungsstadium. Gelangen MRSA durch eine Verletzung oder Operationswunde in die Blutbahn, kann das unter bestimmten Umständen zu Erkrankungen führen (Wundinfektion, Lungenentzündung, Blutvergiftung), manchmal sogar mit lebensbedrohlichen Folgen. Die Behandlung wird durch die Resistenz (Unempfindlichkeit) der Bakterien gegenüber Antibiotika erschwert. Durch Hygiene-Maßnahmen, wie die „Aktion Saubere Hände", versucht man in vielen Krankenhäusern solchen Infektionen zu begegnen.

Antibiotika sind in vielen Fällen geeignete Medikamente, um gegen Infektionen durch bakterielle Krankheitserreger vorzugehen. Sowohl in der (Massen-)Tierhaltung als auch in der Humanmedizin wurden in den letzten Jahrzehnten mit steigender Tendenz Antibiotika gegen bakterielle Krankheitserreger eingesetzt. Die Kehrseite dieser Entwicklung ist, dass durch den übermäßigen Einsatz von Antibiotika, aber auch durch falsche Medikamenteneinnahme, solche Erreger ausgelesen (selektiert) werden, die durch zufällige Veränderungen ihrer Erbinformation eine **Resistenz** (Unempfindlichkeit) gegen ein Antibiotikum entwickelt haben. Diese Veränderungen der Erbinformationen nennt man Mutationen. Im letztgenannten Fall spricht man von **multiresistenten Bakterien** (Abb. 2). Die Resistenz kann darin bestehen, dass die Hüllen des Bakteriums für das Antibiotikum undurchlässig werden oder Enzyme gebildet werden, die Antibiotika abbauen. Resistente Bakterien können sich unbeeinflusst durch Antibiotika vermehren und durch Teilung ihre Gene für die Antibiotikaresistenz von Generation zu Generation weiter geben (Abb. 2).

Das medizinische Problem resistenter oder multiresistenter Bakterien wird dadurch verschärft, dass antibiotikaresistene Bakterien nicht dort verbleiben, wo sie entstanden sind, sondern auf verschiedenen **Übertragungswegen** zum Menschen gelangen können (Abb. 3). Bakterien tauschen untereinander Erbinformation über Plasmide aus. So können Bakterien-Resistenz-Gene an bisher nicht resistente Bakterien weitergegeben werden (Abb. 2).

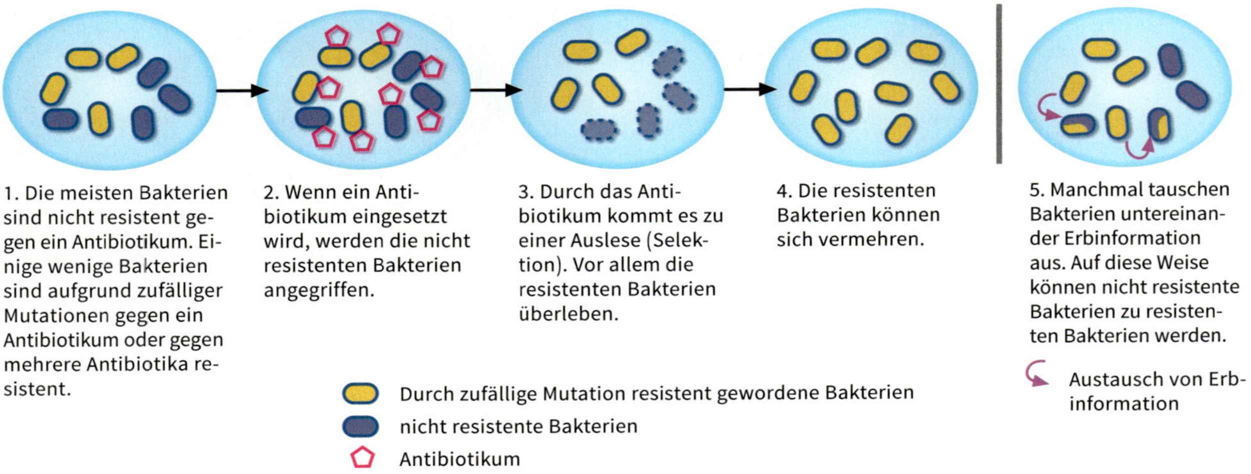

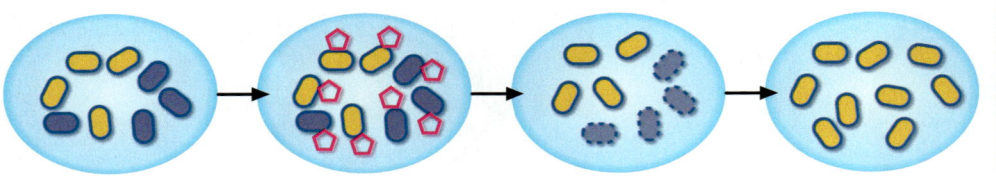

1. Die meisten Bakterien sind nicht resistent gegen ein Antibiotikum. Einige wenige Bakterien sind aufgrund zufälliger Mutationen gegen ein Antibiotikum oder gegen mehrere Antibiotika resistent.

2. Wenn ein Antibiotikum eingesetzt wird, werden die nicht resistenten Bakterien angegriffen.

3. Durch das Antibiotikum kommt es zu einer Auslese (Selektion). Vor allem die resistenten Bakterien überleben.

4. Die resistenten Bakterien können sich vermehren.

5. Manchmal tauschen Bakterien untereinander Erbinformation aus. Auf diese Weise können nicht resistente Bakterien zu resistenten Bakterien werden.

- Durch zufällige Mutation resistent gewordene Bakterien
- nicht resistente Bakterien
- Antibiotikum
- Austausch von Erbinformation

2 *Entwicklung von antibiotikaresistenten Bakterien*

1. Problem multiresistente Bakterien. Erläutere in einem Kurzvortrag (mit Stichwortzettel) die medizinische Problematik multiresistenter bakterieller Krankheitserreger.

2. Übertragungswege antibiotikaresistenter Bakterien. Beschreibe anhand der Abbildung 3 mögliche Übertragungswege von antibiotikaresistenten Bakterien.

3. Vorbeugende (Hygiene-)Maßnahmen. Entwickelt unter Bezug auf Informationen in diesem Abschnitt, insbesondere auch Abbildung 3, begründete Handlungsempfehlungen für folgende Situationen: a) Besuch einer operierten Person auf einer Krankenstation; b) Zubereitung von rohem Fleisch und rohem Gemüse für eine Mahlzeit; c) Vorbeugende Nutzung von Antibiotika, die einem Verwandten verschrieben wurden; d) Vorzeitiger Abbruch der Einnahme der ärztlich verschriebenen Antibiotika, weil es einem schon viel besser geht.

4. Aktion saubere Hände. Beurteile, ob Plakate wie in Abbildung 1 nicht nur in Krankenhäusern, sondern auch andernorts aufgehängt werden sollten.

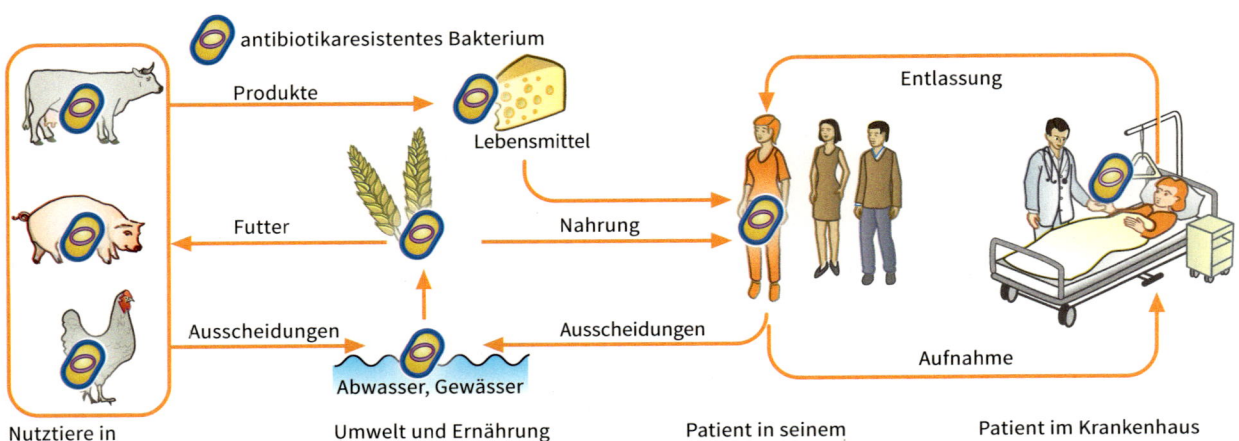

3 *Übertragungswege von Bakterien, die gegen Antibiotika resistent sind*

1.9 Marie hat eine Lungenentzündung – ein Fallbeispiel

1 Marie ist erkrankt

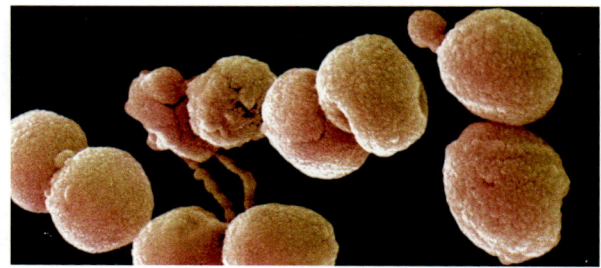

2 Pneumokokken, die Erreger der Lungenentzündung

Maries Erlebnisse	Vorgänge in Maries Körper
06.10.: Nach der Schule trifft sich Marie mit ihren Freundinnen im Kino. Ihre Mutter ist damit zunächst nicht einverstanden, weil Marie erkältet ist. Doch endlich lässt sich die Mutter erweichen und Marie läuft freudestrahlend los. Im Kinosaal ist es brechend voll, schließlich läuft der Film erst seit zwei Tagen und jeder will ihn sehen. Aber nicht nur Marie ist erkältet. Viele Kinobesucher husten und niesen. Der Junge hinter Marie niest besonders häufig und so laut, dass Marie einiges vom Film kaum verstehen kann.	Maries Körper ist durch ihre Erkältung geschwächt. Der Junge hinter Marie hustet winzige Tröpfchen aus seinem Rachenraum in Maries Richtung. Sie atmet diese unbemerkt ein. In diesen Tröpfchen befinden sich kugelförmige Bakterien, sogenannte Pneumokokken (Abb.2). Sie sind die Erreger einer Lungenentzündung. Über die Luftröhre gelangen sie in Maries Lunge.
06.10.: Als sie wieder zuhause ist, berichtet Marie ihrer Mutter lange und ausführlich über den Film. Nach dem Abendessen liest Marie noch ein wenig in ihrem neuen Lieblingsbuch. Doch bald ist sie müde und geht zu Bett.	Die Luftröhre und die Lunge besitzen eine Schleimhaut mit Flimmerhärchen, die mit Schleim Staubteilchen und Bakterien in den Mundraum befördern. Dieser Abtransport ist eingeschränkt, sodass sich Staubteilchen und Bakterien in ihren Lungenbläschen ablagern können. Dies bietet den Bakterien einen idealen Nährboden, um sich zu vermehren. Fresszellen reagieren zwar auf die Bakterien, beseitigen diese und starten die zelluläre Immunantwort. Jedoch ist Maries Immunsystem geschwächt, sodass die Reaktion zu langsam erfolgt und die Bakterienanzahl in der Lunge steigt.
07.10.: Am nächsten Morgen hustet Marie in der Schule immer häufiger. Sie kann sich kaum konzentrieren und sehnt das Ende des Schultages herbei. Als Marie zuhause ankommt, geht es ihr plötzlich viel schlechter. Marie bekommt Schüttelfrost und hohes Fieber.	Die Anzahl der Bakterien hat sich enorm erhöht und bewirkt eine Immunantwort des Körpers. Dabei erhöht der Körper durch Muskelzucken (Schüttelfrost) und Fieber die Körpertemperatur, sodass die Pneumokokken wirksamer abgewehrt werden können.
07.10.: Marie schleppt sich mithilfe ihrer Mutter zum Arzt. Dieser hört Marie mit dem Stethoskop ab und vernimmt rasselnde Atemgeräusche. Ein Röntgenbild der Lunge gibt anschließend die Gewissheit, dass Marie eine Lungenentzündung hat. Sofort bekommt sie das Antibiotikum Penicillin verschrieben, das gegen viele Bakterienstämme wirkt. Um den Erreger genauer bestimmen zu können, wird aus dem abgehusteten Schleim eine Probe genommen und im Labor untersucht.	Die Bakterien haben in den Lungenbläschen sehr viel Schleim produziert. Da sie zudem durch die Schleimhaut mit ihren Flimmerhärchen nicht abtransportiert werden, ist dieser Schleim sehr zähflüssig geworden. Flüssigkeit sammelt sich in den Lungenbläschen. Diese schlecht durchlüfteten Lungenbereiche können im Röntgenbild gut erkannt werden.
07.10.-09.10.: Die Hälfte aller an einer Lungenentzündung Erkrankten müssen zur Genesung in ein Krankenhaus aufgenommen werden. Da Marie als junger Mensch aber noch ein starkes Immunsystem besitzt, kann sie sich zuhause erholen. Sie muss Bettruhe halten und viel trinken. Die nächsten zwei Tage fühlt sich Marie noch schlechter, bevor sie schrittweise wieder zu Kräften kommt.	Die zelluläre Immunantwort reduziert im Zusammenspiel mit der Bakterien abtötenden Wirkung des Penicillins nach und nach die Zahl der Bakterien.
13.10.: Obwohl sich Marie nach sechs Tagen schon gut fühlt, bekommt sie plötzlich Durchfall. Glücklicherweise verschwindet dieser wieder, nachdem Marie ihre Ration an Penicillin aufgebraucht hat.	Das Penicillin besitzt Nebenwirkungen, die Maries Verdauungssystem beeinträchtigen.
24.11.: Nach sechs Wochen ist die Lungenentzündung endlich vollständig ausgeheilt.	Maries Körper befindet sich wieder in einem Gleichgewicht. Die Immunantwort ist abgeschlossen.

1. Abwehr von Pneumokokken.
a) Skizziere die Vorgänge zur Abwehr der Pneumokokken in Maries Körper vor und nach dem Arztbesuch. Verwende die Fachbegriffe zur Immunantwort.
b) Präsentiert eure Skizzen und beurteilt ihre Aussagekraft und Übersichtlichkeit.

2. Anzahl der Pneumokokken. Bakterien vermehren sich bei günstigen Bedingungen sehr schnell durch Teilung. Pneumokokken teilen sich etwa alle 25 Minuten. Berechne, wie viele Pneumokokken innerhalb von 15 Stunden aus einer Zelle entstanden sind.

3. Vorgänge im Darm bei einer Penicillinbehandlung. Im Darm jedes Menschen leben Milliarden von Bakterien. Sie sind nützlich, da sie Nahrungsbestandteile für den Menschen zugänglich machen. Ihre große Anzahl sowie von ihnen abgegebene Abwehrstoffe verhindern, dass sich krankheitserregende Bakterien im Darm ansiedeln.
a) Werte die Kurven aus der Abbildung 3 aus.
b) Erkläre das Auftreten des Durchfalls, den Marie am sechsten Tag nach der Penicillineinnahme bekommt (Abb. 4).

4. Verwendung eines Antibiotikums. Bewerte den Einsatz des Antibiotikums Penicillin in Maries Krankheitsfall.

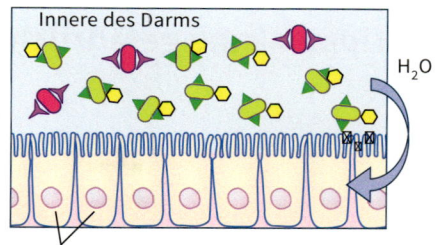
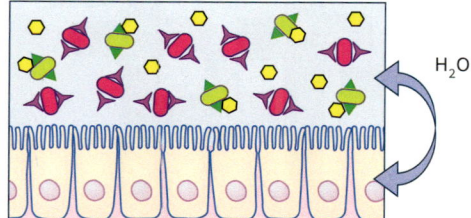
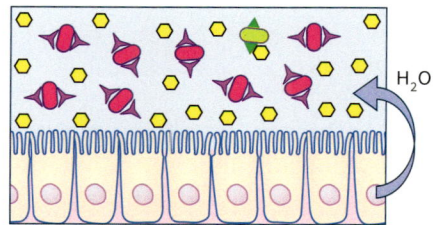

🟢 Darmbakterien, die Kohlenhydrate aufnehmen und Abwehrstoffe gegen fremde Bakterien abgeben

🔴 Mit der Nahrung aufgenommene Bakterien, die Gifte abgeben, die die Darmschleimhaut schädigen.

🟡 Kohlenhydrate, die von den Darmbakterien abgebaut werden. Wenn die Kohlenhydrate nicht von Darmbakterien abgebaut werden, binden sie Wasser und entziehen es der Darmschleimhaut. Es kommt zur Austrocknung des Körpers.

4 *Vorgänge an der Darmschleimhaut*

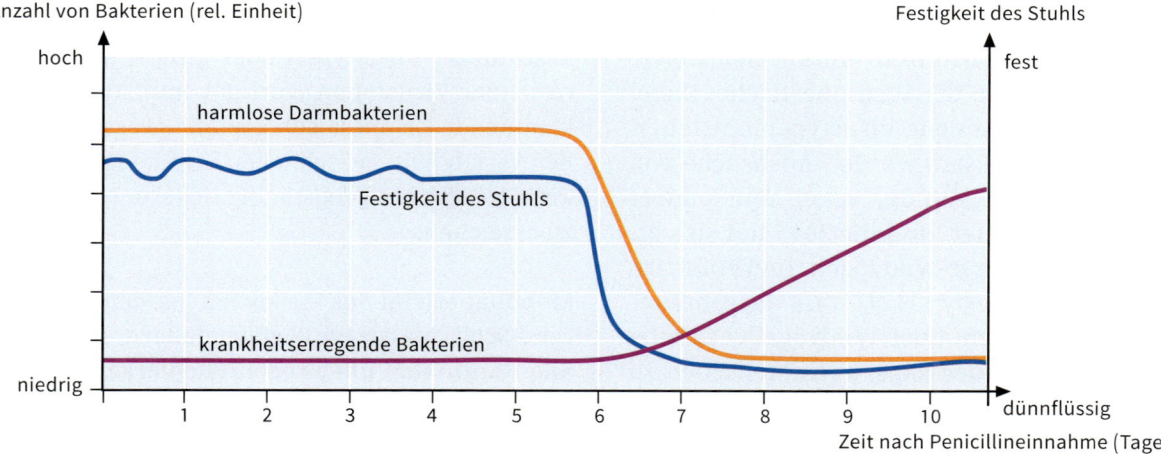

3 *Anzahl von Darmbakterien und krankheitserregenden Bakterien während der Penicillinbehandlung*

1.10 Die Grippe – eine gefährliche Infektionskrankheit

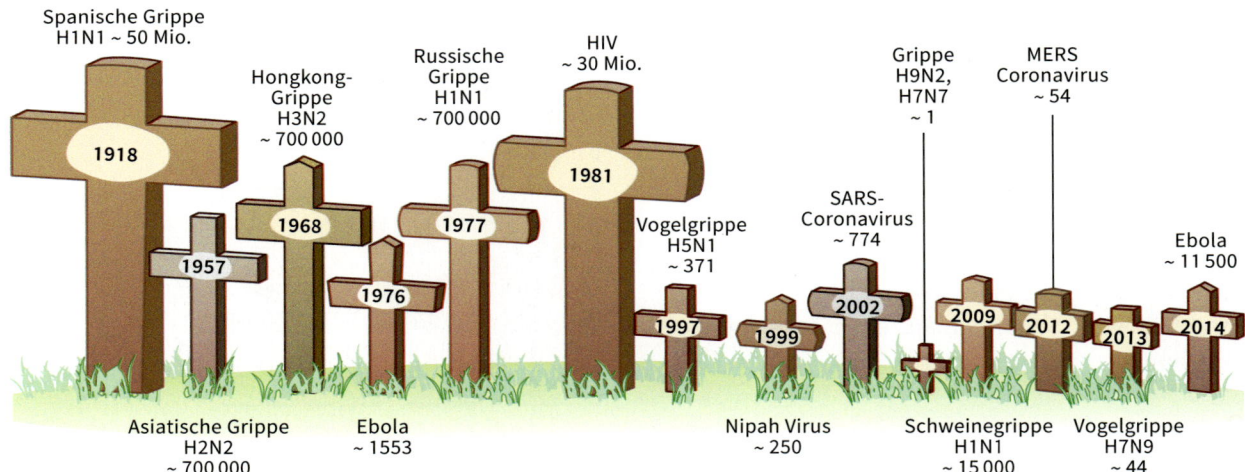

1 *Pandemien und Epidemien*

Die echte Grippe, **Influenza**, ist die am meisten unterschätzte Infektionskrankheit. Auch heute noch fordert die Influenza weltweit jährlich etwa drei bis fünf Millionen Todesopfer, in Deutschland durchschnittlich 20 000. In Europa kommt es regelmäßig von Oktober bis März zu Grippewellen. Meistens sind nur einzelne Regionen stark betroffen. Dann spricht man von **Epidemien**. Alle paar Jahrzehnte breiten sich Grippeerreger aber weltweit über mehrere Kontinente aus, dann handelt es sich um eine **Pandemie**. Die bisher schlimmste Grippepandemie, die „Spanische Grippe", forderte 1918/19 weltweit etwa 50 Millionen Todesopfer.

Das Grippevirus ist variabel. Veränderungen in der Erbinformation durch Mutationen bewirken Veränderungen der Virusoberfläche. Dabei können gefährliche neue Virustypen entstehen. Besonders aufmerksam werden Ausbrüche von Tierseuchen, vor allem der Vogel- und Schweinegrippe, beobachtet. Im Jahr 2015 hat sich zunächst in China unter Wildvögeln und Hühnern der aggressive Virustyp H_7N_9 stark ausgebreitet. Dieser Virustyp kann über Wildvögel verbreitet werden und ist in der Lage, auch Menschen zu infizieren. Eine große Gefahr besteht dann, wenn Virustypen, die Menschen infizieren, und Tierviren gleichzeitig einen Wirt infizieren. Das ist vor allem bei Schweinen möglich. Es kann dann zu einer Neukombination der Viruserbinformation und damit zu stark veränderten Viren kommen, die Menschen sehr gefährlich werden können. Zum Beispiel könnten Viren die neue Fähigkeit erlangen, über Tröpfcheninfektionen verbreitet zu werden. Derartige neu kombinierte Viren könnten zukünftige Pandemien auslösen.

Das Grippevirus wird weltweit überwacht. In Deutschland werden Rachenabstriche betroffener Patienten von staatlichen Einrichtungen untersucht. Dort wird eine exakte Bestimmung des Virustyps vorgenommen, der der WHO-Zentrale in Genf gemeldet wird. Aufgrund der Häufung bestimmter Virustypen oder aufgrund neu auftretender Virustypen wird der Impfstoff für die kommende Grippesaison geplant. Wegen der großen Variabilität und schnellen Veränderbarkeit des Virus ist aber kein vollständig sicherer Impfschutz zu erreichen.

Mobilität erhöht das Risiko von Pandemien. Während Schiffspassagen Wochen dauern, sind heute alle Kontinente über regen Flugverkehr miteinander verbunden. So kann ein Krankheitserreger innerhalb weniger Stunden von einem auf einen anderen Kontinent gelangen.

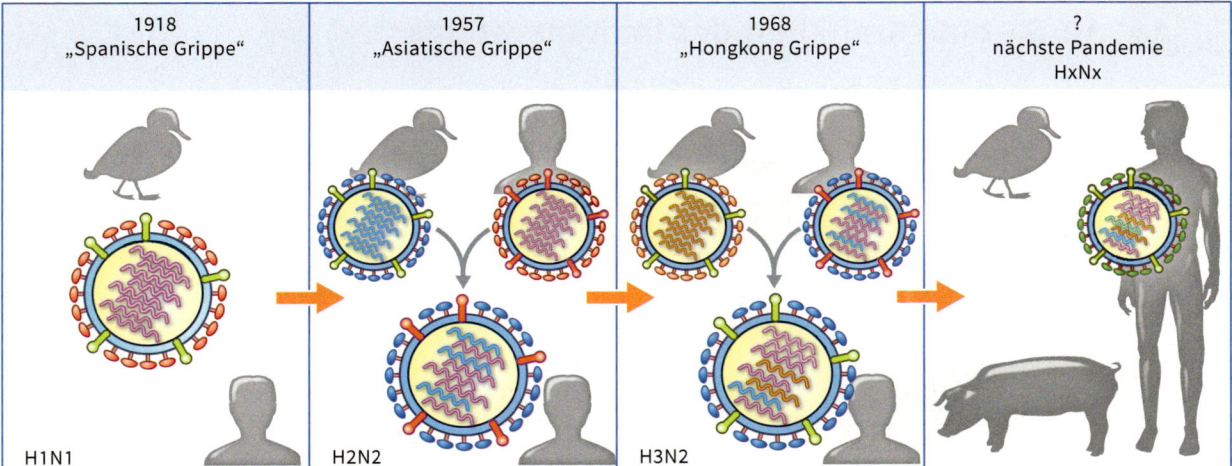

2 *Pandemien*

1. Pandemien und Epidemien.
a) Während in den Nachrichten im Zusammenhang mit HIV- und SARS-Infektionen von einer Pandemie gesprochen wird, wird seit 2014 von einer Ebolaepidemie berichtet. Recherchiere notwendige Fakten und beurteile die fachliche Richtigkeit der Wortwahl.
b) Recherchiere zu den in Abbildung 1 genannten Krankheitsfällen und erläutere, ob es sich um Epidemien oder Pandemien handelt.

2. Grippepandemien. Das Grippevirus enthält Erbinformation, die verantwortlich ist für die Virusvermehrung und den Zusammenbau der Viruspartikel. Auf der Oberfläche der Virushülle befinden sich die Eiweiße Hämagglutinin (H) und Neuraminidase (N). Diese Eiweiße fungieren als Antigene. Es sind derzeit 16 Hämagglutinin- und 9 Neuraminidase-Typen bekannt.
JEFFERY K. TAUBENBERGER, amerikanischer Virologe, machte folgende Aussage. „Daher könnte man sagen, dass wir in einer Pandemie-Ära leben, die bereits 1918 begann."
Erkläre diese Aussage mithilfe der Abbildung 2.

3. Entstehung von Pandemien. Nenne mögliche Faktoren, die das Entstehen einer Pandemie begünstigen können. Begründe deine Annahmen jeweils.

4. Grippevirus und Wirte. Erläutere im Zusammenhang mit Abbildung 3, ob und inwiefern das Auftreten der Vogelgrippe mit dem Erreger H_7N_9 im Jahr 2015 ein Risiko für Menschen bedeuten kann.

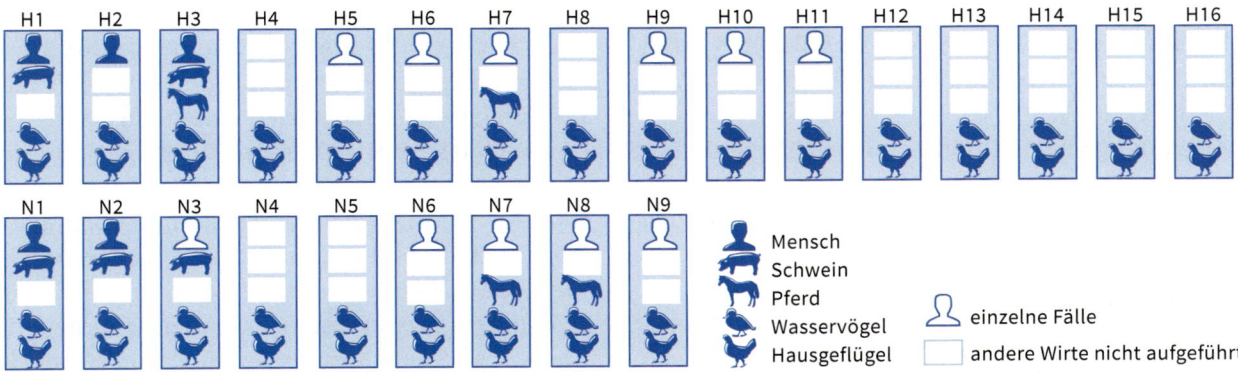

3 *Grippeviren und Wirte*

1.11 AIDS – eine Krankheit des Immunsystems

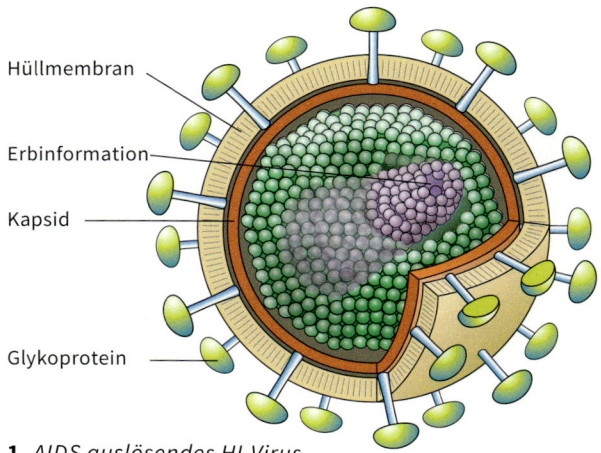

1 *AIDS auslösendes HI-Virus*

AIDS: acquired immune deficiency syndrome = erworbenes Immunschwächesyndrom
(Unter dem Begriff Syndrom versteht man eine Krankheit mit vielen Symptomen.)

HIV: human immunodeficiency virus = menschliches Immunschwächevirus

2 *Namenserklärung*

HIV ist ein Virus, das hauptsächlich die T-Helferzellen befällt (Abb.1). Diese sind notwendig, um das Immunsystem zu aktivieren. Das Virus dringt in die T-Helferzellen ein und vermehrt sich. Es kann aber auch für lange Zeit in der T-Helferzelle ruhen. Bei jeder Zellteilung wird seine Erbinformation an die neu entstandenen T-Helferzellen weitergegeben (Abb. 3). In diesem Zustand kann das Virus nicht vom Immunsystem erkannt werden. Erst wenn irgendwann die massenhafte Vermehrung beginnt, die zum Tod der T-Helferzelle führt, kann das Immunsystem die Viren bekämpfen.

Am Anfang einer HIV-Infektion treten grippeähnliche Symptome auf. Die Viren in der Körperflüssigkeit werden vom Immunsystem bekämpft, doch können nicht alle Viren vernichtet werden. Mit der Zeit nimmt die Zahl der T-Helferzellen aufgrund der Vernichtung durch die Viren immer mehr ab, die Zahl der Viren in der Körperflüssigkeit dagegen zu. Durch die geringe Anzahl der T-Helferzellen verliert das Immunsystem an Wirksamkeit, bis es schließlich ganz zusammenbricht (Abb. 5). Das Endstadium der Krankheit bezeichnet man als AIDS (Abb. 2). Dann werden sonst harmlose Infekte zur tödlichen Bedrohung für den Patienten. Es treten seltene von Parasiten hervorgerufene Krankheiten und Krebsarten auf. Das AIDS-Stadium kann ohne Medikamente zwischen wenigen Wochen und über zehn Jahren nach der Infektion eintreten. Medikamente können den Ausbruch von AIDS heute sehr lange hinauszögern. AIDS führt schließlich immer zum Tod.

In allen Körperflüssigkeiten infizierter Personen findet man HIV, zum Beispiel in Blut, Lymphe, Spermaflüssigkeit, Scheidenflüssigkeit, Speichel, Tränenflüssigkeit. Eine Ansteckung erfolgt, wenn eine genügend große Anzahl von Viren in den Körper einer Person gelangt. HIV wird hauptsächlich durch Geschlechtsverkehr und durch Mehrfachverwendung von Spritzen in der Drogenszene übertragen. Beim Geschlechtsverkehr dringen Viren durch kleine Hautbeschädigungen, die meist unbemerkt bleiben, in den Körper ein. Die **Verwendung von Kondomen** bietet einen großen Schutz, aber keine absolute Sicherheit. Eine Übertragung von HIV durch Speichel, Schweiß oder Tränenflüssigkeit konnte bis heute nicht nachgewiesen werden.

Eine HIV-Infektion kann festgestellt werden, indem ein **Test auf Antikörper** gegen das HIV durchgeführt wird. Einen solchen Test kann man auch mit dem Partner gemeinsam durchführen lassen. Bei jedem Vermehrungszyklus des HIV haben infolge von Änderungen in der Erbinformation die meisten neu gebildeten Viren eine andere Oberfläche als das Virus, das die Zelle befallen hat. Die Bekämpfungsmaßnahmen des Immunsystems werden dadurch unterlaufen. Alle bisher entwickelten Medikamente können den Verlauf einer HIV-Infektion zwar verzögern, aber nicht heilen. Eine vorbeugende Impfung existiert zurzeit noch nicht.

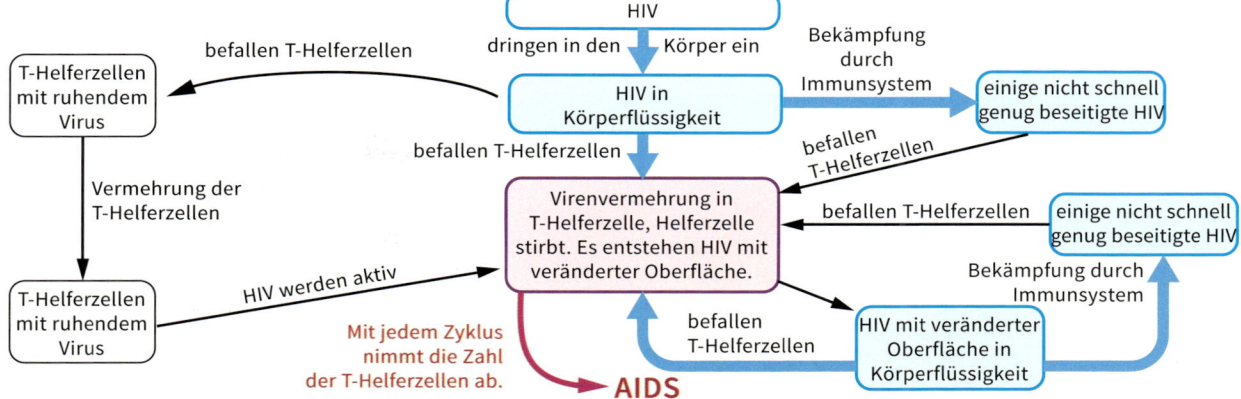

3 *Vorgänge im Körper bei einer HIV-Infektion*

1. Infektion mit HIV. Beschreibe und erkläre die Vorgänge bei einer HIV-Infektion (Abb. 3).

2. Gesellschaftliche Aspekte.
a) Beschreibe und erkläre den Verlauf der beiden Kurven in Abbildung 5.
b) Begründe, warum ein HIV-Test ganz kurz nach der Infektion nicht zuverlässig ist.

3. Persönliche Aspekte.
a) Immer wieder kommt es dazu, dass HIV-infizierte Menschen gemieden werden, sobald die Diagnose bekannt wird. Nenne Gründe, warum Mitmenschen auf diese Weise reagieren.
b) Beschreibe die Probleme eines HIV-infizierten jungen Menschen (Schülerin/Schüler) zu beschreiben.
c) Erläutere, wie durch Verhaltensweisen das Risiko für eine Ansteckung mit dem HIV verringert werden kann.

4. Impfproblematik. Bewerte die Argumente der Experten zu der geplanten Impfaktion in Südafrika (Abb. 4).

> Ein neuer Impfstoff soll in Südafrika, der Region mit der höchsten AIDS-Rate getestet werden. Er lässt eine Erfolgsrate von 50 % erwarten. Experten beurteilen diese Impfung unterschiedlich. Befürworter sind der Meinung, damit könnten 50 % der zu erwartenden Neuinfektionen verhindert werden. Viel Leid und viele Behandlungskosten könnten so gespart werden. Kritiker befürchten, dass in der Bevölkerung dadurch andere vorbeugende Maßnahmen, wie zum Beispiel der Einsatz von Kondomen, vernachlässigt werden, weil die Impfung eine Sicherheit vorspiegelt, die nicht gegeben ist. Zudem befürchten diese Experten, dass die notwendigen fünf Impfdurchgänge (nur so werden die 50 % erreicht) von der zu einem hohen Teil nur unzureichend gebildeten Bevölkerung nicht alle durchgeführt werden.

4 *Problematik der verfügbaren Impfstoffe*

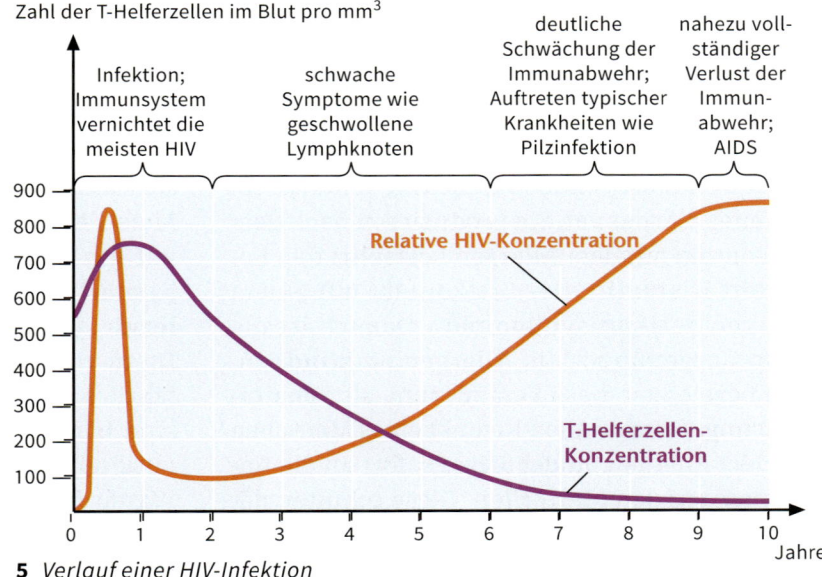

5 *Verlauf einer HIV-Infektion*

1.12 Allergien

1 *Heuschnupfen*

Viele Menschen leiden besonders zur Blütezeit von Bäumen und Gräsern unter Heuschnupfen (Abb. 1). Symptome sind neben dem Schnupfen juckende und gerötete Augen und manchmal auch Atemnot. Diese Symptome sind typisch für eine Allergie. Auslöser des Heuschnupfens sind Pollen von Gräsern, Bäumen oder Kräutern. Eine **Allergie** ist eine Überempfindlichkeit gegen eigentlich harmlose Stoffe, z. B. an der Oberfläche von Pollen. Diese lösen bei Allergikern eine manchmal heftige Abwehrreaktion des Immunsystems aus. Diese Stoffe nennt man **Allergene**.

Beim Erstkontakt mit einem Allergen wird das Immunsystem aktiv und Plasmazellen produzieren spezielle gegen das Allergen gerichtete Antikörper. Diese Antikörper binden an die Oberfläche von Mastzellen. **Mastzellen** kommen im gesamten Körper vor. Sie produzieren nach dem Erstkontakt mit dem Allergen vermehrt den Botenstoff **Histamin**. Der Erstkontakt mit einem Allergen verläuft symptomlos. Danach ist die Person gegenüber dem Allergen empfindlich. Man bezeichnet diese Veränderung als **Sensibilisierung**. Beim zweiten Kontakt eines Menschen mit dem Allergen bindet dieses sofort an die Antikörper auf den Mastzellen. Diese schütten daraufhin sofort Histamin aus, das an Rezeptoren umgebender Gewebszellen bindet und innerhalb weniger Sekunden heftige Reaktionen auslösen kann: Blutgefäße erweitern sich, es kommt durch Einlagerung von Wasser zur Quaddelbildung auf der Haut. Die erhöhte Histaminkonzentration im Körper kann in schwereren Fällen zu Atemnot, erhöhter Säureproduktion im Magen und verstärkter Darmtätigkeit führen. Die Erweiterung der Blutgefäße kann einen gefährlichen Blutdruckabfall und dadurch einen lebensbedrohlichen Kreislaufzusammenbruch bewirken. Allergien werden häufig auch durch Ausscheidungen der Hausstaubmilbe oder durch Tierhaare verursacht. Insektengifte und Medikamente können ebenfalls allergische Reaktionen hervorrufen.

Von einer **Kontaktallergie** spricht man, wenn durch Kontakt der Haut mit einem Stoff allergische Reaktionen ausgelöst werden. Das ist beim Metall Nickel häufiger der Fall. Menschen, die auf Inhaltsstoffe in der Nahrung allergisch reagieren, leiden unter einer **Nahrungsmittelallergie**. Für Nahrungsmittelallergiker kann das Essen von Speisen, die Allergene enthalten, gefährlich werden. Auf Lebensmittelverpackungen sind Hinweise auf die 14 wichtigsten Allergieauslöser verpflichtend (Abb. 3). Auch bei losen Waren müssen die Verbraucher, etwa über das Verkaufsschild, über die enthaltenden Allergene informiert werden.

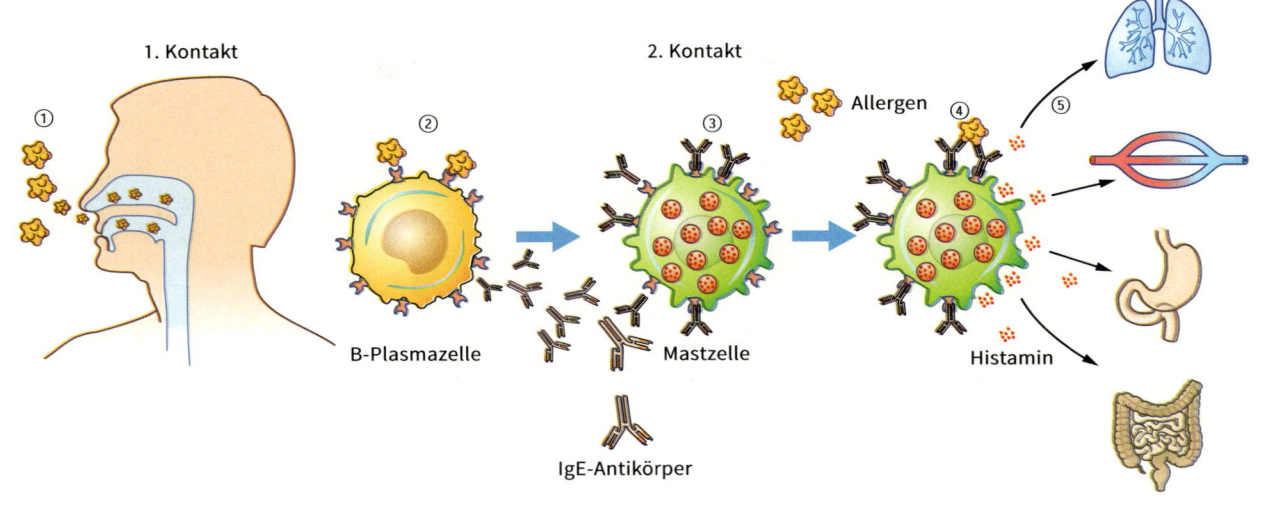

2 *Allergische Reaktion*

1. Ablauf allergischer Reaktionen. Erläutere mithilfe des Grundwissentextes und anhand der Abbildung 2 die Vorgänge, die zu einer allergischen Reaktion führen. Ordne die Aussagen jeweils den Ziffern in Abbildung 2 zu

2. Lebensmittelkennzeichnung. Seit 2014 ist die Kennzeichnung der 14 Hauptallergene in der EU auf Lebensmittelverpackungen und für lose Ware verpflichtend (Abb. 3). Überprüfe Lebensmittelverpackungen auf Hinweise zu Allergenen.

1. Glutenhaltige Getreide
2. Krebstiere
3. Eier
4. Fische
5. Erdnüsse
6. Sojabohnen
7. Milch
8. Schalenfrüchte
9. Sellerie
10. Senf
11. Sesamsamen
12. Schwefeldioxid und Sulfite
13. Lupinen
14. Weichtiere

3 *Kennzeichnungspflichtige Allergene*

3. Behandlungsmöglichkeiten bei Allergien. Zur medikamentösen Behandlung von Allergien können drei Verfahren angewandt werden:
1. Mastzellenstabilisatoren verhindern, dass Mastzellen Histamin ausschütten. Diese Medikamente müssen vorbeugend einige Wochen genommen werden.
2. Bei der Immuntherapie wird der Körper langfristig dem Allergen in niedriger Dosis ausgesetzt. Dadurch wird die Antikörperproduktion gedrosselt.
3. Es können Medikamente mit Antihistaminika als Wirkstoffen verabreicht werden.
Stelle eine Hypothese zu einem möglichen Wirkmechanismus dieser Medikamente auf (Abb. 4).

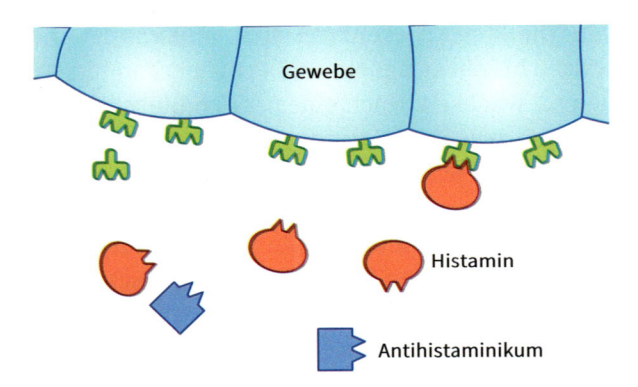

4 *Histamin und Antihistaminikum*

1.13 Zecken – Tiere als Krankheitserreger

1 a) Zeckenlarve, b) Zeckenlarve in Lauerstellung, c) Zecke beim Blutsaugen

Zecken gehören zu den Spinnentieren (Abb. 1). Sie leben als Parasiten. **Parasiten** sind Lebewesen, die einseitig auf Kosten ihrer Wirte Vorteile für das eigene Leben in Anspruch nehmen. Zecken saugen Blut von warmblütigen Tieren. Häufige Wirte sind Mäuse, Igel, Rehe, Rotwild und Vögel. Da Zecken außerhalb des Wirtskörpers leben, zählt man man sie zu den **Ektoparasiten**.

Die Entwicklung einer Zecke dauert in der Regel zwei bis drei Jahre, bei ungünstigen Bedingungen kann sie bis fünf Jahre in Anspruch nehmen. Dabei können die Tiere bis zu zwei Jahre hungern. Aus den Eiern, die zum Beispiel an Grashalmen kleben, schlüpfen die etwa 0,5 mm großen Larven. Die junge Zeckenlarve sitzt auf Gräsern und wartet, bis ein geeigneter Wirt vorüberkommt, auf den sie wechselt. Nach einer ersten Blutmahlzeit, die mehrere Tage dauert, verlässt sie den Wirt. Durch mehrwöchige Reifung und eine Häutung wird sie zu einer 1,5 mm großen Larve. Erneut begibt sie sich in Lauerstellung an Gräsern oder niedrigen Zweigen bis 50 cm Höhe. Nach einer zweiten Blutmahlzeit entwickelt sich das geschlechtsreife Tier. Dieses sucht sich seine Lauerstellung in bis maximal 150 cm Höhe. Während die geschlechtsreifen Männchen nur wenig Blut saugen, nimmt das Weibchen bei einem Wirt bis zum 200-fachen seines Gewichtes an Blut auf. Während es saugt, gibt das Weibchen Duftstoffe, so genannte Pheromone, ab, um Männchen anzulocken. Nach der Paarung legt das Weibchen circa 3 000 Eier ab, die es an Grashalme klebt. Die erwachsenen Tiere sterben anschließend.

Zecken nehmen ihre Wirte durch ein Organ wahr, das am vorderen Beinpaar sitzt und auf Geruchsstoffe des Schweißes reagiert. Außerdem können sie Änderungen der Kohlenstoffdioxidkonzentration in der Luft bei der Annäherung eines Tieres feststellen. Zum Saugen bevorzugen Zecken weiche, warme Hautpartien. Beim schmerzfreien Stich gelangen mit dem Speichel entzündungshemmende und blutgerinnungshemmende Substanzen in die Wunde des Wirtes. Widerhaken am Stechapparat verhindern, dass die Zecke vorzeitig abfällt. Nach Beendigung des Blutsaugens lässt sie von selbst los und verlässt den Wirt.

Zecken können Krankheiten übertragen, indem mit ihrem Speichel Viren oder Bakterien in den Wirt gelangen. Die gefährlichsten dieser Krankheiten sind die Lyme-Borreliose und eine Hirnhautentzündung, die FSME (Abb. 2).

Lyme-Borreliose. Die Krankheit wird von Borreliosebakterien hervorgerufen. Mit Borreliose infizierte Zecken gibt es in ganz Deutschland. 5-35 % der Zecken sind infiziert. Die Bakterien befinden sich im Darm der Zecke und gelangen beim Blutsaugen in den Wirt. Die Infektionsgefahr bei Lyme-Borreliose ist, wenn eine Zecke in den ersten 24 Stunden nach dem Biss entfernt wird, sehr gering. Sie nimmt dann mit steigender Saugzeit langsam zu. Die Krankheit beginnt meist mit einer ringförmigen Rötung um die Stichstelle und grippeähnlichen Symptomen. Unbehandelt kann es noch Monate später zu Herz- und Gelenkproblemen kommen. Auch das zentrale Nervensystem kann erkranken. Die Krankheit wird mit Antibiotika bekämpft. Es ist keine vorbeugende Impfung möglich.

Frühsommer-Meningoenzephalitis (FSME). Die Krankheit ist eine Hirnhautentzündung und wird von Viren ausgelöst, die sich in den Speicheldrüsen infizierter Zecken befinden. Auch hier steigt mit zunehmender Saugzeit der Zecken das Infektionsrisiko. Im Schnitt sind 1 % der Zecken in Risikogebieten infiziert. Die Symptome sind zunächst grippeähnlich. Je nach Schwere der Erkrankung reichen sie anschließend von schweren Kopfschmerzen mit Fieber bis hin zu Bewusstseinstörungen, Koma und sogar Todesfolge. Eine vorbeugende Impfung ist möglich.

2 *Von Zecken übertragene Krankheiten*

3 *Verbreitungsgebiete von FSME 2016 in Deutschland*

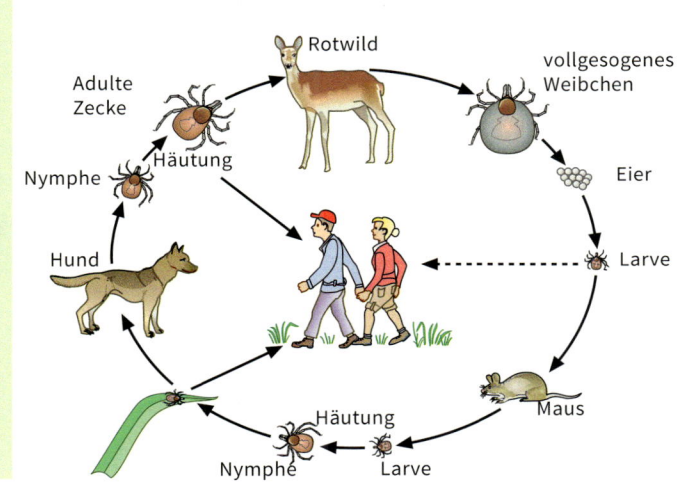

4 *Der Entwicklungszyklus der Zecke*

1. Der Entwicklungszyklus der Zecken.
a) Beschreibe das Schema zur Fortpflanzung und Entwicklung der Zecken mithilfe des Grundwissentextes (Abb. 4). Ordne die Begriffe „Nymphe" und „Adulte Zecke" den im Text verwendeten Begriffen zu.
b) Erkläre die Darstellung des Menschen im Schema (Abb. 4).

2. Die Zecke als Krankheitsüberträger.
a) Beschreibe die Karte in Abbildung 3.
b) Recherchiere die Verbreitung der Lyme-Borreliose in Deutschland. Vergleiche mit der FSME.
c) Stelle Hypothesen auf, wie Zecken von Borreliose- und FSME-Erregern infiziert werden können.

3. Prävention. Leite anhand des Grundwissentextes und der Abbildungen 2 und 4 begründete Verhaltensweisen und Maßnahmen ab, die das Erkrankungsrisiko für Borreliose und FSME minimieren.

Wiederholen – Üben – Festigen zum Thema „Gesundheit und Krankheit"

1 Einige Schlüsselbegriffe zum Thema

Bau und Funktion des Nervensystems

2 Nervensystem und Sinne des Menschen

3 Sucht und Suchtprävention

Sucht und Suchtprävention – Drogenmissbrauch	Störungen/Täuschungen von Sinnesorganen	
Erkrankungen – Schädigungen	Stress meiden – gesund bleiben	Lernen und Gedächtnis
peripheres Nervensystem	zentrales Nervensystem	vegetatives Nervensystem

Gehirn

Reflex

Rückenmark

Reiz-Reaktions-Schema

Nervenzellen

Dendrit

Soma

Axon

Schlüssel-Schloss-Prinzip

Synapse

Informationsübertragung → elektrische Impulse

Informationsübertragung → Transmittermoleküle

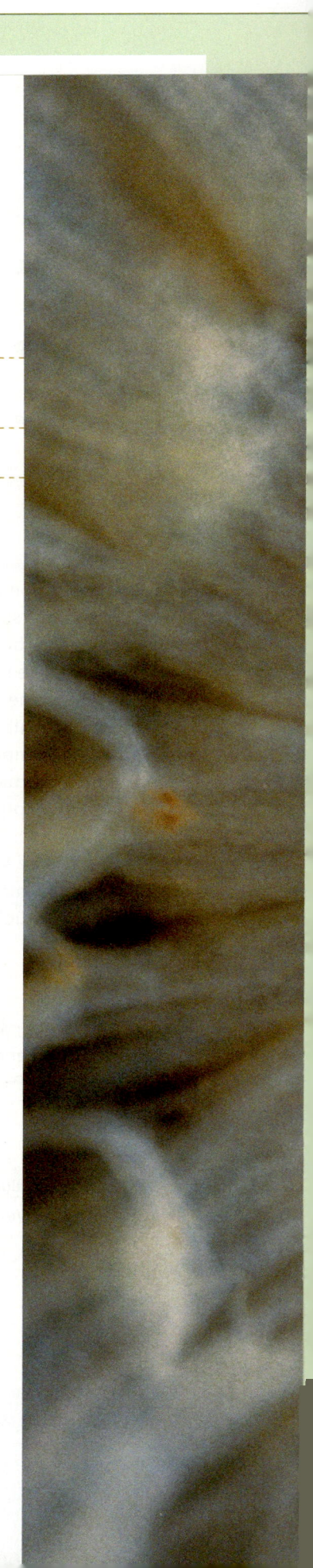

42

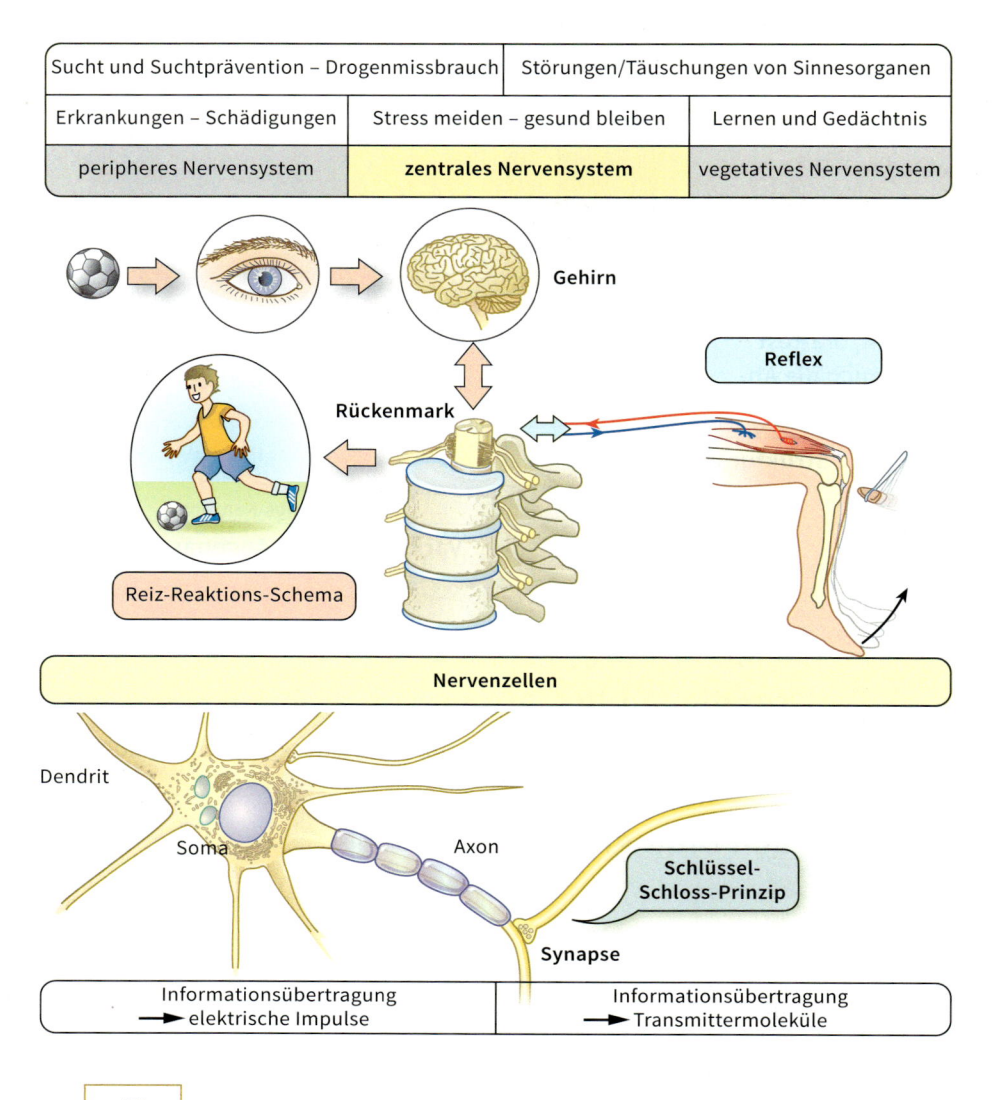

43

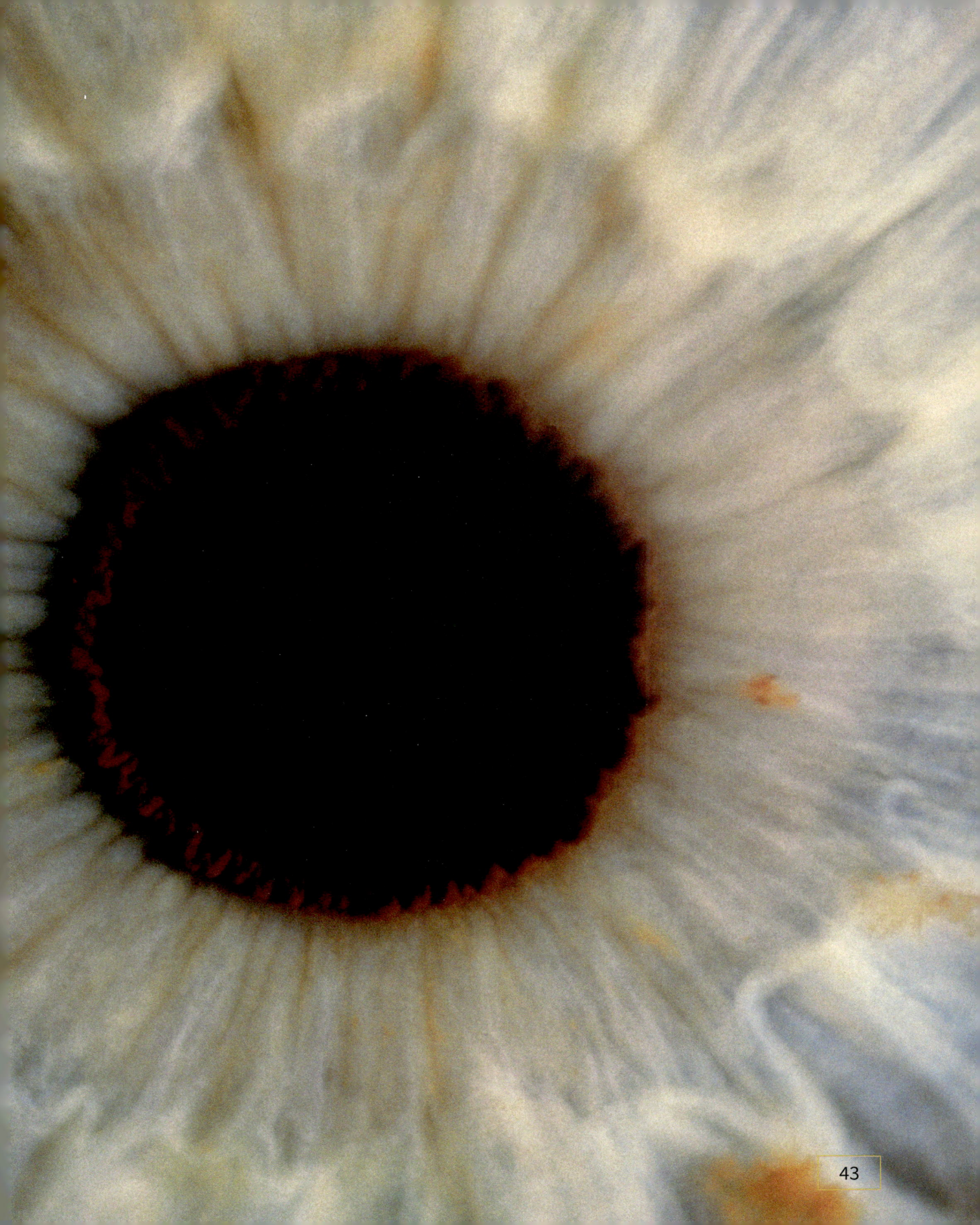

2.1 Aufbau und Funktion des Nervensystems

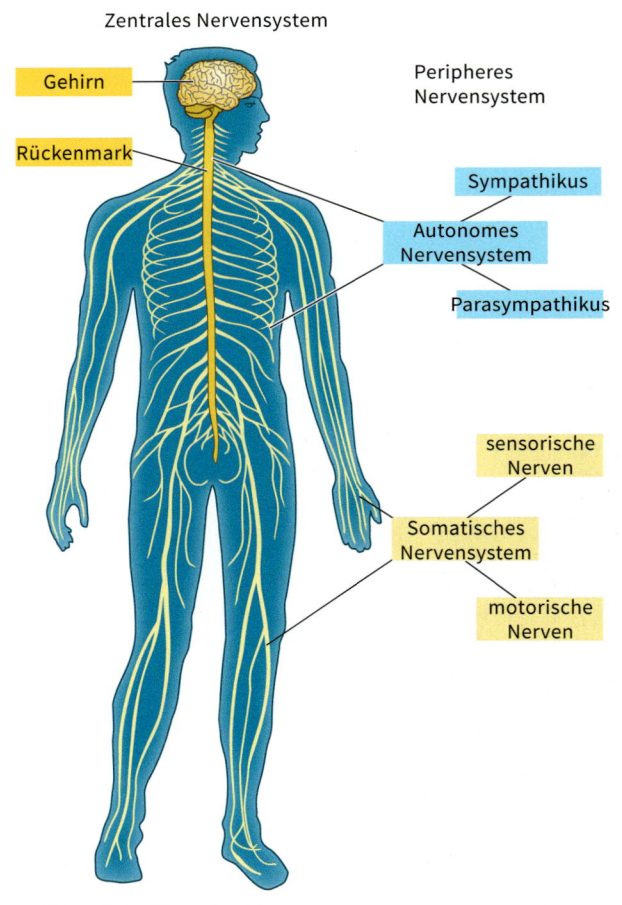

1 Übersicht über das Nervensystem

Man unterscheidet im Körper zwischen dem zentralen Nervensystem und dem peripheren Nervensystem (Abb. 1). Zum **zentralen Nervensystem** gehören das Gehirn und das Rückenmark. Das Rückenmark liegt geschützt in den Wirbelknochen der Wirbelsäule. Im Rückenmark kann man graue und weiße Substanz unterscheiden. Die graue Substanz liegt innen. Sie enthält die Zellkörper der Nervenzellen. Die Axone bilden die weiße Substanz. Zwischen den Wirbelknochen zweigen Nerven vom Rückenmark in alle Teile des Körpers ab.

Das **periphere Nervensystem** umfasst das somatische Nervensystem und das autonome Nervensystem (Abb. 1). Beide stehen mit dem zentralen Nervensystem in Verbindung. Zum somatischen Nervensystem gehören die Nerven, die von den Sinnesorganen zum zentralen Nervensystem führen. Sie heißen **sensorische Nerven** und übermitteln dem Gehirn einen "Zustandsbericht" über den Körper. Außerdem gehören dazu die Nerven, die vom zentralen Nervensystem zu den Skelettmuskeln führen und diese steuern. Sie heißen **motorische Nerven**. Die Zellkörper der sensorischen und der motorischen Nerven liegen im Rückenmark, über das sie auch mit dem Gehirn in Verbindung stehen.

Die inneren Organe wie Darm oder Leber werden vom autonomen Nervensystem gesteuert, ebenso wie Atmung, Herzschlag und Schweißbildung (Abb. 2). Dabei gibt es zwei Systeme, die sich in ihrer Wirkung entgegengesetzt verhalten. Die Nerven des **Sympathikus** und die Nerven des **Parasympathikus** sind Gegenspieler. Durch sie wird der Körper auf Leistung oder Ruhe eingestellt. Stress und Angst fördern die Aktivität des Sympathikus, Entspannung fördert den Parasympathikus. Alle diese Reaktionen sind stark von Gefühlen abhängig und laufen unbewusst ab. Das autonome Nervensystem ist auch an der Freisetzung von Hormonen beteiligt.

Die Nerven des autonomen Nervensystems entspringen zum Teil dem Zwischenhirn, zum Teil dem Rückenmark. Das autonome Nervensystem und das zentrale Nervensystem beeinflussen sich gegenseitig, doch arbeiten Sympathikus und Parasympathikus weitgehend unabhängig vom zentralen Nervensystem. Während die Nerven des Parasympathikus einzeln und weitgehend unabhängig voneinander verlaufen, gibt es beim Sypathikus den zentral verlaufenden Grenzstrang. Er besteht aus zwei in Verbindung stehenden Strängen, die zu beiden Seiten der Wirbelsäule verlaufen. Der Grenzstrang erhöht durch seine Aktivität zum Beispiel den Blutdruck und erweitert die Herzkranzgefäße, während die Blutgefäße des Verdauungstraktes verengt werden.

1. Das autonome Nervensystem. Der Sympathikus wird häufig als „Leistungsnerv", der Parasympathikus als „Ruhenerv" bezeichnet. Begründe anhand der Abbildung 2 diese Einteilung und diskutiere, ob diese Bezeichnungen uneingeschränkt gültig sind.

2. Querschnittslähmung. Bei einer Querschnittslähmung sind die Nerven des Rückenmarks durchtrennt.
a) Erkläre, warum bei einer Querschnittslähmung im Brustbereich die Bewegung aller Körperteile unterhalb der Verletzung nicht möglich ist aber, dass Herz, Lunge, Magen und Darm nach wie vor funktionieren.
b) Begründe, warum die Kontrolle der Blase nach einer solchen Verletzung nicht möglich ist.

3. Wirkung des Parasympathikus. Wird der Nerv des Parasympathikus zum Herzen betäubt, schlägt das Herz dauerhaft schneller als vorher. Durch eine Stresssituation wird die Herzfrequenz weiter erhöht. Die Pupille des Auges erweitert sich, wenn der Nerv des Parasympathikus zum Auge betäubt wird. Begründe diese Sachverhalte.

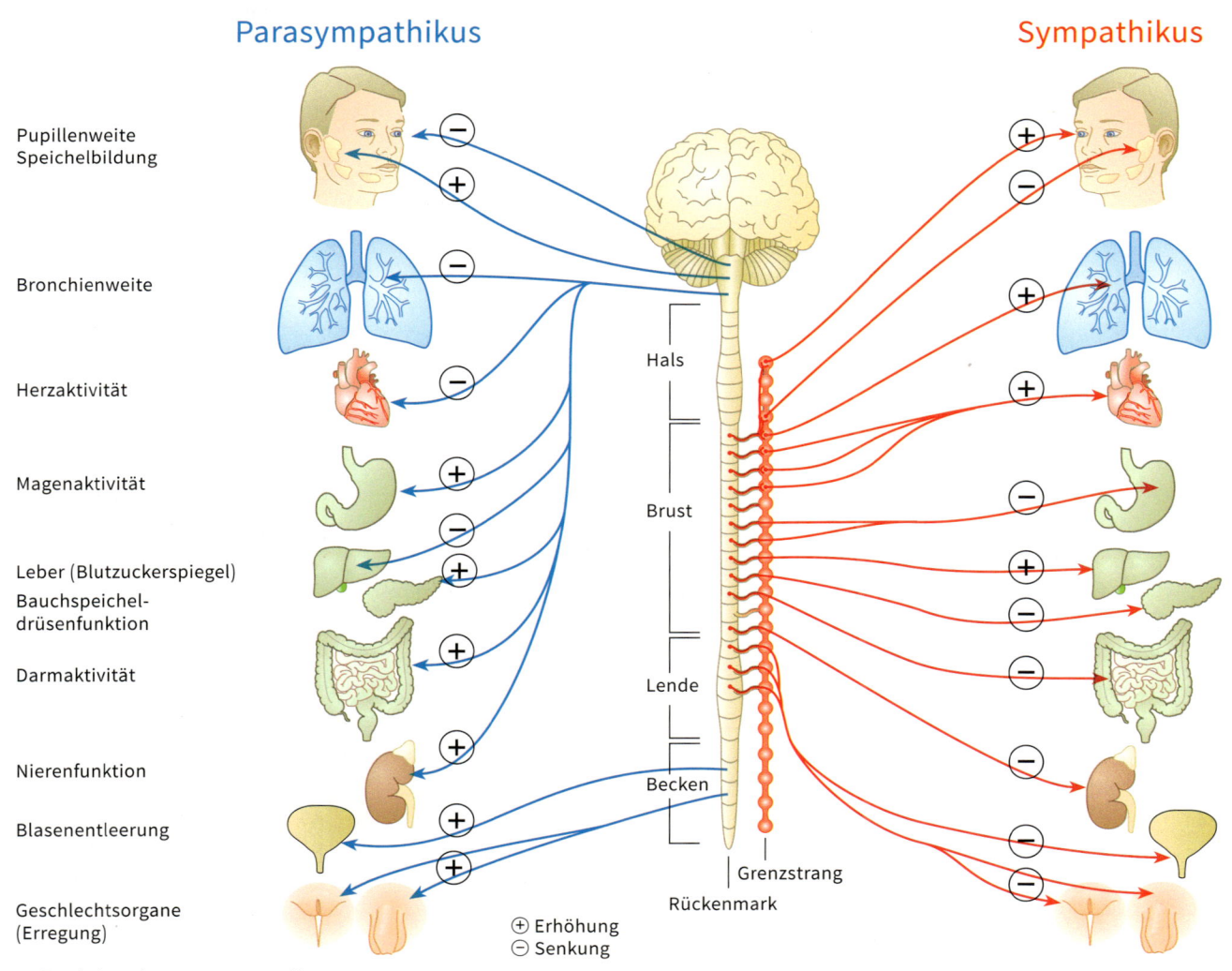

3 *Funktion des autonomen Nervensystems*

2.2 Bau und Funktion der Nervenzelle

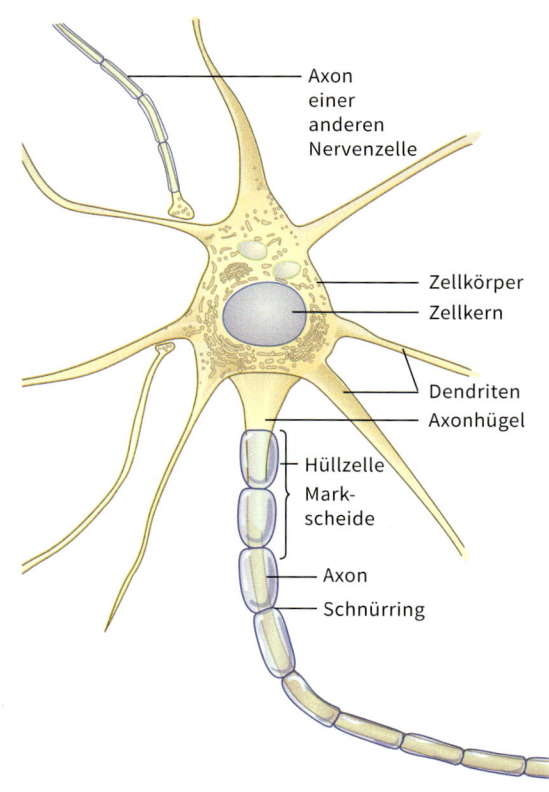

Eine Nervenzelle besteht aus dem Zellkörper mit Zellkern. Sie wird auch als **Neuron** bezeichnet (Abb. 1, 5). Am Zellkörper befinden sich zahlreiche dünne, kurze Ausläufer, die man **Dendriten** nennt, und in der Regel ein langer, dickerer Ausläufer, den man als **Axon** bezeichnet.

Axone leiten Signale in Form elektrischer Impulse innerhalb einer Nervenzelle weiter. Viele Axone verschiedener Nervenzellen verlaufen über weite Strecken parallel und bilden so einen **Nerv** (Abb. 3). Ein Axon kann von einer **Markscheide** umgeben sein (Abb. 2). Diese besteht aus Hüllzellen, die sich um das Axon gewickelt haben. Die Einschnürungen zwischen den Hüllzellen heißen Schnürringe. Manche Tiere wie Weichtiere haben diese Markscheide nicht. Axone mit Markscheiden leiten die elektrischen Impulse schneller als Axone ohne Markscheiden. Ein Axon endet in einer oder mehreren Verdickungen, die man **Endknöpfchen** nennt. Endknöpfchen liegen an einer Zielzelle an. Zielzellen können eine andere Nervenzelle, eine Drüsenzelle oder eine Muskelzelle sein. Die Endknöpfchen sind Bestandteil der **Synapsen**, der „Verbindungsstelle" zwischen Zellen.

Zwischen dem Endknöpfchen und der Zielzelle liegt ein Zwischenraum, der **synaptische Spalt**. Die Signalübertragung erfolgt hier nicht auf elektrischem Weg, sondern durch chemische Stoffe, die

1 *Aufbau einer Nervenzelle*

man **Transmitter** nennt. Ein im Endknöpfchen ankommender elektrischer Impuls bewirkt, dass Bläschen mit Transmittermolekülen ihren Inhalt in den synaptischen Spalt entleeren (Abb. 4). Transmittermoleküle durchqueren den Spalt und binden an Rezeptoren der gegenüberliegenden Membran. Transmittermoleküle passen nach dem **Schlüssel-Schlosss-Prinzip** genau zu den Rezeptoren. Durch das Andocken der Transmittermoleküle werden an der Membran der Zielzelle elektrische Signale ausgelöst. Die Transmittermoleküle werden anschließend durch Enzyme zerlegt. Die Bruchstücke werden ins Endknöpfchen zurücktransportiert, dort wieder zusammengesetzt und wieder in Bläschen gespeichert.

Sowohl am Zellkörper als auch an den Dendriten befinden sich zahlreiche Synapsen von Axonen benachbarter Nervenzellen. Sie geben elektrische Impulse in Richtung des Zellkörpers weiter. Dadurch kann am Axonhügel ein elektrischer Impuls ausgelöst werden. Der elektrische Impuls wird dann vom Axonhügel durch das Axon weitergeleitet. Nervenzellen mit ihren Synapsen sorgen durch die Übertragung von Signalen für einen Informationsaustausch im Körper.

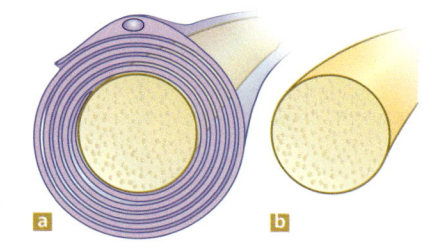

2 *Axonquerschnitte a) mit Markscheide, b) ohne Markscheide*

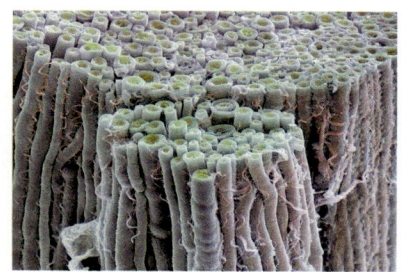

3 *Viele Axone liegen nebeneinander und bilden einen Nerv*

① Ankommende elektrische Impulse bewirken, dass Bläschen zum Spalt wandern.

② Ausschüttung von Transmittermolekülen in den synaptischen Spalt

③ Binden der Transmittermoleküle am Rezeptor

④ Auslösung eines elektrischen Impulses

⑤ Zerlegung der Transmittermoleküle durch Enzyme

⑥ Rücktransport der Bruchstücke

⑦ Synthese der Transmittermoleküle und Speicherung in Bläschen

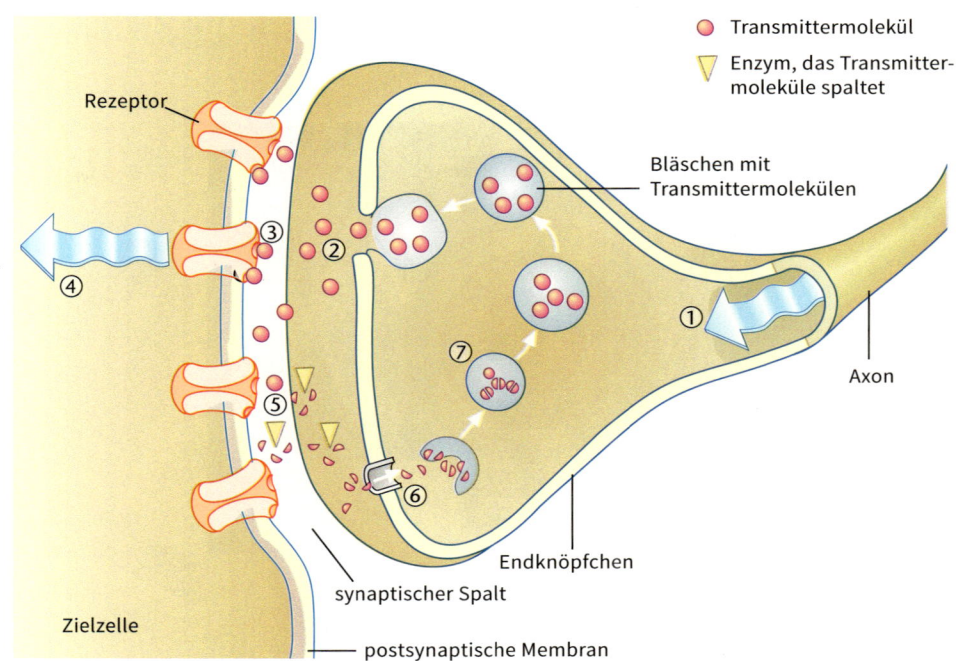

○ Transmittermolekül
▽ Enzym, das Transmittermoleküle spaltet

Rezeptor, Bläschen mit Transmittermolekülen, Axon, Endknöpfchen, synaptischer Spalt, postsynaptische Membran, Zielzelle

4 Informationsübertragung an einer Synapse

1. Mikroskopisches Bild der Nervenzelle. Ordne den Buchstaben in der Abbildung 6 die entsprechenden Begriffe zu.

Nerven	Durchmesser in Mikrometer	Markscheide vorhanden	Leitungsgeschwindigkeit m/s
Hummer	70	--	16
Qualle	9	--	0,5
Katze	13	+	78
Mensch	10	+	60

5 Informationen zu Nerven

2. Leitungsgeschwindigkeit in Nerven. Entwickle anhand der Abbildung 5 eine Hypothese, von welchen Faktoren die Leitungsgeschwindigkeit in Nerven abhängt.

3. Informationsübertragung an Synapsen.
a) Stelle den Ablauf der Informationsübertragung an einer Synapse in einem Fließdiagramm dar (Abb. 4).
b) Begründe, warum eine Informationsübertragung über mehrere Nervenzellen, zum Beispiel von einer Sinneszelle zum Gehirn, nur in einer Richtung stattfinden kann.

4. Was wird bewirkt durch ...?
– Viele Narkosestoffe verhindern, dass an den Rezeptoren der postsynaptischen Membran elektrische Signale ausgelöst werden.
– Bestimmte Nervengase blockieren die Enzyme im synaptischen Spalt.
– Manche Drogen wirken wie Transmittermoleküle.
Erläutere mögliche Auswirkungen auf die Nervenfunktionen.

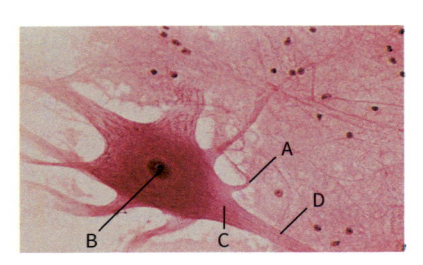

5. Leitungsgeschwindigkeit. Bei den Wirbeltieren werden zum Beispiel die Muskeln von Händen

6 Mikroskopisches Bild einer Nervenzelle

und Armen von Nerven mit Markscheiden gesteuert, der Darm von Nerven ohne Markscheiden. Stelle Hypothesen auf, warum sich eine solche Aufteilung in der Entwicklung des Menschen durchsetzen konnte.

47

2.3 Sinnesorgane und Reizarten

Sehen

Riechen a

Hören

Schmecken

Temperatur wahrnehmen, Tasten

Licht
Temperaturänderung
ultraviolettes Licht
Druck

1 a) Sinnesorgane des Menschen, b) Reize, die auf die Haut wirken

Lebewesen sind vielen Einflüssen ausgesetzt. Sie können aber nur solche Einflüsse als **Reize** wahrnehmen, für die sie Sinnesorgane besitzen (Abb. 1a, 1b). So können wir nur einen kleinen Ausschnitt des Lichtes sehen, während wir andere Bereiche wie ultraviolettes Licht nicht wahrnehmen können. Wir haben keine Sinnesorgane, die durch ultraviolettes Licht gereizt werden. Sinnesorgane reagieren nur angemessen, wenn ein passender Reiz bei ihnen eintrifft. Das sichtbare Licht ist ein passender Reiz für die Sinneszellen im Sinnesorgan Auge. Druck auf das Auge, zum Beispiel durch einen Schlag, ist kein passender Reiz, obwohl die Sinneszellen im Auge reagieren: Der Betroffene sieht „Sterne". Bei einem passenden Reiz muss auch die **Reizstärke** passen. Fällt zu viel Licht in das Auge, ist man geblendet. Ist zu wenig Licht vorhanden, kann man nicht sehen.

Sinneszellen mit ähnlichen Aufgaben sind oft ähnlich gebaut und in Sinnesorganen zusammengefasst, zum Beispiel die Geruchssinneszellen in der Nasenschleimhaut oder die Lichtsinneszellen im Auge. Die Haut ist als die Grenzfläche des Körpers gegen die Umgebung mit besonders vielen Sinneszellen ausgestattet (Abb. 3). Über sie erfolgt zum Beispiel die Informationsaufnahme für Wärme, Kälte und Schmerz. Druckunterschiede werden durch Sinneszellen in der Haut registriert und ermöglichen das Tasten. Andere Sinneszellen zeigen an, in welche Richtung die Haut gedehnt wird. Sie werden auch aktiv, wenn zum Beispiel Haare in der Haut von Luftströmungen bewegt werden.

Sinneszellen wandeln Reize in elektrische Signale um, die von den Nerven zum Gehirn geleitet und dort verarbeitet werden. Im Gehirn, dem Hauptteil des zentralen Nervensystems, entsteht dadurch eine **Wahrnehmung**.

Lebewesen verschiedener Tierarten haben unterschiedliche Wahrnehmungen. So können Bienen im Vergleich zu Menschen ultraviolettes Licht sehen. Fledermäuse und Hunde hören sehr hohe Töne, die für uns Menschen unhörbar sind. Elefanten können sehr tiefe Töne hören, die außerhalb des menschlichen Hörvermögens liegen. Die unterschiedlichen Tierarten sind durch die spezielle Ausbildung ihrer Sinneszellen an ihre Lebensweise angepasst.

1. Sinnesorgane nehmen Reize auf. Beschreibe, welche unterschiedlichen Sinnesorgane die im Text in Abbildung 2 beschriebenen Reize aufnehmen.

2. Haut.
a) Stelle die Sinneszellen, die in der Haut vorkommen, mit ihren passenden Reizen in einer Tabelle zusammen (Abb. 3). Füge eine Spalte mit Alltagssituationen hinzu, in denen die Sinneszellen reagieren.
b) Erläutere die Bedeutung der Wärme- und Kältesinneszellen für den Menschen.

3. Raumschwelle. Unter einer Raumschwelle versteht man den Abstand zweier gleich starker Druckreize, die gerade noch getrennt wahrgenommen werden. Werte die Abbildung 2 in Hinblick auf den Abstand der Sinneszellen für Druck in der Haut aus und stelle einen Bezug zur Lebensweise des Menschen her.

„Langsam gehe ich durch die Fußgängerzone. Es ist kalt, rechts klappern Kleiderbügel. Von links sticht mir ein intensiver Fischgeruch in die Nase. Ich gehe schneller, höre Schritte und Stimmengewirr. Ein Ventilator summt. Warme, stickige Luft bläst mir ins Gesicht.

Ich gehe weiter. Da merke ich: Ah, Kaffeeduft und der Geruch von frisch gebackenem Kuchen. Ich habe das Café erreicht. Die Türklinke ist kalt und nass."

2 *Sinneseindrücke*

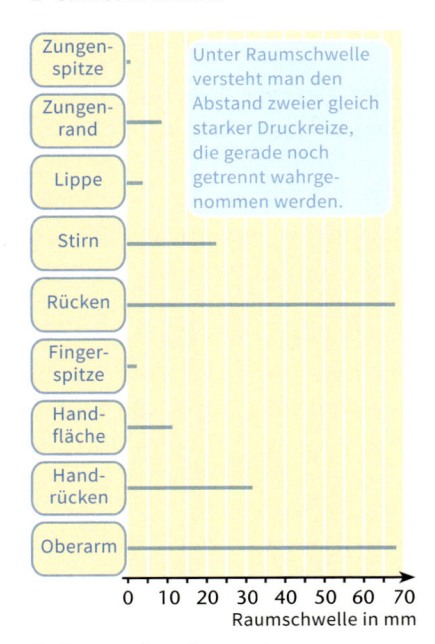

Unter Raumschwelle versteht man den Abstand zweier gleich starker Druckreize, die gerade noch getrennt wahrgenommen werden.

3 *Raumschwellenwerte*

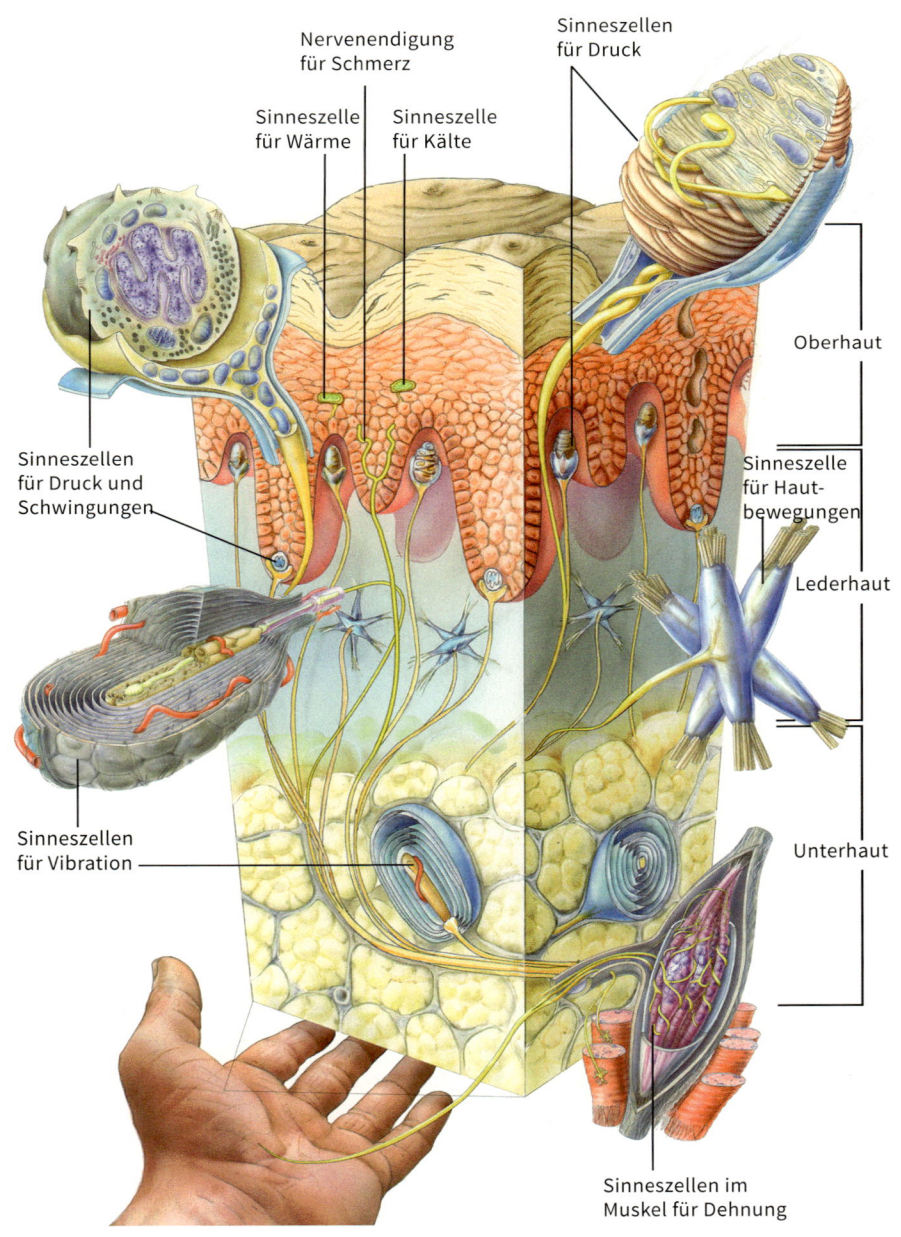

4 *Die Haut hat viele verschiedene Sinneszellen*

2.4 Bau und Funktion des Auges

Die Augen sind die **Lichtsinnesorgane**. Sie liegen von Fettgewebe geschützt in den Augenhöhlen. Muskeln sorgen für die Beweglichkeit der Augen. Augenlider und Wimpern dienen dem Schutz vor Fremdkörpern. Die Augen werden durch Tränenflüssigkeit ständig feucht gehalten. Gelangen Fremdkörper auf das Auge, werden sie durch Tränenflüssigkeit herausgespült.

Das Auge ist von der Lederhaut umgeben (Abb. 1a). Es folgt nach innen die Aderhaut. Sie enthält viele Blutgefäße und dient der Versorgung des Auges. Zwischen Aderhaut und Lederhaut liegt innen eine lichtundurchlässige Pigmentschicht. Nur der Bereich um die Linse ist davon ausgespart. Auf die Pigmentschicht folgt zum Glaskörper hin die Netzhaut, die die **Lichtsinneszellen**, die Zapfen und Stäbchen, enthält. Der Innenraum des Auges ist vom Glaskörper, einer durchsichtigen, gallertartigen Flüssigkeit ausgefüllt. Das Licht gelangt durch die Hornhaut in das Auge. Die Iris ist eine bewegliche Blende. Sie enthält lichtundurchlässige Pigmente und wird auch als Regenbogenhaut bezeichnet. Die Iris bestimmt die Pupillenweite und reguliert so die einfallende Lichtmenge. Die elastische Linse sorgt für eine scharfe Abbildung der einfallenden Lichtstrahlen auf der Netzhaut.

Die Netzhaut enthält die Lichtsinneszellen und Nervenzellen (Abb. 1b). Es gibt zwei Typen von Lichtsinneszellen, die Stäbchen und die Zapfen. Beide senden elektrische Signale aus, wenn Licht auf sie trifft. Diese elektrischen Signale werden an die Nervenzellen weiter gegeben. Die Axone der Sehnervzellen werden gebündelt und bilden den Sehnerv, der in das Gehirn führt. Dort werden die Signale weiter verrechnet, wodurch der eigentliche Seheindruck erst entsteht. An der Stelle, an der der Sehnerv das Auge verlässt, befinden sich keine Lichtsinneszellen. Diese Stelle der Netzhaut bezeichnet man als blinden Fleck.

Zapfen ermöglichen das Farbensehen. Sie benötigen mehr Licht als die Stäbchen. Es gibt drei verschiedene Zapfentypen. Sie reagieren unterschiedlich auf die Wellenlängen des Lichtes (Abb. 2). Ein Typ reagiert stärker auf rotes Licht, der zweite auf grünes und der dritte auf blaues Licht. Der Farbeindruck entsteht, indem die elektrischen Signale dieser Zapfentypen im Sehzentrum des Gehirns verarbeitet werden. Zapfen findet man hauptsächlich im Bereich des **gelben Flecks**. Dort stehen die Zapfen besonders dicht beieinander. Hier wird die größte Sehschärfe erreicht. Je größer die Entfernung vom gelben Fleck ist, umso weniger Zapfen findet man. Weit vom gelben Fleck entfernt gibt es in der Netzhaut nur Stäbchen.

Stäbchen findet man nicht im Bereich des gelben Flecks. Sie benötigen weniger Licht und können nur Helligkeitsunterschiede wahrnehmen.

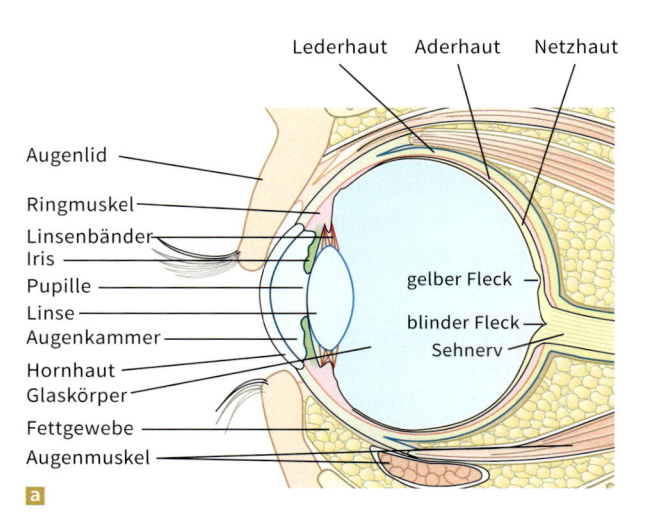

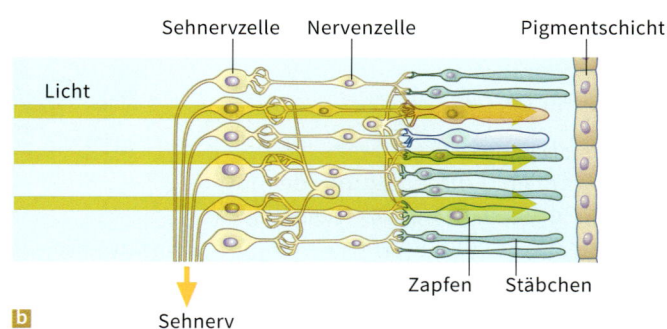

1 a) Aufbau des Auges, b) Aufbau der Netzhaut

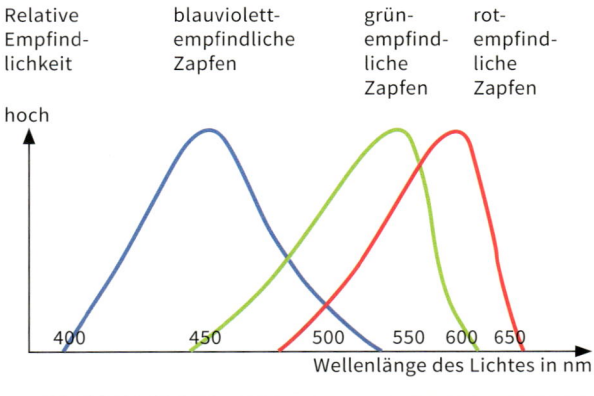

2 *Unterschiedliche Empfindlichkeit der Zapfen*

1. Stationen des Sehens. Skizziere ein Fließdiagramm, in dem die Stationen des Sehens vom einfallenden Licht bis zum Gehirn aufgeführt werden.

2. Versuch zum blinden Fleck. Halte Abbildung 3 mit ausgestrecktem Arm auf Augenhöhe. Führe das Buch nun langsam auf das Auge zu, wobei du mit dem rechten Auge das weiße Kreuz fixierst und das linke Auge mit der freien Hand abdeckst. Wiederhole den Versuch, indem du die Abbildung aus Augennähe langsam wieder entfernst.
a) Beschreibe deine Beobachtungen und erkläre sie. Beachte dabei die Aussagen des Grundwissentextes.
b) Fertige eine entsprechende Abbildung mit einer anderen Farbe und wiederhole den Versuch. Beschreibe die Beobachtungen und stelle eine Hypothese zur Erklärung auf.

3. Farbensehen.
a) Erläutere ausführlich, welche Zusammenhänge in Abbildung 2 dargestellt sind.
b) In den meisten Fällen einer Rot-Grün-Sehschwäche arbeitet der grünempfindliche Zapfentyp nur

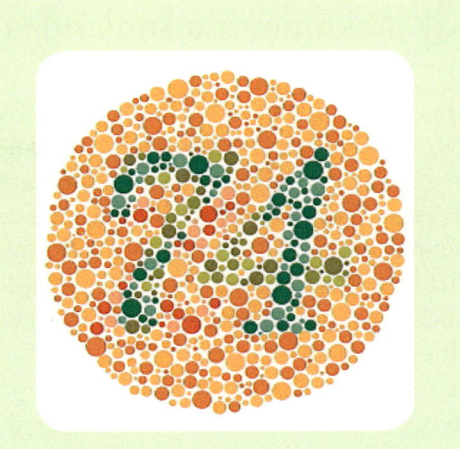

Ist die Funktion eines Zapfentyps gestört, können die betroffenen Menschen bestimmte Farbtöne nicht voneinander unterscheiden.

Man spricht, je nach Auswirkung, von einer Sehschwäche oder Farbenblindheit. Am häufigsten ist eine Sehschwäche, bei der Rot- und Grüntöne nicht unterschieden werden können. Sie ist vererbt und kommt bei circa 4 % der männlichen Bevölkerung vor. Man kann sie mit Testtafeln feststellen.

4 *Testtafel zum Rot-Grün-Sehen*

eingeschränkt. Stelle Hypothesen auf, warum die Zahl 74 in der Abbildung 4 für Personen mit dieser Sehschwäche nicht erkennbar ist.
c) Begründe, warum Personen mit einer Rot-Grün-Sehschwäche trotzdem den Führerschein erwerben dürfen.

4. Dämmerungssehen. Liest man am Abend bei einsetzender Dämmerung einen Text, so kann man nach einiger Zeit die Buchstaben nicht mehr lesen. Die übrige Umgebung ist zu der Zeit noch gut zu erkennen, doch erscheinen alle Gegenstände nur noch in Grau. Erläutere diesen Sachverhalt.

3 *Versuchsbild zum blinden Fleck*

2.5 Akkommodation und Funktionsstörungen des Auges

Treffen Lichtstrahlen auf die Netzhaut, werden die Sinneszellen an dieser Stelle gereizt. Um ein Bild scharf zu sehen, müssen die Lichtstrahlen, die von einem Punkt eines Gegenstandes ausgehen, auch in einem Punkt auf der Netzhaut zusammentreffen. Hornhaut und Linse brechen das Licht so, dass auch bei Gegenständen aus unterschiedlichen Entfernungen die Lichtstrahlen jeweils zusammengeführt werden. Die einfallenden Lichtstrahlen werden jeweils an den Grenzflächen zur Hornhaut und Linse gebrochen, sodass eine scharfe Abbildung möglich ist (Abb. 1). Die Brechung der Hornhaut ist dabei immer gleich, während die genaue Anpassung zum Scharfsehen durch die Linse erfolgt. In den Abbildungen wird die Brechung von Hornhaut und Linse als Vereinfachung zusammengefasst.

Man bezeichnet die Anpassung des Auges auf unterschiedliche Entfernungen als **Akkommodation**. Das im Auge entstehende Bild steht auf dem Kopf. Erst im Gehirn entsteht die Wahrnehmung des aufrechten Bildes. Wenn das Auge auf große Entfernungen eingestellt ist, ist der Ringmuskel nicht kontrahiert und die Linse wird durch die Linsenbänder flachgezogen (Abb. 1a). Ist das Auge auf kurze Entfernungen eingestellt, ist der Ringmuskel zusammengezogen. Die Linsenbänder erschlaffen so. Die elastische Linse nimmt dadurch automatisch eine kugelförmigere Gestalt an (Abb. 1b). Damit wird die Brechung der Linse erhöht. Man sieht in der Nähe scharf. Erschlafft der Ringmuskel wieder bei der Einstellung auf eine größere Entfernung, wird er durch die Befestigung an der Lederhaut nach außen gezogen. Die Linse wird wieder flacher, weil sie durch die wieder gespannten Linsenbänder auseinandergezogen wird.

Bei manchen Menschen ist auch bei einem auf große Entfernung eingestellten Auge die Brechung der Linse noch so groß, dass das Bild nicht auf, sondern vor der Netzhaut scharf abgebildet wird. Diese Menschen können also weit entfernt liegende Gegenstände nicht scharf sehen. Sie sind **kurzsichtig**. Sind Menschen **weitsichtig**, würde das scharfe Bild bei nahen Gegenständen hinter der Netzhaut entstehen, auch wenn das Auge ganz auf Nähe eingestellt ist. Die Brechung der Linse reicht nicht aus. Diese Augenfehler lassen sich durch zusätzliche Linsen, in Form von Brillen oder Kontaktlinsen, korrigieren (Abb. 2). Heute kann auch durch eine operative Veränderung der Hornhaut die Brechkraft korrigiert werden.

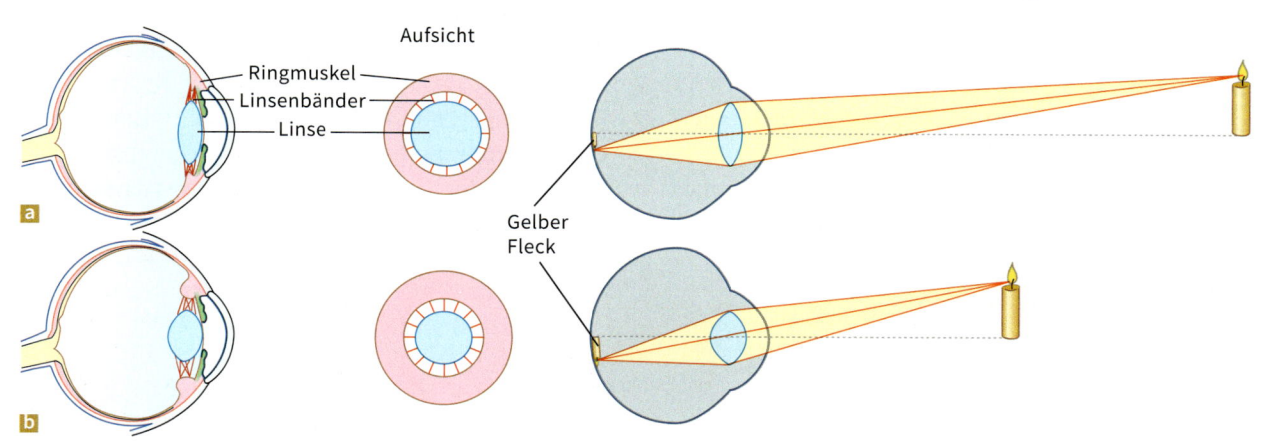

1 *Bildentstehung, Auge und Akkomodation, a) Sehen entfernter Gegenstände, b) Sehen naher Gegenstände*

52

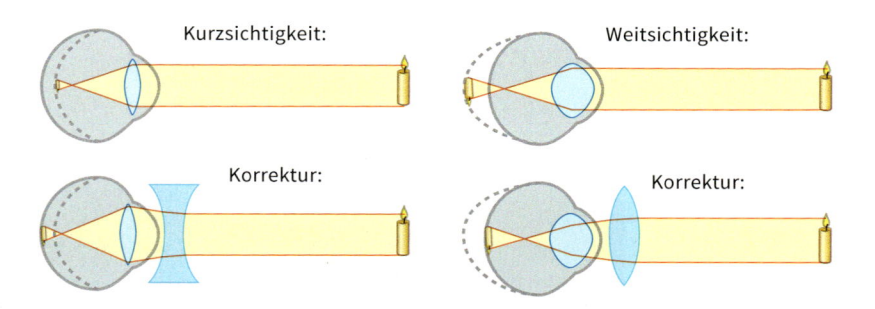

2 *Kurz- und Weitsichtigkeit und deren Korrektur*

3 *Optische Hebung*

1. Akkommodation. Erläutere die in Abbildung 1 dargestellten Zusammenhänge zwischen Entfernung des Gegenstandes, Linsenform und Größe des Bildes.

2. Augenfehler. Beschreibe die Korrektur von Kurz- und Weitsichtigkeit anhand von Abbildung 2.

3. Nahpunktentfernung. Die Nahpunktentfernung gibt an, welcher Mindestabstand vom Auge vorhanden sein muss, um einen Gegenstand scharf zu sehen.
a) Entwickle ein Experiment, wie man die Nahpunktentfernung bestimmen kann. Führe eine solche Bestimmung mit einem Partner durch.
b) Sammle die Ergebnisse aller Gruppen. Berechne den Mittelwert.

4. Lichtbrechung. Will man mit einem Speer vom Uferrand Fische fangen, so geht der Stoß eines Ungeübten fast immer daneben. Beachte die Abbildungen 3, 4 und 5a. Begründe, wie der Stoß ausgeführt werden müsste, damit die Trefferwahrscheinlichkeit steigt.

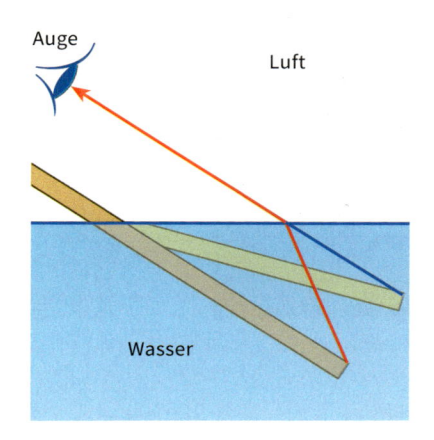

4 *Lichtbrechung im Wasser*

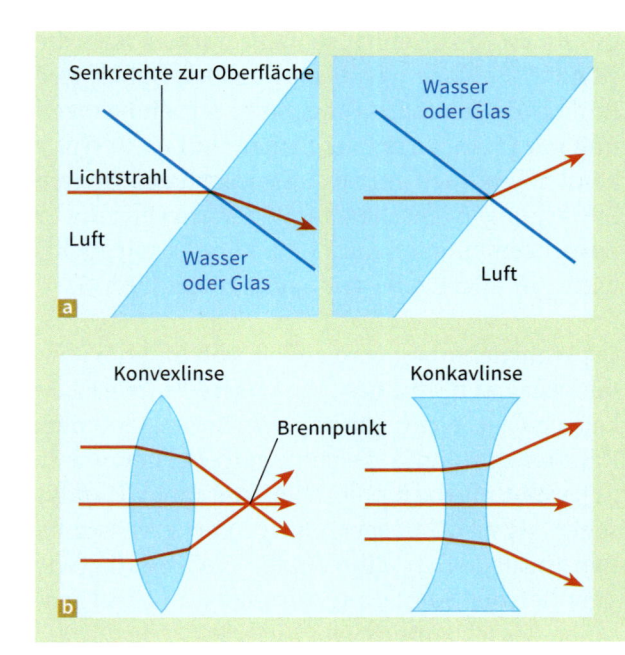

An der Grenzfläche zweier durchsichtiger Medien wird ein Lichtstrahl, der nicht senkrecht auftrifft, gebrochen (a). So erscheint ein Stab oder ein Strohhalm, der in Wasser getaucht wird, mit einem Knick an der Wasseroberfläche. Man spricht von der optischen Hebung (Abb. 3). Die Lichtbrechung erfolgt auch an den Grenzflächen einer Linse.

Strahlen, die durch den Mittelpunkt einer Linse fallen, werden nicht gebrochen. Konvexlinsen (Sammellinsen) führen parallel auftreffende Strahlen im Brennpunkt zusammen, Konkavlinsen (Zerstreuungslinsen) streuen das Licht (b). Je stärker die Krümmung einer Linse ist, umso stärker werden die Strahlen gebrochen. Ein Maß für die Brechkraft ist die Dioptrienzahl (dpt). Bei Konkavlinsen wird die Dioptrienzahl mit einem negativen Vorzeichen versehen. Die Brechkraft der Augenlinse liegt zwischen 18 und 32 dpt, die der Hornhaut bei 43 dpt.

5 *Informationen zur Lichtbrechung von Linsen*

2.6 Sinne und Gehirn arbeiten zusammen - Sinnestäuschungen

1 Unterschiedlicher Kontrast

2 Sehen mit dem linken und dem rechten Auge

Die elektrischen Signale der Sinneszellen im Auge werden über Nerven zum Gehirn geleitet und dort verarbeitet. Die eigentliche Wahrnehmung geschieht also im Gehirn. Oft nehmen wir die Dinge anders wahr, als sie von den Augen aufgenommen werden.

Ein Gegenstand kann nur als solcher erkannt werden, wenn er sich vom Hintergrund durch seine Helligkeit oder Farbe abhebt. Je größer der Kontrast ist, umso besser können wir ihn sehen (Abb. 1). Bei der Verarbeitung der elektrischen Signale im Gehirn, die von den Sinneszellen kommen, werden vorhandene Kontraste deshalb verstärkt.

Beim Betrachten eines Gegenstandes nutzen wir normalerweise beide Augen. Da diese den Gegenstand aber von unterschiedlichen Positionen aus betrachten, entstehen in den beiden Augen unterschiedliche Signale (Abb. 2). Die Signale von beiden Augen gelangen zum Gehirn und werden dort zu einem Gesamtbild zusammengefügt. Dadurch erhalten wir einen **räumlichen Eindruck**. Menschen mit nur einem Auge können nicht räumlich sehen. Beim Auswerten der Signale vergleicht das Gehirn immer erst mit bekannten Erfahrungen aus unserem Gedächtnis. Sind sie vorhanden, werden sie bei der Verarbeitung mit herangezogen. So nehmen wir den Zeigefinger in Abbildung 3 größer wahr als die Windkraftanlage, doch wissen wir aus der Erfahrung, dass diese größer ist. Das Gehirn schließt daraus, dass die Windkraftanlage weiter entfernt ist. Dabei wird immer die sichtbare Umgebung mit einbezogen, und mit Erfahrungen verglichen. Auf diese Weise können wir auch auf zweidimensionalen Bildern Entfernungen einschätzen. Widersprechen die Erfahrungen einem neuen Bild, können wir nichts damit anfangen oder wir sind irritiert (Abb. 5).

Die Wahrnehmung wird zudem von inneren Stimmungslagen beeinflusst, die unsere Aufmerksamkeit steuern. Wenn wir uns zum Beispiel mit dem Kauf eines Handys beschäftigen, werden wir in unserer Umgebung plötzlich viel mehr Handys sehen als sonst. Unser Gehirn filtert gewissermaßen unser Sehen. Sind Bilder mehrdeutig, wie zum Beispiel Abbildung 4 (junge und alte Frau), sehen wir oft nur das, was unserer Erfahrung am nächsten ist.

3 *Größenverhältnisse*

4 *Mehrdeutiges Bild*

5 *Figur, die unseren Erfahrungen widerspricht*

1. Die Logik einer Abbildung. Beschreibe deine Wahrnehmung beim Betrachten der Abbildung 5. Lege anschließend einen Stift diagonal über die Abbildung und beschreibe nun deine Wahrnehmung. Begründe die veränderte Wahrnehmung.

2. Der Gemüsegärtner (Bild von GIUSEPPE ARCIMBOLDO, 1526 -1593).
a) Betrachte Abbildung 6. Beschreibe, was du siehst. Drehe anschließend das Bild um 180° und betrachte es erneut. Beschreibe, was du siehst.
b) Drehe das Bild in die Ausgangslage. Ist es möglich, ohne das Bild zu drehen, zwischen den Wahrnehmungen „umzuschalten"? Interpretiere das Ergebnis mithilfe des Grundwissentextes.

3. Größenwahrnehmung. Analysiere die Abbildung 7 und vergleiche die tatsächlichen Gegebenheiten mit deinen Eindrücken beim Betrachten der Abbildung. Begründe die Unterschiede.

6 *„Der Gemüsegärtner"*

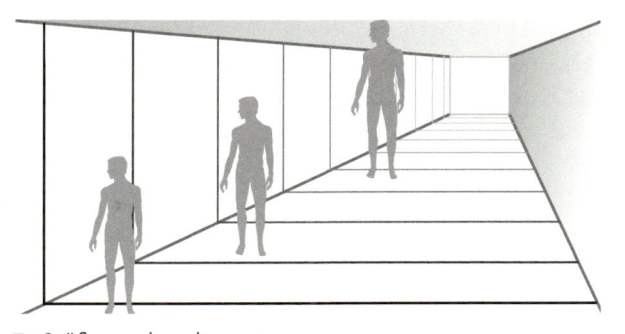

7 *Größenwahrnehmung*

2.7 Bau und Funktion des Ohres

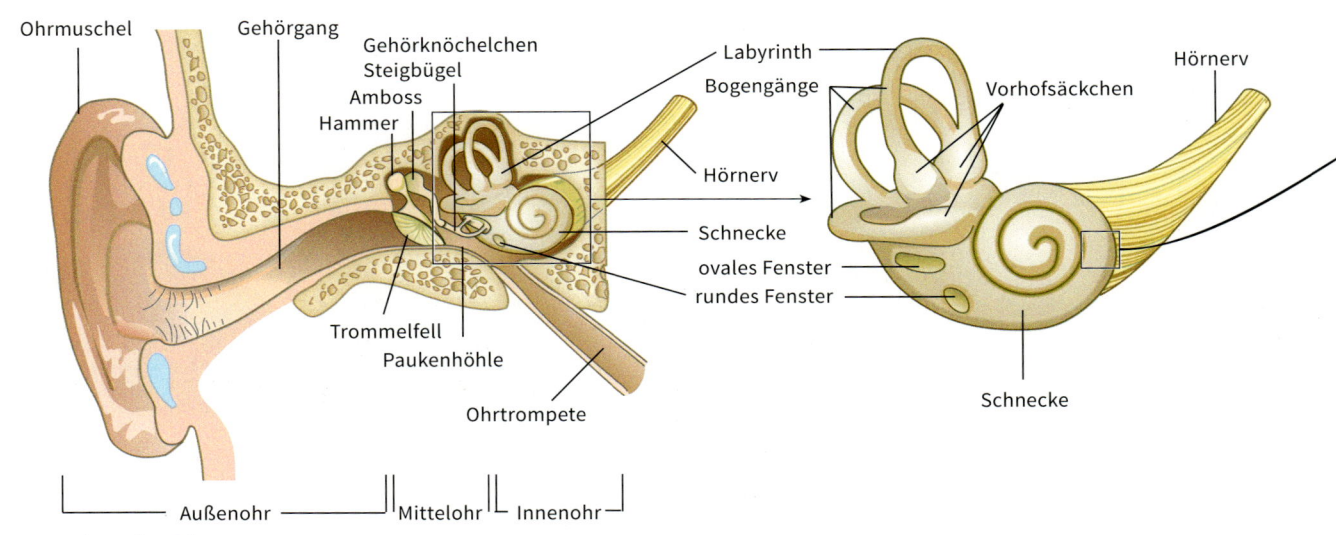

1 *Aufbau des Ohrs*

Bei der Erzeugung von Schall werden die Moleküle in der Luft in Schwingung versetzt. Diese Schwingungen breiten sich in Form von Schallwellen aus. Das menschliche Ohr kann Schwingungen mit einer Frequenz zwischen 16 Hz und 21 kHz wahrnehmen, wobei die Obergrenze mit dem Alter stark sinkt. Je größer die Amplitude der Schwingung ist, um so lauter erscheint der Ton (Abb. 6). Die Lautstärke wird in Dezibel (dB) angegeben. Sie beschreibt den Schalldruck. Eine Erhöhung um 20 dB bedeutet jeweils eine Zunahme des Schalldrucks um das Zehnfache. Ab 85 dB können Hörschäden entstehen, ab 130 dB droht Taubheit.

Beim **Hörvorgang** gelangen Schallwellen durch den äußeren Gehörgang zum Trommelfell. Das ist eine Membran, die den Gehörgang verschließt (Abb. 1). Die Schallwellen versetzen das Trommelfell in Schwingungen. Diese übertragen sich auf die Gehörknöchelchen. Die **Gehörknöchelchen** sind so angeordnet, dass sie die Schwingungen verstärken. Der Raum, in dem dies stattfindet, heißt **Mittelohr**. Dem Mittelohr schließt sich das Innenohr an. Zu ihm gehören die Schnecke und das Labyrinth, ein Organ mit Sinneszellen zur Wahrnehmung von Bewegungen und Schwerkraft.

Die **Schnecke** besteht aus drei nebeneinander liegenden Gängen, die mit Flüssigkeit gefüllt sind (Abb. 1). Der mittlere Gang, der Schneckengang, enthält die Sinneszellen, die für das Hören verantwortlich sind. Sie liegen unter einer Deckmembran. Bei einem Geräusch werden die Schwingungen durch den Steigbügel am ovalen Fenster auf die Flüssigkeit des Vorhofganges übertragen. Die wellenartigen Schwingungen des Schalls drücken je nach Tonhöhe in unterschiedlichen Bereichen der Schnecke auf die Haut zwischen Vorhofgang und Schneckengang. So entsteht eine Flüssigkeitsbewegung, die auf die Deckmembran drückt. Diese wiederum drückt auf die haarförmigen Fortsätze der Sinneszellen. Die Sinneszellen erzeugen daraufhin elektrische Signale, die über Nerven zum Gehirn geleitet werden. Die Flüssigkeitsbewegungen werden auch auf den Paukengang übertragen und von dort bis zum runden Fenster weitergeführt. Der Druckausgleich erfolgt über das Mittelohr und die Ohrtrompete, die mit dem Rachenraum in Verbindung steht.

Treffen die Schallwellen einer Geräuschquelle zeitlich versetzt an den beiden Ohren ein, ermittelt das Gehirn aus der Zeitdifferenz die Richtung, aus der das Geräusch kam.

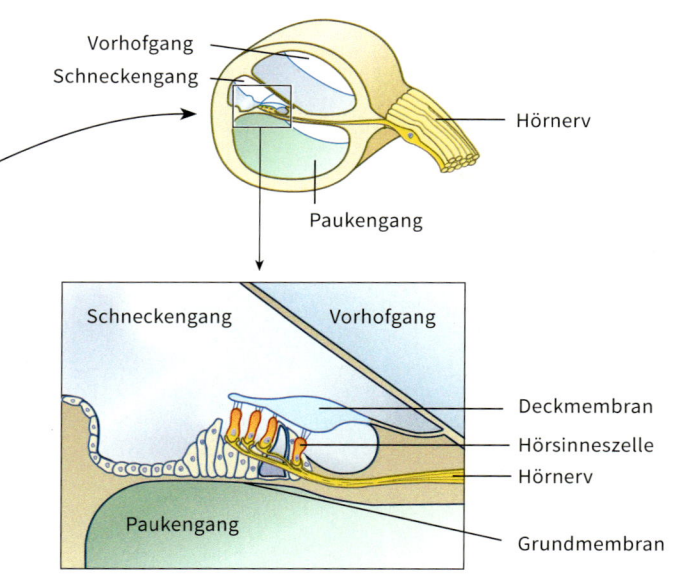

1. Richtungshören. In einem Versuch zum Richtungshören wurde festgestellt, dass die Person eindeutig die richtige Richtung erkannte, wenn der Schlag mit dem Stab mindestens jeweils 1 cm links oder rechts von der Schlauchmitte erfolgte (Abb.4). Berechne die Zeitdifferenz, mit der der Schall die Ohren bei diesem Abstand erreicht (Abb. 5).

2. Schalldruck.
a) Berechne, um welchen Faktor der Schalldruck bei einem Ereignis von 120 dB gegenüber einem lauten Gespräch zugenommen hat (Abb. 3).
b) Erläutere den in Abbildung 2 dargestellten Hörschaden.

3. Hören unter Wasser. Erläutere, warum Richtungshören unter Wasser bei Menschen nicht funktioniert (Abb. 4, 5).

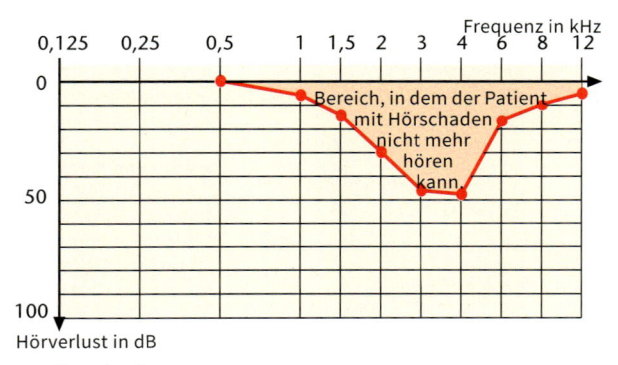

2 *Hörschaden*

Ereignis	Schalldruck (dB)
Flüstern	10–20
gedämpfte Unterhaltung	40
laute Unterhaltung	60
LKW – im Stadtverkehr	70–90
Walkman mit Kopfhörer	85–110
Rockkonzert	110–120
Düsenflugzeug Standlauf	105–130

3 *Schalldruck von Geräuschen*

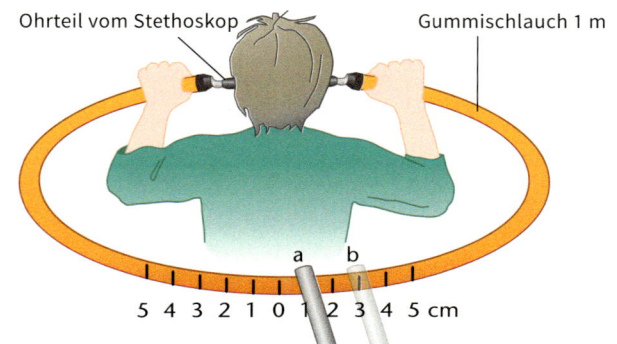

4 *Versuch zum Richtungshören*

Medium	Schallgeschwindigkeit
Luft	331 m/Sekunde
Wasser	1480 m/Sekunde

5 *Schallgeschwindigkeit*

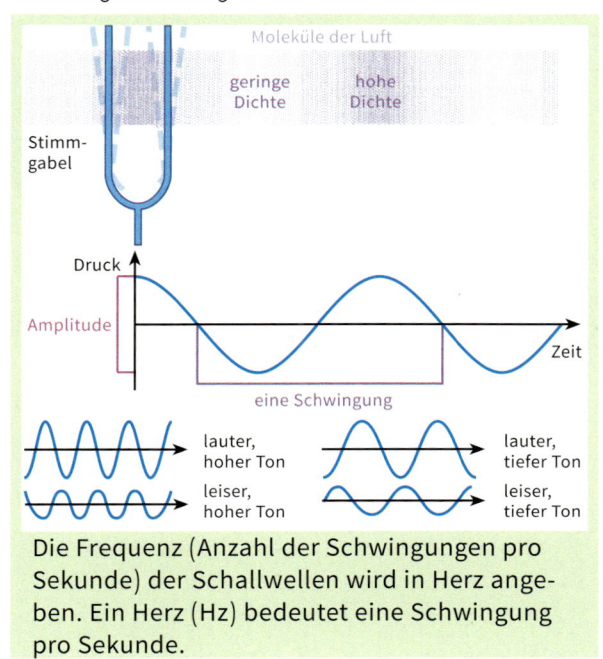

Die Frequenz (Anzahl der Schwingungen pro Sekunde) der Schallwellen wird in Herz angeben. Ein Herz (Hz) bedeutet eine Schwingung pro Sekunde.

6 *Informationen zum Schall*

2.8 Gehirn und Rückenmark

linke Hemisphäre   rechte Hemisphäre

vorne

Großhirn:
Besteht aus zwei Hälften, den Hemisphären. Die linke Hemisphäre ist für die rechte Körperhälfte zuständig, die rechte für die linke Körperhälfte.

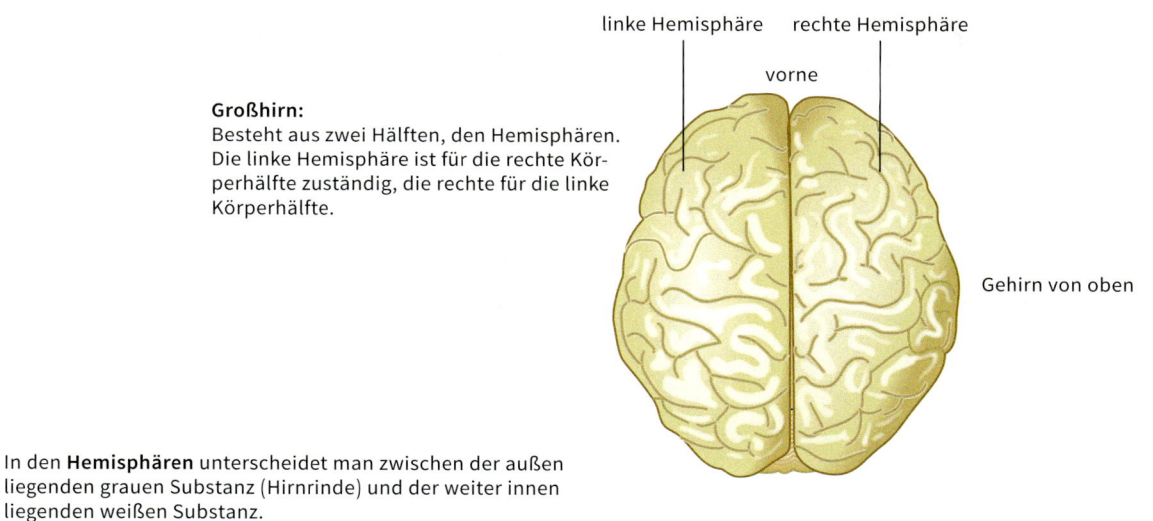

Gehirn von oben

In den **Hemisphären** unterscheidet man zwischen der außen liegenden grauen Substanz (Hirnrinde) und der weiter innen liegenden weißen Substanz.

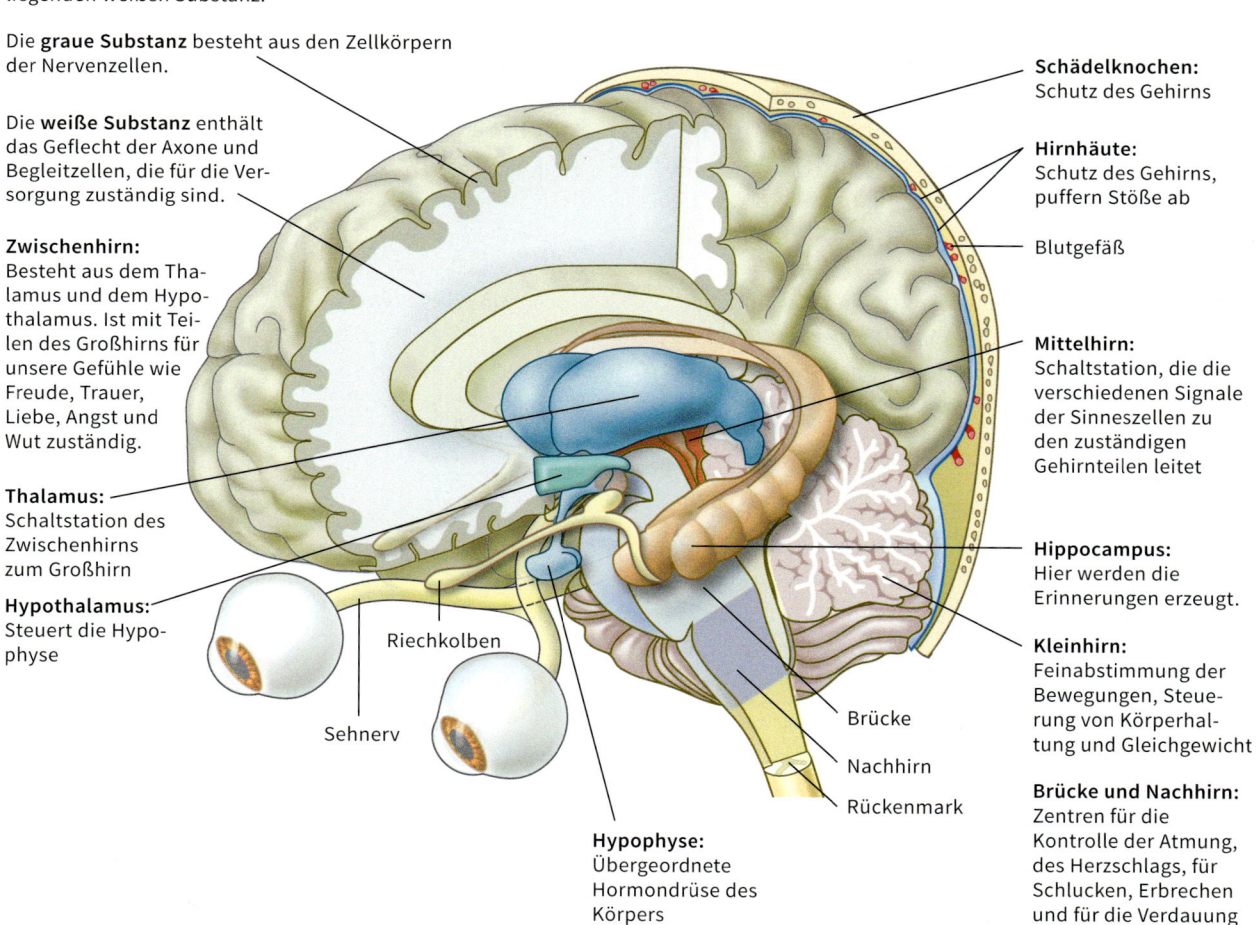

Die **graue Substanz** besteht aus den Zellkörpern der Nervenzellen.

Die **weiße Substanz** enthält das Geflecht der Axone und Begleitzellen, die für die Versorgung zuständig sind.

Zwischenhirn:
Besteht aus dem Thalamus und dem Hypothalamus. Ist mit Teilen des Großhirns für unsere Gefühle wie Freude, Trauer, Liebe, Angst und Wut zuständig.

Thalamus:
Schaltstation des Zwischenhirns zum Großhirn

Hypothalamus:
Steuert die Hypophyse

Riechkolben

Sehnerv

Hypophyse:
Übergeordnete Hormondrüse des Körpers

Brücke

Nachhirn

Rückenmark

Schädelknochen:
Schutz des Gehirns

Hirnhäute:
Schutz des Gehirns, puffern Stöße ab

Blutgefäß

Mittelhirn:
Schaltstation, die die verschiedenen Signale der Sinneszellen zu den zuständigen Gehirnteilen leitet

Hippocampus:
Hier werden die Erinnerungen erzeugt.

Kleinhirn:
Feinabstimmung der Bewegungen, Steuerung von Körperhaltung und Gleichgewicht

Brücke und Nachhirn:
Zentren für die Kontrolle der Atmung, des Herzschlags, für Schlucken, Erbrechen und für die Verdauung

1 *Übersicht über das Gehirn*

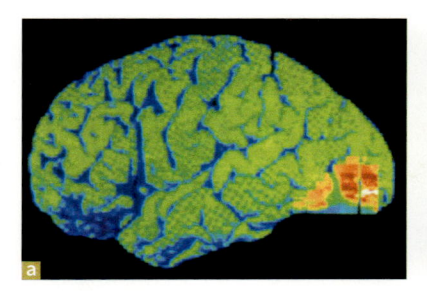

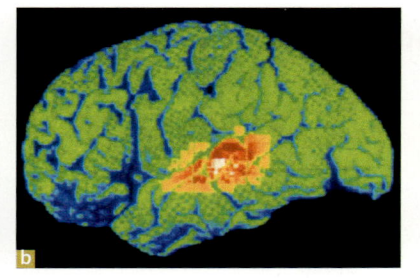

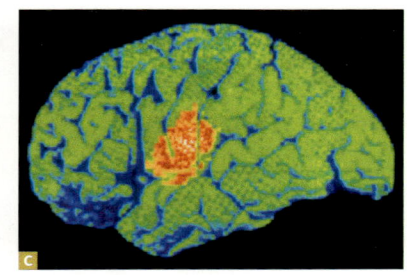

2 *Gehirnaktivität, a) beim Sehen, b) beim Hören, c) beim Sprechen*

Die Zellkörper fast aller Nervenzellen liegen im zentralen Nervensystem. Ihre bis zu zwei Meter langen Axone reichen in alle Teile des Körpers. Das **zentrale Nervensystem** besteht aus dem Gehirn und dem Rückenmark.

Mit einem durchschnittlichen Gewicht von etwa 1 350 Gramm ist das **Gehirn** eines der größten Organe im Körper. Das Gehirn ist das komplizierteste Organ überhaupt. Es ist die zentrale Steuerungseinheit unseres Körpers, wobei seine Funktionsweise in vielen Bereichen noch nicht geklärt ist. Beim Gehirn unterscheidet man fünf Abschnitte: Großhirn, Zwischenhirn, Mittelhirn, Kleinhirn und Nachhirn (Abb. 1). Das Gehirn besteht aus unzähligen Nervenzellen, die vielfältig miteinander verknüpft sind. Beim **Großhirn** und dem **Kleinhirn** liegen die Zellkörper in den Außenbereichen. Diese werden als graue Substanz bezeichnet. Die inneren Bereiche dieser Gehirnabschnitte enthalten vornehmlich die Axone. Man bezeichnet sie aufgrund ihrer Färbung als weiße Substanz. Im Rückenmark befindet sich die weiße Substanz in den Außenbereichen und umhüllt die graue Substanz (Abb. 1).

Alle Informationsübertragungen im zentralen Nervensystem erfolgen über Axone und Synapsen, die an den Zellkörpern der Nervenzellen oder den Dendriten sitzen. Synapsen können die Aktivität der nachgeschalteten Zelle steigern, oder auch hemmen. Dadurch und durch die große Anzahl der Synapsen bestehen unzählige Möglichkeiten, wie die Nervenzellen sich gegenseitig beeinflussen. Bei der **Gehirnentwicklung des Kindes** erhöht sich nicht die Zahl der Nervenzellen, sondern die Zahl der Verknüpfungen durch Synapsen zwischen den Nervenzellen (Abb.3).

Denken, Lernen, Gedächtnis und Erinnern findet vor allem im **Großhirn** statt. Die Gehirnrinde des menschlichen Gehirns ist stark gefaltet. Für das Leistungsvermögen des Gehirns ist die Oberfläche der Gehirnrinde entscheidend, nicht das Gewicht. Unser „Ich-Bewusstsein" steht ebenfalls im Zusammenhang mit dem Großhirn. Auch die Fähigkeit, sich in ein anderes Lebewesen hineinzuversetzen, ist an das Großhirn gebunden. Man nennt diese Fähigkeit Empathie. Ich-Bewusstsein, eigener Wille und Empathie gehören zu den höheren Gehirnfunktionen. Sie bestimmen die Persönlichkeit entscheidend mit. Es gibt Hinweise, dass sie auch bei Menschenaffen und Delfinen vorhanden sind. Durch Krankheiten, zum Beispiel bei Hirntumoren, kann sich eine Persönlichkeit sehr verändern. Bei der **Alzheimer-Erkrankung** werden einzelne Berei- che im Gehirn zunehmend zerstört, was zunächst zu Vergesslichkeit, später aber zu massiven Per- sönlichkeitsveränderungen führt.

In der Regel sind viele Bereiche im Gehirn bei einem Vorgang eingebunden. Durch bildgebende Verfahren kann man hohe Gehirnaktivitäten bei bestimmten Tätigkeiten sichtbar machen und damit Zentren der Verarbeitung feststellen (Abb. 2). Man unterscheidet damit sensorische Bereiche, in denen ankommende Signale von Sinneszellen verarbeitet werden, und motorische Felder, die die Bewegungen steuern.

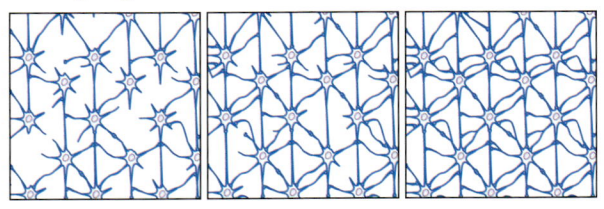

3 *Gehirnentwicklung beim Kleinkind*

2.9 Reiz-Reaktions-Schema – Reflexe

1 Verkehrssituation

Computersysteme arbeiten nach dem **EVA-Prinzip**. Dabei stehen die Buchstaben für **E**ingabe, **V**erarbeitung und **A**usgabe. Eingabegeräte dienen dazu, Informationen an den Rechner zu geben. Dazu gehören zum Beispiel Tastatur, Scanner, Digitalkameras und Maus. Im Rechner werden die Informationen entsprechend der eingegebenen Befehle verarbeitet und die Ergebnisse über Ausgabegeräte wie Monitor und Drucker zugänglich gemacht. Eingabegeräte, Rechner und Ausgabegeräte müssen durch Kabel oder Funk miteinander verbunden sein. Ein Verarbeitungsprozess umfasst in der Regel viele Einzelschritte, wobei immer wieder neue Daten eingegeben, verrechnet und wieder ausgegeben werden. Das jeweilige Zwischenergebnis bestimmt dabei die nächste Eingabe; es ist also eine ständige Rückkopplung vorhanden.

Die Vorgänge, die bei den Verkehrsteilnehmern in Abbildung 1 ablaufen, lassen sich stark vereinfacht mit den Abläufen der Computertechnologie vergleichen. Wird ein **Reiz** durch ein Sinnesorgan, hier das Auge, aufgenommen, so wird er über sensorische Nerven zum zentralen Nervensystem geleitet. Dort erfolgt die Verarbeitung. Die Signale aus der Netzhaut des Auges werden im Großhirn mit Gedächtnisinhalten verglichen. Dadurch wird die Situation erkannt. Erst danach trifft das Großhirn eine Entscheidung über die **Reaktion**. Über motorische Nerven werden die Befehle, zum Beispiel zum Bremsen, an die entsprechenden Muskeln geleitet und von diesen ausgeführt. Während des Vorganges treffen laufend weitere Signale aus dem Auge und von anderen Sinnesorganen im Gehirn ein, sodass ständig auf Veränderungen der Situation reagiert werden kann. Durch ständiges Üben können solche komplexen Vorgänge beschleunigt werden, weil das Gehirn bei ständig wiederkehrenden Situationen die entsprechenden Verschaltungen zwischen den beteiligten Nervenzellen durch Bildung von zusätzlichen Synapsen stärken kann.

Bei einem **Reflex** wird direkt im zentralen Nervensystem eine Reaktion auf einen Reiz ausgelöst, ohne dass eine Verarbeitung und Entscheidung im Großhirn stattfindet. Dadurch kann die Reaktion viel schneller erfolgen. Reflexe sind angeborene Schutzreaktionen, die nach einem festgelegten Schema ablaufen. Sie können willentlich kaum beeinflusst werden. Beispiele sind der Lidschlussreflex, Husten und der Kniesehnenreflex. Bei manchen Reflexen wie dem Kniesehnenreflex wird die Reaktion im Rückenmark ausgelöst (Abb. 2).

Beim **Kniesehnenreflex** wird durch einen Schlag auf die Sehne der Muskel im Oberschenkel gedehnt. Der Reiz wird von den Dehnungs-sinneszellen im Muskel durch sensorische Nerven zum Rückenmark geleitet. Das Signal gelangt in die graue Substanz. Dort erfolgt die Umschaltung auf die motorischen Nerven. Sie verlassen die graue Substanz. Das Signal der motorischen Nerven veranlassen den Strecker des Beines zur Kontraktion: Es kommt zur Streckung des Beines. Unter natürlichen Bedingungen wird so beim Stolpern (Dehnung des Muskels durch das Hängenbleiben des Fußes) das Bein sehr schnell nach vorn gestellt und damit verhindert, dass man fällt.

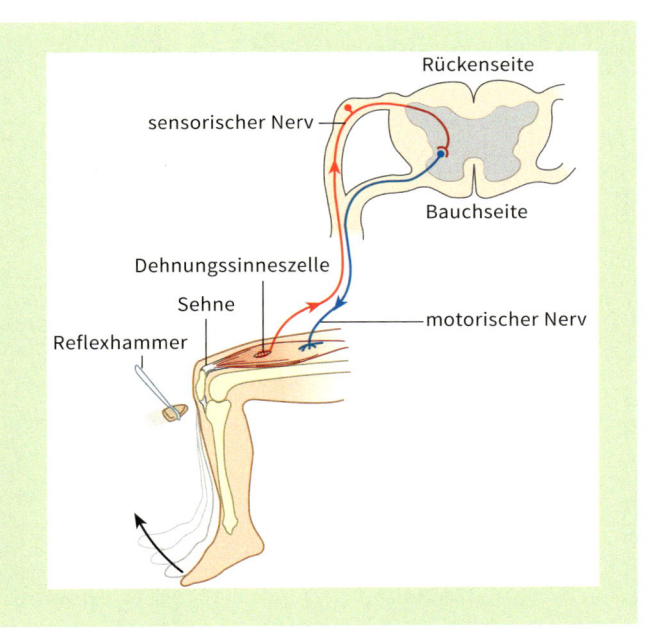

2 *Der Kniesehnenreflex*

1. Bewegungsablauf. Überlege dir den genauen Ablauf beim Fangen eines Balles. Schreibe in der entsprechenden Reihenfolge alle beteiligten Organsysteme mit ihren Aufgaben auf und vergleiche sie mit dem EVA-Prinzip der Computer.

2. Kniesehnenreflex. Erstelle für die Abläufe der in Abbildung 1 dargestellten Situation – für den Autofahrer – und den Kniesehnenreflex in Abbildung 2 je ein Fließdiagramm und vergleiche sie.

3. Versuch: Reaktionszeit. Mit dem „Linealversuch" lässt sich die Reaktionszeit eines Menschen bestimmen: Eine Person hält ein Lineal senkrecht mit der Nullmarke nach unten. Die Versuchsperson hält Zeigefinger und Daumen in Höhe der Nullmarke (Abb. 3). Sie versucht, das Lineal zu fassen, wenn die erste Person es loslässt. Aus der Fallstrecke des Lineals lässt sich die Reaktionszeit ablesen (Abb. 4).
a) Bestimme deine Reaktionszeit. Errechne aus 10 Versuchen den Mittelwert.
b) Nenne Faktoren, von denen du vermutest, dass sie die Reaktionszeit verlängern. Begründe deine Auswahl.

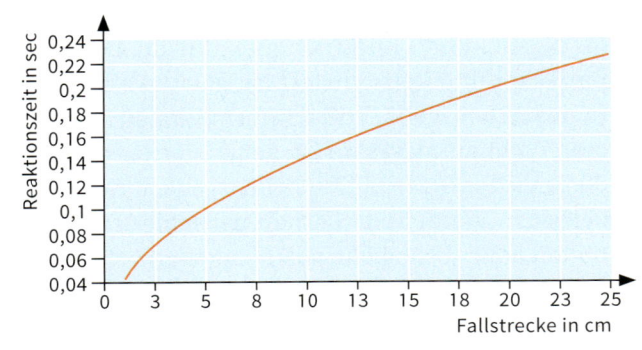

3 *Linealversuch zur Ermittlung der Reaktionszeit*

4 *Reaktionszeiten*

2.10 Lernen und Gedächtnis

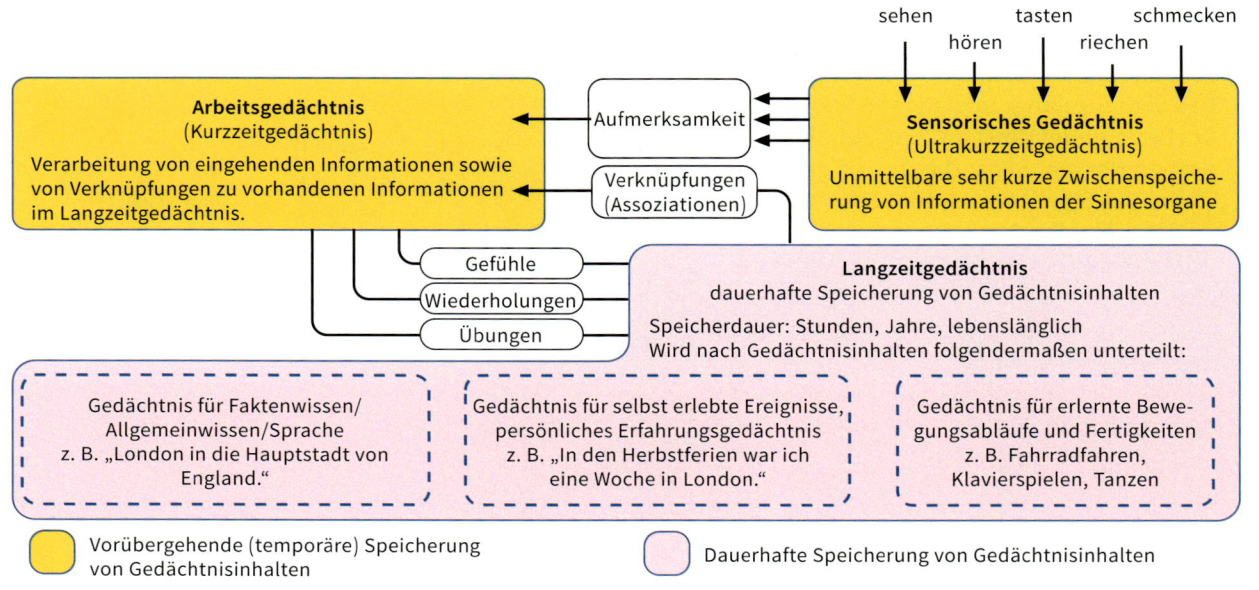

Abbildung 1: Ein Modell zur Speicherung von Informationen im Gedächtnis

- **Sensorisches Gedächtnis** (Ultrakurzzeitgedächtnis): Unmittelbare sehr kurze Zwischenspeicherung von Informationen der Sinnesorgane (sehen, hören, tasten, riechen, schmecken)
- **Arbeitsgedächtnis** (Kurzzeitgedächtnis): Verarbeitung von eingehenden Informationen sowie von Verknüpfungen zu vorhandenen Informationen im Langzeitgedächtnis.
- Aufmerksamkeit, Verknüpfungen (Assoziationen), Gefühle, Wiederholungen, Übungen
- **Langzeitgedächtnis**: dauerhafte Speicherung von Gedächtnisinhalten. Speicherdauer: Stunden, Jahre, lebenslänglich. Wird nach Gedächtnisinhalten folgendermaßen unterteilt:
  - Gedächtnis für Faktenwissen/Allgemeinwissen/Sprache z. B. „London in die Hauptstadt von England."
  - Gedächtnis für selbst erlebte Ereignisse, persönliches Erfahrungsgedächtnis z. B. „In den Herbstferien war ich eine Woche in London."
  - Gedächtnis für erlernte Bewegungsabläufe und Fertigkeiten z. B. Fahrradfahren, Klavierspielen, Tanzen

Gelb: Vorübergehende (temporäre) Speicherung von Gedächtnisinhalten
Rosa: Dauerhafte Speicherung von Gedächtnisinhalten

Beim Menschen spricht man von **Gedächtnis**, wenn Informationen im Gehirn gespeichert und wieder abgerufen werden können. Beim **Lernen** werden neue Informationen im Gedächtnis gespeichert oder neue Verhaltensweisen erworben.

Abbildung 1 zeigt ein Modell für das menschliche Gedächtnis. Von den Sinnesorganen gelangen andauernd Informationen aus der Umwelt und aus dem Körper in das **sensorische Gedächtnis** (Ultrakurzzeitgedächtnis) mit sehr kurzer Speicherzeit (sensorisch: die Sinnesorgane betreffend). Nur ein Bruchteil dieser Informationen gelangt in das **Arbeitsgedächtnis** (Kurzzeitgedächtnis), das eine Speicherdauer im Bereich von Sekunden bis Minuten hat. Informationen, für die man aufmerksam und konzentriert ist, gelangen leichter in das Arbeitsgedächtnis, Informationen, für die man nicht aufmerksam ist, gehen verloren. Auch die Speicherkapazität des Arbeitsgedächtnisses ist begrenzt. Wenn beim Lernen pausenlos Informationen oder zusätzliche ablenkende und störende Informationen (z.B. Fernsehen beim Lernen) eintreffen, wird der Speichervorgang beeinträchtigt. Vereinfacht kann man sich das so vorstellen, dass es dann zu einer Überlagerung bei der Verarbeitung neuer Informationen mit bereits im Arbeitsgedächtnis vorhandenen Informationen kommen kann. Die Aufteilung des Lernstoffs in „Portionen" und kleine Pausen zwischen den Lerneinheiten können die Gedächtnisbildung fördern. Positive Gefühle, Wiederholungen und Übungen sowie Verknüpfungen zu schon vorhandenen Informationen im Langzeitgedächtnis begünstigen den Übergang vom Arbeitsgedächtnis zum **Langzeitgedächtnis**. Beim Lernen von Fachinhalten in der Schule spielt das Erwerben oder Verändern von Kenntnissen, Fähigkeiten und Einstellungen durch Verknüpfung von vorhandenem Wissen mit neuen Informationen eine große Rolle. Solche Verknüpfungen nennt man auch **Assoziationen** (lat. associare, verknüpfen). Die Speicherkapazität des Langzeitgedächtnis ist sehr umfangreich und praktisch nicht begrenzt. Informationen, die im Langzeitgedächtnis gespeichert sind, stehen langfristig zur Verfügung und gelten als gelernt. Das Langzeitgedächtnis wird nach den Gedächtnisinhalten in drei Teilbereiche untergliedert: Faktenwissen, persönliche Erfahrungen und Bewegungsabläufe (Abb. 1).

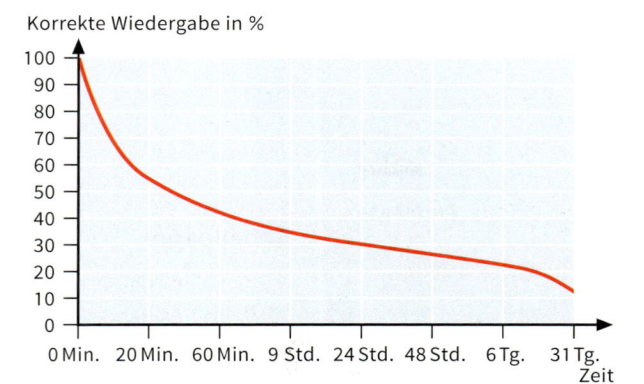

2 *Eine Vergessenskurve. Gelernt wurden sinnlose Silben.*

1. Wo warst du vorgestern Abend gegen 19.00 h?
2. Was bedeutet das Symbol C in der Chemie?
3. Wie heißt die Grundschule, die du besucht hast?
4. Wie heißen die Bundesländer, die an Brandenburg grenzen?
5. Was ist dein Lieblingsessen?

5 *Welcher Teilbereich des Langzeitgedächtnis wird zur Beantwortung benötigt?*

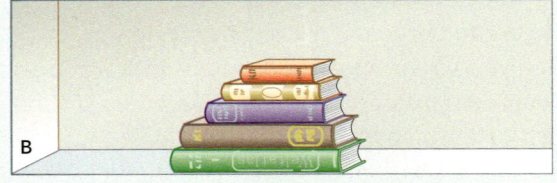

Deine Aufgabe besteht darin, die farbigen Bücher von der Anordnung A in die Anordnung B umzuräumen. Bedingungen sind, dass du immer nur ein Buch umräumen und dass ein größeres Buch nicht auf ein kleineres gelegt werden darf. Deine Aufgabe ist gelöst, wenn du die kleinste Zahl von Räumvorgängen angeben kannst, um von der Anordnung A nach B zu gelangen.

4 *Welche Gedächtnisform wird zur Aufgabenlösung benötigt?*

3 *Lernkurve für zwölf sinnvolle Wörter beziehungsweise zwölf sinnlose Silben*

1. Teilbereiche des Langzeitgedächtnisses. Nenne die Teilbereiche des Langzeitgedächtnisses, die für die Beantwortung der Fragen in Abbildung 5 und für die Lösung der Aufgabe in Abbildung 4 notwendig sind.

2. Sinnvolles Lernen. Werte die Lernkurven in Abbildung 3 unter dem Gesichtspunkt aus, wie man erfolgreich lernen kann.

3. Bedeutung von Wiederholungen.
a) Zeichne die Vergessenskurve in der Abbildung 2 in vergrößerter Form auf ein Blatt. Entwickle Hypothesen, wie die Vergessenskurven aussehen würden, wenn Wiederholungen stattfinden würden:
- nach 60 Minuten,
- nach 24 Stunden und
- nach 6 Tagen
Stelle die Kurven zeichnerisch dar.
b) Erörtert anhand der Kurven die Bedeutung von Wiederholungen für Lernen und Gedächtnis.

4. Empfehlungen zum Lernverhalten. Entwickelt in Partner- oder Gruppenarbeit auf der Grundlage dieser beiden Seiten Empfehlungen für effektives Lernverhalten und Gedächtnisbildung. Adressaten sollen eure Mitschüler und Mitschülerinnen sein. Präsentiert und diskutiert eure Empfehlungen.

2.11 Lärm kann Stress verursachen

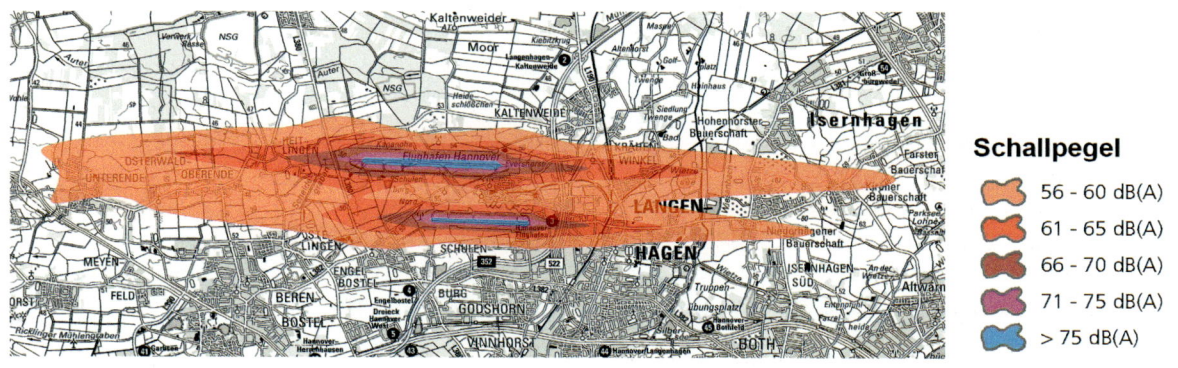

1 *Lärmkarte des Flughafens Hannover (24 Stundenzeitraum)*

Schallpegel
- 56 – 60 dB(A)
- 61 – 65 dB(A)
- 66 – 70 dB(A)
- 71 – 75 dB(A)
- > 75 dB(A)

Geräusche können bei Menschen unterschiedliche Reaktionen erzeugen: Freude, Entspannung, Gleichgültigkeit, Anspannung oder Wut. Menschen empfinden die gleichen Geräusche sehr unterschiedlich. Sehr laute Geräusche werden häufig als Lärm wahrgenommen. Bei einem Rockkonzert lösen sehr laute Geräusche jedoch überwiegend Begeisterung aus. Sehr leise Geräusche werden selten als Lärm empfunden. Allerdings kann auch ein tropfender Wasserhahn als unangenehme Geräuschquelle wahrgenommen werden. Während man die Lautstärke objektiv messen und in der Einheit Dezibel (dB) angeben kann, wird **Lärm** subjektiv empfunden. Bewertet ein Mensch Geräusche seiner Umgebung negativ, so empfindet er sie als Lärm. Auf diese Bewertung können viele Faktoren Einfluss nehmen (Abb. 3).

Explosionen verursachen extrem laute Knallgeräusche. Diese können bei Menschen Trommelfell und Hörsinneszellen des Ohres schädigen und zu Taubheit führen. Aber auch das Hören sehr lauter Musik führt zur Schädigung der Hörsinneszellen, wenn es häufig und lang andauernd erfolgt. Die Folge ist eine nicht heilbare **Schwerhörigkeit**.

Der menschliche Körper kann auch durch mittelmäßig laute Geräusche gesundheitlich geschädigt werden. Autos, Lastwagen, Züge und Flugzeuge erzeugen Verkehrsgeräusche, die häufig als Lärm empfunden werden. Dieser Lärm bewirkt im Körper dann eine Kettenreaktion, die im Gehirn beginnt. Wird der Lärm dort wahrgenommen, veranlasst das Gehirn eine Ausschüttung von Stresshormonen wie Cortisol, Noradrenalin und Adrenalin. Dadurch steigt der Blutdruck, das Herz schlägt schneller und Energie wird vermehrt für die Muskeln bereitgestellt. Gleichzeitig arbeiten die Verdauung und das Immunsystem weniger intensiv. Dieser Vorgang im Körper wird als **Stressreaktion** bezeichnet. Treten Lärmbelastungen häufig wiederkehrend auf, verursachen sie – selbst wenn sie nicht als störend empfunden werden – einen ständigen Stresszustand mit gesundheitlichen Folgen. Schlaf- und Verdauungsstörungen, psychische Probleme, hoher Blutdruck sowie ein größeres Herzinfarktrisiko sind feststellbar.

Der durch Lärm ausgelöste Stress mindert Leistungen im Bereich der Konzentration und des Gedächtnisses. In einer Lernsituation kann durch Lärm verursachter Stress dazu führen, dass Kinder leichter abgelenkt sind und dem Lerninhalt weniger folgen können. Dadurch benötigen sie mehr Zeit, um zu lernen. Sind Kinder beim Spielen und Schlafen dauerhaftem Lärm ausgesetzt, lernen sie auch weniger. Ihre Sprachentwicklung und Lesefähigkeit verzögern sich, ihre mentale Leistungsfähigkeit ist beeinträchtigt. Die Belastung durch dauerhaften Lärm wirkt also auch zeitversetzt. Besonders nachteilig wirkt sich Lärm zudem in Situationen aus, in denen Erlerntes aus dem Gedächtnis abgerufen werden soll.

1. Lärmkarte des Flughafens Hannover. Auf der Lärmkarte des Flughafens Hannover findest du Angaben zur Lärmbelastung der Flughafenumgebung (Abb. 1). Beschreibe die Karte und werte sie aus.

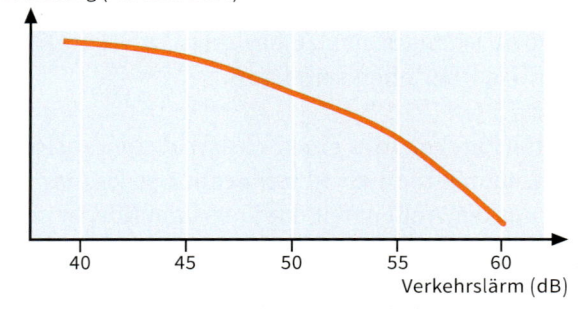

2. Leseleistung und Verkehrslärm an Schulen. An Schulen wurde der Einfluss von dauerhaftem Verkehrslärm auf die Leseleistung der Schüler untersucht. Dabei wurde die durchschnittliche Lautstärke des Lärms für jede Schule zugrunde gelegt.
a) Werte die Abbildung 2 aus.
b) Entwickle unter Berücksichtigung dieses Ergebnisses Anforderungen an eine lernförderliche Umgebung.

3. Lärm als individuelle Wahrnehmung. Nimm Stellung zu dem Zitat von Kurt Tucholsky: „Lärm ist das Geräusch der anderen."

4. Lärm ist vielfältig. Bestimme drei Situationen, in denen du Lärm wahrgenommen hast. Analysiere sie im Hinblick auf die unterschiedlichen Merkmale (Abb. 3).

Lesebeispiel:

Wahrgenommener Lärm	Das Bremsen eines Zuges
Art des Geräusches	Verkehrsgeräusch
Akustische Merkmale	laut, kreischend, zunehmend lauter werdend
Bedeutung des Geräusches	Gefahr eines Unfalls (nicht wahrgenommen: normales Abbremsen)
Ortsüblichkeit des Geräusches	nicht von Bedeutung (nicht wahrgenommen: ortsüblich)
Zeitpunkt des Geräusches	beim Betreten des Bahnsteigs

2 *Leseleistung und Verkehrslärm an Schulen*

Lärm

- **Art des Geräusches**: Musik, Sprache, Naturgeräusch, Verkehrsgeräusch
- **Akustische Merkmale**: Lautstärke, Frequenz des Schalls, Häufigkeit, Dauer, zeitlicher Verlauf
- **Zeitpunkt des Geräusches**: Tageszeit, Wochentag, Feiertag, eigene Lebenssituation (Freizeit, Arbeit, Schlafen, Essen)
- **Bedeutung des Geräusches**: Musik, Sprache, Sirene, Kreischen vor Freude, Babygeschrei
- **Ortsüblichkeit des Geräusches**: Diskothek, Gaststätte, Industriegebiet, Wohngebiet, Sportplatz, Schule

3 *Merkmale des Schalls, die zum Lärmeindruck führen*

2.12 Stress meiden – gesund bleiben

1 *Steinzeitmenschen jagen Nashörner*

In den vielen Jahrtausenden, in denen die Vorfahren der Menschen als Jäger und Sammler lebten, war es lebenswichtig, auf bedrohliche Situationen schnell reagieren zu können, zum Beispiel durch Flucht oder Angriff. In solchen Alarmsituationen waren Menschen zu Leistungen fähig, die sie normalerweise nicht erbracht hätten. In einer schnellen Kette von Reaktionen des Nervensystems und bestimmter Hormondrüsen wird die Leistungsfähigkeit der Skelettmuskeln so erhöht, dass schnelle, kräftige Bewegungen für Flucht oder Angriff möglich werden.

Man bezeichnet die Vorgänge, die einen Menschen schnell in einen Zustand erhöhter Leistungsbereitschaft versetzen, als Stressreaktion. Das Wort **Stress** stammt aus dem Englischen und bedeutet ursprünglich Spannung, Druck, Belastung. Bei allen Menschen und den meisten Wirbeltieren läuft die Stressreaktion in stets gleicher Weise ab. Sie ist dem Menschen angeboren, also ein instinktives Verhaltensprogramm. Dieses Instinktverhalten sichert das Überleben. Damit ist der Mensch an Belastungen und Gefahrensituationen angepasst. Im Notfall könnte er schneller laufen oder springen oder mit größerer Kraft handeln. Das war nicht nur in der Steinzeit wichtig, sondern hat auch heute eine lebenswichtige Bedeutung. Viele Gefahrensituationen im Straßenverkehr oder im Berufsleben werden mit der Stressreaktion gemeistert. Die Stressreaktion ist also durchaus positiv zu bewerten, weil sie wichtig für das Überleben sein kann.

Alle Faktoren, die eine Stressreaktion auslösen, bezeichnet man als **Stressoren**. Das können Reize aus der Außenwelt oder aus dem Körper selbst sein. Als positiv empfundene Reize, wie zum Beispiel Erfolgserlebnisse, sportliche Aktivitäten, freudige Ereignisse oder Zärtlichkeiten, können ebenso eine Stressreaktion auslösen wie starke seelische oder körperliche Belastungen. Negative Stressoren können zum Beispiel Kälte, Hitze, Verletzungen, Krankheiten, Gefahren, Schreck, Lärm, schlechte Arbeitsbedingungen, Ehe- und Partnerkonflikte, Wohnortwechsel, falsche Ernährung, Zeitdruck, Bewegungsmangel, Angst, räumliche Enge, Eifersucht, berufliche Probleme oder Schuldgefühle sein.

Man unterscheidet Stress in nützlichen **Eustress** und schädlichen **Distress**. So erfährt ein Sportler, dessen körperliche Leistungsfähigkeit mobilisiert wurde, Eustress. Als Distress bezeichnet man alle Formen von Stress, die nicht in körperliche Aktivität umgesetzt werden. Dauerhafter Distress kann bestimmte Organschäden und Erkrankungen begünstigen. So kann eine dauerhafte Erhöhung des Blutdruckes das Herz-Kreislauf-System bis hin zum Herzinfarkt schädigen. Auch kann das Immunsystem geschwächt werden.

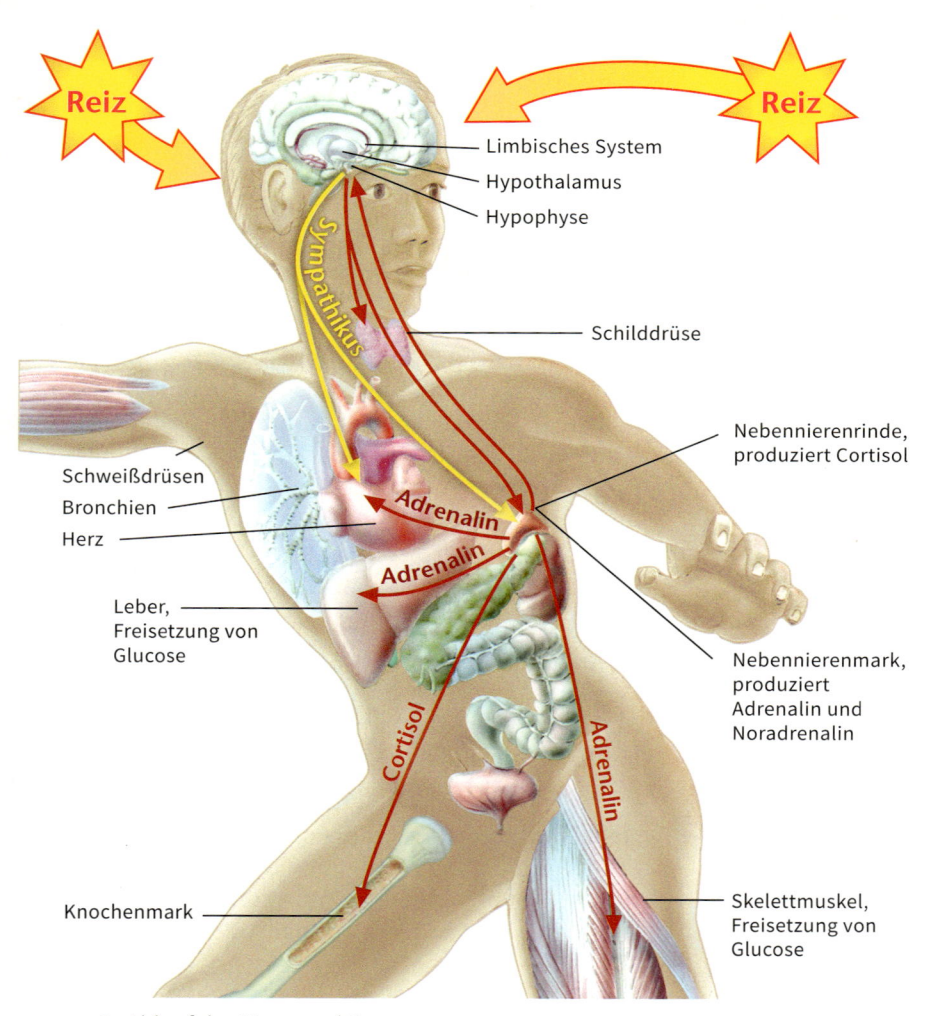

2 Ablauf der Stressreaktion

1. Die Stressreaktion ist überlebenswichtig. Beschreibe Situationen in der Steinzeit und heute, in denen sich die Stressreaktion als überlebenswichtig erweist.

2. Verlauf der Stressreaktion. Erstelle auf einem Blatt anhand von Abbildung 2 und 3 ein Pfeildiagramm zum Verlauf der Stressreaktion. Beachte dabei besonders die fett gedruckten Begriffe im Text der Abbildung 3.

3. Eustress – Distress. Beschreibe Unterschiede zwischen Eustress und Distress und nenne Beispiele.

4. Lärmempfinden. Lärm wird häufig als Stress empfunden. Erkläre diese Tatsache unter Berücksichtigung des Zitats: "Lärm ist das Geräusch der anderen"..

Ein Urmensch liegt an seiner Feuerstelle und ruht sich aus. Plötzlich ein Knacken. Ein Raubtier nähert sich. Alarm! Ohne lange nachzudenken, reagiert sein Körper automatisch auf diese Stressoren mit einer schnellen Erhöhung der körperlichen Leistungsfähigkeit. Über **Auge** und **Ohr** werden Impulse an das **Großhirn** und von dort an das **Limbische System**, einen Teil des Zwischenhirns, gesendet. Das Limbische System signalisiert sofort Angst. Nervenimpulse laufen zum **Hypothalamus**. Von dort verzweigt sich die Signalkette. Blitzschnell gelangen Nervenimpulse über **Sympathikusnerven** zum **Herzen**, zu **Blutgefäßen** und zum **Nebennierenmark**. Herzfrequenz und Blutdruck steigen und Blutgefäße verengen sich. Im Nebennierenmark werden die Hormone **Adrenalin** und **Noradrenalin** in das Blut ausgeschüttet, die ebenfalls den Herzschlag beschleunigen. Adrenalin regt **Leber** und **Skelettmuskeln** zur Freisetzung von Glucose an. Glucose ist ein energiereicher Stoff, der in Muskeln für Bewegungen benötigt wird. Jetzt kann der Mensch „Vollgas" geben. – Zeitgleich regt der Hypothalamus über Hormone die **Hypophyse** an, bestimmte Hormone in das Blut abzugeben. Diese Hormone stimulieren die **Schilddrüse** und die **Nebennierenrinde**, ihrerseits Hormone abzugeben. Das Schilddrüsenhormon steigert den Stoffwechsel in allen Zellen. Cortisol aus der Nebennierenrinde bewirkt eine Ausschwemmung roter Blutzellen aus dem **Blut bildenden Gewebe**, dem Knochenmark, sodass mehr Sauerstoff transportiert werden kann. Cortisol beschleunigt auch die **Blutgerinnung**; so können sich Wunden im Fall einer Verletzung schneller schließen. Außerdem hemmt Cortisol **Verdauungsprozesse**, **Entzündungen** und **Sexualfunktionen**, sodass alle Energie für die Begegnung mit der Gefahr zur Verfügung steht.

3 Stress beim Urmenschen

Präsentieren von Ergebnissen

Die Ergebnisse einer Gruppenarbeit oder eines Referates kannst du auf unterschiedliche Art und Weise deinen Mitschülern präsentieren. So kannst du ein Lernplakat anfertigen und es im Rahmen eines Museumsgangs vorstellen. Eine andere Möglichkeit ist das Erstellen einer **Präsentation** mit dem Computer und eines entsprechenden Präsentationsprogrammes. Für welche Form der Präsentation du dich auch entscheidest, wichtig ist, dass der Inhalt sachlich korrekt und den Zuhörern anschaulich vermittelt wird.

Tipps für das Erstellen eines **Lernplakates**

- Schreibe die Überschrift groß und in Druckbuchstaben auf das Plakat.
- Gliedere das Thema mithilfe von Zwischenüberschriften
- Verwende Bilder, um das Thema anschaulich darzustellen.
- Schreibe kurze Texte, mit denen du die Bilder erläuterst.
- Achte auf eine große und gut lesbare Schrift.

So führst du einen **Museumsgang** durch:

- Bildet Gruppen, in denen ihr das Lernplakat oder eine Skizze vorbereitet. Das sind die sogenannten Stammgruppen. Beachtet, dass jede einzelne Gruppe so viele Mitglieder hat wie es Stammgruppen gibt. Gibt es beispielsweise 5 Stammgruppen, so muss jede Gruppe mindestens aus 5 Mitgliedern bestehen.
- Nachdem jede Stammgruppe ein Lernplakat erstellt hat, werden die Plakate an verschiedenen Stellen im Klassenraum aufgehängt. Im Anschluss werden neue Gruppen für den Museumsgang zusammengestellt. Dabei muss aus jeder Stammgruppe mindestens ein Schüler in jede Gruppe für den Museumsgang wechseln.
- Danach werden die Lernplakate von den Besuchergruppen betrachtet und der Schüler, der am Erstellen des jeweiligen Lernplakates beteiligt war, erläutert es seinen Mitschülern.

Ursachen
Stress wird durch verschiedene Ursachen hervorgerufen. Dazu zählen u.a. hohe Anforderungen bzw. Belastungen im Beruf oder in der Schule. Aber auch Reizüberflutung durch neue Medien oder Umwelteinflüsse wie z.B. Lärm können Stressfaktoren sein.

Körperliche Erkrankungen
Dauerstress kann zu körperlichen Erkrankungen führen. Stressbedingte Erkrankungen sind z.B. Bluthochdruck, Magen-Darm-Probleme, Kopfschmerzen oder Schlafstörungen.

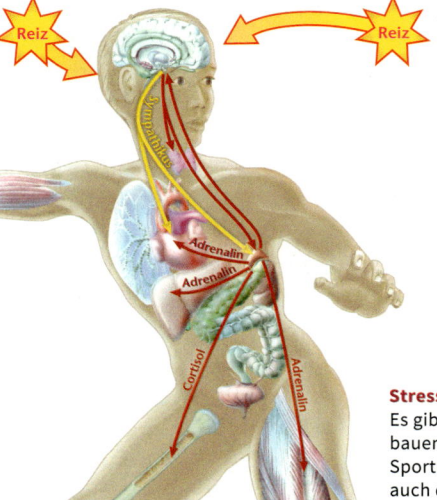

Psychische Erkrankungen
Zu den psychischen Krankheiten, die durch Stress verursacht werden, gehören beispielsweis Depressionen, erhöhte Nervosität, Angststörungen oder Burnout.

Stressabbau
Es gibt verschiedene Möglichkeiten, Stress abzubauen. Dazu zählen beispielsweise r egelmäßiges Sporttreiben oder Entspannungsübungen. Aber auch durch Ruhe- und Erholungsphasen kann Stress im Alltag reduziert werden.

1 *Lernplakat „Stressbedingte Krankheiten"*

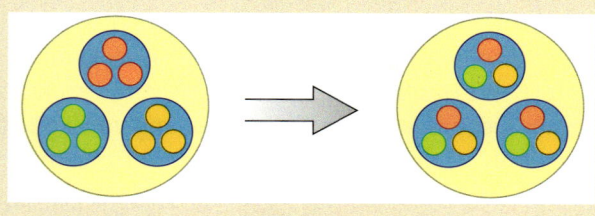

Methode

2 *Ablauf des Museumsgangs*

Tipps für das Erstellen einer Präsentation mit elektronischen Medien

- Die meisten Präsentationsprogramme bieten bereits fertige Vorlagen. Falls dir keine Vorlage gefallen sollte, erstelle mithilfe des Programms eine eigene.
- Erstelle zunächst eine Titelfolie.
- Verwende einen Folienmaster, damit die folgenden Folien der Präsentation über das gleiche Format (Hintergrund, Schriftgröße, -art und -farbe …) verfügen.
- Verwende eine dunkle Schrift (mindestens Schriftgröße 30) auf einem hellen Hintergrund.
- Beschränke dich bei der Gestaltung der Folien auf das Wichtigste. Schreibe nur Stichpunkte und keine ausformulierten Sätze auf die Folien. Auf einer Folie sollten höchstens 16 Wörter stehen.
- Veranschauliche mithilfe von Bildern deinen Vortrag. Stelle einen Bezug zwischen dem Bild und dem Thema her.
- Zahlen und Daten lassen sich in Form von Grafiken anschaulich darstellen.
- Gehe sparsam mit Soundeffekten bzw. Übergangseffekten um.
- Übe deinen Vortrag mehrmals zuhause, sodass du möglichst frei sprechen kannst.
- Fertige für den Vortrag Redekarten an, auf denen du wichtige Stichpunkte festhältst.
- Gib nach wichtigen Punkten deiner Präsentation den Zuhörern die Möglichkeit, Verständnisfragen zu stellen.

Burnout
- **Erklärung:** körperliche und geistige Erschöpfung
- **Ursache:** zu viel Stress im Alltag
- **Anzeichen:** Antriebslosigkeit, Müdigkeit, Kraftlosigkeit

3 *Folie 1*

Der Begriff „Burnout" stammt aus dem Englischen und bedeutet so viel wie „Ausgebranntsein". Burnout zeigt sich u.a. daran, dass der Patient sowohl körperlich als auch psychisch komplett erschöpft ist. Die Ursachen für Burnout sind vielfältig. Als eine zentrale Ursache gilt zu hoher Stress im Alltag. Mögliche Anzeichen für Burnout sind beispielsweise Antriebslosigkeit, Müdigkeit oder Kraftlosigkeit.

4 *Folie 2*

1. Lernplakat. Beurteile anhand der vorgegebenen Kriterien die Gestaltung des Lernplakates zum Thema „Stressbedingte Krankheiten".

2. Museumsgang vorbereiten. Folgende Teilthemen sollen präsentiert werden:
a) Bau und Funktion des Auges
b) Bau und Funktion des Ohres
c) Bau und Funktion des Gehirns
d) Bau und Funktion des Nervensystems

3. Folienaufbau beurteilen. Vergleiche anhand der Kriterien für eine elektronische Präsentation die beiden Folien 1 und 2 (Abb. 3,4). Beurteile ihre Eignung.

4. Folien selbst gestalten. Entwickle selbst eine Folie zum Thema „Stress".

5. Entwickle eine foliengestützte Präsentation (min. 5 Folien) zum Thema Lernen und Gedächtnis.

2.13 Erkrankungen des Nervensystems

1 Gemälde „Der Schrei" von Edvard Munch

Morbus Alzheimer ist eine Erkrankung, die erstmals von dem deutschen Arzt Alois Alzheimer 1906 beschrieben wurde. Sie tritt hauptsächlich im Alter auf und äußert sich besonders durch stark zunehmende Vergesslichkeit bis hin zum fast vollständigen Verlust des Gedächtnisses und Orientierungsstörungen. Im fortgeschrittenen Stadium kann die Krankheit von Persönlichkeitsveränderungen und motorischen Störungen begleitet sein. Im Verlauf der Krankheit sterben immer mehr Nervenzellen ab, während gleichzeitig Eiweißablagerungen in bestimmten Regionen des Gehirns auftreten. Sie blockieren den Informationsaustausch zwischen den Nervenzellen. Das Gehirn kann bis zu 20 Prozent schrumpfen. Der Zerfallsprozess des Gehirns kann heute durch Medikamente nur verlangsamt, aber nicht gestoppt werden. Eine frühe Erkennung ist daher wichtig.

Die **Parkinson-Krankheit** ist nach dem englischen Arzt James Parkinson benannt, der 1817 die erste umfassende Beschreibung der Krankheit veröffentlichte. Parkinson äußert sich in Bewegungsstörungen, die durch einen Mangel an Dopamin im Gehirn hervorgerufen werden. Dieser Mangel beeinträchtigt die Informationsverarbeitung der Nervenzellen. Parkinson-Patienten leiden unter Zittern der Hände, Steifheit der Muskeln, Verlangsamung der Bewegungen und Störung von Reflexen (Abb. 2). Auch Parkinson ist eine fortschreitende Erkrankung, deren Verlauf zur Zeit nicht gestoppt, sondern nur verlangsamt werden kann.

Etwa ein Fünftel aller Deutschen erkrankt im Laufe des Lebens vorübergehend an einer **Depression**. Symptome sind unter anderem Antriebslosigkeit, ständige Müdigkeit, Angstzustände, Traurigkeit und innere Leere, so dass ein normales Leben häufig nicht möglich ist. Depressionen können in unterschiedlichen Formen und Schweregraden auftreten. Schwere Krankheiten, schwerwiegende Beziehungsprobleme und schmerzliche Erlebnisse können Depressionen auslösen, ebenso Lichtmangel im Winter, Nebenwirkungen von Medikamenten und Drogenmissbrauch. Auch eine genetische Veranlagung kann eine Rolle spielen. Bei einer Depression beobachtet man einen Mangel an Serotonin in bestimmten Gehirnregionen. Für Betroffene gibt es psychotherapeutische und medikamentöse Behandlungsmöglichkeiten.

2 Muhammed Ali, weltberühmter Schwergewichtsweltmeister im Boxen, an Parkinson erkrankt, bei einer Preisverleihung mit seiner Frau

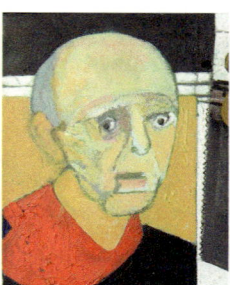

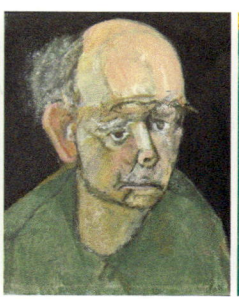

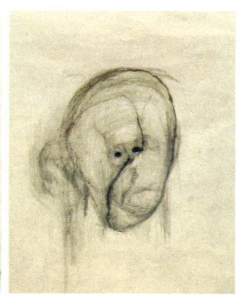

3 Selbstporträts von WILLIAM UTERMOHLEN, der an Alzheimer erkrankt ist, aus den Jahren 1997 bis 2000

1. Alzheimer. Der Künstler WILLIAM UTERMOHLEN ist an Alzheimer erkrankt. Beschreibe die Veränderungen der Selbstporträts in Abbildung 3.

2. Parkinson. Bei der Diagnose von Parkinson wird häufig eine Schriftprobe des Patienten herangezogen. Vergleiche die beiden Schriftproben in Abbildung 4.

3. Depressionen.
a) Werte den Erfahrungsbericht in Abbildung 5 aus und stelle die Symptome zusammen, die auf eine Depression hinweisen.
b) Der norwegische Maler EDVARD MUNCH (1863–1944) litt an Depressionen. Diese Krankheit beeinflusste auch seine Malerei. Er nannte das 1894 entstandene Bild „Der Schrei". Beschreibe, welche Gefühle der Maler in diesem Bild ausdrückt und wie er sie darstellt (Abb. 1).

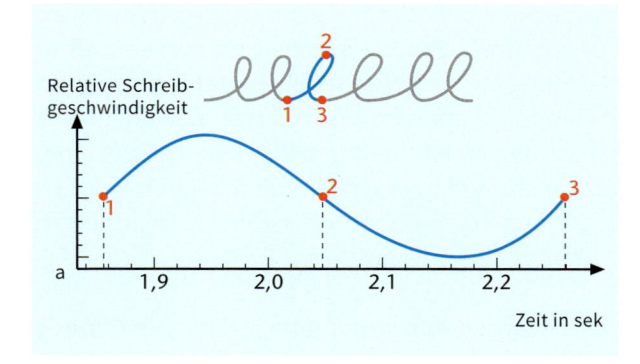

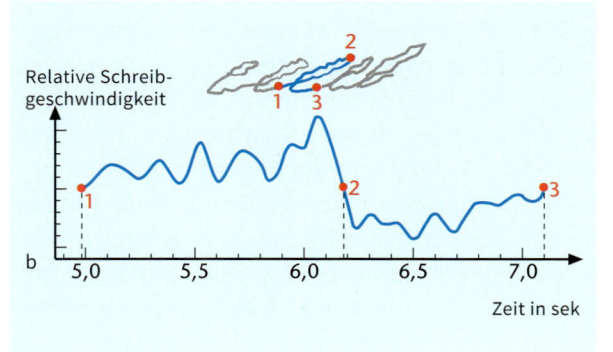

4 Schriftproben, a) gesunder Mensch, b) Parkinson-Erkrankter

Vor drei Jahren ging gerade meine Beziehung mit Peter in die Brüche. Die Trennung hat mich tief verletzt. Immer wieder muss ich daran denken: zu Hause, im Büro, beim Einkaufen. Es dauerte lange, bis ich das erste Mal wieder in der Lage war, meine Wohnung zu verlassen. Zuerst dachte ich, meine Erschöpfung würde von alleine verschwinden, wenn ich die Trennung überwunden hätte. Dem war aber nicht so. Mir fehlte die Kraft, etwas zu unternehmen, mich unter Leute zu begeben, aktiv meinen Tag zu gestalten. Aufgehoben fühlte ich mich eigentlich nur bei meiner besten Freundin. Im Büro verstecke ich mich hinter meinem Computer. Als Schreibkraft komme ich ganz gut zurecht, zumal ich mich kaum mit Kunden oder mit meinem Chef auseinandersetzen muss. Vor Jahren spielte ich mit dem Gedanken, einen Fremdsprachenkurs zu besuchen, damit ich mich in Zukunft beruflich verbessern könnte. Heute denke ich, dass ich das sowieso nicht schaffen würde.

5 Erfahrungsbericht einer Frau

3.1 Wege in die Sucht – legale und illegale Drogen

1 *Verschiedene Suchtformen*

Unter **Abhängigkeit** oder **Sucht** versteht man den Zustand eines Menschen, in dem er kaum oder gar nicht fähig ist, auf Drogen oder bestimmte Verhaltensweisen zu verzichten. **Drogen** sind Stoffe, die im Gehirn wirken. Sie beeinflussen die Stimmung, die Gefühle, das Bewusstsein, die Wahrnehmung und das Verhalten eines Menschen. Wenn von Drogen die Rede ist, denken die meisten Menschen zunächst an den Konsum **illegaler Drogen**. Das sind Drogen, deren Erwerb, Verbreitung und Gebrauch unter Strafe steht. Beispiele hierfür sind Haschisch, Heroin, Kokain oder Ecstasy.

Doch auch **legale Drogen** wie Alkohol, Tabak und bestimmte Arzneimittel machen abhängig und schädigen die Gesundheit. So stehen den jährlich etwa 1 000 deutschen Rauschgifttoten knapp 200 000 alkohol- und tabakbedingte Todesfälle gegenüber. Auch einige Medikamente können abhängig machen. Man spricht von Medikamentenabhängigkeit, wenn Medikamente nicht zur Heilung eingenommen werden, sondern weil man süchtig nach ihnen ist.

Eine Sucht entwickelt sich oft schleichend: Viele Jugendliche rauchen zunächst nur gelegentlich in ihrer Freizeit. Nach und nach gewöhnt sich ihr Körper an das Rauchen. Die Wirkung des Nikotins lässt nach und die Anzahl der Zigaretten muss erhöht werden, um keine Entzugserscheinungen zu bekommen. Dachte der Jugendliche am Anfang noch, er könne jederzeit aufhören, so muss er nun feststellen, dass er die Kontrolle über seinen Zigarettenkonsum verloren hat. Wenn eine süchtige Person ihre Droge nicht einnimmt, treten Entzugserscheinungen auf. Diese äußern sich als körperliche Reaktionen wie Unruhe, Zittern, Frieren, Erbrechen und Schmerzen. Von dieser körperlichen Abhängigkeit unterscheidet man die seelische Abhängigkeit als die Sehnsucht des Abhängigen nach der Wirkung der Droge. Manche Formen von Abhängigkeit sind nicht an einen oder mehrere Stoffe gebunden. Zu diesen stoffungebundenen Verhaltenssüchten zählt man unter anderem Computerspiel- und Internetsucht, Kaufsucht, Magersucht und Glücksspielsucht. Bei einer Verhaltenssucht verspüren die Betroffenen einen unwiderstehlichen Drang, bestimmte Handlungen immer wieder auszuführen.

Jeder Mensch kann süchtig werden. Die Gründe dafür sind ebenso vielfältig wie die Suchtformen selbst. Beispielsweise können Menschen, die Gefühle nur teilweise wahrnehmen und ausdrücken können oder Problemen und Konflikten aus dem Weg gehen, innere Spannungen aufbauen, die schließlich unerträglich werden. Mithilfe der Sucht werden Spannungen eine Zeit lang ausgehalten und ertragen. Die Sucht legt über die Gefühle einen Schleier. Trauer, Wut, Enttäuschung, Schmerz, Angst und Unsicherheit, aber auch Freude werden nur noch gedämpft und abgeschwächt wahrgenommen. Die Droge erleichtert jedoch nur scheinbar das Leben.

1. Suchtbegriffe. Erläutere folgende Begriffe aus dem Grundwissentext: Abhängigkeit (Sucht), legale Drogen, illegale Drogen, stoffungebundene Sucht, Gewöhnung, Entzugserscheinungen.

2. Gewohnheiten. Viele tägliche Gewohnheiten prägen das Leben mancher Menschen: aus Langeweile essen, den Ärger herunterspülen, die Zeit mit elektronischen Spielzeugen totschlagen, Kummer durch Arbeit unterdrücken, sich den Alltag mit einem Eis versüßen usw.
a) Beschreibe, was du machst, wenn dir langweilig ist, wenn du Kummer hast, wenn du enttäuscht bist oder wenn du dich geärgert hast.
b) Entwickle Vorschläge, was du alternativ machen könntest.

3. Ausweichendes Verhalten. Beschreibe alltägliche Probleme, wie zum Beispiel das Erledigen der Hausaufgaben. Entwickle verschiedene Möglichkeiten, sich damit auseinanderzusetzen. Berücksichtige dabei auch die Möglichkeit, sich ausweichend zu verhalten, also z. B. am Computer zu spielen statt die Hausaufgaben zu machen. Erörtere mögliche Zusammenhänge zwischen ausweichendem Verhalten und Sucht.

4. Der kleine Prinz. Der Franzose ANTOINE DE SAINT-EXUPÉRY lebte von 1900 bis 1944. Er schrieb die Geschichte vom kleinen Prinzen, der seinen Stern verlässt und eine lange Reise durch das Weltall unternimmt. Er landet auf verschiedenen Planeten. Auf dem dritten Planeten trifft er auf einen Alkoholkranken. Lies den Text in Abbildung 2. Erläutere das Hauptproblem eines Drogenabhängigen, das in dem Text angesprochen wird.

5. Vielfältigkeitsaspekt. Stelle in einer Mindmap dar, wie vielfältig Sucht ist. Verwende dazu die Erkenntnisse von dieser Doppelseite.

Der kleine Prinz und der Säufer

Den nächsten Planeten bewohnte ein Säufer. Dieser Besuch war sehr kurz, aber er tauchte den kleinen Prinzen in eine tiefe Schwermut.

„Was machst du da?", fragte er den Säufer, den er stumm vor einer Reihe leerer und einer Reihe voller Flaschen sitzend antraf.

„Ich trinke", antwortete der Säufer mit düsterer Miene.

„Warum trinkst du?", fragte ihn der kleine Prinz.

„Um zu vergessen", antwortete der Säufer.

„Um was zu vergessen?", erkundigte sich der kleine Prinz, der ihn schon bedauerte.

„Um zu vergessen, dass ich mich schäme", gestand der Säufer und senkte den Kopf.

„Weshalb schämst du dich?", fragte der kleine Prinz, der den Wunsch hatte, ihm zu helfen.

„Weil ich saufe!", endete der Säufer und verschloss sich endgültig in sein Schweigen.

Und der kleine Prinz verschwand bestürzt.

Die großen Leute sind entschieden sehr, sehr wunderlich, sagte er zu sich auf seiner Reise.

2 Auszug aus „Der kleine Prinz" von Antoine de Saint-Exupéry

3.2 Entstehung von Drogensucht

Die Entstehung einer Drogensucht zu erklären ist nicht einfach. Man hat zu diesem Zweck verschiedene Modelle entwickelt. Eines davon ist das **4M-Modell**, das verdeutlicht, dass die Wege, die in eine Sucht führen, vielfältig sein können (Abb. 1). Ein Vorteil dieses Modells ist, dass es die vier Bereiche Mensch, Milieu, Mittel und Markt vernetzt. So wird deutlich, dass man die Gründe für die Entstehung einer Sucht nicht allein in der Person finden kann. Auch ein aus Rauchern bestehender Freundeskreis macht aus einem Jugendlichen nicht automatisch einen Raucher. Wichtig ist auch, wie leicht der Jugendliche an die Zigaretten kommt und ob er sie überhaupt bezahlen kann.

Mensch
Das Selbstwertgefühl eines Menschen und seine Möglichkeiten, Belastungen zu ertragen, Probleme zu lösen, Gefühle auszudrücken sowie Beziehungen zu anderen Menschen zu knüpfen, sind entscheidende Faktoren, die an der Entwicklung einer Sucht beteiligt sind oder sie verhindern können. Hinzu kommen noch genetische Faktoren.

Markt
Das Drogenangebot, der Preis und die Werbung für Drogen sind nicht zu unterschätzende Faktoren bei der Entwicklung einer Sucht.

Mittel
Auch die Droge selbst ist an der Entwicklung einer Abhängigkeit beteiligt. Dabei sind folgende Fragen wichtig:
Wie wirkt die Droge?
Wie muss sie aufgenommen werden?
Wie schnell gewöhnt sich der Körper an die Droge?
Welche Begleit- und Entzugserscheinungen treten auf?

Milieu
Unter dem Milieu versteht man die Umgebung, den Lebensbereich eines Menschen. Auch Vorbilder, die einen Menschen stark beeinflussen, sind an der Entwicklung eines Suchtverhaltens beteiligt. Zum Milieu-Einfluss zählen insbesondere die Familie, Freunde und Freundinnen, die Clique sowie die Gesellschaft mit bestimmten Traditionen, Gesetzen und Modevorschriften.

1 *Das 4M-Modell zeigt, wie unterschiedlich die Wege in die Sucht sein können.*

1. **Gedanken zum Foto.** Betrachte das Hintergrundfoto in Abbildung 1. Erläutere mögliche Zusammenhänge zwischen dem Foto und dem Thema Sucht.

2. **Analyse eines Fallbeispiels.** Erkläre mithilfe des 4M-Modells die in Abbildung 2 dargestellte Entwicklung der Alkoholsucht von Peter.

3. **Das 5-Faktoren-Modell.** Neben dem 4M-Modell gibt es weitere Modelle, mit deren Hilfe man versucht, die Ursachen und Bedingungen einer Sucht zu ergründen. Das in Abbildung 3 dargestellte 5-Faktoren-Modell ist eines davon.
Vergleiche das 5-Faktoren-Modell mit dem 4M-Modell.

4. **Das Eisberg-Modell.** In Abbildung 4 ist das Eisberg-Modell zur Suchtentstehung dargestellt.
a) Übertrage das Modell in deine Mappe, erläutere und ergänze im unteren Teil weitere sinnvolle Begriffe.
b) Diskutiere Vor- und Nachteile des Modells bei der Erklärung der Entstehung einer Sucht.

5. **Vermeintliche Verbesserungen.** Nimm Stellung zu folgender Aussage: „Die Entstehung einer Sucht kann man gut nachvollziehen, wenn man sich in die Lage des Menschen hineinversetzt, der im Drogenrausch für sich eine Verbesserung seiner Lebensbedingungen wahrnimmt."

„Alkohol zu trinken gehörte in meinem Freundeskreis einfach dazu. Also habe ich zusammen mit meinen Freunden bei Partys und anderen Gelegenheiten Alkohol getrunken. Hätte ich nein zum Alkohol gesagt, wäre ich ein Schwächling gewesen. Zunächst war es ganz einfach: Je mehr man vertragen konnte, desto angesehener war man. Nach und nach habe ich dann auch bereits etwas alleine getrunken, bevor ich zur Party gegangen bin. Irgendwie brauchte ich den Alkohol immer mehr. Meine Eltern haben das Trinken erst einmal nicht ernst genommen. Für sie war es völlig normal, mal einen zu trinken. Für meine Freunde war es lange Zeit auch kein Problem, weil sie ja auch selbst tranken. Aber eines Tages sagt einer zu mir, dass ich zu viel trinken würde. Also galt es auch wieder als Schwäche, wenn man die Kontrolle über das Trinken verlor. Deshalb begann ich immer häufiger heimlich zu trinken. Oft schon, bevor ich aus dem Haus ging. Ich fühlte mich dann sicherer und stärker, einfach besser. Sonst fehlte es mir an Selbstvertrauen. Ich war eher der unsichere Typ. In der Gruppe galt ich früher als Schwächling, keiner akzeptierte mich. Der Alkohol half, mich lockerer zu machen, cooler. Erst als ich meinen Job verloren hatte, wachte ich auf. Zum Glück bin ich dann zur Suchtberatungsstelle gegangen. Wer weiß, wo ich heute sonst sein würde …"

2 *Fallbeispiel: Peters Weg in die Alkoholabhängigkeit*

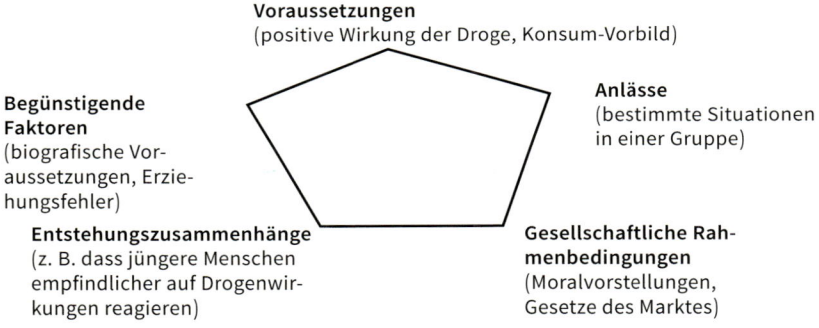

Voraussetzungen
(positive Wirkung der Droge, Konsum-Vorbild)

Begünstigende Faktoren
(biografische Voraussetzungen, Erziehungsfehler)

Anlässe
(bestimmte Situationen in einer Gruppe)

Entstehungszusammenhänge
(z. B. dass jüngere Menschen empfindlicher auf Drogenwirkungen reagieren)

Gesellschaftliche Rahmenbedingungen
(Moralvorstellungen, Gesetze des Marktes)

3 *Das 5-Faktoren-Modell zur Entstehung einer Drogensucht*

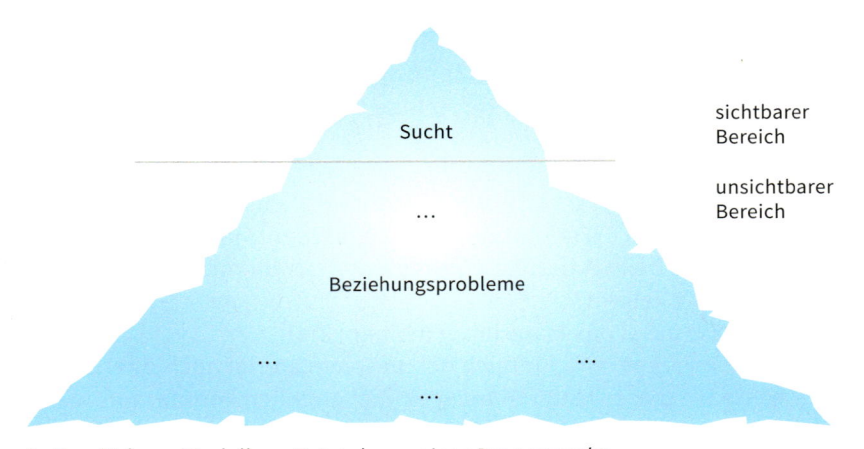

Sucht — sichtbarer Bereich

… — unsichtbarer Bereich

Beziehungsprobleme

…   …

…

4 *Das Eisberg-Modell zur Entstehung einer Drogensucht*

Portfolio

Ein **Portfolio** ist eine Mappe, in der du Materialien zu einem Thema sammelst. Begleitend zum Unterricht kannst du eigene Materialien anfertigen und sie gemeinsam mit weiteren Unterlagen aus dem Unterricht sinnvoll zusammenstellen. Was du zusammenträgst, hängt von deinem persönlichen Interesse, deiner Kreativität und deiner Fähigkeit ab, das Gelernte in einer Form zu präsentieren, die originell und überzeugend ist.

Überlege dir zunächst, welches Ziel du mit deinem Portfolio verfolgst. Wichtig ist, dass du die zur Verfügung stehende Zeit realistisch einschätzt. Wenn du vier Wochen Zeit hast, dann solltest du dir ein Ziel vornehmen, das auch in dieser Zeit zu verwirklichen ist. Zielformulierungen könnten z. B. lauten: „In den nächsten vier Wochen möchte ich zeigen, welche Möglichkeiten es gibt, mit täglichen Problemen und Konflikten umzugehen, ohne Drogen zu nehmen oder süchtiges Verhalten zu zeigen."

„Die Weltgesundheitsorganisation (WHO) versteht unter Gesundheit einen ‚Zustand vollkommenen körperlichen, sozialen und geistigen Wohlbefindens'. – In den nächsten vier Wochen möchte ich verschiedene Möglichkeiten erarbeiten, in diesem Sinne ein gesundes Leben zu führen."

Gestalte anschließend ein passendes Deckblatt und notiere darauf dein Ziel. In dein Portfolio kannst du alle „Dokumente" aufnehmen, die dem Erreichen deines Ziels dienen. Diese Dokumente können z. B. Textausschnitte aus Büchern, Zeitungsausschnitte, Beschreibungen von Unterrichtssituationen, Ergebnisse von Gruppen- oder Klassenarbeiten, ein Bericht über einen Ausflug sowie eine Fernsehsendung oder einen Film und natürlich auch eigene Überlegungen zum Thema sein. Entscheidend ist, dass nicht irgendetwas gesammelt wird, sondern eine begründete Auswahl getroffen wird. Damit du nicht zu viel Material zusammenstellst, prüfe jeweils, ob du mit dem Material deinem Ziel näher kommst (Abb. 1). Wenn dies nicht der Fall ist, nimmst du es nicht in deine Sammlung auf. Stellst du aber fest, dass das neue Material besser geeignet ist als das alte, tauscht du es aus. Diesen Austausch vermerkst du dann in einem „mitwachsenden" Inhaltsverzeichnis und begründest ihn.

In regelmäßigen Abständen, z. B. jede Woche, solltest du mit deinen Mitschülerinnen und Mitschülern oder deinem Lehrer betrachten, welches Ziel du dir gesetzt hast und was du bisher erreicht hast. Solltet ihr hierbei feststellen, dass die Zeit nicht ausreichen wird, denkt gemeinsam über eine neue Zielformulierung nach oder arbeite verstärkt an deinem Portfolio.

Am Ende deiner Arbeit kannst du in einem Schlusstext darstellen, was dir beim Anfertigen des Portfolios besonders viel Spaß gemacht hat und was dir schwer gefallen ist. Auch auf einzelne Materialien kannst du hier nochmals eingehen. Welches Material gefällt dir am besten? An welchem Material hast du am meisten gelernt?

- Was hat mich veranlasst, dieses Material anzufertigen bzw. auszuwählen?
- Welche neuen Erkenntnisse habe ich mit dem Material gewonnen?
- Wo gab es beim Anfertigen dieses Materials für mich Probleme? Was habe ich beim Lösen dieser Probleme gelernt?
- Weshalb passt das Material zu meinem Ziel?
- Welche Fragen sind für mich bei diesem Material noch offen?
- Wenn ich dieses Material noch einmal erstellen könnte, was würde ich anders machen?

1 *Diese Fragen können helfen, die Auswahl der Materialien zu begründen*

Methode

Seite 1

Portfolio zum Thema:
„Suchtgefahren und Gesundheit" von …

Mein Ziel

In den nächsten vier Wochen möchte ich zeigen, welche Möglichkeiten es gibt, mit täglichen Problemen und Konflikten umzugehen, ohne Drogen z[...]

Seite 2

Inhaltsverzeichnis

Seite 3: Problem- und Konflikt-Tagebuch eines ganz normalen Montags. Was passiert ist und wie ich reagiert habe.

Seite 4: „Alltagsbeobachtung" (selbst verfasstes Gedicht)

Seite 5: „Gemeinsam statt einsam"
(Foto meiner Tonplastik aus dem Kunstunterricht)

Seite 6: ~~Verhaltenssüchte~~
ersetzt durch: Wo zeigen wir im Alltag süchtiges Verhalten? Was könnten wir stattdessen tun?
(Begründung: Ich habe das Material „Verhaltenssüchte" aus dem Portfolio genommen und ersetzt, weil es nur allgemein die verschiedenen Formen auflistet, ohne zu zeigen, wo sie auftreten und was man dagegen tun kann. Dies ist aber gerade das Ziel, das ich mit diesem Portfolio verfolge.)

7: ~~Legale und illegale Drogen~~
ersetzt durch: Was kann ich dagegen tun, wenn mich meine Freunde zum Rauchen überreden wollen?
(Begründung: Ich habe das erste Material ersetzt, weil es hier nicht um die verschiedenen Drogenarten gehen soll, sondern um Möglichkeiten, wie deren Konsum vermieden werden kann. Deshalb habe ich das Beispiel zum Rauchen und Gruppenzwang neu in mein Portfolio aufgenommen.)

8: So geht es nicht! (Ein Auszug aus Ann Ladiges' Jugendbuch „Hau ab, du Flasche!")

[...] (Text und Noten)

Seite 7

Was kann ich dagegen tun, wenn mich meine Freunde zum Rauchen überreden wollen?

Bei meinen Freunden erfahre ich Anerkennung und Zuneigung. Gemeinsam etwas zu unternehmen macht viel Spaß. Mit ihnen fühle ich mich stark. Aber muss ich auch das mitmachen, was mir nicht gefällt? Muss ich z. B. auch rauchen, nur weil die meisten in der Gruppe auch rauchen?

Ich kann einfach mitmachen, rauchen und
– meine eigene Abneigung gegen das Rauchen verdrängen,

Seite 10

Probleme gehören zum Leben – Lösungen auch

Die folgenden Ratschläge können bei d[...]
innerhalb einer Gruppe helfen:

1. Der Ort des Gesprächs sollte möglich[...]
Alle Beteiligten sollen sich gleich woh[...]
2. Der Zeitpunkt muss geeignet sein. Je[...]
Zeit und Ruhe mitbringen, damit das [...]
geführt werden kann.
3. Das Problem muss genau benannt we[...]
4. Jede und jeder spricht für sich. Wenn [...]
muss sie bzw. er die Möglichkeit zum [...]
5. Die wenigsten Probleme haben nur ei[...]
Beteiligten zunächst alle möglichen L[...]
sammen. Die unterschiedlichen Vorsc[...]
bewertet oder abgelehnt werden.
6. Gemeinsam werden die Lösungsvorsc[...]
alle leben können.
7. Gemeinsam gefundene Lösungen sind[...]
zu werden. Also muss auch jede und j[...]
dem Gespräch auch Taten folgen. Daf[...]
am besten sofort die Aufgabenverteil[...]
weiß, was sie und er zu tun hat.

Rückmeldung

Meine Eindrücke zu deinem Portfolio
von _____
an _____

– Das hat mir an deinem Portfolio gut gefallen:
_____
_____

– Das hat mir nicht ganz so gut gefallen:
_____
_____

– Das habe ich anhand deines Portfolios gelernt:
_____
_____

– Außerdem ist mir an deinem Portfolio noch Folgendes aufgefallen:
_____
_____

2 *Beispielseiten*

3.3 Alkoholmissbrauch und seine Folgen

1 Verschiedene Gelegenheiten, in denen man im Alltag dem Alkohol begegnen kann

In Deutschland konsumieren etwa 9,5 Millionen Menschen regelmäßig Alkohol. Durchschnittlich werden pro Kopf und Jahr knapp 10 Liter reinen Alkohols zu sich genommen (Abb.1). Alkohol gehört zu den legalen Drogen. Wird er regelmäßig und in Mengen konsumiert, spricht man von **Alkoholmissbrauch**. Dieser führt zu einer Abhängigkeit. Gut 1,5 Millionen Deutsche gelten als alkoholabhängig. Von ihnen unterziehen sich allerdings nur etwa 10 Prozent einer Therapie, und auch das erst sehr spät, nachdem sie bereits knapp 15 Jahre lang abhängig gewesen sind. Jedes Jahr sterben mehr als 70 000 Menschen an den direkten und indirekten Folgen von Alkoholmissbrauch. Auf deutschen Straßen gibt es alkoholbedingt jährlich etwa 350 Verkehrstote und über 5 000 Schwerverletzte. Zudem verursacht der Alkoholmissbrauch volkswirtschaftliche Kosten von jährlich mehr als 25 Milliarden Euro, von denen allein gut 7 Milliarden Euro direkte Kosten für das Gesundheitssystem sind. Auf der anderen Seite nimmt der Staat jährlich mehr als 3 Milliarden Euro aus der Alkoholsteuer ein.

Alkoholwerbung ist häufig direkt auf Jugendliche zugeschnitten. Die Werbung vermittelt den Eindruck, dass Alkohol einfach dazugehört, wenn man Spaß mit den Freunden, auf Partys oder im Urlaub haben möchte. Dafür gibt die Alkoholindustrie jährlich mehr als 550 Millionen Euro aus. Dass sie dabei sehr erfolgreich ist, zeigt allein die Tatsache, dass Jugendliche, die häufig in Kontakt mit Alkoholwerbung kommen, auch häufiger Alkohol trinken. Jugendliche trinken Alkohol meist in Gruppen Gleichaltriger. **Gruppenzwang** führt dazu, dass fast jeder mittrinkt, um nicht als Außenseiter zu gelten. Besonders gefährlich für Kinder und Jugendliche ist das Rauschtrinken, das auch als Komasaufen bekannt ist. Von den 100 000 Menschen, die jedes Jahr mit einer Alkoholvergiftung ins Krankenhaus kommen, sind 26 000 zwischen 10 und 20 Jahre alt.

Doch auch ein bloßer Alkoholrausch kann lebensgefährlich sein. Beispielsweise nehmen Betrunkene die Kälte im Winter oft nicht wahr, erst recht nicht, wenn sie draußen eingeschlafen sind. In solchen gefährlichen Situationen sind sie dann auf aufmerksame Mitmenschen angewiesen, die sie nach Hause begleiten und auf sie aufpassen.

Übermäßiger Alkoholkonsum führt zu Gesundheitsschäden (Abb. 2). Unter der Abhängigkeit leidet nicht nur der Alkoholkranke selbst, sondern auch sein soziales Umfeld. Für seine Mitmenschen erhöht sich das Risiko von Konflikten und Gewalt. Besonders betroffen sind meist die Kinder von Alkoholkranken.

Mundraum, Rachen, Speiseröhre
Krebs

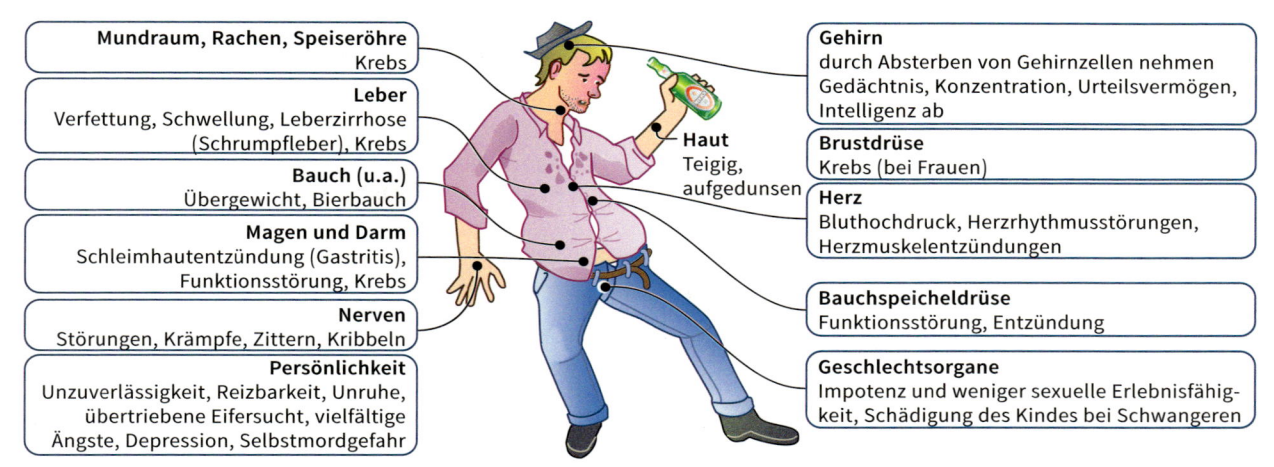

Leber
Verfettung, Schwellung, Leberzirrhose (Schrumpfleber), Krebs

Bauch (u.a.)
Übergewicht, Bierbauch

Magen und Darm
Schleimhautentzündung (Gastritis), Funktionsstörung, Krebs

Nerven
Störungen, Krämpfe, Zittern, Kribbeln

Persönlichkeit
Unzuverlässigkeit, Reizbarkeit, Unruhe, übertriebene Eifersucht, vielfältige Ängste, Depression, Selbstmordgefahr

Gehirn
durch Absterben von Gehirnzellen nehmen Gedächtnis, Konzentration, Urteilsvermögen, Intelligenz ab

Haut
Teigig, aufgedunsen

Brustdrüse
Krebs (bei Frauen)

Herz
Bluthochdruck, Herzrhythmusstörungen, Herzmuskelentzündungen

Bauchspeicheldrüse
Funktionsstörung, Entzündung

Geschlechtsorgane
Impotenz und weniger sexuelle Erlebnisfähigkeit, Schädigung des Kindes bei Schwangeren

2 Mögliche körperliche und geistige Folgen von Alkoholmissbrauch

1. Mind-Map. Entwickle mithilfe der Informationen auf dieser Doppelseite eine Mind-Map zum Thema „Alkohol – zwar legal, aber dennoch gefährlich".

2. Situation auf einer Party. Du gehst mit einem Freund auf eine Party. Auf früheren Partys hast du keinen Alkohol getrunken und du möchtest auch heute nicht damit anfangen. Dein Freund kommt von der Theke zurück und fordert dich auf, ein Bier zu trinken. Erläutere verschiedene Antworten, die du geben könntest. Verwende dabei Argumente dieser Doppelseite.

3. Alkohol und Jugendschutzgesetz. Der fünfzehnjährige Peter kauft für die Party am Abend im Supermarkt ein. Auf seiner Einkaufsliste stehen zwei Sixpack Bier, eine Flasche Wodka, zwei Flaschen O-Saft, eine Flasche Bitter Lemon und Chips. Begründe mithilfe von Abbildung 3, wie sich die Kassiererin oder der Kassierer richtigerweise verhalten sollte.

4. Forderungen zum Umgang mit Alkohol. Erörtere die folgenden Forderungen hinsichtlich ihrer zu erwartenden Wirkungen.
– Die Preise für Alkohol sollten angehoben werden.
– Die Werbung für alkoholische Getränke sollte stark eingeschränkt werden.
– Die Promillegrenze für Radfahrer sollte auf 0,5 Promille wie bei Autofahrern gesenkt werden.
– Alkohol sollte in Unternehmen nicht ausgeschenkt werden.

§ 1 Begriffsbestimmungen (1) Im Sinne dieses Gesetzes
1. sind Kinder Personen, die noch nicht 14 Jahre alt sind,
2. sind Jugendliche Personen, die 14, aber noch nicht 18 Jahre alt sind, […]

§ 2 Prüfungs- und Nachweispflicht (2) Personen, bei denen nach diesem Gesetz Altersgrenzen zu beachten sind, haben ihr Lebensalter auf Verlangen in geeigneter Form nachzuweisen. Veranstalter und Gewerbetreibende haben in Zweifelsfällen das Lebensalter zu überprüfen. […]

§ 9 Alkoholische Getränke (1) In Gaststätten, Verkaufsstellen oder sonst in der Öffentlichkeit dürfen
1. Branntwein, branntweinhaltige Getränke oder Lebensmittel, die Branntwein in nicht nur geringfügiger Menge enthalten, an Kinder und Jugendliche,
2. andere alkoholische Getränke an Kinder und Jugendliche unter 16 Jahren weder abgegeben noch darf ihnen der Verzehr gestattet werden. […]

3 Jugendschutzgesetz (Auszüge). Unter Branntwein versteht man ein alkoholisches Getränk, das aus gegorenen Flüssigkeiten durch Destillation (Brennen) gewonnen wird. Ausgangsstoffe für Branntwein sind u. a. vergorene Trauben (Cognac), vergorene Obstsäfte (z. B. Kirschwasser), Kartoffeln, Gersten-, Weizen-, Roggenmalz (Korn, Wodka, Whisky).

Wiederholen – Üben – Festigen zum Thema „Bau und Funktion des Nervensystems"

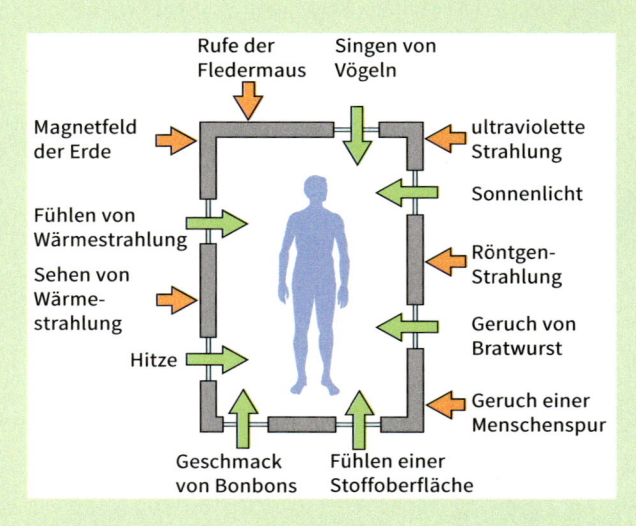

1 Modell: Sinnesorgane zur Umwelt

adäquater Reiz, Pupille, Akkommodation, Blinder Fleck, Gelber Fleck, weitsichtig, kurzsichtig, Wahrnehmung, Stressreaktion, Sucht, Drogen.

2 Begriffskasten

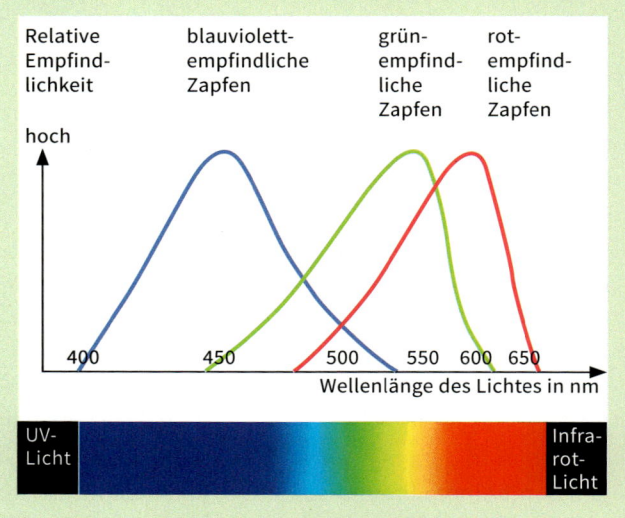

3 Unterschiedliche Empfindlichkeit der Zapfen

1. Einige Fachbegriffe zum Thema.
a) Erstellt mithilfe der Worterklärungen am Ende des Buches ein Glossar für die im Begriffskasten genannten Begriffe (Abb. 2).
b) Erstellt eine Concept-Map zum Thema „Die Funktion des Auges – wichtig bei der Kommunikation" Benutzt für die Concept-Maps auch die Begriffe im Begriffskasten. Präsentiert und vergleicht eure Concept-Maps.

2. Von der Umwelt zur Wahrnehmung. Erläutere anhand Abbildung 1 die Voraussetzungen und die Art und Weise unserer Wahrnehmung der Umwelt.

3. Wahrnehmung und Wirklichkeit. Erläutere anhand der Abbildung 1 und 4, wie unsere Wahrnehmung beeinflusst wird.

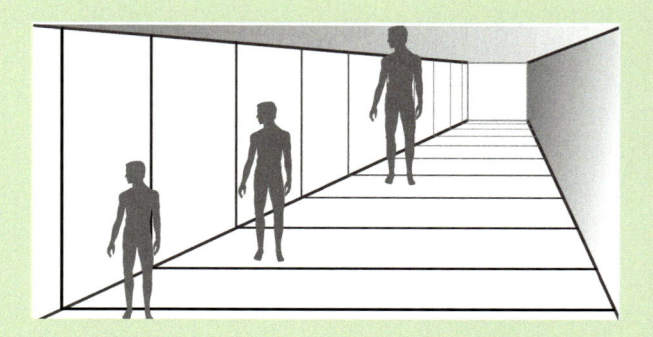

4. Sinnesorgane.
a) Beschreibe mithilfe der Abbildung 3, wie der Farbeindruck bei Menschen zustande kommt.
b) Beschreibe die Einschränkungen des Patienten in Abbildung 7. Nenne mögliche Gründe.
c) Erläutere anhand der Abbildung 5 Kurz- und Weitsichtigkeit und ihre Korrektur durch Sehhilfen.

5. Reiz-Wahrnehmung-Reaktion. Sinneszellen sind spezialisierte Zellen mit der Funktion, Reize in elektrische Signale umzuwandeln....
Beschreibe die weiteren Vorgänge im Körper bis zur Reaktion, indem du diesen Text ausführlich fortsetzt.

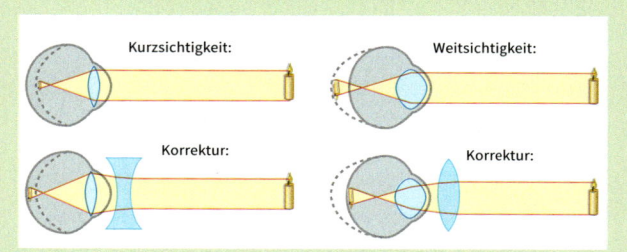

4 Sinnestäuschung?

5 Kurz- und Weitsichtigkeit

Basiskonzepte

6. Informationsaufnahme, -verarbeitung und Reaktion.

a) Setze dich ganz ruhig hin und sei besonders aufmerksam. Beschreibe alle Reize, die du gerade im Gehirn wahrnimmst, und gib jeweils das passende Sinnesorgan an.

b) Ein Koch ist unvorsichtig und stützt sich aus Versehen mit der Hand auf eine eingeschaltete Herdplatte. Blitzschnell zieht er die Hand von der heißen Fläche. Bei diesem sehr schnell ablaufenden Vorgang ist das Gehirn nicht beteiligt. Man spricht dann von einem Reflex. Erkläre die bei diesem Reflex ablaufende Reiz-Reaktions-Kette (Abb. 6).

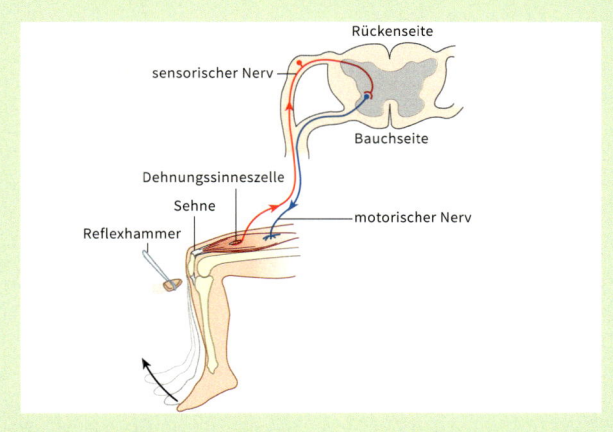

6 Der Kniesehnenreflex

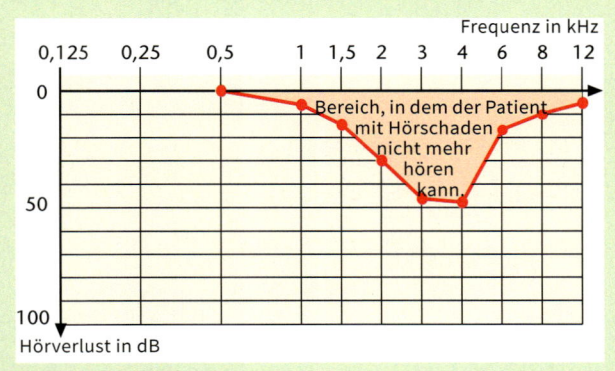

7 Ein Hörschaden

7. Sucht und Abhängigkeit. Sucht und Abhängigkeit entstehen im Gehirn. Erläutere diese Aussage.

8. Basiskonzepte und das Thema „Bau und Funktion des Nervensystems". In der Abbildung unten sind noch einmal die Basiskonzepte in Kurzform dargestellt. Ausführliche Erläuterungen zu den Basiskonzepten findest du vorne im Buch. Ordne drei Beispielen dieses Schulbuchs zum Thema „Bau und Funktion des Nervensystems" ein Basiskonzept oder mehrere Basiskonzepte begründet zu.

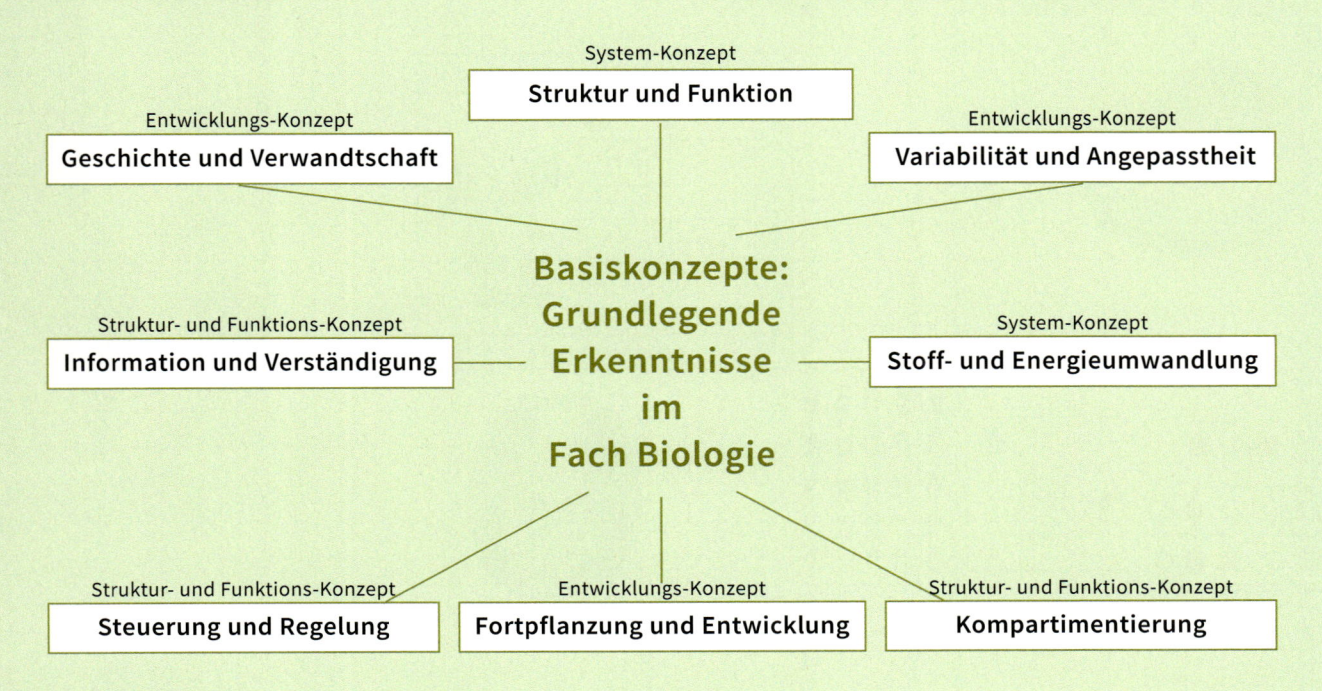

Basiskonzepte: Grundlegende Erkenntnisse im Fach Biologie

- System-Konzept: **Struktur und Funktion**
- Entwicklungs-Konzept: **Geschichte und Verwandtschaft**
- Entwicklungs-Konzept: **Variabilität und Angepasstheit**
- Struktur- und Funktions-Konzept: **Information und Verständigung**
- System-Konzept: **Stoff- und Energieumwandlung**
- Struktur- und Funktions-Konzept: **Steuerung und Regelung**
- Entwicklungs-Konzept: **Fortpflanzung und Entwicklung**
- Struktur- und Funktions-Konzept: **Kompartimentierung**

Genetik

4 Zelluläre Grundlagen der Vererbung

5 Vererbung beim Menschen

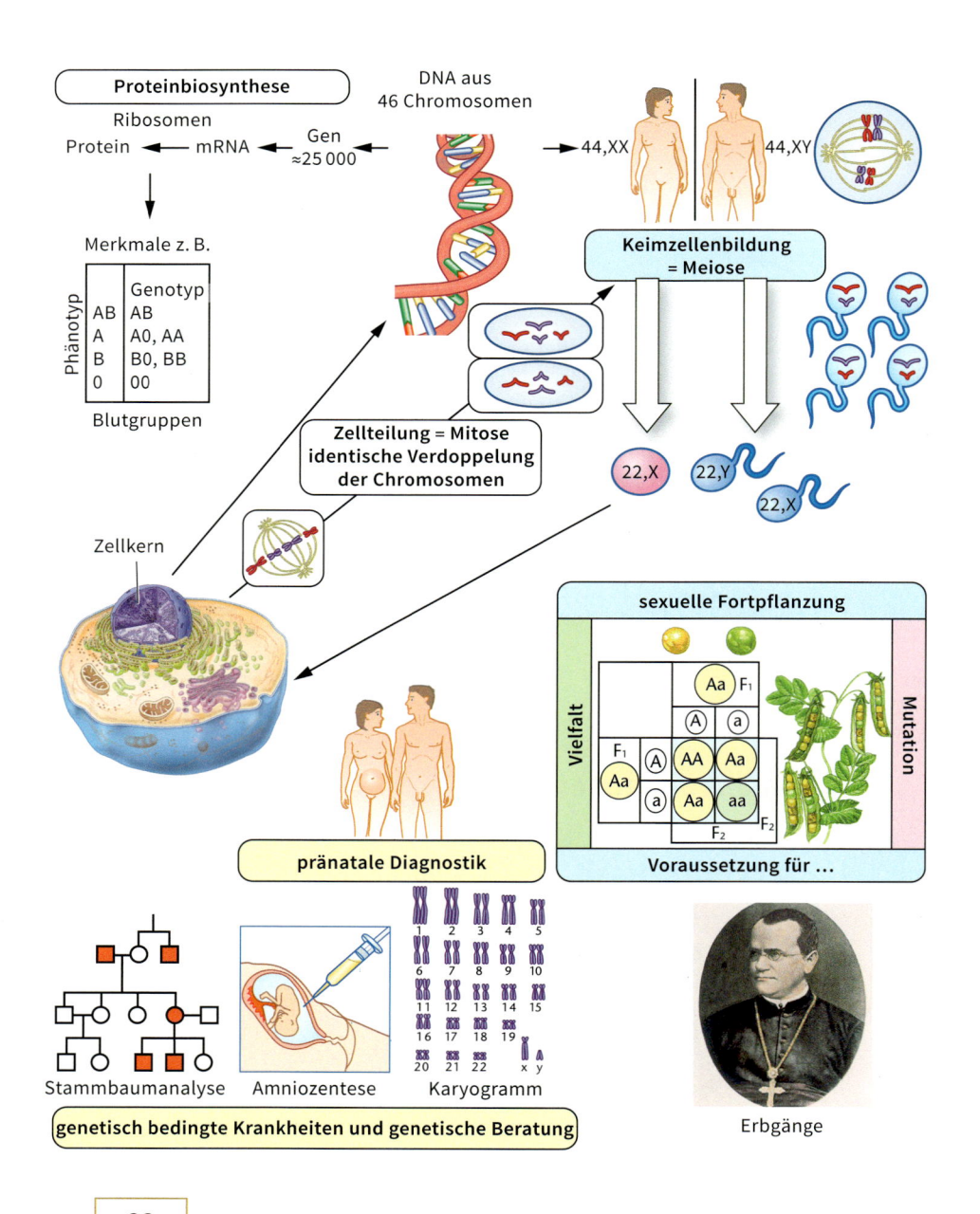

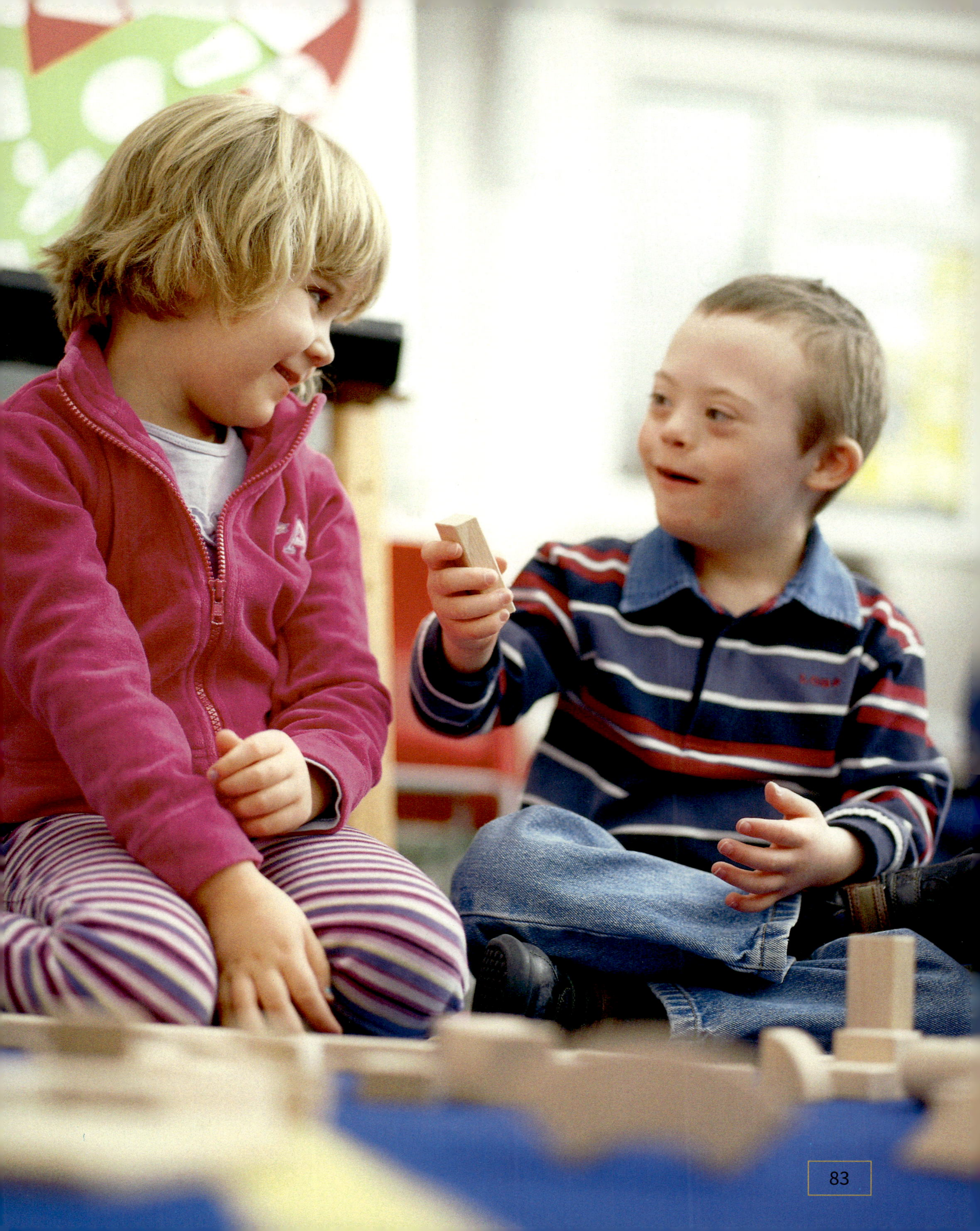

4.1 Die Bedeutung des Zellkerns

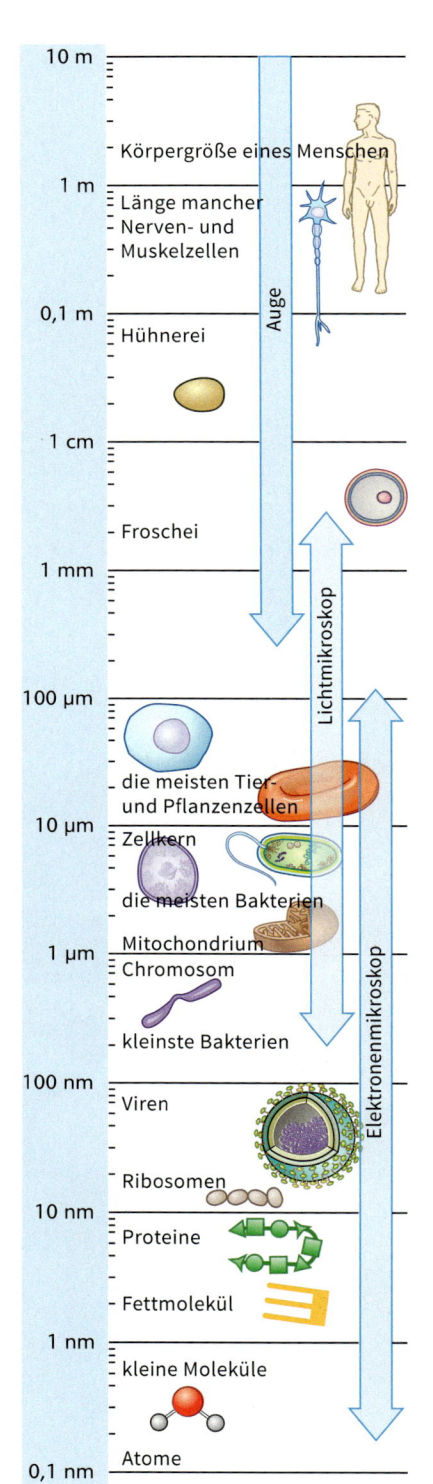

1 *Größenvergleich*

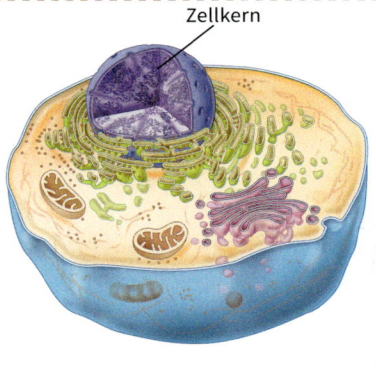

2 *Tierzelle mit Zellkern*

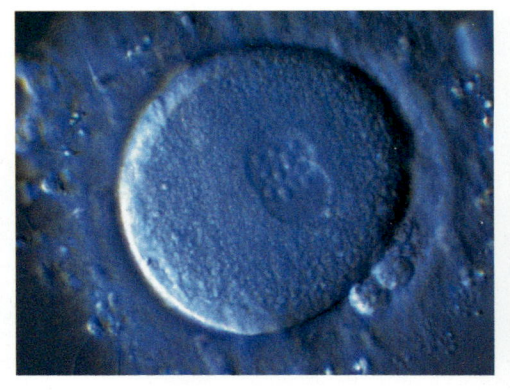

3 *Verschmelzen der Zellkerne der Eizelle und der Spermiumzelle (etwa Bildmitte).*

Alle Lebewesen mit einem Zellkern fasst man unter dem Begriff **Eukaryoten** zusammen. Der Zellkern ist ein großes Zellorganell (Abb. 2). Er wurde mithilfe von Mikroskopen vor fast dreihundert Jahren entdeckt. Lange Zeit blieb die Bedeutung des Zellkerns im Dunkeln. In der zweiten Hälfte des 19. Jahrhunderts wurden zunehmend häufiger Berichte über den Vorgang der Befruchtung bei verschiedenen Tieren und Pflanzen veröffentlicht. Daraus ging hervor, dass übereinstimmend bei allen Arten von Lebewesen mit geschlechtlicher Fortpflanzung im Verlauf der **Befruchtung** der Kern einer Spermazelle mit dem Kern einer Eizelle verschmilzt (Abb. 2). Damals war die Erkenntnis, dass sich ein Lebewesen aus einer Zelle, der befruchteten Eizelle (Zygote), entwickelt, eine Neuigkeit. Seitdem wurde die Bedeutung des Zellkerns vor allem darin gesehen, dass in ihm die Information für die gesamte Entwicklung von der befruchteten Eizelle bis zum ausgewachsenen Lebewesen steckt. Versuche zeigten, dass der Zellkern der befruchteten Eizelle für die Entwicklung eines Lebewesens unentbehrlich ist. Heute weiß man, dass im Zellkern der befruchteten Eizelle die **gesamte Erbinformation** des jeweiligen Lebewesens enthalten ist. Man bezeichnet die Gesamtheit der Erbinformationen eines Lebewesens als **Genom**.

Nach der Befruchtung teilt sich die Eizelle. Es entstehen zwei Tochterzellen mit je einem Zellkern. Jede Tochterzelle hat in ihrem Zellkern die Gesamtheit der Erbinformationen so wie im Zellkern der befruchteten Eizelle. Weil die beiden Tochterzellen im Vergleich untereinander und im Vergleich mit der befruchteten Eizelle die gleichen Erbinformationen besitzen, spricht man von **erbgleicher Teilung**. Alle Körperzellen eines Lebewesens sind erbgleich. Der Teilbereich der Biologie, der sich mit der Weitergabe von Erbinformationen und der Ausbildung von Merkmalen beschäftigt, wird Genetik genannt.

1. Größenvergleiche. Berechne unter Bezug auf Abbildung 1, wie groß ein Mensch (1,75 m) im Verhältnis sein müsste, wenn ein Zellkern (9 µm Durchmesser) so groß wie ein Tennisball (Durchmesser 10 cm) wäre.

2. Versuche an Krallenfröschen. 1966 wurden die in Abbildung 4 dargestellten Versuche durchgeführt. Beschreibe die Versuche. Werte die Versuche in Hinblick auf die Bedeutung des Zellkerns aus.

3. Versuche mit *Acetabularia*. Die einzelligen Algen der Gattung *Acetabularia* bestehen aus einer „Wurzelregion", die den Zellkern enthält, einem Stiel und einem Schirm. Die einzelnen Arten unterscheiden sich in der Form des Schirms. Junge Algen besitzen noch keinen Schirm. Mit den in Abbildung 5 dargestellten Experimenten untersuchten Wissenschaftler die Regenerationsfähigkeit der Alge *Acetabularia mediterranea*.
Beschreibe die in der Abbildung 5 dargestellten Versuche und werte sie aus.

4. Eineiige Zwillinge. Erläutere unter Bezug auf Abbildung 6 umfassend Eigenschaften und Bedeutung des Zellkerns bei der Entstehung eineiiger Zwillinge.

3 *Acetabularia*

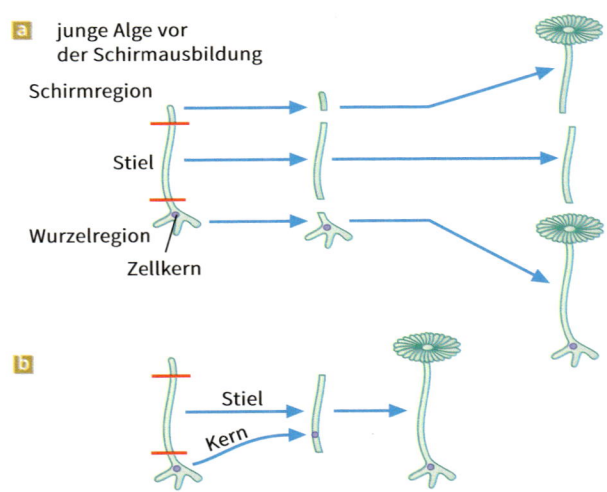

5 Regenerationsversuche mit Acetabularia

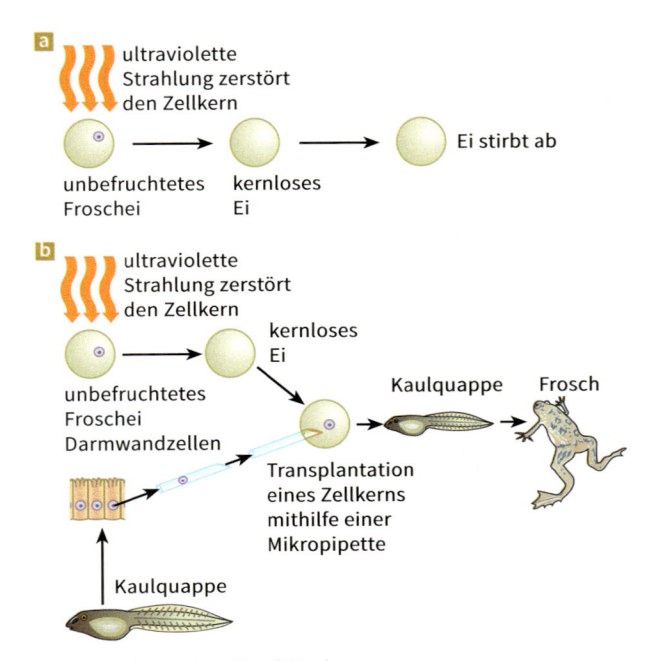

4 Versuche an Krallenfröschen

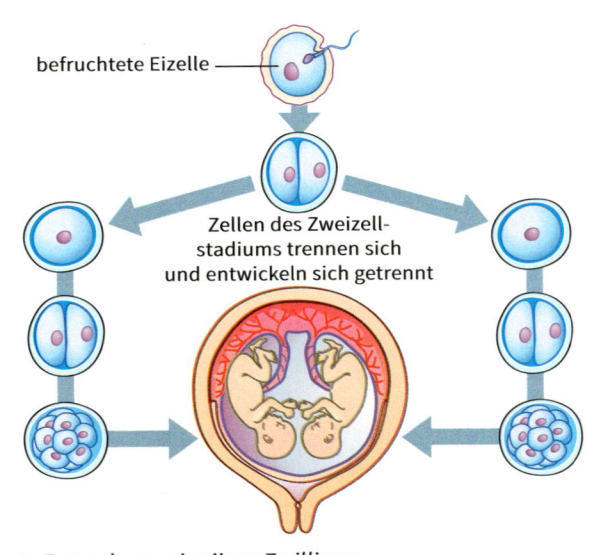

6 Entstehung eineiiger Zwillinge

85

4.2 Chromosomen als Träger der Erbinformation

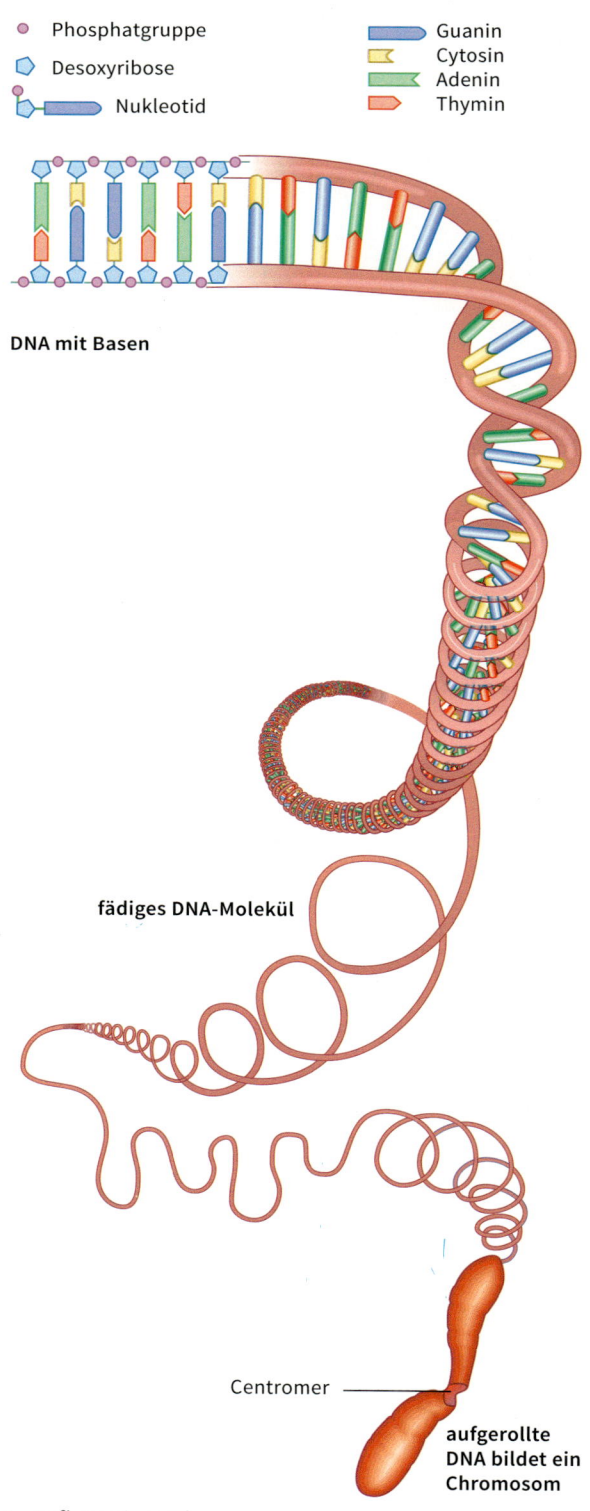

- Phosphatgruppe
- Desoxyribose
- Nukleotid
- Guanin
- Cytosin
- Adenin
- Thymin

DNA mit Basen

fädiges DNA-Molekül

Centromer

aufgerollte DNA bildet ein Chromosom

1 *Aufbau eines Chromosoms*

Jedes einzelne Chromosom besteht aus einem DNA-Molekül (desoxyribo**n**uclein **a**cid). Die **DNA** ist ein langes, spiralig aufgebautes Molekül aus vielen Bausteinen, den Nukleotiden. Jedes **Nukleotid** besteht aus einer Phosphatgruppe, dem Zucker Desoxyribose und einer Base. Es gibt vier verschiedene Basen, von denen jeweils zwei von ihrer Form zueinander passen (Abb. 1). Die Nukleotide sind paarweise angeordnet, sodass zwei zueinander passende Basen sich gegenüberstehen. Im DNA-Molekül ist die Erbinformation codiert. Die einzelnen DNA-Moleküle unterscheiden sich in der Anzahl und Abfolge ihrer Basenpaare.

Normalerweise liegt die DNA als sehr langes fädiges Molekül im Zellkern. Vor der Zellteilung rollt sich die DNA auf, sodass sie im Lichtmikroskop sichtbar wird (Abb. 1). Jedes DNA Molekül entspricht einem **Chromosom**. Nach der Zellteilung nimmt die DNA wieder die fädige Form an.

Der Mensch besitzt in jeder Körperzelle 46 Chromosomen, davon sind 44 **Autosomen** (Körperchromosomen) und zwei **Geschlechtschromosomen** (geschlechtsbestimmend). Die Autosomen treten in Körperzellen paarweise auf. Die Paare sind in Bau und Funktion gleich, sodass man sie auch homologe Chromosomen nennt. Die Merkmalsanlagen befinden sich auf der DNA in bestimmten Abschnitten, den **Genen**. Hinzu kommen Chromosomen, die das Geschlecht des Menschen bestimmen. Sie heißen daher Geschlechtschromosomen oder **Gonosomen**. Bei den Gonosomen unterscheidet man X- und Y-Chromosomen. Frauen und Mädchen besitzen zwei X-Chromosomen, Männer und Jungen haben ein X-Chromosom und ein Y-Chromosom. Bei jedem Autosomenpaar stammt ein Chromosom von der Mutter und eines vom Vater. Auch von den beiden Gonosomen stammt eines von der Mutter und eines vom Vater. Die Körperzellen des Menschen haben also einen doppelten Chromosomensatz: 2 x 22 + XX bei einer Frau und 2 x 22 + XY bei einem Mann. Zellkerne mit einem doppelten Chromosomensatz nennt man **diploid**. Eizellen und Spermazellen haben von jedem Chromosomenpaar entweder nur das Chromosom von der Mutter oder das vom Vater. Sie haben nur einen einfachen, den sogenannten **haploiden** Chromosomensatz, der aus 23 Chromosomen besteht.

Vor einer Zellteilung verdoppelt sich jedes DNA-Molekül, wobei die beiden DNA-Moleküle völlig gleich sind. An einem Punkt berühren sie sich. Man nennt diese Stelle Centromer (Abb. 1). Zu Beginn einer Zellteilung haben die Chromosomen daher ein x-förmiges Aussehen. Sie bestehen dann aus zwei zusammengerollten DNA-Molekülen. Es sind zwei Chromosomen, die an einer Stelle, dem Centromer, zusammenhängen. Man bezeichnet sie in dieser Form als **Doppelchromosom**.

Die Anzahl der Chromosomen des einfachen Chromosomensatzes einer Zelle wird mit **n** bezeichnet.

Körperzellen		Geschlechtszellen
direkt vor der Zellteilung	zwischen zwei Zellteilungen	
46 Doppelchromosomen	46 Chromosomen	23 Chromosomen

2 *Übersicht Chromosomenzahl*

Beim Menschen ist n = 23. Körperzellen besitzen von jedem Chromosom ein Exemplar von der Mutter und eines vom Vater. Ihr Chromosomensatz beträgt 2n. Vor der Zellteilung hat sich jedes DNA-Molekül verdoppelt. Die so entstandenen DNA-Moleküle bilden ein Doppelchromosom. Durch Kern- und Zellteilung werden die Chromosomen so verteilt, dass jede Tochterzelle den diploiden Chromosomensatz mit 2n hat.

a) Während der Zellteilung werden die Chromosomen im Lichtmikroskop sichtbar. Sie liegen dann als Doppelchromosomen vor. Jedes Doppelchromosom ist zweifach vorhanden. Die Chromosomen werden fotografiert und ausgeschnitten. Anschließend ordnet man sie nach Form und Größe. Die jeweils gleichen Chromosomen werden dabei nebeneinander gelegt. Man nennt diese Zusammenstellung der Chromosomen Karyogramm. So kann man feststellen, ob alle Chromosomen vollständig sind und auch in der richtigen Anzahl vorliegen. Manche Krankheiten beruhen auf einer Abweichung der Chromosomenzahl oder darauf, dass einzelne Stücke eines Chromosoms fehlen.

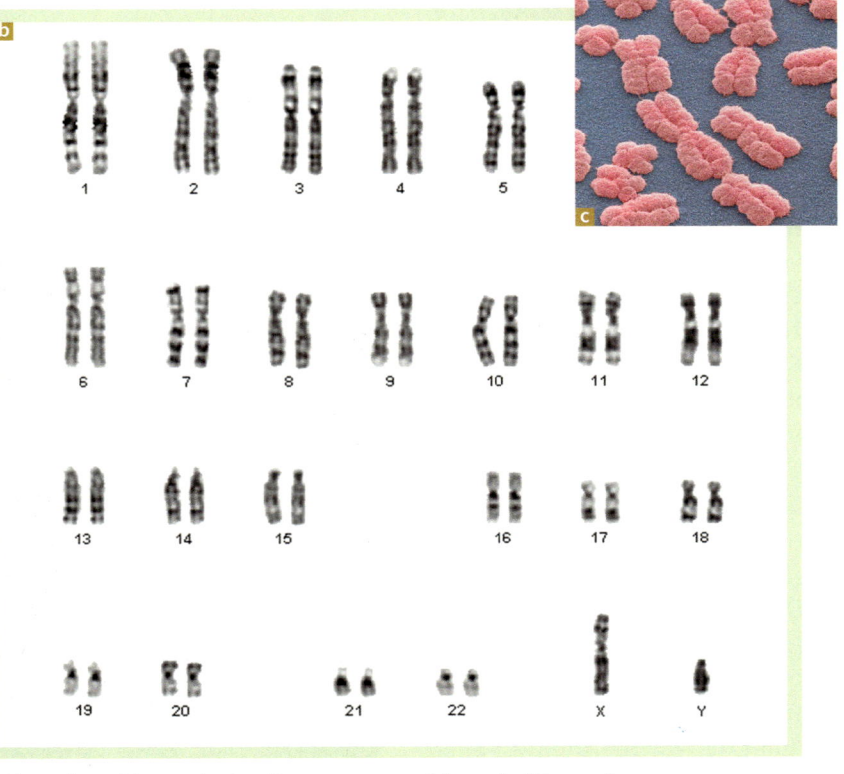

3 *a) Entstehung eines Karyogramms des Menschen, b) geordnetes Karyogramm, c) Ausschnitt aus einem ungeordneten Karyogramm*

4.3 Bau der DNA

Alle Lebewesen haben genetische Information in chemischer Form gespeichert. Der Informationsträger heißt Desoxyribonukleinsäure. Die Abkürzung für dieses Molekül ist DNA. Bei den Eukaryoten liegt die DNA in den Chromosomen des Zellkerns als dünnes, stark aufgeknäueltes Molekül vor. Mitochondrien und Chloroplasten enthalten ebenfalls DNA. Die Aufklärung des Baus der DNA im Jahr 1953 war ein wissenschaftlicher Meilenstein und wurde mit dem Nobelpreis gewürdigt.

DNA ist ein Kettenmolekül, das aus vielen hintereinander geknüpften Bausteinen, den **Nukleotiden**, besteht. Jedes Nukleotid besteht aus einer **Phosphatgruppe**, die sich von der Phosphorsäure ableitet, und aus einem Zucker mit fünf Kohlenstoffatomen, der **Desoxyribose** (Abb. 1). Zusätzlich gehört zu jedem Nukleotid eine von vier stickstoffhaltigen Basen. Diese Basen heißen **Adenin** (A), **Cytosin** (C), **Guanin** (G) und **Thymin** (T). Sie werden mit ihren Anfangsbuchstaben abgekürzt (Abb. 1). Nukleotide unterscheiden sich also nur in der Base.

Die Abfolge der Basen in einem DNA-Molekül bezeichnet man als **Basensequenz** oder DNA-Sequenz. In ihr ist die genetische Information verschlüsselt. Nukleotide werden im Stoffwechsel einer Zelle gebildet. Letztlich stammen die dafür notwendigen Baustoffe aus der Nahrung.

Ein DNA-Molekül besteht aus zwei Strängen, die sich schraubig umeinander winden (Abb. 1). Man spricht von **Doppelhelix-Struktur**. *Helix* ist ein anderes Wort für Schnecke. Dabei bilden die einander gegenüberstehenden Nukleotide mit ihren Basen ein Paar. Man kann die Doppelhelix modellhaft vereinfacht mit einer Wendeltreppe vergleichen, die an beiden Seiten ein Geländer hat. In diesem Modell entspricht die regelmäßige, hunderttausendfache Abfolge von Phosphatgruppe und Desoxyribose dem Geländer der Wendeltreppe. Phosphatgruppe und Desoxyribose sind durch Atombindungen fest miteinander verbunden, die Basenpaare durch Wasserstoffbrücken. Basenpaare sind im Modell der Wendeltreppe die Stufen oder Sprossen (Abb. 4).

Die einzelnen Basen eines Paares sind nicht beliebig kombinierbar. Bei allen Lebewesen bildet Adenin (A) immer nur mit Thymin (T) und Cytosin (C) nur mit Guanin (G) ein Paar. Wenn Adenin und Thymin oder Cytosin und Guanin einander gegenüberliegen, passen sie wie Schlüssel und Schloss zusammen. Man sagt, die zueinander passenden Basen sind komplementär. Die Anordnung der komplementären Basen ist ein Beispiel für das **Schlüssel-Schloss-Prinzip**.

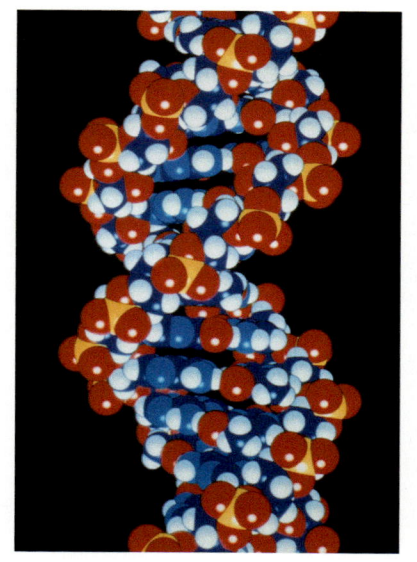

1 *Nukleotide sind die Bausteine der DNA*

2 Aus Tomaten isolierte DNA

1. Versuch: DNA aus Tomaten isolieren.
Material: 100 ml Wasser, 3 g Kochsalz, 10 ml Spülmittel, 20 ml Brennspiritus (F), ein Faltenfilter und ein passender Trichter, ein Glas, ein Reagenzglas, ein Pürierstab, eine Tomate, ein Messer, ein Glasstab, ein Holzstab.
Durchführung: Die Tomate wird klein geschnitten. 3 g Kochsalz werden in 10 ml Spülmittel gegeben und unter Rühren mit 100 ml Wasser aufgefüllt. Zusammen mit den klein geschnittenen Tomatenstückchen wird der Ansatz bei Zimmertemperatur mindestens eine Viertelstunde stehen gelassen. Das Spülmittel zerstört in dieser Zeit Membranen. Danach wird die Probe etwa 10 Sekunden püriert und das Gemisch durch eine Filtertüte in ein Glas gegossen. Etwa 20 ml des Filtrats werden in ein Reagenzglas gegeben und langsam 20 ml Brennspiritus hinzugefügt. In der Flüssigkeit bilden sich zwei Phasen: oben der Brennspiritus (F), unten das Filtrat aus der Tomate. An der Grenze zwischen beiden Phasen fällt die isolierte DNA als weißgelber Ring aus (Abb. 2). Mit einem Holzstab kann die DNA aus dem Reagenzglas gehoben werden.

2. DNA-Trennung durch Erhitzen. Bei verschiedenen Versuchen wurde DNA erhitzt. Dabei lösten sich bei bestimmten Temperaturen die Wasserstoffbrücken-Bindungen zwischen den Basenpaaren und das DNA-Doppelhelix-Molekül zerfiel in zwei Einzelstränge.
Beschreibe Abbildung 4. Begründe, warum sich ein DNA-Molekül mit einem hohen Gehalt an den Basen Cytosin und Guanin erst bei höheren Temperaturen in Einzelstränge trennt.

3. Berechnungen zur DNA. Ein menschlicher Säugling besitzt etwa $2 \cdot 10^{12}$ Zellen. Die Masse der DNA in jeder dieser Zellen ist etwa 6 pg (Pikogramm). Die DNA einer Zelle enthält etwa $5500 \cdot 10^6$ Basenpaare. Berechne die Masse (in g) und die Länge (in km) der gesamten DNA eines menschlichen Säuglings. Beachte dabei auch Angaben in Abbildung 1. Hinweis: 1 pg (Pikogramm) = 10^{-12} g; 1 nm (Nanometer) = 10^{-9} m.

4. Basenzusammensetzung der DNA. Werte die Basenzusammensetzung der DNA bei verschiedenen Lebewesen und einem Virus aus (Abb. 3).

	Adenin	Cytosin	Guanin	Thymin
Mensch	31 %	19 %	19 %	31 %
Schaf	30 %	20 %	20 %	30 %
Seeigel	33 %	17 %	17 %	33 %
Weizen	27 %	23 %	23 %	27 %
E. coli (Bakterium)	24 %	26 %	26 %	24 %
Virus T7	26 %	24 %	24 %	26 %

3 Anteil der vier Basen an allen Basen der DNA

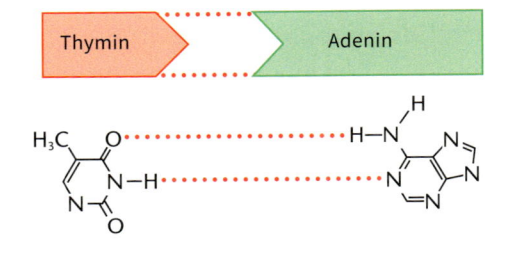

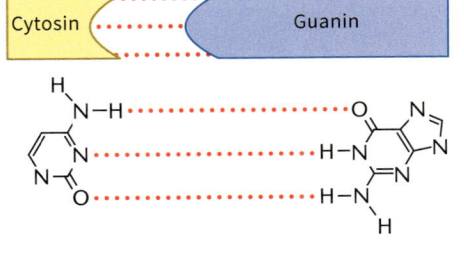

4 Wasserstoffbrücken zwischen den komplementären Basen Adenin und Thymin sowie Cytosin und Guanin

4.4 Eigenschaften und Bedeutung der DNA

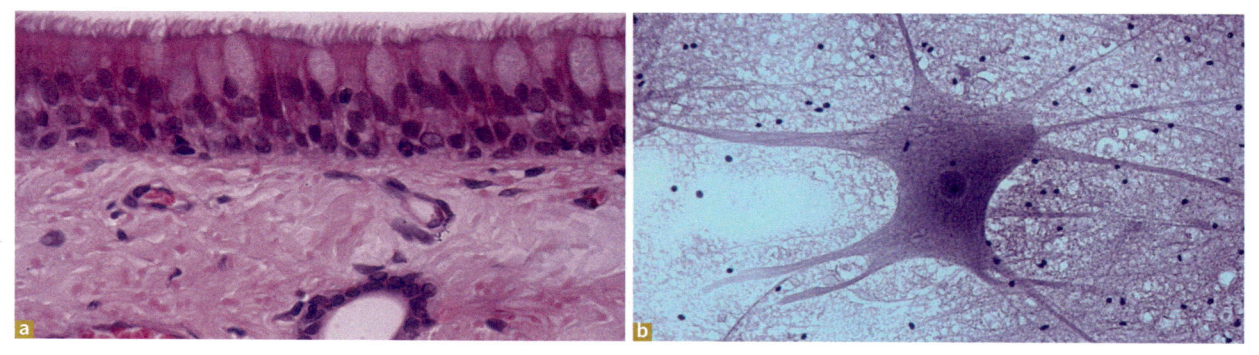

1 *Zelltypen mit verschiedenen Aufgaben, a) Schleimhautzellen, b) Nervenzelle*

Durch die **identische Verdopplung der DNA** ist gewährleistet, dass bei der Vermehrung von Zellen während des Wachstums Tochterzellen mit der gleichen Erbinformation hervorgehen. Die Verdoppelung, die auch **Replikation** genannt wird, beginnt damit, dass sich die DNA zwischen den Basenpaaren ähnlich einem Reißverschluss öffnet (Abb. 2). Dann wird komplementär zu der Basenabfolge der vorhandenen Einzelstränge je ein neuer Strang synthetisiert. Im Ergebnis liegen zwei DNA-Doppelstränge vor, die untereinander, aber auch im Vergleich zum Ursprungs-Doppelstrang, identische Basensequenzen haben und daher erbgleich sind.

Die DNA ist ein **Informationsspeicher** für die Bildung von Proteinen. Proteine sind an der Ausbildung von Merkmalen beteiligt. Andere Proteine sind als Enzyme bei chemischen Umsetzungen beteiligt, bekämpfen Fremdkörper oder wirken an der Gedächtnisbildung im Gehirn mit. Einen Abschnitt auf der DNA, der die Information für die Bildung eines körpereigenen Proteins enthält, bezeichnet man als Gen. Ein Mensch besitzt etwa 25 000 Gene. Während die DNA im Zellkern lokalisiert ist, findet die Herstellung der Proteine, die auch **Proteinbiosynthese** genannt wird, an den Ribosomen im Zellplasma statt (Abb. 3). Die Information muss aus dem Zellkern zu den Ribosomen transportiert werden. Ein Gen wird abgelesen und eine Kopie in Form eines Boten-Moleküls angefertigt. Diese Kopie wird messenger-RNA (mRNA) genannt. Sie verlässt durch Poren den Zellkern und gelangt zu den Ribosomen. Dort findet die Übersetzung der genetischen Information statt. Nach Anleitung der mRNA erfolgt die Bildung eines Proteins aus den verschiedenen Aminosäuren.

In jeder Zelle liegt die gesamte genetische Information vor. Aber nicht alle Gene sind in jeder Zelle aktiv. Unterschiedliche Zelltypen beruhen auf Unterschieden in der **Genaktivität**: So benötigt eine Nervenzelle teilweise andere genetische Informationen als eine Zelle der Nasenschleimhaut (Abb. 1).

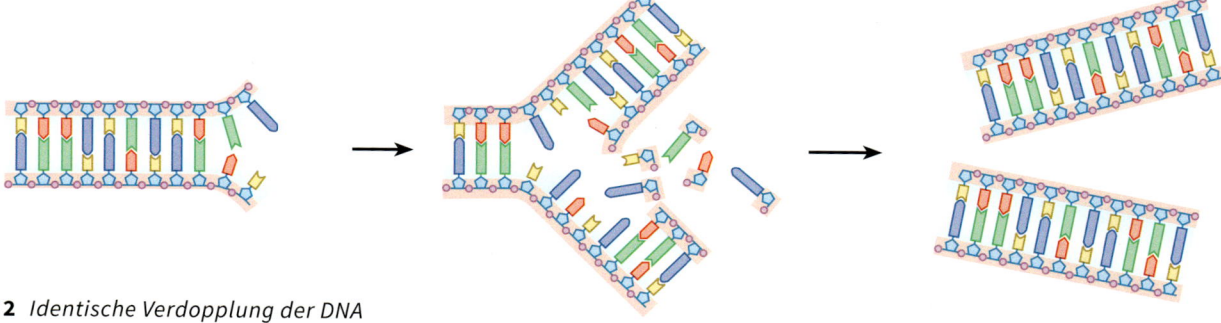

2 *Identische Verdopplung der DNA*

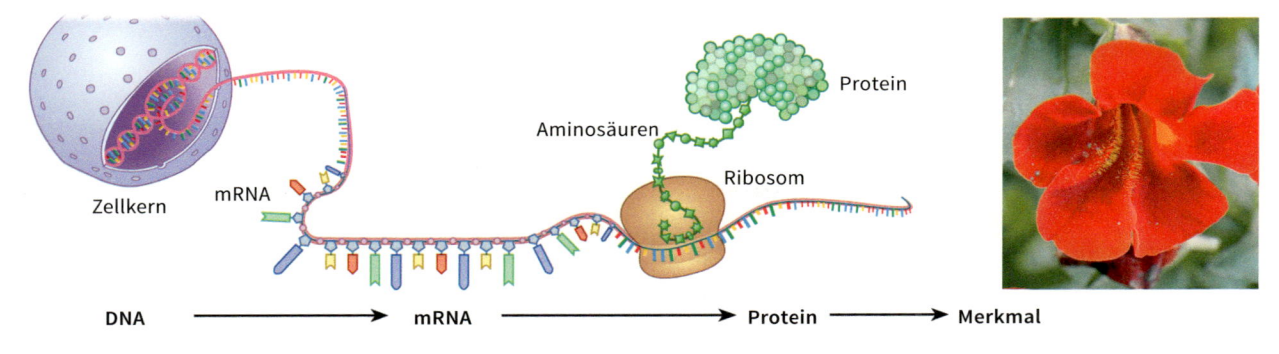

3 Proteinbiosynthese: Gene enthalten die Information für die Bildung von Proteinen

1. Proteinbiosynthese als Modell. Die Proteinbiosynthese kann mit dem Bau eines Fertig-hauses verglichen werden. Die Abbildungen 5 A - G stellen verschiedene Schritte bei der Erstellung eines Gebäudes dar. Ordne die Schritte in einer sinnvollen Reihenfolge. Übertrage dann das Modell auf die Vorgänge bei der Proteinbiosynthese. Lege dazu eine Tabelle mit drei Spalten an. Trage in die erste Spalte die Buchstaben der Abbildung ein. In der zweiten Spalte beschreibe die Abbildung kurz und in der dritten Spalte übertrage das Modell auf die Vorgänge bei der Proteinbiosynthese.

2. Von der DNA zum Protein. Erläutere die Abbildung 4. Verwende in deiner Darstellung auch die in Anführungszeichen gesetzten Begriffe und erläutere sie dabei.

3. Lebensdauer der mRNA. Die mRNA-Moleküle zerfallen bei Bakterien schon nach einigen Minuten, bei Säugetieren nach wenigen Stunden. Stelle Hypothesen auf, warum diese Kurzlebigkeit biologisch sinnvoll ist.

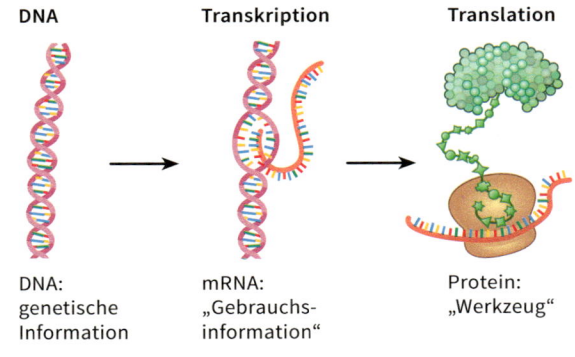

DNA: genetische Information → mRNA: „Gebrauchsinformation" (Transkription) → Protein: „Werkzeug" (Translation)

4 Von der DNA zum Protein

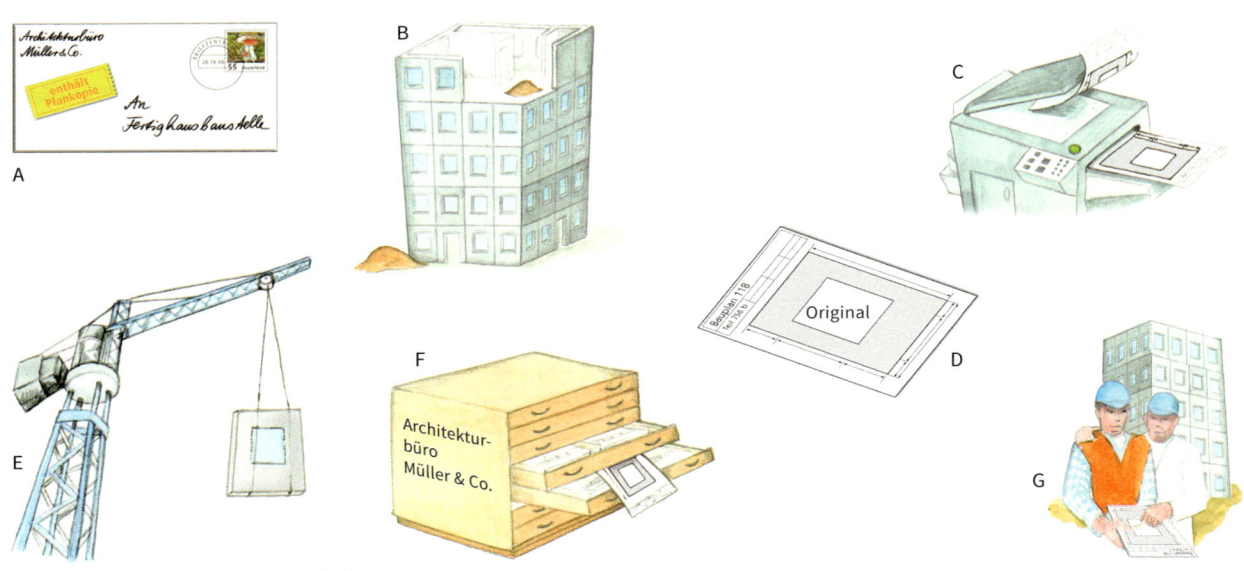

5 Proteinbiosynthese als Modell

4.5 Mitose – Zellteilung

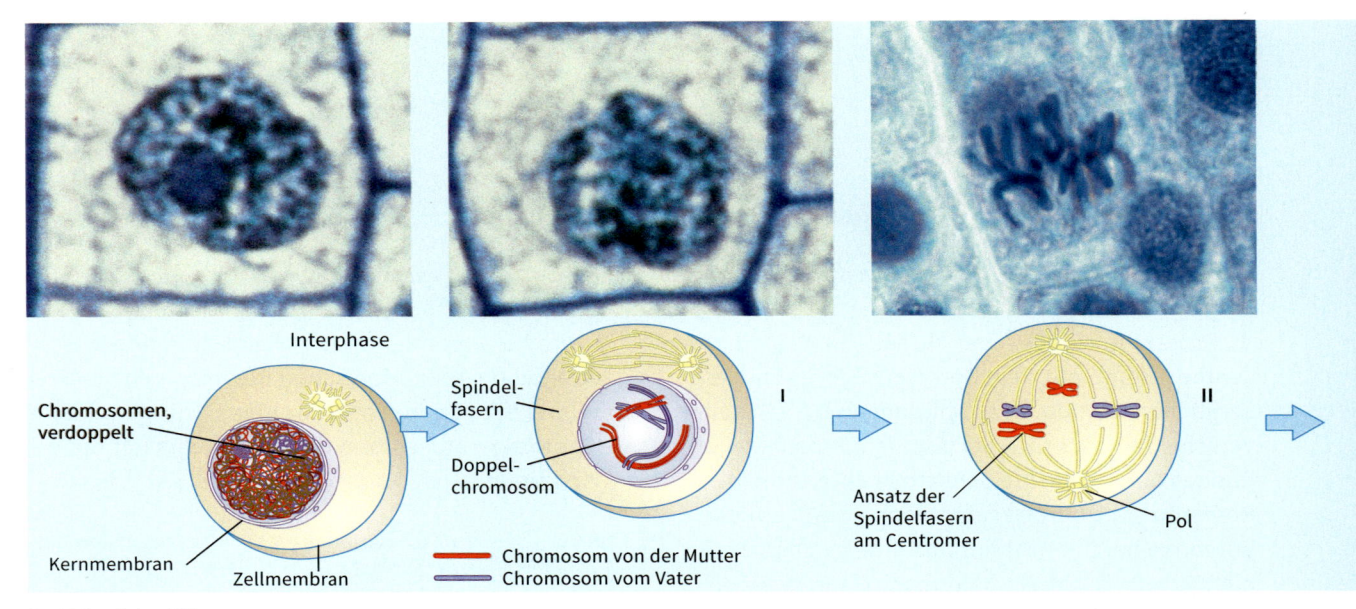

1 *Ablauf der Mitose*

Nach jeder Zellteilung einer Körperzelle haben die beiden neu entstandenen Zellen die gleiche Erbinformation wie die Zelle, aus der sie hervorgingen. Man spricht von **erbgleicher Teilung**. Die Vorgänge in der Zelle von einer Zellteilung bis zur nächsten bezeichnet man als **Zellzyklus** (Abb. 3). Im Zellzyklus unterscheidet man **Mitose** und **Interphase**.

Die Mitose wird in folgende Phasen unterteilt (Abb. 1).
- Prophase: Zu Beginn der Mitose wird die Membran des Zellkerns aufgelöst. Die DNA wird aufgerollt, die Doppelchromosomen werden im Lichtmikroskop sichtbar. Die beiden Teil des Doppelchromosoms sind genetisch identisch. Die Spindelfasern entstehen (I).
- Metaphase: Die Doppelchromosomen sind in der Zellmitte in einer Ebene angeordnet und mit den Spindelfasern verbunden (II/III).
- Anaphase: Die Doppelchromosomen werden getrennt. Je eines der beiden identischen Chromosomen wird nun von den Spindelfasern zu einem Pol gezogen (IV).
- Telophase: An jedem Pol wird eine neue Kernmembran gebildet, die die Chromosomen umschließt. Gleichzeitig verlieren die Chromosomen wieder ihre aufgerollte Struktur. Das Cytoplasma wird auf die entstehenden Tochterzellen aufgeteilt, die Zellen durch Membranen vollständig getrennt (V). Es sind zwei Zellen mit gleichen Erbinformationen entstanden. Die Mitose ist beendet.

In der folgenden **Interphase** steuert der Zellkern den Stoffwechsel der Zelle. Während einer bestimmten Zeit in der Interphase findet die identische Verdopplung jedes Chromosoms statt. Die beiden Chromosomen bleiben im Centromer verbunden und bilden ein Doppelchromosom. Damit ist der Ausgangszustand vor einer erneuten Mitose wieder erreicht. Die Zunahme an Zellen während des Wachstums eines Lebewesens ist nur auf den Vorgang der Mitose zurückzuführen.

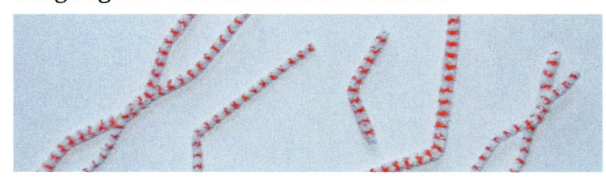

2 *Pfeifenputzer können als Modell für Chromosomen dienen*

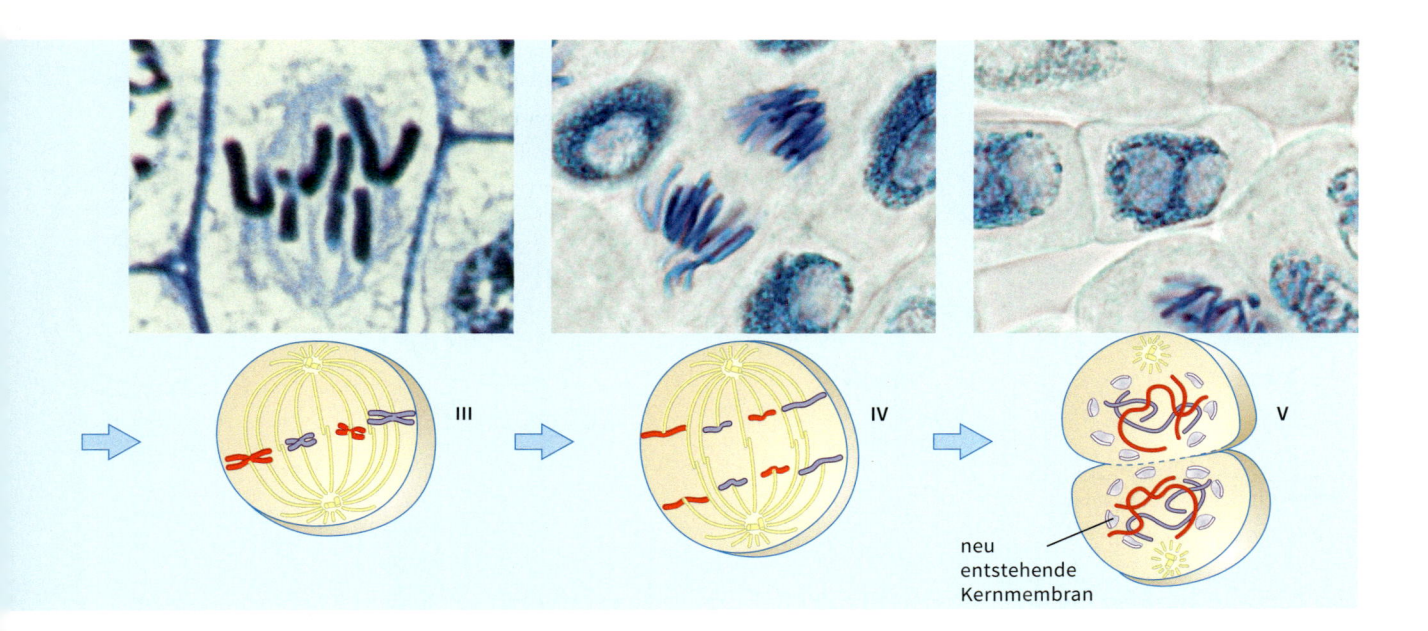

1. Kurzvortrag Mitose. Bereite einen Kurzvortrag über die Mitose vor. Verwende dazu die Abbildung 1.

2. Modell. Lege mithilfe von Pfeifenputzern den Ablauf einer Mitose für ein Chromosom nach (Abb.2).

3. Zellzyklus. Erläutere den Zellzyklus anhand der Abbildung 3 und des Grundwissentextes.

4. Fehlersuche. Nenne die Fehler im Text der Abbildung 4 und korrigiere sie.

5. Erbinformationen von Zellen. In einem Gewebe, in dem sich ständig viele Zellen teilen, besitzen einige Zellen nur die Hälfte der DNA der übrigen Zellen. Erkläre, in welcher Phase des Zellzyklus sich diese Zellen befinden.

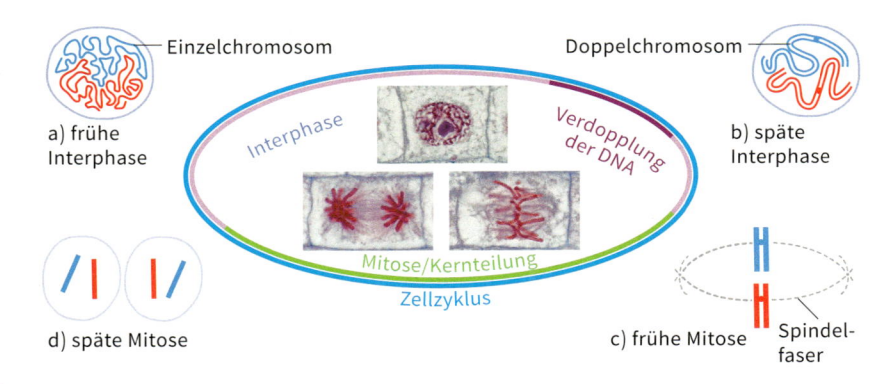

3 *Zellzyklus*

In der Mitose verdoppeln sich die Chromosomen in der Prophase. Nur so ist es möglich, dass die späteren Tochterzellen die gleichen Erbinformationen enthalten wie die Mutterzelle. Die neu entstandenen Chromosomen wandern in der Metaphase in die eine Tochterzelle, die bisherigen Chromosomen in die andere Tochterzelle. Dies wird durch die Centromere gesteuert, wobei die Spindelfasern den Transport übernehmen. In der Anaphase bilden sich dann die neuen Zellkerne aus. Dabei wird um die Chromosomenpakete eine Membran erstellt. Die vollständige Trennung der Zellen erfolgt dann in der Telephase, indem eine Zwischenmembran gebildet wird.

4 *Fehlertext zur Mitose*

4.6 Die Meiose und ihre Bedeutung

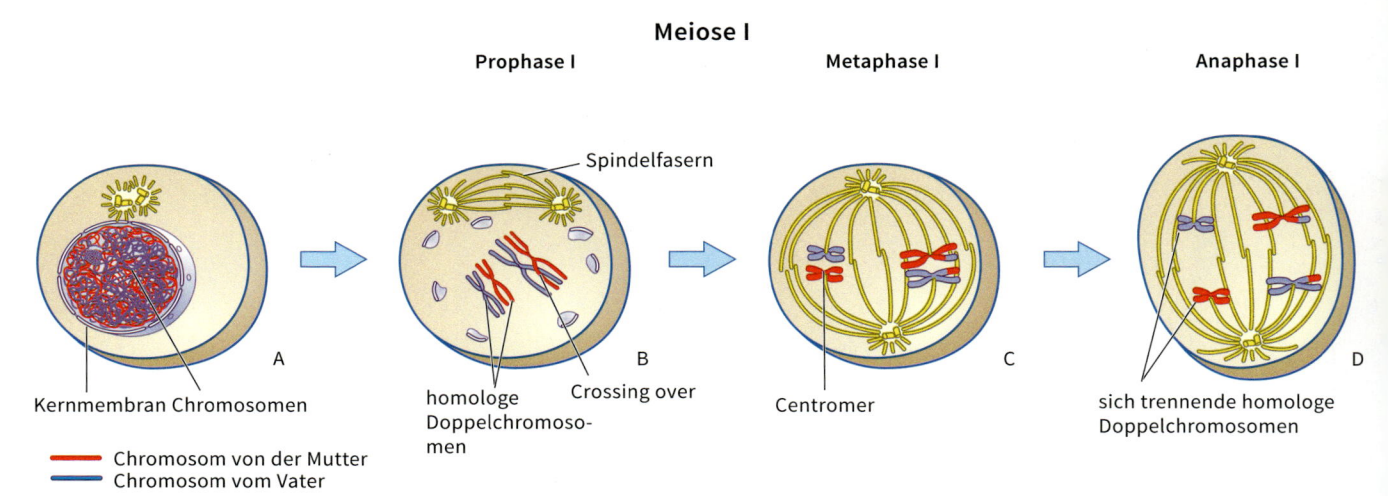

Meiose I

Prophase I — Metaphase I — Anaphase I

A — Kernmembran, Chromosomen
B — homologe Doppelchromosomen, Crossing over, Spindelfasern
C — Centromer
D — sich trennende homologe Doppelchromosomen

— Chromosom von der Mutter
— Chromosom vom Vater

1 *Ablauf der Meiose*

Der Vorgang, bei dem die Geschlechtszellen gebildet werden, heißt Meiose. Die Meiose findet bei der Frau in den Eierstöcken und beim Mann in den Hoden statt. Sie besteht immer aus zwei Teilungsschritten, der Meiose I und der Meiose II.

Zu Beginn der **Meiose I** hat die Verdopplung der DNA in der Ursprungszelle bereits stattgefunden. Jedes Chromosom liegt jetzt in Form von zwei homologen Doppelchromosomen vor (Abb. 1 A). In der Prophase I lagern sich die homologen Doppelchromosomen zusammen (Abb. 1 B). Man spricht von der Paarung der homologen Doppelchromosomen. Bei diesem Vorgang kann es vorkommen, dass einzelne Abschnitte der Doppelchromosomen ausgetauscht werden, sodass zum Beispiel ein Doppelchromosom vom Vater nun DNA-Abschnitte vom Doppelchromosom der Mutter enthält und umgekehrt. Den Vorgang bezeichnet man als Stückaustausch oder **Crossing over** (Abb. 1 C, D). In den anschließenden Metaphase I und Anaphase I werden die Doppelchromosomen so auf die Tochterzellen verteilt, dass von jedem Paar Doppelchromosomen ein Exemplar in jeder Tochterzelle vorliegt. Dabei ist es völlig zufällig, ob das Doppelchromosom von der Mutter oder das vom Vater in die neue Zelle gelangt. Auch die beiden Gonosomen werden zufällig auf die beiden Tochterzellen verteilt. Die Zahl der Chromosomen wird bei dieser Teilung also halbiert. Man spricht daher bei der Meiose I von der **Reduktionsteilung**. Es entstehen zwei Tochterzellen mit einem haploiden Chromosomensatz.

An diese erste Teilung schließt sich eine zweite Teilung an, die Meiose II (Abb. 1). In ihr werden die einzelnen Chromosomen eines jeden Doppelchromosoms getrennt. Nach dem Ende der Teilung liegen vier **haploide** Zellen vor. Die Meiose II ähnelt also einer Mitose, doch besitzen die neuen Zellen nicht die gleichen Erbinformationen, da die Chromosomen vom Vater und der Mutter zufällig verteilt wurden und es zu neuenKombinationen kommt.

Beim Mann entstehen in der Meiose aus einer Ursprungszelle vier Spermien. Bei der Frau wird bei den Teilungen der Meiose das Zellplasma ungleich verteilt. Es entstehen aus der Ursprungszelle eine große Zelle, die zukünftige Eizelle, und drei sehr kleine Zellen, die Polkörperchen. Sie gehen später zugrunde. Bei der anschließenden Befruchtung verschmelzen Eizelle und Spermazelle. Es entsteht die **diploide** Zygote. Die Meiose verhindert also, dass bei der Vermehrung von Organismen die Anzahl der Chromosomen ständig steigt.

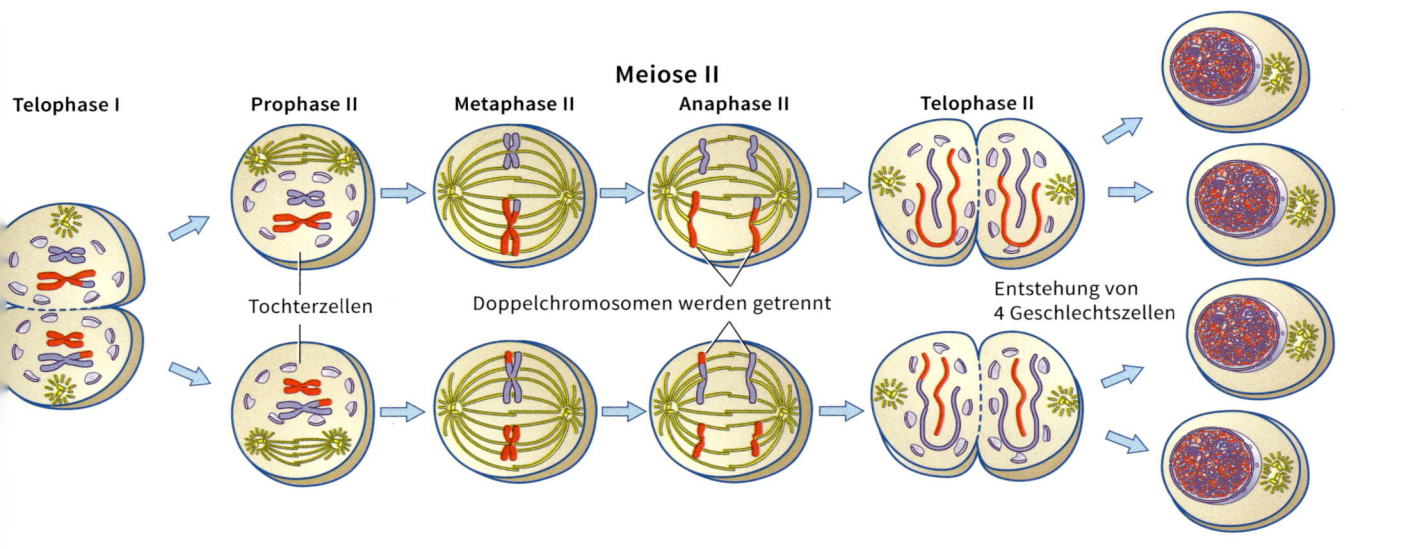

1. Meiose. Beschreibe den Ablauf der Meiose in eigenen Worten (Abb. 1). Gliedere deine Ausführungen.

2. Mitose/Meiose. Ordne die folgenden Begriffe und Aussagen der Mitose und/oder der Meiose zu.
A – erbgleiche Teilung
B – Verringerung der Chromosomenzahl
C – haploide Zellen
D – diploide Zellen
E – Centromer
F – Bildung von Geschlechtszellen
G – Crossing over
H – homologe Doppelchromosomen
I – Paarung homologer Doppelchromosomen
J – eine neue Kernhülle wird gebildet.
K – DNA-Moleküle trennen sich.

3. Schema der Meiose. Zeichne ein Schema für die Meiose einer Zelle mit zwei verschiedenen Doppelchromosomen und zwei Gonosomen ähnlich Abbildung 1. Ordne die Begriffe diploid und haploid den Abschnitten zu.

4. Eizelle. Zeichne in einem Schema die Entstehung der Eizelle in der Meiose.

5. Diploid/haploid. Erläutere die Abbildung 2. Entwickle dazu eine Hypothese, warum der Wechsel zwischen haploiden und diploiden Zellen vorteilhaft für die Vielfalt sein kann.

6. Geschlechtschromosomen. Begründe, in welcher Phase der Meiose es sich entscheidet, ob eine Spermiumzelle ein X- oder ein Y-Chromosom enthält.

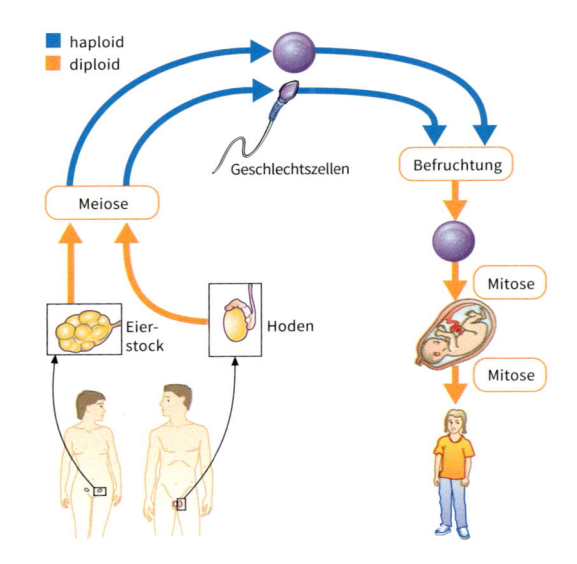

2 *Lebenszyklus bei diploiden Organismen*

4.7 Gregor Mendel untersucht die Vererbung

1 *Zum Zeitpunkt der Aufnahme gehörten vier Generationen zu dieser Großfamilie*

Wenn man Kinder mit ihren Eltern vergleicht, entdeckt man, dass sie sich in Größe und Gestalt, in der Farbe der Haare und Augen häufig recht ähnlich sind (Abb. 1). Diese Ähnlichkeit wird auf die Vererbung von Merkmalen von den Eltern auf die Kinder zurückgeführt. In der Ausprägung mancher Merkmale können sich Nachkommen aber auch deutlich von ihren Eltern unterscheiden.

Gregor Mendel (1822–1884), ein Augustinermönch, hat als erster genauere Erkenntnisse über die Vererbung gewonnen (Abb. 2). Dazu säte er gelbe und grüne Erbsensamen aus. Die Pflanzen wuchsen heran und entwickelten Blüten (Abb. 3). Bei der Bestäubung der Blüten gelangt nur Pollen der eigenen Blüte auf die Narbe. Dieser Vorgang wird **Selbstbestäubung** genannt. Nach der Befruchtung entwickeln sich die Samen, die Erbsen, in einer Hülse (Abb. 3). Die meisten Erbsenpflanzen enthielten in den Hülsen entweder nur gelbe oder nur grüne Erbsen. Wenige Hülsen wiesen jedoch gelbe und grüne Erbsen auf. Mendel zog daraus den Schluss, dass jede Pflanze zwei Erbanlagen in sich tragen müsse, die die Ausbildung der Samenfarbe bewirken. Diese Erbanlagen werden heute als **Gene** bezeichnet. Mendel nannte Pflanzen, die gleichzeitig grüne und gelbe Samen hervorbrachten, **mischerbig**, da er davon ausging, dass sie sowohl Gene für grüne als auch für gelbe Samenfarbe aufwiesen. Diese beiden möglichen Ausprägungen des Gens werden **Allele** genannt. Erbsenpflanzen, die in vielen weiteren Generationen immer ausschließlich die gleiche Samenfarbe aufwiesen, nannte Mendel **reinerbig**. Seiner Hypothese nach besaßen sie zwei identische Allele für die Ausprägung des Merkmals Samenfarbe.

Mendel säte die reinerbigen Erbsen erneut aus. Aus den ausgesäten gelben Erbsen wuchsen in der nächsten Generation Erbsenpflanzen heran, die ausschließlich gelbe Erbsen in ihren Hülsen enthielten. Erbsenpflanzen, die aus grünen Samen hervorgingen, erzeugten nur grüne Erbsensamen. Diese reinerbigen Erbsenpflanzen wählte Mendel für seine Versuche aus. Er bestäubte in einem ersten Versuch Erbsenpflanzen aus gelben Samen mit Pollen von Erbsenpflanzen aus grünen Samen. Dazu führte er eine **künstliche Fremdbestäubung** durch (Abb. 4). Bei der Auswertung dieser Versuche konnte er mathematische Gesetzmäßigkeiten feststellen, die er veröffentlichte. Sie blieben aber unbeachtet und wurden erst Anfang des 20. Jahrhunderts wiederentdeckt.

2 GREGOR MENDEL

3 Erbsenpflanzen mit Blüten, Hülsen und Samen

1. Ähnlichkeiten. Vergleiche das Aussehen der einzelnen Familienmitglieder miteinander (Abb.1). Beschreibe Ähnlichkeiten und Merkmale, die sehr unterschiedlich ausgeprägt sind.

2. Ähnlichkeit in der Familie. Vergleiche das Aussehen deiner Eltern und Großeltern auf Jugendfotos mit deinem Aussehen. Notiere, welche Ähnlichkeiten und Unterschiede du feststellen kannst.

3. Künstliche Fremdbestäubung. Beschreibe anhand von Abbildung 4, wie die künstliche Fremdbestäubung abläuft. Begründe, warum MENDEL ein solch kompliziertes Verfahren gewählt hat.

4. Reinerbige Erbsenpflanzen. Beschreibe, wie MENDEL vorging, um für das Merkmal Samenfarbe reinerbige Erbsenpflanzen zu erhalten. Begründe, warum es für seine Versuche sehr wichtig war, reinerbige Elternpflanzen zu erhalten.

5. Mischerbige Erbsenpflanzen. Begründe, warum MENDEL manche Erbsenpflanzen für mischerbig hielt. Erkläre, welche Erbanlagen er für diese Pflanzen erwartete.

6. Hypothesen zur Vererbung. Vergleiche anhand der Abbildung 5 die Hypothese von FRANCIS GALTON zur Vererbung der Erbanlagen mit der von MENDEL. Nenne wesentliche Unterschiede.

Blütenstaub aus den Staubbeuteln wird auf einen Pinsel übertragen

Erbsenblüte, deren Staubblätter entfernt wurden, wird durch Übertragen des Blütenstaubs auf die Narbe künstlich bestäubt.

Erbsenblüte wird nach der Bestäubung verhüllt.

4 Künstliche Fremdbestäubung

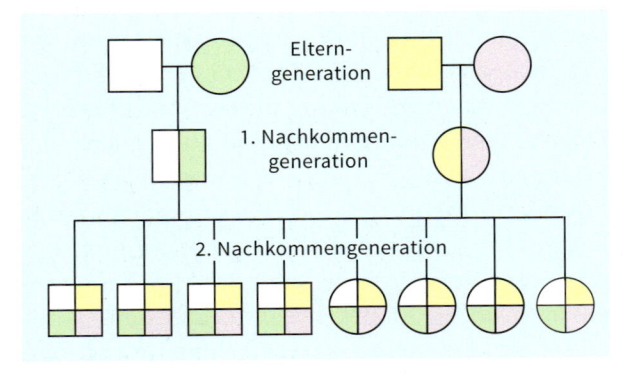

5 Theorie von Galton 1822–1911 zur Weitergabe der Erbanlagen

97

4.8 Mendel stellt Regeln zur Vererbung auf

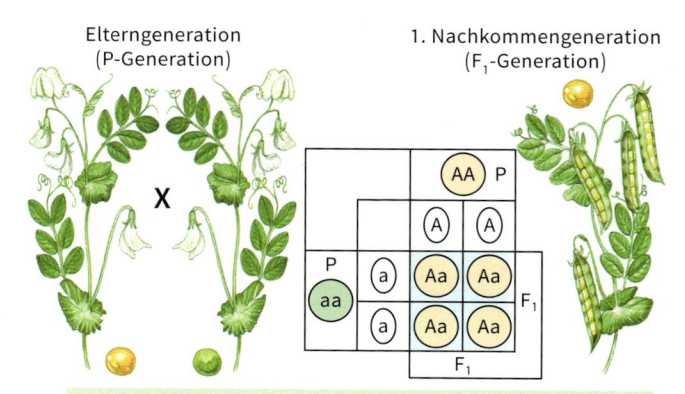

1. Mendelsche Regel – Uniformitätsregel
Wenn reinerbige Individuen einer Art gekreuzt werden, die sich in einem Merkmal unterscheiden, dann ist bei allen Nachkommen in der F$_1$-Generation das betrachtete Merkmal gleich (uniform).
A = Erbanlage für gelbe Samenfarbe
a = Erbanlage für grüne Samenfarbe

1 *Uniformitätsregel*

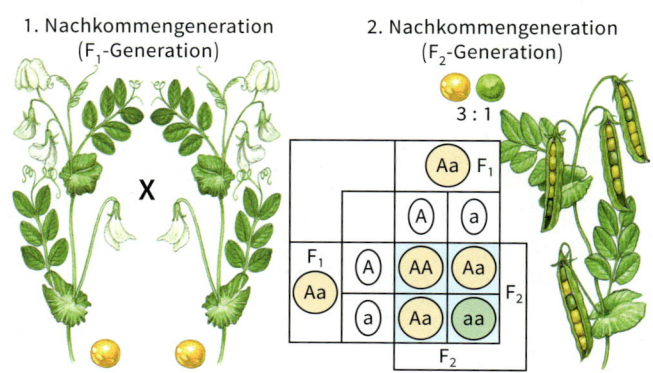

2. Mendelsche Regel – Spaltungsregel
Wenn in Bezug auf ein Merkmal mischerbige Individuen der F$_1$-Generation miteinander gekreuzt werden, treten in der F$_2$-Generation beide betrachteten Merkmale im Zahlenverhältnis 3:1 wieder auf.
A = Erbanlage für gelbe Samenfarbe
a = Erbanlage für grüne Samenfarbe

2 *Spaltungsregel*

MENDEL führte eine künstliche Fremdbestäubung mit einer reinerbigen Erbsenpflanze aus grünen Samen und einer reinerbigen Pflanze aus gelben Samen durch. Die beiden Pflanzen sind die Elterngeneration, die so genannte **Parentalgeneration** (P-Generation). Die Samen, die die erste Nachkommengeneration oder auch 1. Filialgeneration (F$_1$-Generation) bildeten, waren ausschließlich gelb. Aus den Ergebnissen dieser Versuche leitete er die **Uniformitätsregel** ab (Abb. 1).

MENDEL säte die gelben Erbsen der F$_1$-Generation aus und untersuchte die Samen, die sich nach Selbstbestäubung an den Erbsenpflanzen entwickelten. Sie stellen die 2. Filialgeneration, die F$_2$-Generation, dar. Die neu entstandenen Pflanzen besaßen neben Hülsen mit ausschließlich gelben beziehungsweise grünen Samen auch solche, die sowohl gelbe als auch grüne Samen enthielten. Aus der Tatsache, dass sich dabei immer wieder das Zahlenverhältnis 3:1 zwischen gelben und grünen Samen ergab, leitete er die **Spaltungsregel** ab (Abb. 2). An der äußeren Erscheinung der F$_1$-Generation, hier den gelben Samen, kann man nicht erkennen, ob die Pflanzen auch ein Allel für die Ausprägung der grünen Samenfarbe besitzen.

Das Erscheinungsbild, also die Summe aller Merkmale eines Lebewesens, wird **Phänotyp** genannt. Der **Genotyp** beschreibt die Summe aller Allele.

MENDELS Beobachtungen lassen sich anhand eines Erbschemas erklären (Abb. 1, 5). Im Genotyp weisen die reinerbigen Individuen der P-Generation je zwei gleiche Allele, gelb/gelb (AA) beziehungsweise grün/grün (aa), für das Merkmal „Samenfarbe" auf. Jedes Elternteil gibt nur eines seiner beiden Allele an die Nachkommen der F$_1$-Generation weiter, ein Elternteil das Allel für gelbe Samen und das andere ein Allel für grüne Samen. Die Individuen der F$_1$-Generation erhalten auf diese Weise von ihren Eltern für das Merkmal „Samenfarbe" zwei unterschiedliche Allele (Aa). Trotz zweier unterschiedlicher Allele entwickelt sich in der F$_1$-Generation nur der Phänotyp „gelbe Samen". Das Allel für gelbe Erbsen setzt sich also bei der Ausbildung des Phänotyps durch. MENDEL nannte dieses Allel **dominant**, das Allel für den nicht ausgebildeten Phänotyp „grüne Samen" **rezessiv**. Wenn sich bei mischerbigen Individuen ein dominantes Allel gegenüber einem rezessiven durchsetzt, spricht man von einem **dominant-rezessiven Erbgang**.

1. Kreuzungsversuche Mendels.
a) Erläutere das Erbschema der Spaltungsregel (Abb. 2). Gib das Zahlenverhältnis der jeweiligen Phänotypen und Genotypen an.
b) Ermittle für jedes untersuchte Merkmal in Abbildung 4, welches Allel für die Ausbildung des dargestellten Merkmals dominant und welches rezessiv ist. Begründe deine Aussagen. Berechne jeweils das Zahlenverhältnis der Phänotypen in der F_2-Generation.

2. Vererbung der Fellfarbe bei der Maus. Eine reinerbige weiße Maus wird mit einer reinerbigen schwarzen Maus gekreuzt. Die Erbanlage für die schwarze Fellfarbe ist dominant bei Mäusen. Zeichne ein Erbschema für die F_1-Generation. Verfahre für die F_2-Generation entsprechend. Beschreibe deine Ergebnisse. Vergleiche sie mit Mendels Ergebnissen.

3. Modellversuch zur Spaltungsregel.
a) Besorge 100 Centstücke und zwei Kästen. Lege 50 Münzen in jeden Kasten. Nun verbinde einem Mitschüler/einer Mitschülerin die Augen und fordere ihn/sie auf, aus jedem Kasten jeweils eine Münze zu holen. Lege die Münzen paarweise auf den Tisch. Es sind so wie bei den Genotypen der F_2-Generation drei Kombinationsmöglichkeiten vorhanden, nämlich Kopf/Kopf, Kopf/Zahl und Zahl/Zahl. Wenn alle Münzen gelegt sind, zähle aus, wie häufig jede Kombination aufgetreten ist. Wiederhole den Versuch mehrmals und vergleiche das Zahlenverhältnis der entstandenen Kombinationen mit dem Zahlenverhältnis der Genotypen in der F_2-Generation in Abbildung 2.
b) Erkläre, inwieweit dieser Versuch auch die Vorgänge bei der Meiose und der Befruchtung modellhaft repräsentiert.

Im Erbschema werden die Gene durch Buchstaben symbolisiert. Dominante Allele werden mit großen Buchstaben, rezessive mit entsprechenden kleinen Buchstaben bezeichnet. Der Großbuchstabe steht im Genotyp vorne.

Der Phänotyp in Bezug auf die Samenfarbe wird zum Beispiel durch grün beziehungsweise gelb gefärbte Kreise veranschaulicht.

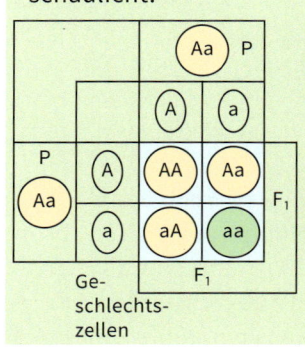

2 Pflanzen (P) die aus gelben Samen entstanden sind, werden gekreuzt.

Phänotypen und Genotypen der daraus entstandenen Nachkommen (F_1).

3 *So wird ein Erbschema erstellt*

4. Vererbung beim Mais. Der Blütenstand der Maispflanze, der Maiskolben, besteht aus vielen kleinen Einzelblüten. Aus jeder Einzelblüte entsteht ein Maiskorn. Reinerbiger gelber wird mit reinerbigem blauen Mais gekreuzt (Abb. 5). Die Individuen der F_1-Generation werden wieder miteinander gekreuzt. Begründe, welcher Generation der Maiskolben mit den gelben und blauen Maiskörnern zuzuordnen ist.

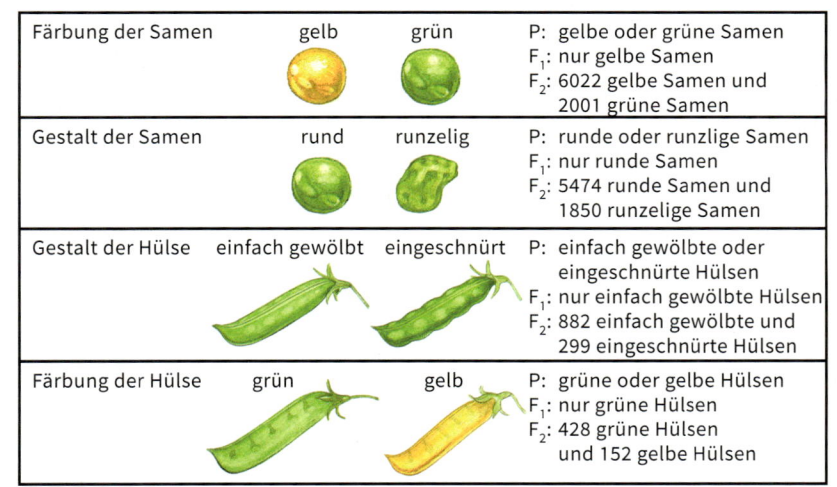

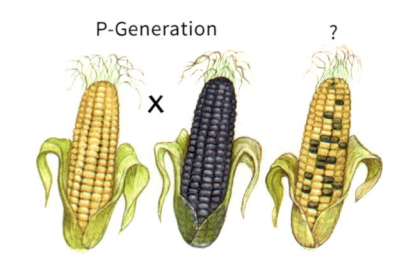

Färbung der Samen	gelb	grün	P: gelbe oder grüne Samen F_1: nur gelbe Samen F_2: 6022 gelbe Samen und 2001 grüne Samen
Gestalt der Samen	rund	runzelig	P: runde oder runzlige Samen F_1: nur runde Samen F_2: 5474 runde Samen und 1850 runzelige Samen
Gestalt der Hülse	einfach gewölbt	eingeschnürt	P: einfach gewölbte oder eingeschnürte Hülsen F_1: nur einfach gewölbte Hülsen F_2: 882 einfach gewölbte und 299 eingeschnürte Hülsen
Färbung der Hülse	grün	gelb	P: grüne oder gelbe Hülsen F_1: nur grüne Hülsen F_2: 428 grüne Hülsen und 152 gelbe Hülsen

4 *Versuchsergebnisse Mendels*

5 *Maiskolben*

4.9 Die Regel von der Neukombination

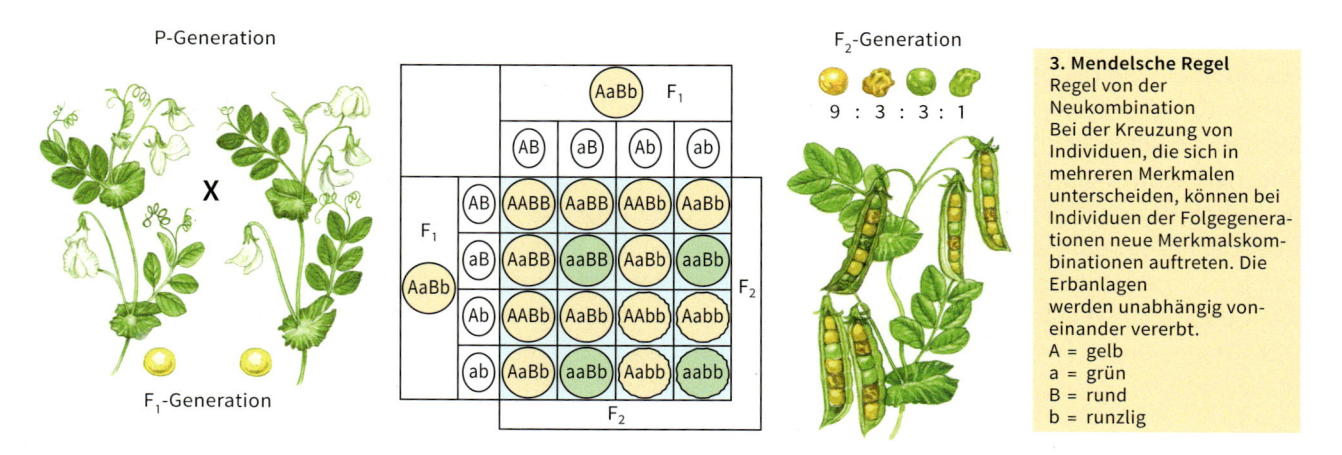

3. Mendelsche Regel
Regel von der Neukombination
Bei der Kreuzung von Individuen, die sich in mehreren Merkmalen unterscheiden, können bei Individuen der Folgegenerationen neue Merkmalskombinationen auftreten. Die Erbanlagen werden unabhängig voneinander vererbt.
A = gelb
a = grün
B = rund
b = runzlig

1 *Regel von der Neukombination*

In einem weiteren Versuchsansatz kreuzte MENDEL im Phänotyp reinerbige Erbsenpflanzen mit glatten, gelben Samen und Pflanzen mit grünen, runzeligen Samen (Abb. 1). Die F_1-Generation bildete ausschließlich gelbe und glatte Samen aus. Bei der Kreuzung der Pflanzen der F_1-Generation untereinander entwickelten sich insgesamt 556 Samen. MENDEL zählte 315 gelb-glatte, 101 gelb-runzelige, 108 grün-glatte und 32 grün-runzelige Samen. Er errechnete daraus für die vier unterschiedlichen Phänotypen ein Zahlenverhältnis von ungefähr 9:3:3:1. Bei weiteren Versuchen erhielt MENDEL immer ähnliche Ergebnisse. Die Merkmalskombination „grün-runzelige" Samen, die in der F_1-Generation gefehlt hatte, trat in der F_2-Generation erneut auf. Es waren aber auch zwei völlig neue Phänotypen, nämlich gelb-runzelige und grün-glatte Samen, entstanden.

Bei einer Kreuzung von Lebewesen, die sich in zwei Merkmalen unterscheiden, können in der F_2-Generation völlig neue Merkmalskombinationen auftreten. MENDEL nahm deshalb an, dass Allele unabhängig voneinander vererbt werden. Seine Ergebnisse fasste MENDEL in der **Regel von der Neukombination** als 3. Mendelsche Regel zusammen (Abb. 1).

MENDELS Ergebnisse lassen sich mithilfe eines Erbschemas nachvollziehen (Abb. 1). Die F_1-Generation besitzt einen einheitlichen Genotyp (AaBb) und einen einheitlichen Phänotyp (gelber, glatter Samen). Auch in diesem Fall trifft also die 1. Mendelsche Regel, die Uniformitätsregel, zu.

Von der F_1-Generation können vier unterschiedliche Kombinationen der Allele weitergegeben werden. Dies sind die Allelkombinationen AB, Ab, aB oder ab (Abb. 1). Für die F_2-Generation ergeben sich daher 16 Möglichkeiten, wie die Allele kombiniert werden können. In der F_2-Generation gibt es neun verschiedene Genotypen. Zwei neue Phänotypen, die weder in der P-Generation noch in der F_1-Generation vorkamen, treten auf: Erbsenpflanzen mit gelb-runzeligen Samen, deren Genotyp durch die Allele AAbb oder Aabb gekennzeichnet ist, und Pflanzen mit grün-glatten Samen, die den Genotyp aaBB oder aaBb besitzen. Dieses Ergebnis lässt sich so erklären: Jede Pflanze der F_1-Generation besitzt für die Ausprägung der beiden Merkmale „Samenfarbe" und „Samenform" jeweils zwei Allele. Diese trennen sich vor der Bestäubung und werden unabhängig voneinander vererbt. In den nachfolgenden Generationen können sie neu kombiniert werden.

1. Vererbung der Fellfarbe beim Rind – ein Erbgang mit zwei Merkmalspaaren. Einfarbige rotbraune Rinder wurden mit schwarzgescheckten Rindern gekreuzt (Abb. 2, 3). Die Rinder der F_1-Generation sind einfarbig schwarz. Diese Rinder werden wiederum untereinander gekreuzt. Welche Allele sind dominant, welche rezessiv? Lege ein Kreuzungsschema für die F_2-Generation an und notiere, welchen Genotyp und welchen Phänotyp die Individuen aufweisen. Verwende für die Allele geeignete Buchstaben und überlege dir, wie du den Phänotyp darstellen kannst.

2. Vererbung des Fells beim Meerschweinchen. In Abbildung 4 findest du einen Ausschnitt aus einer alten Schullehrtafel zur 3. Mendelschen Regel. Ermittle zunächst die Genotypen der P-Generation und der F_1-Generation. Begründe, welche Phänotypen in der F_2-Generation entstehen werden und in welchem Verhältnis sie auftreten.

3. Vererbung der Hülsenfarbe. Zwei reinerbige Erbsenpflanzen werden gekreuzt. Ein Elternteil ist aus gelbem, rundem Samen entstanden, der in einer grünen Hülse heranreift. Der andere Elternteil hat sich aus grünem, runzeligem Samen entwickelt, dessen Hülse vor der Reife gelb gefärbt war (Abb. 5). Das Allel für die Ausbildung der grünen Hülsenfarbe ist dominant.

2 *Schwarzgescheckes Rind*

3 *Rotbraunes Rind*

Stelle ein Kreuzungsschema für die F_1- und die F_2-Generation auf. Welche Geno- und Phänotypen entstehen in der F_2-Generation? Berechne das Verhältnis der Geno- und Phänotypen.

4. Weiße Leistenkrokodile. In einem Zoo gibt es ein Leistenkrokodil mit einem weißen Panzer und roten Augen, ein so genanntes Albino-Krokodil. Diese Merkmale sind auf rezessive Allele zurückzuführen. Alle anderen Krokodile besitzen einen bräunlichen Panzer und grünliche Augen (Abb. 6). Man kennt kein Leistenkrokodil, das einen bräunlichen Panzer und rote Augen oder einen weißen Panzer und grünliche Augen aufweist. Es ist noch nie gelungen, durch Kreuzungen weiße Krokodile mit grünlichen Augen zu züchten. Inwiefern ist dies ein Widerspruch zu Mendels Aussage, dass Allele unabhängig voneinander vererbt werden? Stelle begründete Hypothesen auf, die diesen Widerspruch erklären.

4 *Alte Schullehrtafel*

gelbe, runde Samen
Hülse grün

grüne, runzelige Samen
Hülse gelb

5 *Samen- und Hülsenfarbe von Erbsen*

6 *Leistenkrokodil*

4.10 Intermediäre Erbgänge

1 Wunderblumen mit roten, weißen und rosa Blüten

Einige Jahrzehnte nach Mendels Untersuchungen führte KARL CORRENS, ein deutscher Forscher, Vererbungsversuche mit der Wunderblume durch. Die Wunderblume kommt in einer rot blühenden und in einer weiß blühenden Form vor (Abb. 1). CORRENS überprüfte zunächst die Reinerbigkeit der Elternpflanzen. Dann kreuzte er weißblütige Wunderblumen mit rotblütigen Pflanzen. Sämtliche Pflanzen der F_1-Generation entwickelten rosa gefärbte Blüten (Abb. 1, 2a). Diese Blütenfarbe kam in der Elterngeneration nicht vor. Die Allele des Gens für die Ausbildung der Blütenfarbe wirken bei der Ausbildung des Phänotyps offensichtlich beide gleich stark. Dies bezeichnet man auch als **Kodominanz**. CORRENS nannte diesen Erbgang zwischenelterlichen oder **intermediären Erbgang**.

Die rosa blühenden Wunderblumen der F_1-Generation wurden in einem weiteren Schritt untereinander gekreuzt. In der F_2-Generation traten rosa blühende, es traten aber auch wieder wie in der Elterngeneration weiß und rot blühende Individuen auf (Abb. 2b). Die Blütenfarben Rot, Rosa und Weiß traten dabei im Zahlenverhältnis von 1:2:1 auf. Mendel hatte angenommen, dass in der F_2-Generation drei verschiedene Genotypen im Verhältnis 1:2:1 entstehen. Das Zahlenverhältnis der Genotypen stimmt beim dominant-rezessiven Erbgang nicht mit dem Verhältnis der Phänotypen überein. Beim intermediären Erbgang ergibt sich dieses Verhältnis auch für den Phänotyp. Mendels Vermutungen wurden also auch durch die Versuchsergebnisse von CORRENS bestätigt.

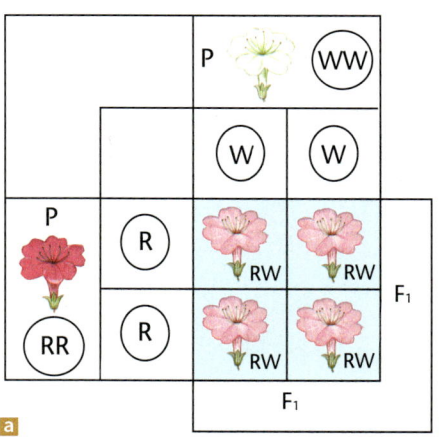

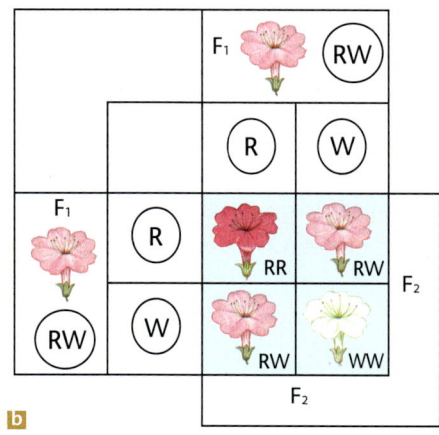

2 Erbgang bei der Wunderblume

> **Anwendung der 2. Mendelschen Regel beim intermediären Erbgang.** Wenn in Bezug auf ein Merkmal mischerbige Individuen der F_1-Generation miteinander gekreuzt werden, treten in der F_2-Generation die Merkmale der P-Generation wieder auf, aber auch das Merkmal der F_1-Generation. Das Zahlenverhältnis ist 1:2:1.

3 *Minorkarasse-Hühner*

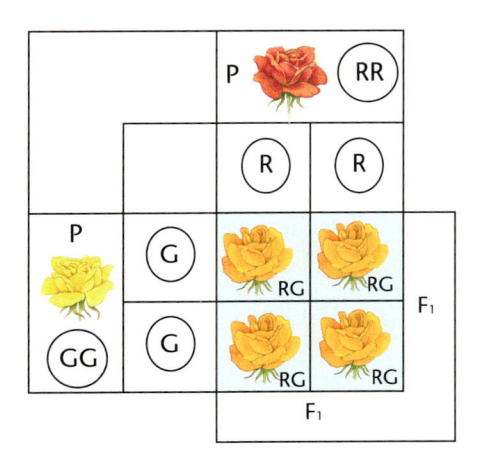

4 *Vererbung der Blütenfarbe bei der Rose*

1. Minorkarasse-Hühner. Bei der Kreuzung schwarzer Hühner mit weißen Hühnern entstehen Hühner mit einem mosaikartig gefärbten Gefieder, diese wird auch Minorka-Rasse genannt. In Abbildung 3 ist ein Erbgang dieser Kreuzung dargestellt. Notiere für die mit Ziffern gekennzeichneten Tiere den Genotyp. Verwende zum Beispiel S für Schwarz und W für Weiß. Begründe, dass die Minorka-Rasse nicht reinerbig weitergezüchtet werden kann.

2. Correns Versuchsergebnisse. In der F_2-Generation zählte Correns bei seinem ersten Versuch 121 Wunderblumen mit weißen Blüten und 119 mit roten Blüten, 241 Wunderblumen besaßen rosa Blüten. In einem anderen Versuch wurden in der F_2-Generation 187 rote, 186 weiße und 372 rosa blühende Wunderblumen gezählt. Berechne die Zahlenverhältnisse und werte die Ergebnisse aus.

3. Erbgang mit zwei Merkmalspaaren. Es wird eine Kreuzung einer reinerbigen Wunderblume mit weißen Blüten und hellgrünen Blättern mit einer reinerbigen Wunderblume, die rote Blüten und dunkelgrüne Blätter besitzt, durchgeführt. Kein Allel ist dominant. Beschreibe, welche Phänotypen und Genotypen man erhält. Berechne die Ergebnisse für die F_1- und die F_2-Generation.

4. Rückkreuzung bei der Rose. Bei der Kreuzung einer Rose mit gelber Blüte und einer mit roter Blüte entstehen in der F_1-Generation Rosen mit orangen Blüten (Abb. 4). Stelle den Erbgang bis zur F_2-Generation dar, wenn die Rose mit roter Blüte mit einer Rose mit oranger Blüte gekreuzt wird.

5. Dunkelfaktor beim Wellensittich. Der Dunkelfaktor ist für die Dunkelheit der Grundfarbe des Wellensittichs verantwortlich. Es gibt drei Gefiederfarben (Abb. 5). Die Züchter nennen sie hellgrün (a), dunkelgrün (b) und olivgrün (c). Olivgrün besitzt zwei Allele des Dunkelfaktors. Bei den in Abbildung 5 dargestellten Wellensittichen handelt es sich um zwei reinerbige Eltern sowie einen Nachkommen. Begründe, ob es sich um einen intermediären oder einen dominant-rezessiven Erbgang handelt. Ordne die Tiere den Generationen zu.

5 *Gefiederfarbe von Wellensittichen*

4.11 Mendels Ergebnisse werden durch die Zellforschung bestätigt

MENDEL folgerte aus seinen Versuchen auf die Existenz von Erbanlagen, ohne Kenntnis von der Bedeutung von Zellkern und Chromosomen zu haben. Nach MENDELS Tod entdeckten Zellforscher 1884, dass in Geschlechtszellen nur halb so viele Chromosomen wie in den Körperzellen enthalten sind. Man erkannte, dass die Reduktion der Chromosomenanzahl bei der Keimzellenbildung durch die Meiose mit der von MENDEL vermuteten Reduktion der Zahl der Erbanlagen in Einklang stand (Abb. 1). Nach MENDEL werden die Erbanlagen der Keimzellen so an die Nachkommen weitergegeben, dass sie nach der Befruchtung doppelt vorhanden sind. Je eine Erbanlage, beziehungsweise ein Gen, stammt vom Vater, eines von der Mutter (Abb. 1). Dass die Chromosomen in Körperzellen paarweise vorkommen, war gegen Ende des 19. Jahrhunderts ebenfalls bekannt. Man erkannte auch, dass die genetische Information im Zellkern lokalisiert ist und über Geschlechtszellen weitergegeben wird. Diese Ergebnisse der Zellforschung konnten also die Versuchsergebnisse MENDELS erklären (Abb. 1, 2). Daher stellte man 1903 die Theorie auf, dass die Chromosomen die Träger der Erbanlagen (Gene) sind. Man nannte diese Theorie die „**Chromosomentheorie der Vererbung**".

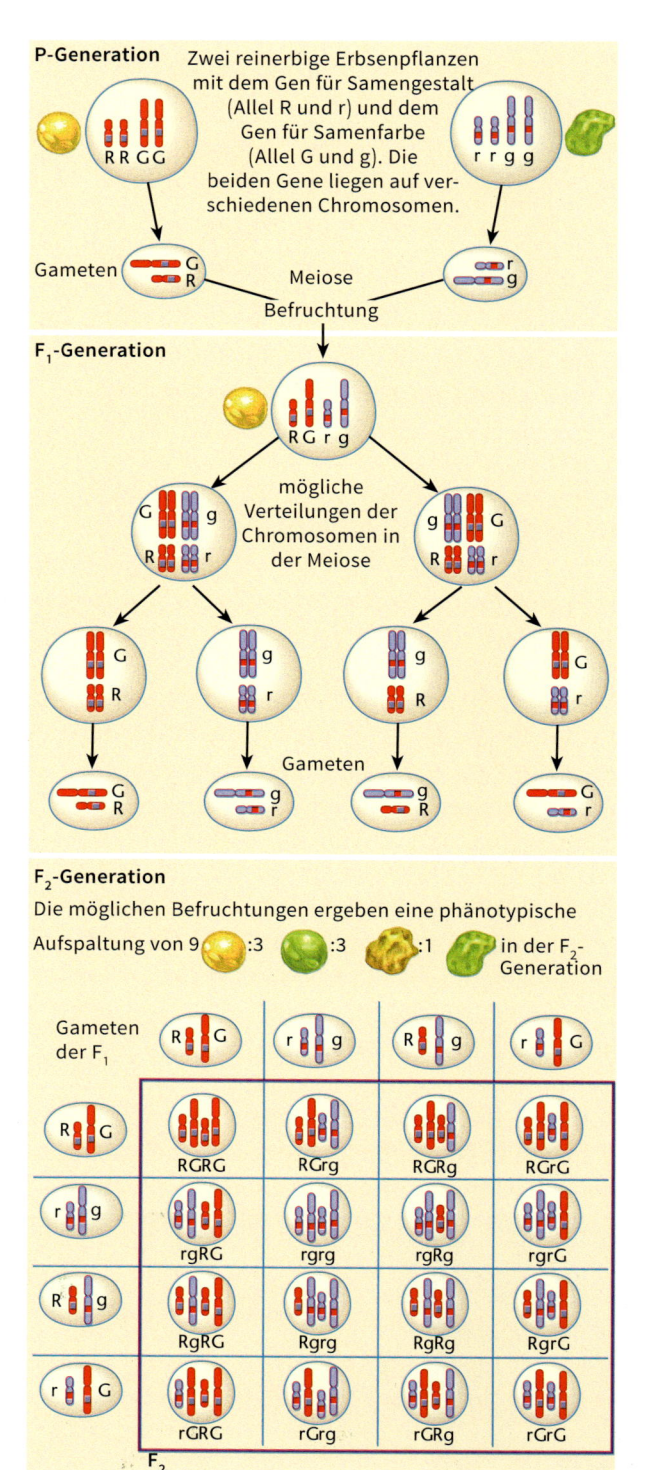

1 Mendels Versuchsergebnisse und die Chromosomentheorie der Vererbung

Ergebnisse Mendels	Ergebnisse der Zellforschung
1. Die Erbanlagen bewahren bei der Weitergabe durch die Generationen ihre Eigenständigkeit.	1. Die Chromosomen werden als selbstständige Einheiten durch die Generationen weitergegeben. Die Gene sind auf den Chromosomen lokalisiert.
2. In den Körperzellen ist für jedes Merkmal ein Erbanlagenpaar vorhanden.	2. Die Chromosomen sind in den Körperzellen paarweise vorhanden.
3. In jede Geschlechtszelle gelangt je eine Erbanlage dieses Paares.	3. Bei der Meiose gelangt von den beiden homologen Chromosomen jeweils eines in die Geschlechtszellen.
4. Die Erbanlagen eines Paares werden unabhängig voneinander auf die Geschlechtszellen verteilt. Sie können bei der Befruchtung neu kombiniert werden.	4. Bei der Geschlechtszellenbildung werden die homologen Chromosomen unabhängig voneinander auf die Geschlechtszellen verteilt. Sie können bei der Befruchtung neu kombiniert werden.

2 Mendels Ergebnisse und die der Zellforschung

Heute weiß man, dass auf jedem Chromosom zahlreiche Gene lokalisiert sind. MENDEL stellte in seiner Regel der Neukombination (3. MENDELsche Regel) die Hypothese auf, dass die Erbanlagen unabhängig voneinander von einer Generation zur nächsten weitergegeben werden. Diese von MENDEL postulierte unabhängige Weitergabe von Erbanlagen (Genen) ist nur gegeben, wenn die Gene auf unterschiedlichen Chromosomen liegen.

Allel: Zwei Gene, die auf den homologen Chromosomen am gleichen Ort liegen, das heißt für dasselbe Merkmal zuständig sind, bezeichnet man als allele Gene oder Allele.

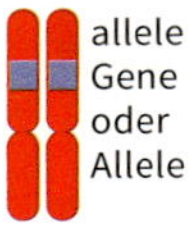

reinerbig (homozygot): zwei gleichartige Allele für die Ausprägung eines Merkmals

mischerbig (heterozygot): zwei verschiedene Allele für die Ausprägung eines Merkmals

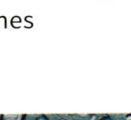

Genotyp: die Gesamtheit der Erbinformation eines Lebewesens im Zellkern

Phänotyp: das Erscheinungsbild eines Lebewesens

dominant-rezessiver Erbgang: Beim dominant-rezessiven Erbgang tritt im Phänotyp nur eines der Allele zutage, und zwar das dominante. Das andere Allel wird vom dominanten unterdrückt und als rezessiv bezeichnet. Am Phänotyp kann man nicht erkennen, ob das dominante Gen homo- oder heterozygot auftritt.

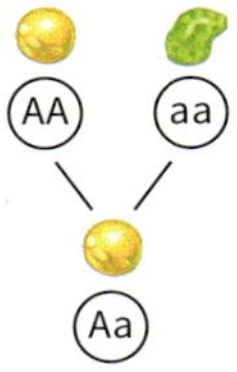

intermediärer Erbgang: Beim intermediären Erbgang liegen zwei verschiedene Allele vor. Sie wirken gleich stark und sind im Phänotyp sichtbar.

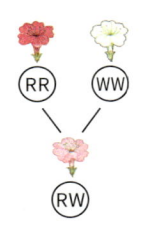

haploid: Zellen, die den einfachen Chromosomensatz besitzen (n)

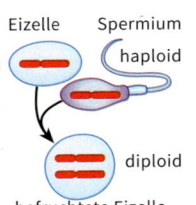

diploid: Zellen, die den doppelten Chromosomensatz besitzen (2n)

Autosomen: die Gesamtheit der nicht geschlechtsbestimmenden Chromosomen; jeweils zwei Chromosomen sind homolog zueinander

Gonosomen: Geschlechtschromosomen, beim Menschen x- und y-Chromosom

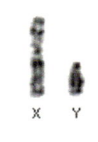

genetische Variabilität: Die Erbinformation von Eltern und ihren Nachkommen ist ähnlich, aber niemals identisch. Ursachen dafür sind:
– die zufällige Verteilung der homologen väterlichen und mütterlichen Chromosomen in der Meiose bei der Keimzellenbildung 
– die freie, zufällige Kombination der Keimzellen bei der Befruchtung
– Mutationen.

modifikatorische Variabilität: die nichterbliche, umweltbedingte Veränderung des Phänotyps innerhalb einer Reaktionsnorm, die durch die Gene vorgegeben ist

3 *Kleines Lexikon der Genetik*

4.12 Genetik in der Landwirtschaft – Züchtung

Wildgras 1: A

Wildgras 2: B

Einkorn: E

Roggen: R

Saatweizen: E B A

Triticale: E B R

Rauweizen (Emmer): E B

Durch Kreuzung verschiedener Wildgräser entstanden die heutigen Getreidesorten. Im Laufe der Züchtung erhöhte sich die Zahl der Chromosomen im Genom der Pflanzen. Wildgras 1 hat zum Beispiel 14 Chromosomen, Triticale 42.

1 *Wild- und Zuchtformen von Getreide. Die Buchstaben A, B, E, R stehen jeweils für alle Chromosomen der Pflanze.*

Durch gezielte Zucht versucht man Pflanzen oder Tiere zu erhalten, die besser für die landwirtschaftliche Produktion geeignet sind. Zuchtziele sind häufig eine Steigerung des Ertrages, eine Verbesserung der Qualität oder Unempfindlichkeit gegenüber Schädlingen und Umwelteinflüssen. So hat man aus Wildgräsern ertragreiche Getreidesorten gezüchtet (Abb. 1). Die Züchtung erfolgt häufig auf der Basis der Erkenntnisse Mendels.

Bei der **Auslesezüchtung** werden Tiere oder Pflanzen mit gewünschten Eigenschaften vermehrt. Häufig versucht man durch Rückkreuzungen gewünschte Merkmale reinerbig zu erhalten, z. B. große Früchte oder Resistenz gegen Krankheiten. Bei der **Kombinationszüchtung** werden Individuen miteinander gekreuzt, die für erwünschte Merkmale reinerbig sind. Die erste Nachkommengeneration ist für die Merkmale mischerbig. In den Folgegenerationen treten Individuen auf, die für die erwünschten Merkmalskombinationen reinerbig sind (Abb. 2).

Bei der **Mutationszüchtung** wird die Erbinformation künstlich verändert, zum Beispiel durch Bestrahlung mit Röntgenstrahlung, erreichen. Unter den vielen Mutationen sind gelegentlich auch solche, die positive Eigenschaften bewirken. Anschließend züchtet man mit diesen Pflanzen durch Auslese- oder Kombinationszüchtung weiter.

Bei Nutzpflanzen bringen mischerbige Sorten häufig höhere Erträge. Mischerbige Pflanzen erhält man, wenn man verschiedene reinerbige Pflanzen kreuzt. Diese Art der Züchtung nennt man **Hybridzüchtung**. Die Ertragssteigerung ist dabei auf die F_1-Generation beschränkt. In weiteren Generationen tritt sie nicht mehr auf.

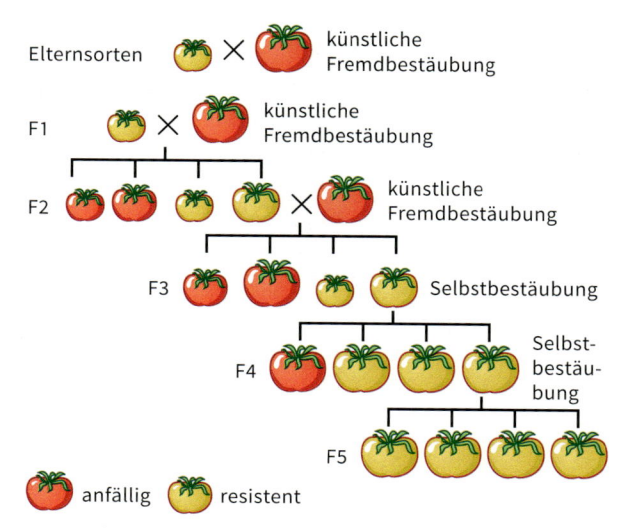

2 *Kombinationszüchtung bei Tomaten*

Röntgenstrahlung

Pflanzen mit unterschiedlichen Mutationen

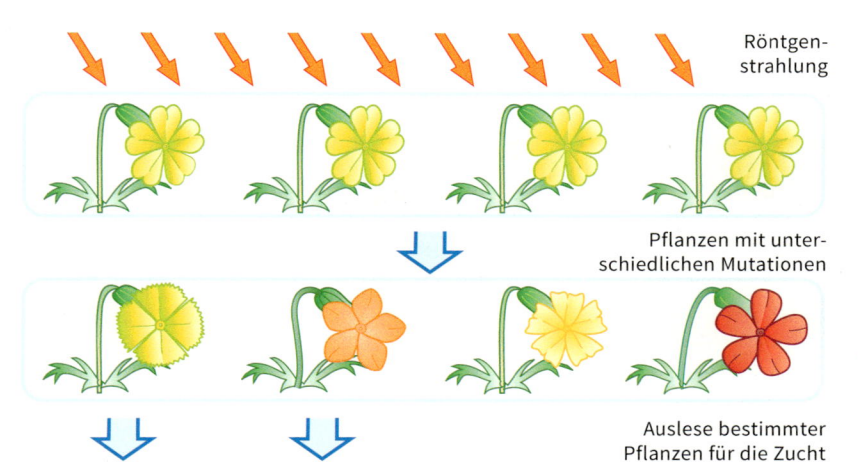

Auslese bestimmter Pflanzen für die Zucht

3 *Mutationszüchtung*

1. Mutationszüchtung. Abbildung 3 verdeutlicht den Ablauf der Mutationszüchtung am Beispiel der Behandlung mit Röntgenstrahlen.
a) Beschreibe die Vor- und Nachteile der Mutationszüchtung.
b) Entwickle eine Hypothese, in welchem Stadium der Zeitpunkt am günstigsten ist, um die Bestrahlung durchzuführen: Samen, junge Pflanze, blühende Pflanze. Begründe deine Einschätzung.

2. Kombinationszüchtung. Bei der diploiden Lupine existieren zwei reinerbige Formen. Die erste enthält Bitterstoffe in ihren Früchten, besitzt aber eine Hülse, die unempfindlich gegen Aufplatzen ist. Die zweite Sorte hat Früchte ohne Bitterstoffe, jedoch platzen die Hülsen bei der geringsten Berührung auf. Das Merkmal „Bitterstoffe (B)" ist dabei dominant über das Merkmal „ohne Bitterstoffe (b)" und das Merkmal „unempfindlich gegen Berührung (p)" rezessiv gegenüber dem Merkmal „empfindlich (P)". Durch Kombinationszüchtung soll aus beiden Sorten eine neue Sorte gezüchtet werden, deren Früchte ohne Bitterstoffe sind und deren Hülsen unempfindlich gegen das Aufplatzen sind. Beschreibe, wie man am besten diese neue Sorte erhalten kann, und begründe den aufgezeigten Weg anhand der Erkenntnisse MENDELS.

3. Züchtung großer resistenter Tomaten
a) Erläutere das in Abbildung 2 dargestellte Züchtungsverfahren.
b) Bei dem in Abbildung 2 dargestellten Verfahren sind alle Tomaten der F_1-Generation klein und resistent. Begründe diese Tatsache.
c) Begründe, warum bei der Züchtung der Tomaten ein Wechsel zwischen künstlicher Fremdbestäubung und Selbstbestäubung vorgenommen wird.

4. Gewebekultur. Die Abbildung 4 beschreibt eine Methode, um aus einzelnen Zellen von Pflanzen wieder ganze Pflanzen zu regenerieren.
a) Beschreibe den Ablauf dieser Methode.
b) Begründe, warum diese Gewebekulturmethode als Schlüssel für viele moderne Züchtungsmethoden bei Pflanzen angesehen werden kann.

5. Kein Saatgut aus Hybridzüchtung. Es ist nicht üblich, aus der F_1-Generation einer Hybridzüchtung Saatgut zu gewinnen. Begründe, warum dies auch nicht sinnvoll wäre.

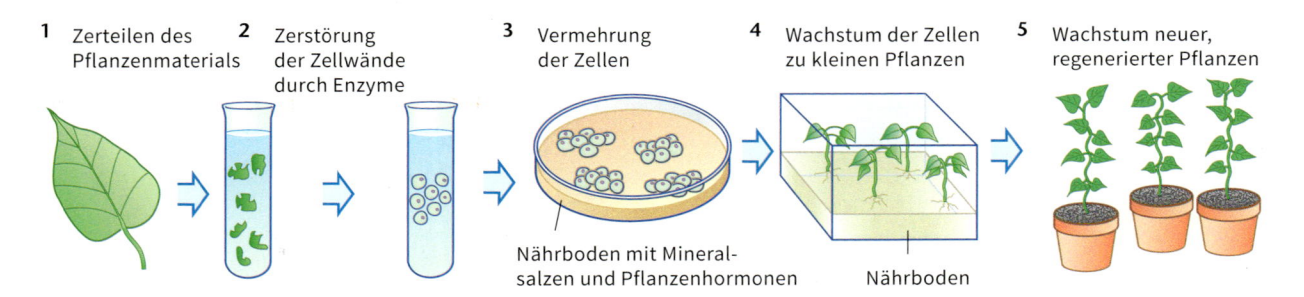

1 Zerteilen des Pflanzenmaterials
2 Zerstörung der Zellwände durch Enzyme
3 Vermehrung der Zellen
4 Wachstum der Zellen zu kleinen Pflanzen
5 Wachstum neuer, regenerierter Pflanzen

Nährboden mit Mineralsalzen und Pflanzenhormonen

Nährboden

4 *Gewebekultur*

4.13 Die Erbinformation kann durch Mutationen verändert werden

1 Albino-Gorilla

2003 starb im Zoo von Barcelona ein Gorilla, der völlig weiß war. Man bezeichnet solche Tiere ohne Farbpigmente als Albinos (Abb. 1). Bei vielen Albinos ist die DNA eines Gens verändert, sodass der Hautfarbstoff Melanin nicht gebildet werden kann (Abb. 2). Die DNA kann durch UV-Strahlung, radioaktive Strahlung, Röntgenstrahlung oder Chemikalien, wie sie zum Beispiel im Zigarettenrauch enthalten sind, verändert werden. Manche Veränderungen der DNA erfolgen auch ohne erkennbare äußere Einwirkung. Heute weiß man, dass Veränderungen der DNA häufig vorkommen. Die Zelle verfügt über Mechanismen, die Veränderungen in der DNA reparieren können, doch nicht immer gelingt eine Reparatur. Bleibende Veränderungen der DNA nennt man **Mutationen**.

Wird bei der Zellteilung durch einen Fehler die Zahl der Chromosomen verändert, indem zum Beispiel zwei gleiche Chromosomen in eine Tochterzelle gelangen, spricht man von einer **Genommutation**. Die **Chromosomenmutationen** können durch Fehler beim Crossing over entstehen, wobei dann ein Chromosomenstück in einem Chromosom fehlt und im anderen doppelt vorliegt. Bei **Punktmutationen** wird zum Beispiel eine Base in der DNA ausgetauscht. Dies kann zu fehlerhaften Proteinen oder Enzymen führen.

Häufig führen Mutationen von Enzymen zu Stoffwechselstörungen. Wird der Stoffwechsel der Zelle dadurch schwer gestört, stirbt die Zelle. Manche Mutationen haben aber kaum Auswirkungen auf die Zelle. Bei manchen Mutationen gerät die Steuerung der Zellteilung außer Kontrolle. Teilt sich eine solche Zelle immer weiter, kann ein Tumor entstehen. Mutationen in Körperzellen werden bei der Zellteilung an die Tochterzellen weitergegeben. Sie werden aber nicht vererbt. Eine Mutation wird nur dann vererbt, wenn die Mutation in einer Zelle stattfindet, aus der sich eine Geschlechtszelle bildet. Eine solche Zelle gehört der **Keimbahn** an. Darunter versteht man die Abfolge derjenigen Zellen, ausgehend von der Zygote, aus denen sich schließlich die Geschlechtszellen entwickeln (Abb. 5). Werden Mutationen durch die Geschlechtszellen weitergegeben, besitzen alle Körperzellen des neuen Lebewesens diese veränderte Erbinformation.

Mutationen können nachteilig, vorteilhaft oder ohne erkennbare Auswirkungen sein. Mutationen tragen zur **genetischen Variabilität** einer Art bei.

Gen → funktionsunfähiges Enzym → Stop
Mutation

Vorstufe ↓ Melanin

Melanin wird durch Enzyme aus Vorstufen gebildet. Bei vielen Formen ist das Gen mutiert, das für die Melaninbildung notwendig ist.

2 Eine Mutation führt zu Albinismus

3 *Schneehase im Winter und im Sommer*

1. Diploide Organismen. Begründe, warum bei diploiden Organismen eine Fehlfunktion nicht immer auftritt, obwohl die Mutation, die diese Fehlfunktion zur Folge hat, auf einem Chromosom vorhanden ist.

2. Folgen einer Mutation. Erläutere die Auswirkung einer Mutation anhand von Abb. 2.

3. Bedeutung von Mutationen in der Evolution. Der Schneehase ist mit dem Feldhasen verwandt. Er lebt in schneereichen Gebieten. Anders als Feldhasen hat er im Winter ein weißes Fell (Abb. 3). Stelle eine Hypothese zur Entstehung der weißen Fellfarbe beim Schneehasen auf.

4. Bedeutung von Mutationen in der Ökologie. Nach wiederholtem Einsatz von Insektiziden beobachtet man häufig, dass die bekämpften Insekten wieder an Zahl zunehmen, nun aber gegen das Insektengift resistent sind. Erläutere anhand von Abbildung 4 diesen Sachverhalt.

5. Bedeutung von Mutationen in der Medizin. Das Medikament 3TC, soll die Vermehrung von HI-Viren verhindern. Interpretiere die Abbildung 6.

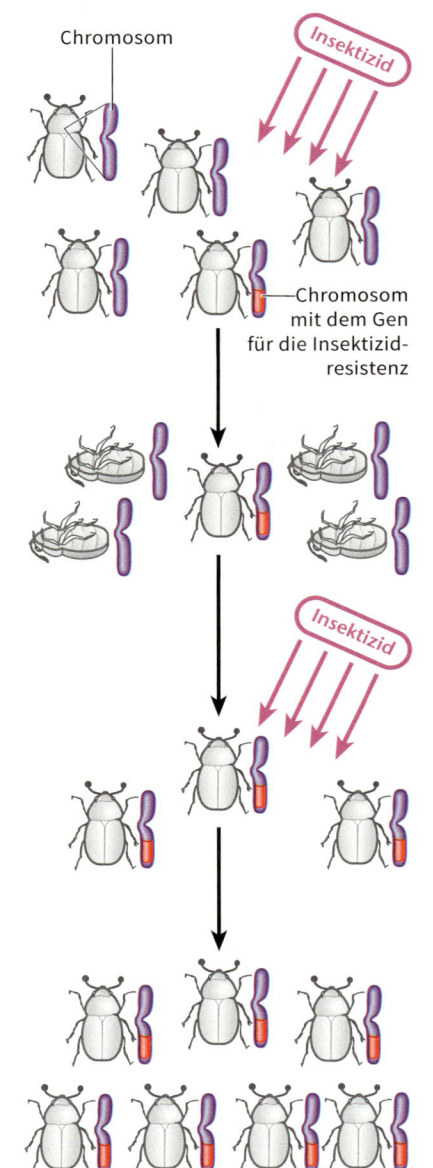

4 *Resistenzbildung bei Insekten*

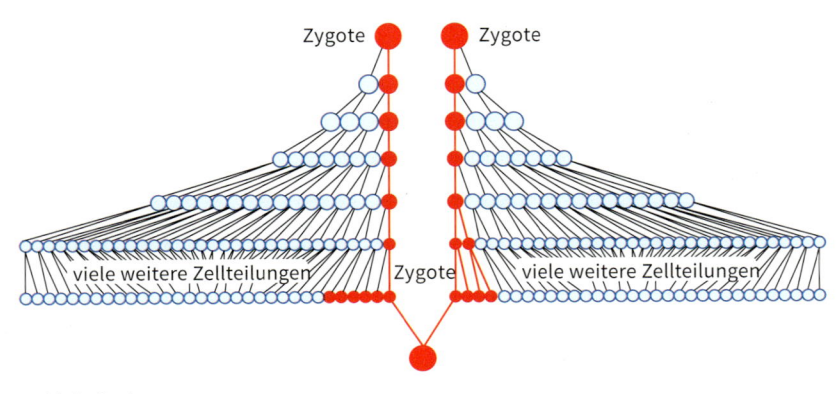

5 *Keimbahnen*

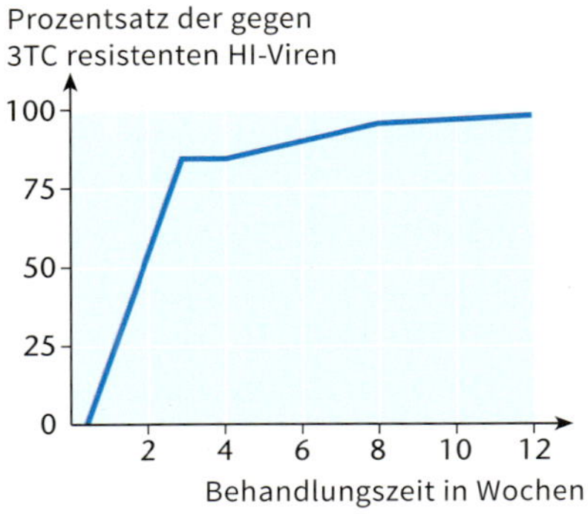

6 *Behandlungsergebnis von AIDS-Patienten mit 3TC*

4.14 Modifikationen – Gene und Umwelt

1 Chinesische Primel, weiß und rot blühend

2 Russenkaninchen, schwarzweiß und mit weißem Fell

Die chinesische Primel wird von Gärtnern mit weißen oder roten Blüten angeboten (Abb. 1). Wird die chinesische Primel kurz vor dem Aufblühen bei Temperaturen unter 30 Grad Celsius gehalten, bringt sie rote Blüten hervor. Bei Temperaturen über 30 Grad Celsius entwickeln sich hingegen weiße Blüten, die auch bei anschließender Abkühlung erhalten bleiben. Bei der chinesischen Primel verursachen also Umwelteinflüsse die Ausprägung des Merkmals „Blütenfarbe". Diese phänotypische Veränderung, die auf Umwelteinflüsse zurückzuführen ist, nennt man **Modifikation**. Wird Samen der weiß blühenden Form der chinesischen Primel ausgesät, so entwickeln sich bei Temperaturen unter 30 Grad Celsius erneut Primeln mit roten Blüten. Wenn die Primeln bei höheren Temperaturen gehalten werden, bilden sich weiße Blüten aus. Modifikationen werden also nicht vererbt.

Das weiße Russenkaninchen ist eine Zuchtform unseres Hauskaninchens. Hält man Jungkaninchen des gleichen Wurfes in Ställen bei unterschiedlichen Temperaturen, so unterscheiden sich die Tiere bald durch ihre Fellfärbung. Die Tiere, die im warmen Stall leben, sind fast reinweiß. Die Tiere im kalten Stall zeigen an den Körperspitzen, den kältesten Teilen des Körpers, dunkle Färbungen. Sie haben schwarze Pfoten, schwarze Schwanzspitzen, Ohren und Nasen (Abb. 2). In einem Kontrollversuch wurde das schwarze Haar entfernt und die Tiere wurden in einem warmen Stall untergebracht. Unter diesen Bedingungen wuchsen die Haare weiß nach.

Buchenblätter, die von demselben Baum stammen, weisen unterschiedliche Längen auf (Abb. 3). Bestimmte Längen sind häufiger als andere. Sehr kurze und sehr lange Blätter sind selten, mittellange dagegen verhältnismäßig häufig. Da die Buchenblätter alle von derselben Pflanze stammen, kann die unterschiedliche Länge nur auf unterschiedlich wirkende Umwelteinflüsse zurückzuführen sein. Schon an demselben Zweig sind die Blätter verschieden lang, da nicht alle gleich gut mit Mineralsalzen und Wasser versorgt werden. Längenunterschiede können auch durch die unterschiedliche Lichtintensität, der die Blätter ausgesetzt sind, verursacht werden. Die Buche besitzt für die Ausbildung des Merkmals „Blattlänge" erblich festgelegte Grenzen, innerhalb derer sie auf bestimmte Umwelteinflüsse wie Lichtintensität oder Temperatur mit unterschiedlicher Blattlänge reagieren kann. Den Bereich, in dem ein Tier oder eine Pflanze mit Abwandlungen des Phänotyps auf Umwelteinflüsse reagieren kann, nennt man **Reaktionsnorm**. Die Reaktionsnorm weist bestimmte Grenzwerte auf. So wird ein Buchenblatt niemals länger als 20 Zentimeter. Die Reaktionsnorm ist genetisch festgelegt, sie bleibt bei allen Nachkommen gleich. Modifikationen verbessern die Angepasstheit von Lebewesen an wechselnde Umweltbedingungen.

1. Modifikation.
a) Beschreibe mögliche Ursachen für die unterschiedliche Blattlänge der in Abbildung 3 dargestellten Blätter, die alle von demselben Baum stammen. Wie könnte man beweisen, dass die unterschiedliche Blattlänge nicht genetisch bedingt ist?
b) Wissenschaftler nennen die Form der Modifikation bei den Buchenblättern fließende Modifikation, während die Modifikation bei den Russenkaninchen umschlagende Modifikation genannt wird. Vergleiche diese beiden Formen und grenze sie voneinander ab.

2. Unterschiedliche Größe von Bohnensamen. In Abbildung 4 sind zwei unterschiedlich lange Bohnensamen dargestellt, die von derselben Elternpflanze stammen. Diese beiden Bohnensamen ließ man unter unterschiedlichen Umweltbedingungen zu Bohnenpflanzen heranwachsen. Der Pflanze, die aus dem kleinen Samen heranwuchs, bot man günstige, der Pflanze, die aus dem großen Samen heranwuchs, ungünstige Umweltbedingungen. Die Bohnensamen, die von den Pflanzen gebildet wurden, waren wieder unterschiedlich groß. Beschreibe das Ergebnis und erkläre es.

3. Modifikationskurve. Die Länge von Bohnensamen, die durch Selbstbestäubung an einer Bohnenpflanze entstanden, kann in einer Kurve dargestellt werden (Abb. 5).
a) Beschreibe und erkläre diese Kurve.
b) Würde man die Größe der Menschen in Deutschland grafisch auftragen, ergäbe sich eine ähnliche Kurve. Begründe, warum dies keine Modifikationskurve ist.

4. Variabilität. Beschreibe die genetische Variabilität und die Variabilität durch Modifikation. Grenze beide Begriffe voneinander ab.

5. Anzahl der Roten Blutzellen bei unterschiedlicher Höhe. Bei zwölf Teilnehmern einer Hochgebirgsexpedition wurde über längere Zeit die Anzahl der Roten Blutzellen gemessen (Abb. 6). Begründe, warum manche Hochleistungssportler an hoch gelegenen Orten, wie Mexico-Stadt trainieren.

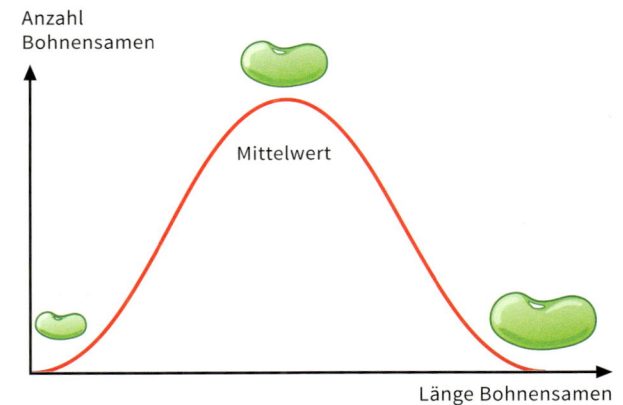

3 *Modifikation bei Buchenblättern eines Baumes*

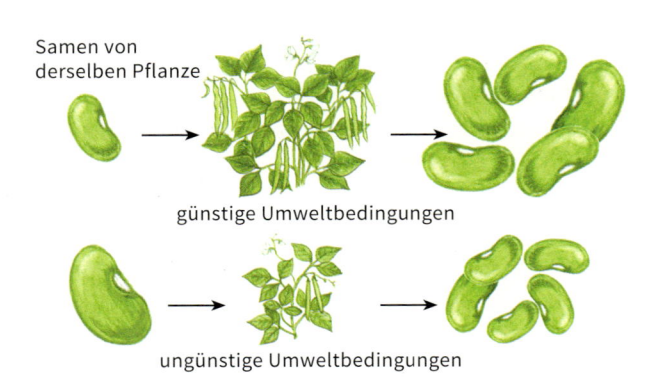

4 *Modifikation bei Bohnensamen*

5 *Modifikationskurve*

Datum	Höhe über NN	Anzahl der Roten Blutzellen (Durchschnittswerte der zwölf Teilnehmer)
10.4.	210 m	4,5 Mio./mm^3
12.5.	1350 m	5,2 Mio./mm^3
28.5.	3050 m	6,6 Mio./mm^3
21.6.	4050 m	7,7 Mio./mm^3
27.6.	5500 m	8,3 Mio./mm^3

6 *Zahl der Roten Blutzellen bei unterschiedlicher Aufenthaltshöhe*

5.1 Bedeutung der Meiose beim Menschen

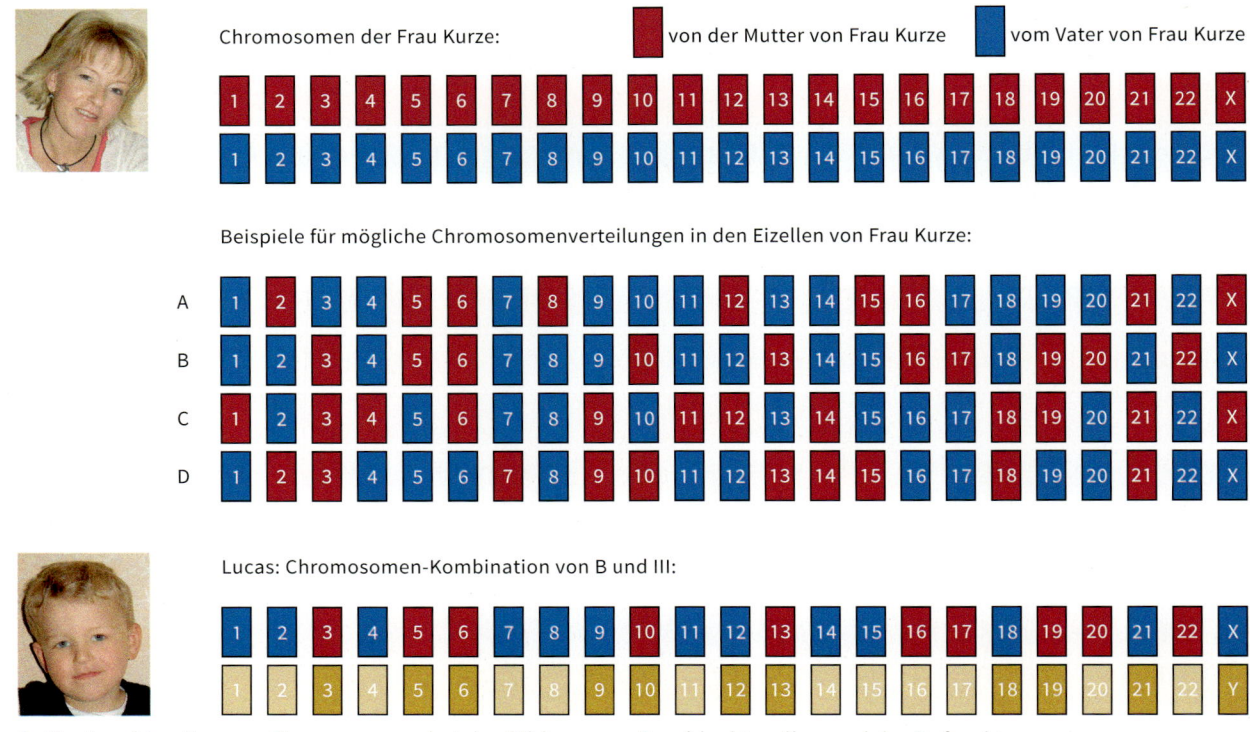

Chromosomen der Frau Kurze: ■ von der Mutter von Frau Kurze ■ vom Vater von Frau Kurze

Beispiele für mögliche Chromosomenverteilungen in den Eizellen von Frau Kurze: A, B, C, D

Lucas: Chromosomen-Kombination von B und III

1 Neukombination von Chromosomen bei der Bildung von Geschlechtszellen und der Befruchtung

Die Körperzellen eines Menschen enthalten Chromosomen von dessen Mutter und Vater. In der Abbildung 1 ist vereinfacht davon ausgegangen, dass die Hälfte der Chromosomen von Frau Kurze von ihrer Mutter, die andere Hälfte von ihrem Vater stammen. Die Chromosomen werden bei der Bildung der Eizellen von Frau Kurze neu kombiniert, wobei eine unglaublich große Zahl von Kombinationsmöglichkeiten besteht (Abb. 1 A–D). Der gleiche Vorgang findet bei der Spermienbildung des Vaters statt (Abb. 1 I–IV). Durch die Befruchtung erfolgt anschließend die Kombination von mütterlichen und väterlichen Chromosomen in der Zygote. Die Zygote, und damit alle Zellen des daraus entstehenden Kindes, enthält so eine andere Kombination der Chromosomen als die Zellen der Eltern. Eine Neukombination erfolgt also sowohl bei der Bildung der Geschlechtszellen als auch bei der Befruchtung. Dadurch entsteht eine große Vielfalt, die auch **genetische Variabilität** genannt wird.

Alle Erbinformationen, die auf einem Chromosom liegen, werden gemeinsam vererbt. Sie stellen gewissermaßen ein Paket dar. Durch den Austausch von Bruchstücken zwischen homologen Doppelchromosomen beim Crossing over in der Meiose werden die Erbinformationen eines Chromosoms neu zusammengestellt. Dies hat zur Folge, dass dadurch die genetische Variabilität weiter erhöht wird.

Von Generation zu Generation hat die Fortpflanzung durch Geschlechtszellen zur Folge, dass die Erbinformationen neu gemischt werden. Es entstehen immer neue Kombinationen der Erbinformationen. Mit Ausnahme eineiiger Zwillinge haben alle Menschen neben gemeinsamen auch unterschiedliche Erbinformationen. Dies trifft auf alle Organismen zu, die sich geschlechtlich fortpflanzen. Infolge der unterschiedlichen Erbinformationen unterscheiden sich die einzelnen Individuen in ihren erblichen Eigenschaften.

Chromosomen des Herrn Kurze: ▢ von der Mutter von Herrn Kurze ▢ vom Vater von Herrn Kurze

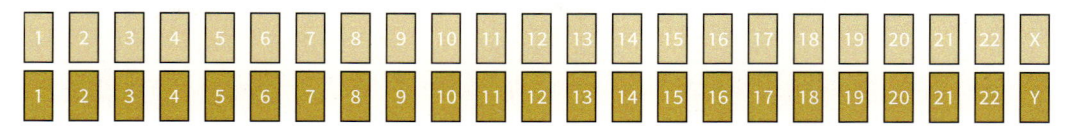

Beispiele für mögliche Chromosomenverteilungen in den Spermazellen von Herrn Kurze:

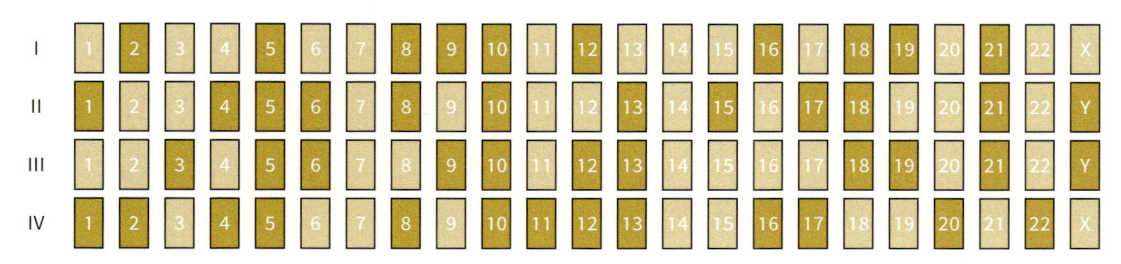

I
II
III
IV

Isabel: Chromosomen-Kombination von A und IV:

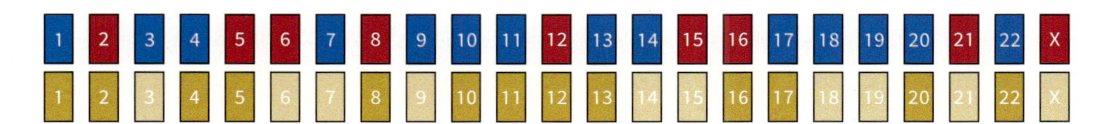

1. Kombinationsmöglichkeiten berechnen.

Die Zahl der Kombinationsmöglichkeiten der Chromosomen väterlicher und mütterlicher Herkunft bei der Bildung der Geschlechtszellen berechnet sich bei diploiden Organismen nach folgender Formel:

$x = 2^y$

wobei gilt:

x = Zahl der Kombinationsmöglichkeiten

$y = \dfrac{\text{Gesamtzahl der Chromosomen}}{2}$

Berechne für den Menschen und die in Abbildung 2 genannten Organismen die Zahl der Kombinationsmöglichkeiten.

2. Kombinationsmöglichkeiten von Chromosomen.

a) Frau und Herr Kurze erwarten ein weiteres Kind, einen Jungen. Zeichne unter Bezug auf Abbildung 1 eine Kombinationsmöglichkeit in dein Heft.

b) Zeichne zwei mögliche Chromosomenverteilungen in den Eizellen von Isabel in dein Heft.

3. Zwillinge.
Vergleiche ein eineiiges Zwillingspärchen (Paar A, zwei Mädchen) mit einem zweieiigen Zwillingspärchen (Paar B, ein Mädchen und ein Junge) hinsichtlich der Herkunft der Chromosomen und der Erbinformation.

Art	Anzahl (2n)
Regenwurm	32
Stechmücke	6
Karpfen	104
Rind	60
Erbse	14

2 *Chromosomenzahl (2n) einiger Lebewesen*

5.2 Methoden der Humangenetik – Stammbaumanalyse

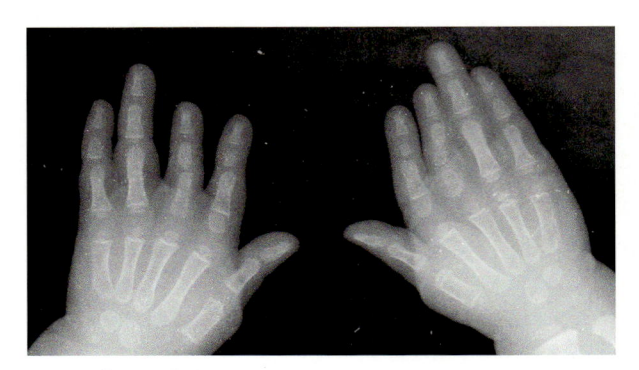

1 *Kurzfingrigkeit*

Viele Menschen interessieren sich für die Herkunft ihrer Familie und für mögliche Verwandte, zum Beispiel ausgewanderte Familienangehörige in Amerika. Ahnenforschung und der **Stammbaum** der eigenen Familie sind für viele Menschen daher von großem Interesse. Um die verwandtschaftlichen Verhältnisse übersichtlich darzustellen, wird ein Stammbaum grafisch mit Symbolen nach bestimmten Regeln gezeichnet (Abb. 2a, b).

Treten in einer Familie bestimmte Merkmale oder Krankheiten auf, ist es von Interesse, herauszufinden, wie ein solches Merkmal oder eine solche Krankheit vererbt wird. Auch dazu ist es notwendig, Familienstammbäume zu erstellen.

Will man herausfinden, wie ein Merkmal vererbt wird, muss man die Mendelschen Regeln beachten. Bei den Menschen als diploiden Organismen ist jedes Gen auf den Autosomen zweimal vorhanden, weil eben jedes Chromosom zweimal vorhanden ist. Die Gene für ein bestimmtes Merkmal können aber unterschiedliche Ausprägungen haben. Diese Gene sind die Allele. Beim Menschen werden bestimmte Merkmale dominant oder rezessiv vererbt. Allele dominanter Merkmale werden durch Großbuchstaben gekennzeichnet, rezessive durch Kleinbuchstaben. Manche Menschen haben zum Beispiel erblich verkürzte Finger (Abb. 1). Das Merkmal Kurzfingrigkeit wird dominant vererbt. Man kann das entsprechende Allel also mit dem Buchstaben K benennen. Ein

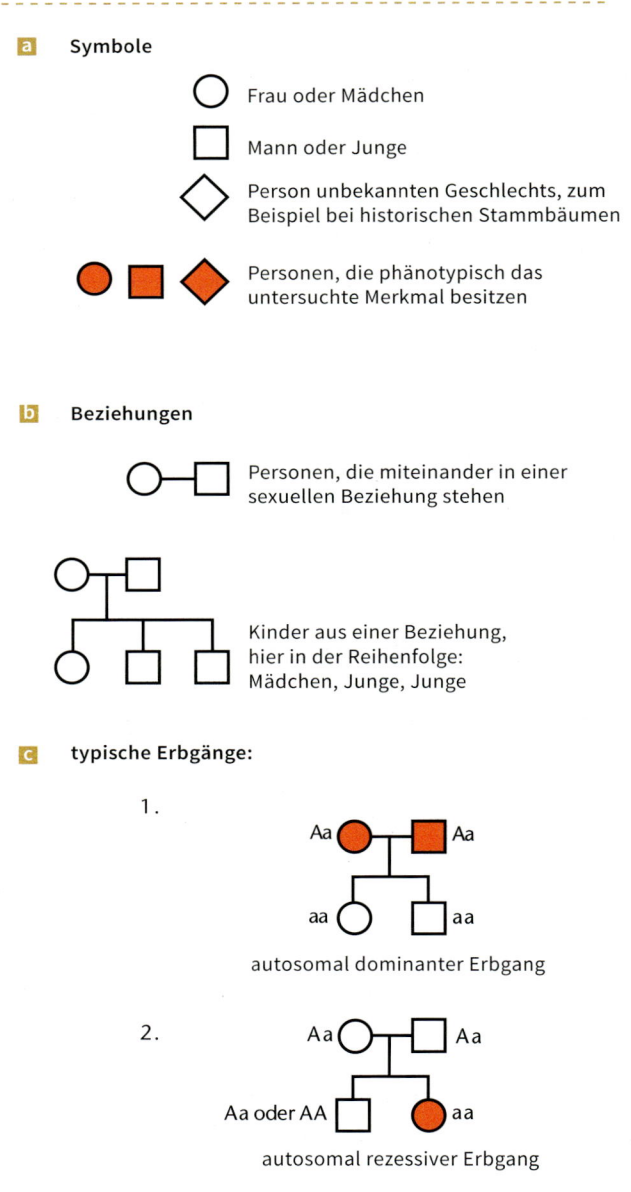

a Symbole

○ Frau oder Mädchen

□ Mann oder Junge

◇ Person unbekannten Geschlechts, zum Beispiel bei historischen Stammbäumen

● ■ ◆ Personen, die phänotypisch das untersuchte Merkmal besitzen

b Beziehungen

○—□ Personen, die miteinander in einer sexuellen Beziehung stehen

Kinder aus einer Beziehung, hier in der Reihenfolge: Mädchen, Junge, Junge

c typische Erbgänge:

1. Aa ● — ■ Aa
   aa ○   □ aa
   autosomal dominanter Erbgang

2. Aa ○ — □ Aa
   Aa oder AA □   ● aa
   autosomal rezessiver Erbgang

2 *Informationen zum Lesen von Stammbäumen*

Mensch, der in seinen Erbinformationen die Kombination KK oder Kk besitzt, hat die verkürzten Finger. Der Buchstabe k steht hier für das rezessive Allel. Dominante und rezessive Merkmale unterscheidet man an typischen Konstellationen (Abb. 2c). Ist das zu untersuchende Gen auf einem der 22 Autosomen, spricht man von einem **autosomalen Erbgang**.

Anna hat angewachsene Ohrläppchen, ihre beiden Brüder dagegen freie Ohrläppchen. Auch ihre Eltern besitzen beide freie Ohrläppchen. Ihre Mutter hat eine Schwester mit freien und einen Bruder mit angewachsenen Ohrläppchen. Der Vater hat einen Bruder mit freien Ohrläppchen. Die Großeltern von mütterlicher Seite haben beide freie Ohrläppchen. Die Großmutter von der väterlichen Seite hat angewachsene Ohrläppchen, der Großvater freie Ohrläppchen.

3 Familiensituation von Anna

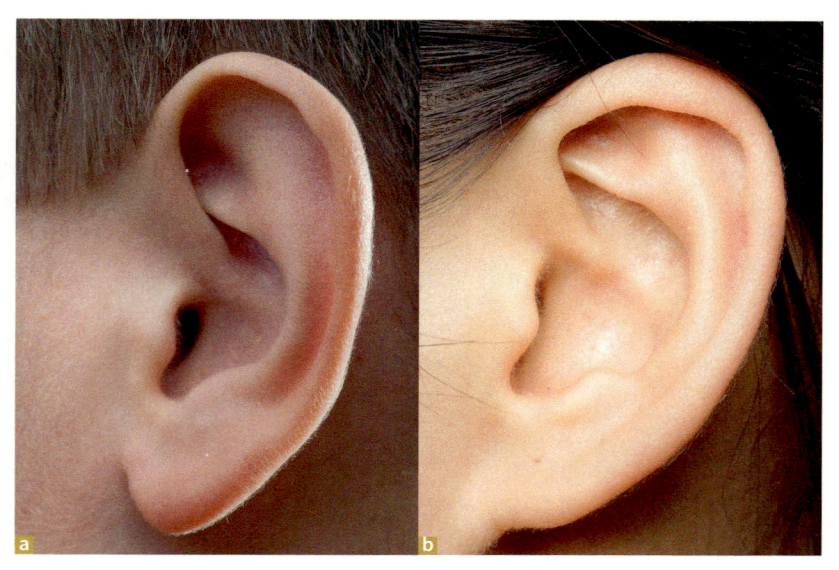

4 Freie (a) und angewachsene (b) Ohrläppchen

1. Angewachsene und freie Ohrläppchen. Freie Ohrläppchen werden dominant vererbt, das Merkmal wird mit A bezeichnet. Angewachsene Ohrläppchen werden rezessiv vererbt, das Merkmal wird mit a bezeichnet. Stelle anhand des Textes in Abbildung 3 und der Abbildung 4 einen Stammbaum der Familie auf und ordne den Personen den entsprechenden Genotyp zu.

2. Gehörlosigkeit. Für eine erbliche Gehörlosigkeit wurde der in Abbildung 5 dargestellte Familienstammbaum ermittelt. Nenne für dort namentlich genannten Personen die möglichen Genkombinationen und begründe sie.

3. Verwandtenehen. Begründe anhand der Abbildung 6 das Verbot von Ehen zwischen Geschwistern und die Warnung vor Verwandtenehen.

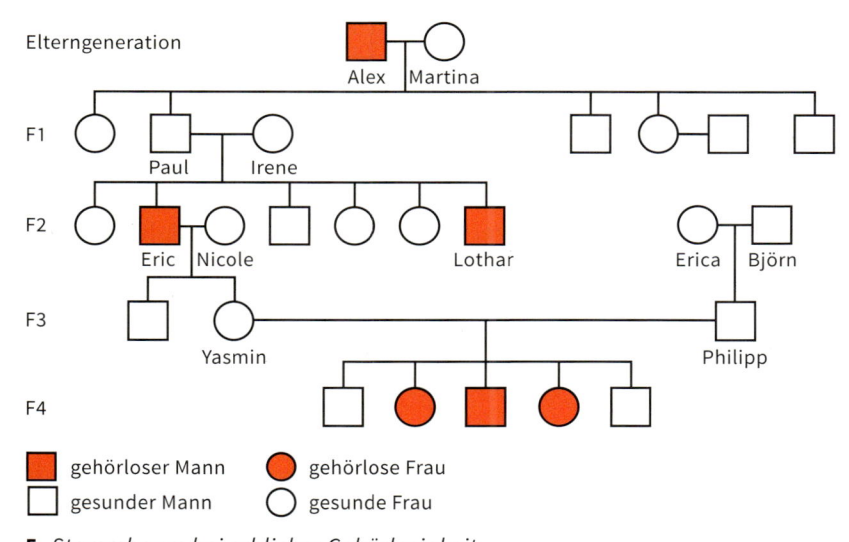

■ gehörloser Mann ● gehörlose Frau
□ gesunder Mann   ○ gesunde Frau

5 Stammbaum bei erblicher Gehörlosigkeit

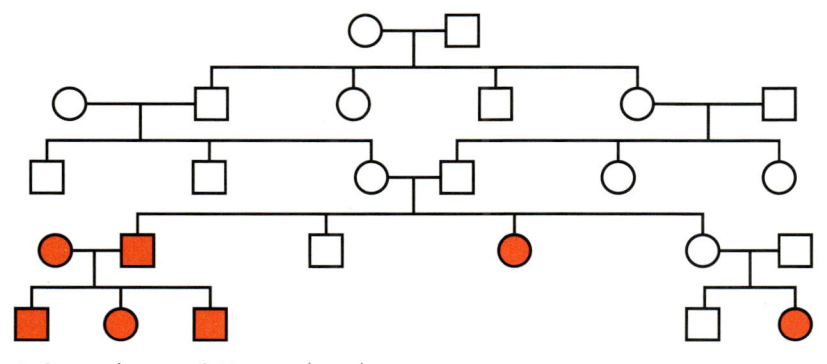

6 Stammbaum mit Verwandtenehe

5.3 Die Vererbung des Geschlechts und genetisch bedingte Krankheiten

1 *Familie*

Das Geschlecht eines Menschen wird durch die Chromosomen X und Y bestimmt. Die Kombination XX ergibt ein Mädchen, die Kombination XY ein Junge. Während das Y-Chromosom sehr klein ist und daher kaum weitere Erbinformationen für Körpermerkmale enthält, sind auf dem X-Chromosom zahlreiche Informationen für Körpermerkmale gespeichert. Treten hier Defekte auf, kann es zu Erbkrankheiten wie zum Beispiel der Bluterkrankheit kommen. Erbgänge, die auf ein defektes X-Chromosom zurückzuführen sind, bezeichnet man als **gonosomale oder X-chromosomale Erbgänge**. Wird die Krankheit dabei rezessiv vererbt, kann eine Frau ein defektes Chromosom haben, ohne dass das Merkmal auftritt. Solche Frauen bezeichnet man dann als **Überträgerinnen** oder Konduktorinnen. Haben Männer das defekte X-Chromosom, tritt das Merkmal immer auf, da es nicht durch ein intaktes X-Chromosom kompensiert werden kann.

Bei der Bluterkrankheit ist die Blutgerinnung gestört. Harmlose Verletzungen können dadurch lebensbedrohend sein. Die Bluterkrankheit wird vererbt. Sie war besonders im Adel weit verbreitet (Abb. 3). Treten in einer Familie gonosomale Erbkrankheiten auf, lässt sich aus dem Stammbaum häufig ermitteln, wie groß die Wahrscheinlichkeit für ein weiteres Kind ist, die Erbkrankheit zu haben (Abb. 2). Dies ist wichtig für eine **genetische Beratung**, wenn Eltern aus Familien, in denen Erbkrankheiten vorkommen, vor der Entscheidung stehen, ein weiteres Kind zu bekommen.

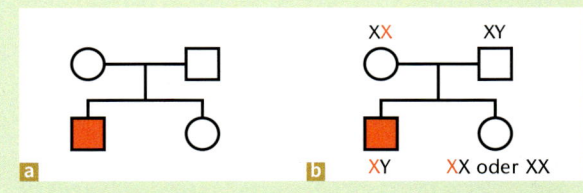

Ein Elternpaar hat einen Sohn, der Bluter ist und eine gesunde Tochter (a). Keiner der Eltern ist Merkmalsträger. Bei der Frage, wie groß die Wahrscheinlichkeit ist, dass ein weiteres Kind mit der Bluterkrankheit geboren wird, geht man so vor: Das Merkmal wird X-chromosomal-rezessiv vererbt. Daraus ergeben sich die Genotypen bezüglich des Merkmals (b). Die Wahrscheinlichkeit, dass das Merkmal in der nächsten Generation auftritt, muss für jedes weitere Kind neu betrachtet werden. Dazu muss man alle möglichen Geschlechtszellen des Vaters mit den möglichen Geschlechtszellen der Mutter im Erbschema kombinieren (c).

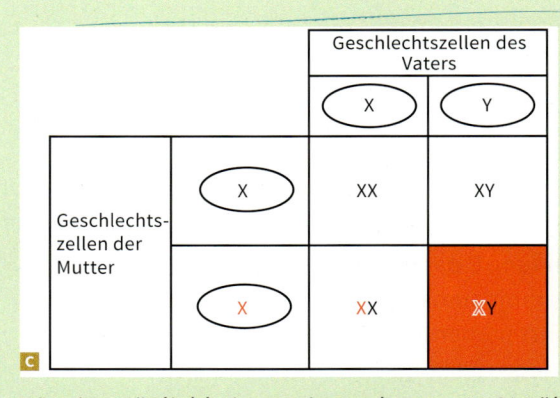

Die vier Möglichkeiten zeigen, dass zu 50 % Söhne gezeugt werden, wobei die Wahrscheinlichkeit, dass ein Sohn bluterkrank ist, 1:1 beträgt. Zu 50 % treten Töchter auf, die alle gesund sind, wobei sie zu 50 % Überträgerinnen des Gens für das Merkmal Bluterkrankheit sind. Die Wahrscheinlichkeit für das Auftreten des Blutermerkmals im Phänotyp beträgt also 1:3.

2 *Wahrscheinlichkeit für ein Merkmal*

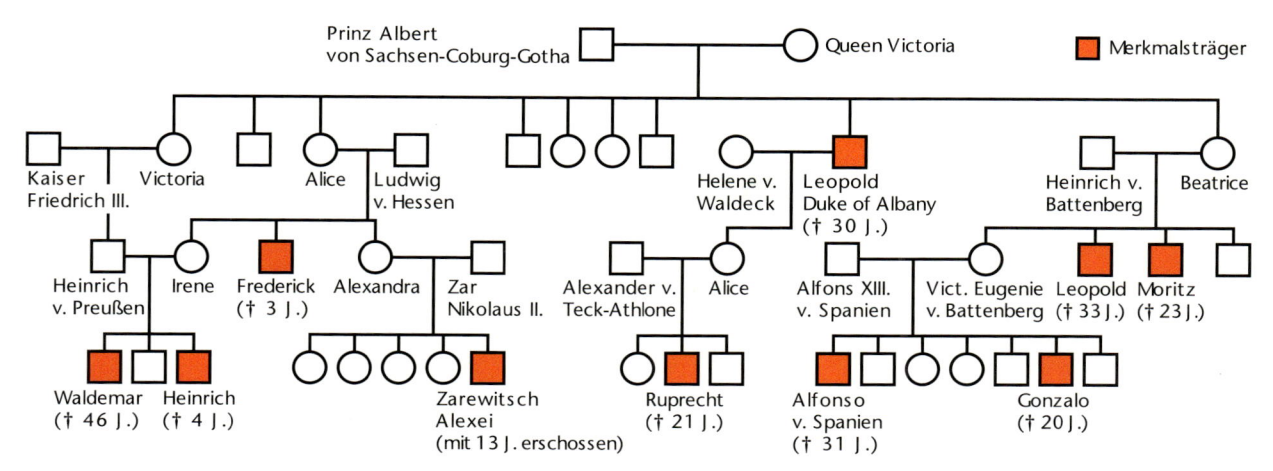

3 Bluterkrankheit im europäischen Hochadel

1. „Stammhalter". Beurteile, ob die Scheidung bei einem Herrscherpaar ohne männliche Nachkommen ein geeignetes Mittel ist, den ersehnten Erben zu bekommen (Abb. 4).

2. Konduktorinnen und gonosomale Erbgänge. Nenne die Konduktorinnen der ersten drei Generationen in Abbildung 3 und begründe, warum nur Söhne von der Bluterkrankheit betroffen waren.

3. Stambäume. Ordne die Stammbäume in Abbildung 5 entsprechenden Erbgängen (autosomal, gonosomal, dominant, rezessiv) zu und begründe deine Entscheidung.

4. Kurzfingrigkeit. Ein Mann hat das Merkmal Kurzfingrigkeit. Erstelle ein Erbschema wie in Abbildung 2c und berechne, wie hoch die Wahrscheinlichkeit für einen Jungen und für ein Mädchen ist, dieses Merkmal im Falle einer Zeugung zu haben.

> Früher war es in Familien wichtig, dass es bei den Kindern mindestens einen Jungen, den "Stammhalter", gab (Abb. 1). Besonders in Herrscherhäusern wurde ein männlicher Nachkomme mit Sehnsucht erwartet. Bekam ein Herrscherpaar nur Mädchen, kam es oft zur Scheidung, weil die Frau dafür verantwortlich gemacht wurde. Der Mann heiratete dann erneut.

4 Zeugung eines "Stammhalters"

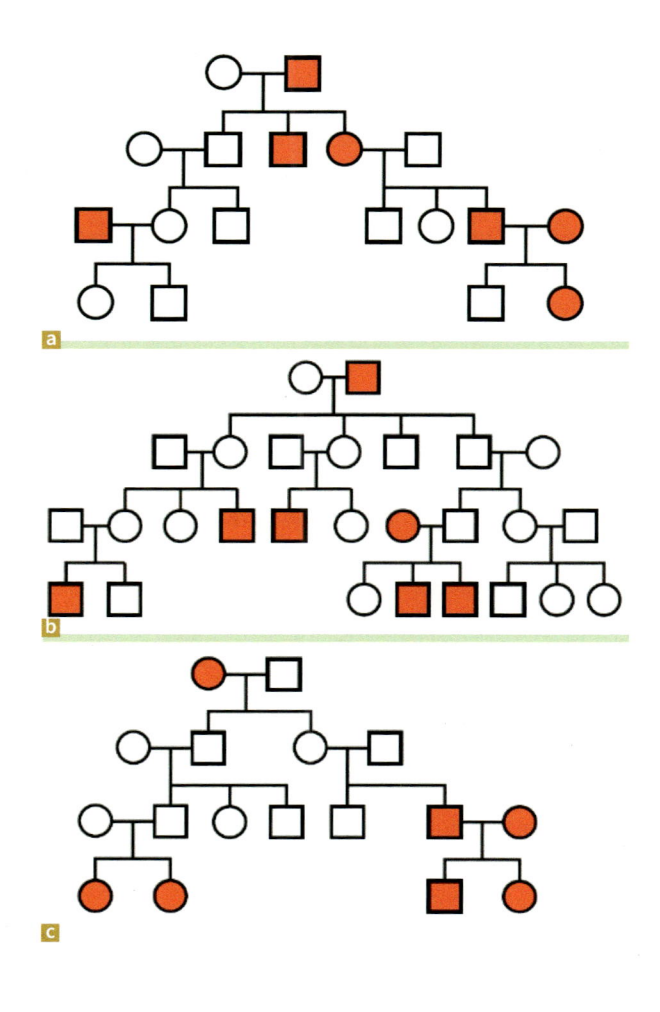

5 Verschiedene Stammbäume

5.4 Vererbung der Blutgruppen

Serum von	rote Blutzellen von					
	Störk	Pletschnig	Sturli	Erdheim	Zaritsch	Landsteiner
Störk	nicht verklumpt	verklumpt	verklumpt	verklumpt	verklumpt	nicht verklumpt
Pletschnig	nicht verklumpt	nicht verklumpt	verklumpt	verklumpt	nicht verklumpt	nicht verklumpt
Sturli	nicht verklumpt	verklumpt	nicht verklumpt	nicht verklumpt	verklumpt	nicht verklumpt
Erdheim	nicht verklumpt	verklumpt	nicht verklumpt	nicht verklumpt	verklumpt	nicht verklumpt
Zaritsch	nicht verklumpt	verklumpt	verklumpt	verklumpt	nicht verklumpt	nicht verklumpt
Landsteiner	nicht verklumpt	verklumpt	verklumpt	verklumpt	verklumpt	nicht verklumpt

1 *Versuchsergebnisse von Landsteiner im Jahr 1901*

Schon vor der Zeit des Wiener Mediziners KARL LANDSTEINER, der 1901 die Blutgruppen entdeckte, wurde Blut von einem Spender auf einen Empfänger übertragen. Diese **Bluttransfusionen** endeten für den Empfänger in vielen Fällen mit ernsthaften Komplikationen, oftmals sogar tödlich. Einen Grund dafür fand man seinerzeit nicht.

KARL LANDSTEINER führte Versuche mit dem Blut von Mitarbeitern durch (Abb. 1). Dazu trennte er das Blut der jeweiligen Person in Blutserum, also die Blutflüssigkeit, und in die Roten Blutzellen (Erythrozyten). Dann vermischte er das Blutserum einer Probe mit anderen Proben in allen möglichen Kombinationen. Aus den Befunden zog Landsteiner unter anderem drei Folgerungen:
a) Mit dem Serum mancher Menschen verklumpen die Roten Blutzellen, mit dem Serum anderer Personen nicht;
b) Bluttransfusionen zwischen Personen mit gleicher Blutgruppe führen in der Regel nicht zu Komplikationen;
c) er fand bei seinen Probanden drei verschiedene Blutgruppen. Diese Blutgruppen nannte er A, B und C. Die Blutgruppe C wurde später in „0" (Null) umbenannt. Im Jahre 1902 wurde eine weitere Blutgruppe entdeckt, die man mit AB bezeichnete.

Damit war das AB0-Blutgruppensystem vollständig. Heute weiß man, dass **Blutgruppen-Unverträglichkeit** auf unterschiedlichen **Antigenen und Antikörpern** beruht, die nach dem Schlüssel-Schloss-Prinzip miteinander reagieren. Die Roten Blutzellen enthalten auf ihrer Oberfläche das Antigen A (Blutgruppe A), das Antigen B (Blutgruppe B), die Antigene A und B (Blutgruppe AB) oder keine Antigene (Blutgruppe 0). In Abbildung 2 sind die Merkmale der vier Blutgruppen dargestellt, also auch, welche Antikörper sich im Blutserum befinden. Die Blutgruppe AB hat keine gegen A oder B gerichtete Antikörper.

Die Vererbung der Blutgruppen erfolgt nach den Mendelschen Regeln. Es gibt drei Allele, A, B oder 0, von denen jeder Mensch in seinen diploiden Körperzellen zwei besitzt. Die Allele A und B sind dominant über das Allel 0 (rezessiv). Bei der Blutgruppe AB tragen die beiden Allele A und B gleichermaßen zum Phänotyp bei. Das nennt man **Kodominanz** (lat. *dominare*, herrschen). Personen, die phänotypisch die Blutgruppe A oder B haben, können im Genotyp homozygot AA bzw. BB oder heterozygot A0 bzw. B0 haben. Bei Personen mit der Blutgruppe AB oder 0 kann der Genotyp nur AB bzw. 00 sein.

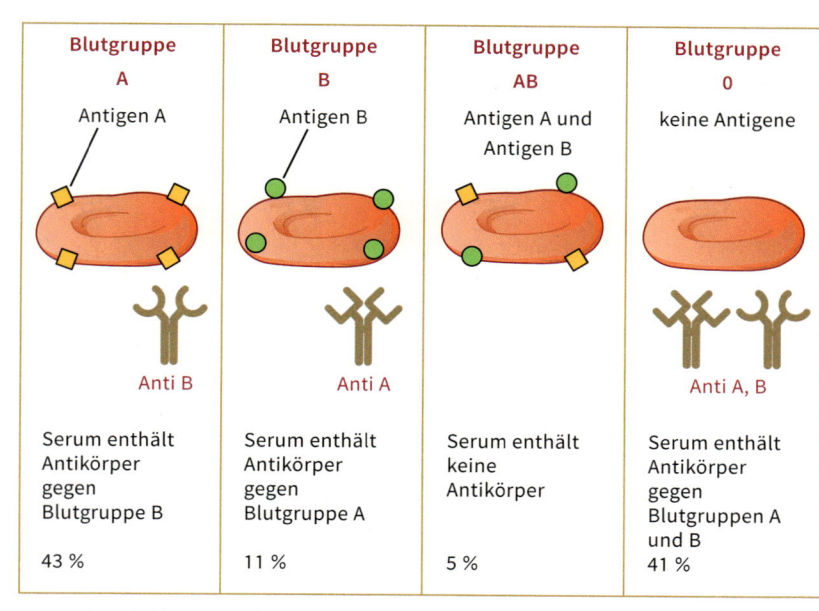

Blutgruppe A	Blutgruppe B	Blutgruppe AB	Blutgruppe 0
Antigen A	Antigen B	Antigen A und Antigen B	keine Antigene
Anti B	Anti A		Anti A, B
Serum enthält Antikörper gegen Blutgruppe B	Serum enthält Antikörper gegen Blutgruppe A	Serum enthält keine Antikörper	Serum enthält Antikörper gegen Blutgruppen A und B
43 %	11 %	5 %	41 %

2 *Merkmale der vier Blutgruppen und ihre Häufigkeit in Deutschland*

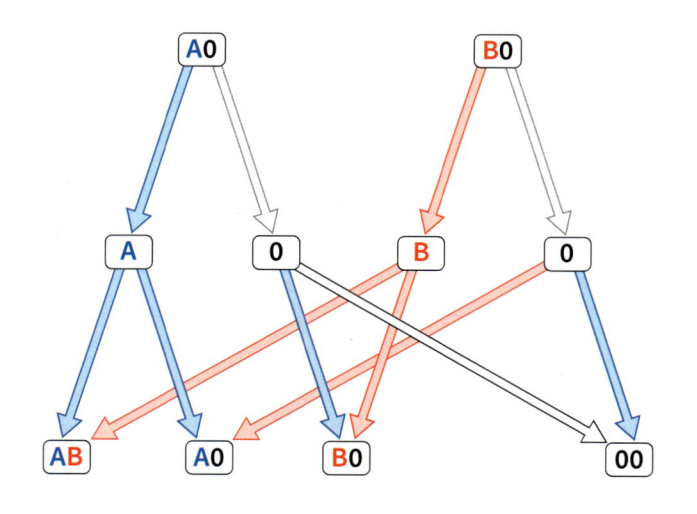

3 *Vererbung des ABO-Systems am Beispiel eines anderen A-Vaters und einer B-Mutter*

1. Merkmale der vier Blutgruppen im AB0-System.
a) Beschreibe die Merkmale der Blutgruppen im AB0-System (Abb. 2).
b) Erkläre unter Bezug auf Abbildung 2 die Befunde in Abbildung 1 sowie die drei Folgerungen (a, b, c), die LANDSTEINER aus seinen Untersuchungen zog.

2. Vererbung der Blutgruppen im AB0-System.
a) Übertrage die Abbildung 3 in dein Heft (Vater hat den Phänotyp A). Ergänze und beschrifte mit folgenden Begriffen: Phänotyp der Eltern, Genotyp der Eltern, Allel der Geschlechtszellen, Genotyp der Nachkommen, Phänotyp der Nachkommen. Präsentiere und erläutere den Erbgang mithilfe der Fachbegriffe.
b) Nimm an, dass das Elternpaar in Abbildung 3 insgesamt drei Kinder bekommt. Berechne die Wahrscheinlichkeit, dass alle drei Kinder die Blutgruppe AB haben.
c) Untersuche auch die Wahrscheinlichkeit, dass alle drei Kinder die Blutgruppe 0 haben.

3. Zuordnungen. Stelle dir vor (was im wirklichen Leben kaum passiert), dass auf einer Entbindungsstation die vier in einer Nacht geborenen Kinder nicht gekennzeichnet wurden. Die Elternpaare haben die Phänotypen B und B (Paar 1), AB und 0 (Paar 2), A und B (Paar 3) sowie 0 und 0 (Paar 4). Die vier Kinder haben folgende Blutgruppen: AB (Kind 1), A (Kind 2), 0 (Kind 3) sowie B (Kind 4). Ordne jedes der Kinder einem der vier Elternpaare zweifelsfrei zu.

4. Transfusionsmedizin. Begründe, welche Blutgruppe als Universalspender und welche als Universalempfänger bezeichnet wird.

5.5 Trisomie 21 – vorgeburtliche Diagnostik

1 Finn – ein Kind mit Trisomie 21

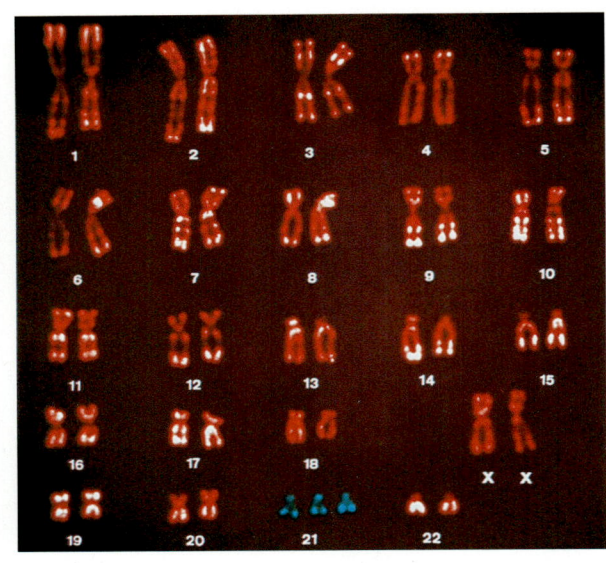

2 Trisomie 21 im Karyogramm, gefärbt

Als behindert gelten Menschen, die in ihrem Lernen, im sozialen Verhalten, in der sprachlichen Kommunikation oder in ihren motorischen Fähigkeiten so weit beeinträchtigt sind, dass ihre Teilnahme am Leben in der Gesellschaft wesentlich erschwert ist. Sie bedürfen besonderer pädagogischer Förderung. Viele Behinderungen entstehen während des Lebens durch Unfall oder Krankheit. Angeborene Behinderungen sind meistens durch Vererbung oder neue Mutationen bedingt.

Ein Beispiel dafür ist die **Trisomie 21**, auch Down-Syndrom genannt. Unter 700 Neugeborenen befindet sich im Durchschnitt ein Kind mit Trisomie 21 (Abb. 1). Im Karyogramm des Kindes zeigt sich, dass das Chromosom 21 drei Mal in Form von Doppel-Chromosomen vorkommt (Abb. 2). Die Ursache liegt in einer ungleichmäßigen Verteilung der Chromosomen bei der Meiose während der Eizellenbildung (Abb. 4). Die Häufigkeit dieses Fehlers steigt mit zunehmendem Alter der Mutter an (Abb. 5).

Verfahren der **vorgeburtlichen Diagnostik** können werdenden Müttern viele Sorgen um die Gesundheit ihres Kindes nehmen. Zu diesen Verfahren gehört die Fruchtwasseruntersuchung, die mit dem Fachbegriff auch **Amniozentese** genannt wird (Abb. 3). Im Fruchtwasser sind Zellen des Embryos enthalten, aus deren Zellkernen ein Karyogramm gewonnen wird. Festgestellt werden können Abweichungen der Chromosomenzahlen, z. B. die Trisomie 21. Stellt die Ärztin oder der Arzt im Rahmen einer genetischen Beratung ein Risiko für eine vererbbare Stoffwechsel- oder Muskelerkrankung fest, lässt sich durch eine DNA-Analyse der Zellen im Fruchtwasser klären, ob das Ungeborene betroffen ist. Schwangeren über 35 Jahren wird heute häufig die Durchführung einer Amniozentese empfohlen (Abb. 3). Durch diese Untersuchung ist eine Trisomie 21 des ungeborenen Kindes zu erkennen.

Die Trisomie 21 kann nicht geheilt werden. Die individuelle Ausprägung der Behinderung bei Trisomie 21 variiert sehr stark. Während einige Kinder eine starke geistige Behinderung zeigen, können andere sogar eine Fremdsprache erlernen. Durch Einrichtungen wie Inklusionsgruppen und -klassen in Kindergärten und Schulen wird versucht, die Kinder zu integrieren und zu fördern.

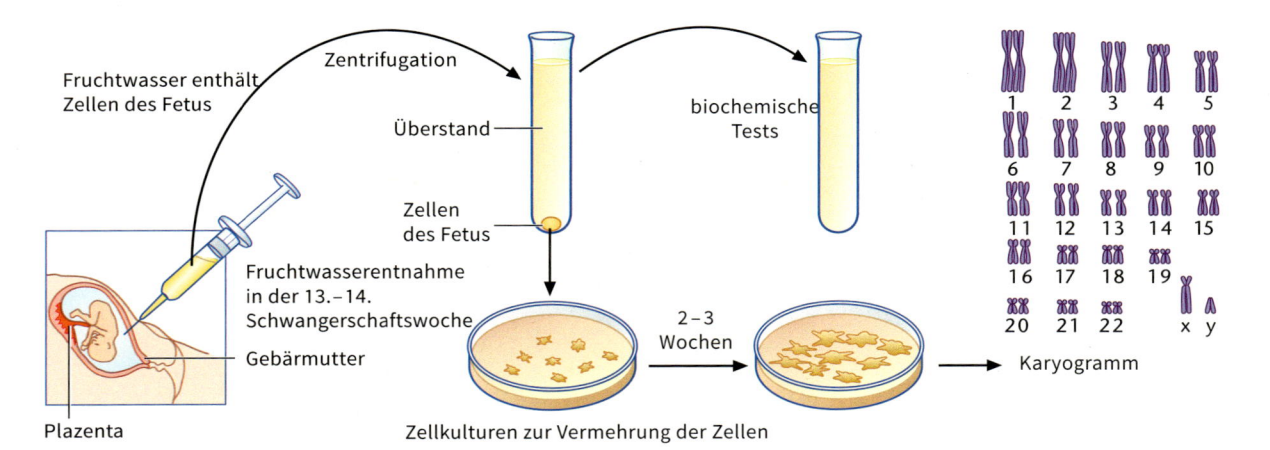

3 *Amniozentese*

1. Entstehung von Trisomie 21. Erkläre die Entstehung der Trisomie 21 anhand der Abbildung 4.

2. Amniozentese. Die Amniozentese ist ein wichtiges Verfahren der vorgeburtlichen Diagnostik. Beschreibe den Ablauf anhand von Abbildung 3.

3. Karyogramme. Vergleiche das Karyogramm in Abbildung 3 mit dem Karyogramm in Abbildung 2. Beschreibe die Diagnose.

4. Vier Positionen zur Amniozentese. Im Folgenden werden vier mögliche Positionen zur Amniozentese genannt:

– Ich will nichts wissen und werde keine Amniozentese machen lassen.
– Ich traue mir ein Leben mit einem behinderten Kind nicht zu und werde gegebenenfalls abtreiben.
– Ich will das Ergebnis wissen, werde aber nicht abtreiben, wenn eine Trisomie 21 vorliegt.
– Ich weiß gar nicht, wie ich mich verhalten soll.
Erläutere für jede der vier Positionen, welche Überlegungen zu der Aussage geführt haben könnten.

5. Alter und Trisomie 21. Das Alter der Frauen, die ihr erstes Kind bekommen, steigt kontinuierlich an und damit das Risiko ein Kind mit Trisomie 21 zu bekommen (Abb. 5). Die Meiose beginnt schon im Eierstock des Fetus, wird aber erst vor dem Eisprung der erwachsenen Frau vollendet.
Erläutere das Risiko, das sich aus der Zunahme der späten Geburten ergibt.

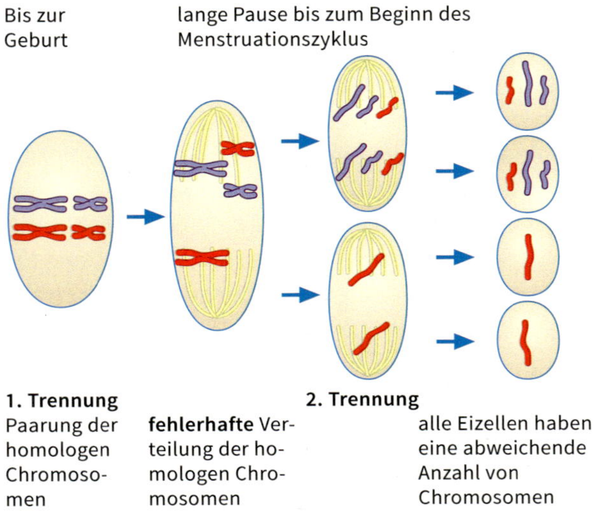

4 *Trisomie 21 durch Nichttrennung homologer Chromosomen in der Meiose*

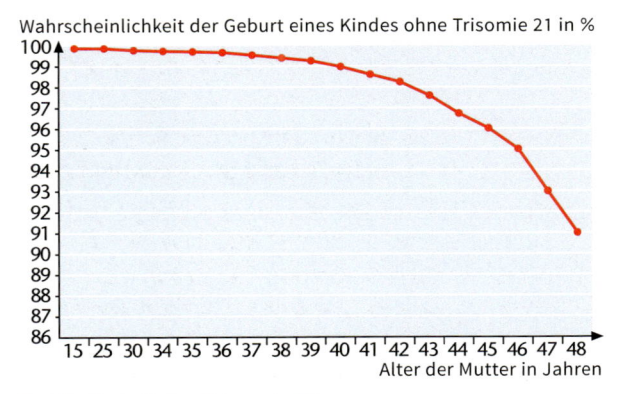

5 *Häufigkeit der Trisomie 21*

5.6 Rot-Grün-Sehschwäche – eine genetisch bedingte Krankheit

Ishihara-Farbtafel zur Untersuchung der Farbtüchtigkeit:
Normalsichtige Personen können eine 74 und eine 71 erkennen. Personen mit einer Rot-Grün-Sehschwäche sehen ausschließlich eine 91 und farbenblinde Personen können keine Zahl erkennen.

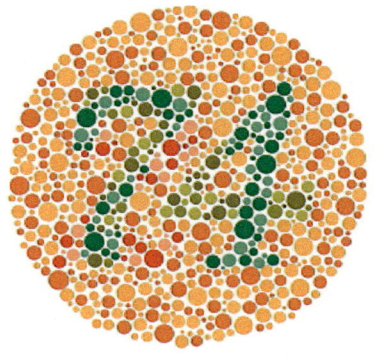

Während Personen mit einer Rot-Grün-Sehschwäche die Rot- und Grüntöne nicht mehr unterscheiden können (b), nehmen farbenblinde Personen ihre Umgebung nur in Grautönen wahr (c).

1 Simulation der Farbwahrnehmung von Personen mit Rot-Grün-Sehschwäche und mit Farbenblindheit

2 Farbtafel zur Untersuchung der Farbtüchtigkeit (oben) und

Bei der **Rot-Grün-Sehschwäche** handelt es sich um eine von angeborenen Farbfehlsichtigkeiten. Betroffene Personen können die Farben Rot und Grün schlechter als Normalsichtige unterscheiden (Abb. 1). Untersucht wird das mit der so genannten Ishihihara-Farbtafel (Abb. 2). Auffällig ist dabei, dass signifikant mehr Männer (ca. 9 %) als Frauen (ca. 0,8 %) dieses Merkmal aufweisen. Hervorgerufen wird diese Sehschwäche durch eine genetisch bedingte Veränderung in den Sehpigmenten der Zapfen der Netzhaut. Die auffällige Häufung der männlichen Merkmalsträger ist auf eine **geschlechtsgebundene Vererbung** (gonosomal) dieser Sehschwächen zurückzuführen.

Da auch Frauen Merkmalsträgerinnen sein können, ist die Vererbung über das Y-Chromosom ausgeschlossen. Die Gene für die Sehpigmente müssen in diesem Fall auf dem X-Chromosom liegen. Man spricht daher von **x-chromosomaler Vererbung**. Männer erben demnach ein entsprechendes Allel auf dem X-Chromosom von der Mutter (Abb. 3). Da Männer nur ein X-Chromosom besitzen und das Y-Chromosom für dieses Merkmal keine Allele aufweist, bilden sie immer das Merkmal aus.

Da Frauen relativ selten eine Rot-Grün-Sehschwäche ausbilden, ist davon auszugehen, dass es sich um einen rezessiven Erbgang handelt. Frauen sind dabei nur dann fehlsichtig, wenn sie von ihrem ebenfalls fehlsichtigen Vater und auch gleichzeitig von ihrer Mutter ein verändertes Allel auf den an sie weitergegebenen X-Chromosomen erhalten. Sie sind also stets homozygot für das Merkmal. Besitzt eine Mutter von Merkmalsträgern nur ein X-Chromosom mit dem veränderten Allel, bildet sie selber das Merkmal nicht aus. Da sie aber dieses Allel mit einer Wahrscheinlichkeit von 50 % an ihre Nachkommen weitergibt, wird eine solche heterozygote Nichtmerkmalsträgerin auch als **Konduktorin** (Überträgerin) bezeichnet.

	Keimzellen mit Gonosomen des Vaters	
	X	Y
Keimzellen mit Gonosomen der Mutter — X	XX	XY
Keimzellen mit Gonosomen der Mutter — X	XX (Konduktorin)	XY (Merkmalsträger)

3 Kreuzungsschema für einen x-chromosomalen Erbgang (X (rot): Chromosom mit verändertem Allel)

„Ich kenne kein Grün in der Welt. Vor einigen Jahren habe ich meine Tochter mit einem vornehmen Mann vermählt. Am Tage vor der Hochzeit kam er in einem neuen Mantel aus bestem Stoff in mein Haus. Ich war sehr gekränkt, dass er, wie ich glaubte, in Schwarz gekleidet war, der Farbe der Trauer. Ich sagte ihm, er solle gehen und den Mantel wechseln. Aber meine Tochter sagte, dass mich meine Augen trögen. Der Mann trug einen feinen weinroten Mantel. Dieser aber war für meine Augen schwarz. Es handelt sich um ein altes Familienleiden. Mein Vater hatte genau dieselbe Krankheit. Meine Mutter und eine meiner Schwestern konnten fehlerfrei sehen. Meine zweite Schwester war farbuntüchtig wie ich. Sie hatte zwei Söhne, die beide an dieser Krankheit litten. Ihre Tochter war dagegen normalsichtig. Ich selber habe einen Sohn und eine Tochter, die beide alle Farben ohne Ausnahme sehen können. Das Gleiche gilt für meine Frau. Der Bruder meiner Mutter hat denselben Fehler wie ich."

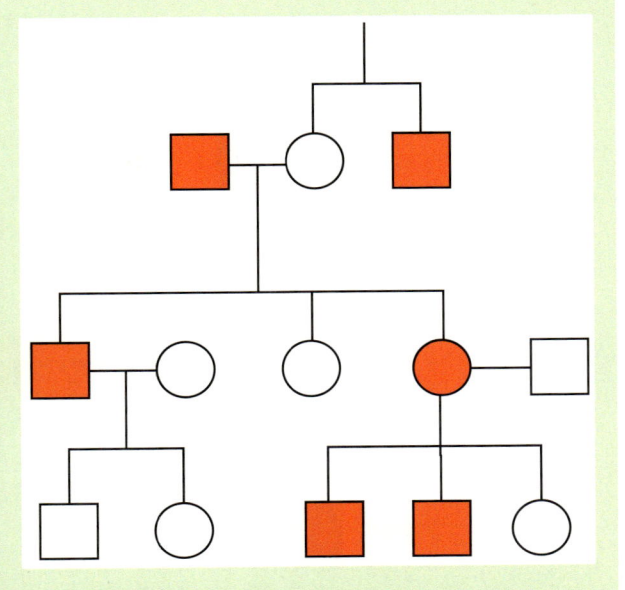

4 *Brief von Mr. Scott an einen Freund aus dem Jahr 1777 und aus den Angaben erstellter Stammbaum der Familie Scott (Auszug)*

1. Rot-Grün-Sehschwäche in der Familie Scott.
a) Erläutere, welche Aussagen im Brief von Mr. Scott (Abb. 4) auf eine Vererbung der Rot-Grün-Sehschwäche hinweisen.
b) Beschreibe den Stammbaum der Familie Scott (Abb. 4).
c) Begründe anhand einer geeigneten Personengruppe aus dem Stammbaum die Annahme, dass die Vererbung der Rot-Grün-Sehschwäche nach einem x-chromosomal rezessiven Erbgang erfolgt, und entwickele für alle aufgeführten Personen mögliche Genotypen.
d) Begründe, welche Personen im Stammbaum Konduktorinnen sind und welche es sein könnten.
e) Erkläre, warum eine Rot-Grün-Sehschwäche bei Männern häufiger vorkommt als bei Frauen.
f) Erläutere anhand eines entsprechenden Kreuzungsschemas, welche Genotypen für die Nachkommen eines Mannes mit Rot-Grün-Sehschwäche und einer normalsichtigen Frau statistisch zu erwarten sind.

2. Vergleich von gonosomalen Erbgängen. Dominante Merkmale, die einem x-chromosomalen Erbgang folgen, kommen nur sehr selten vor. Gleiches gilt auch für dominante Merkmale, die über das Y-Chromosom vererbt werden.
In Abbildung 5 sind zwei Stammbäume angegeben, welche die gonosomale Vererbung eines Merkmals hypothetisch wiedergeben.
a) Vergleiche die beiden dargestellten Stammbäume miteinander (Abb. 5)
b) Stelle Hypothesen zur Art des gonosomalen Erbgangs auf, die der in den Stammbäumen dargestellten Vererbung des Merkmals folgen und entwickele für die aufgeführten Personen mögliche Genotypen.

Stammbaum a:

Stammbaum b:

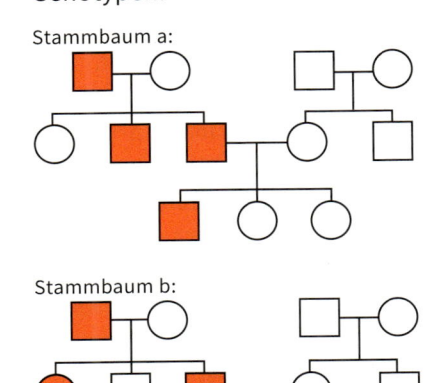

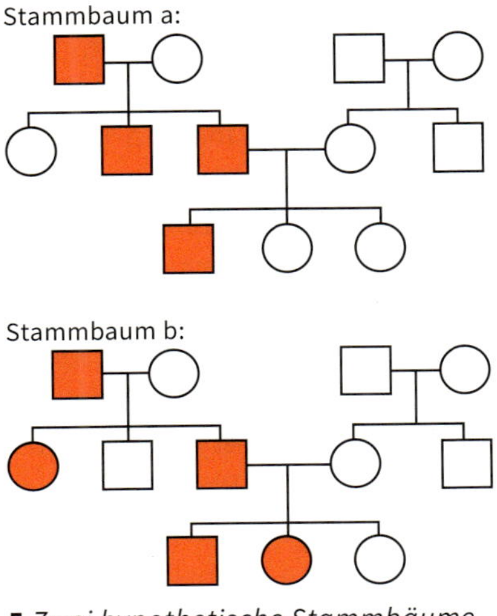

5 *Zwei hypothetische Stammbäume für die gonosomale Vererbung eines Merkmals*

5.7 PKU – eine genetisch bedingte Krankheit

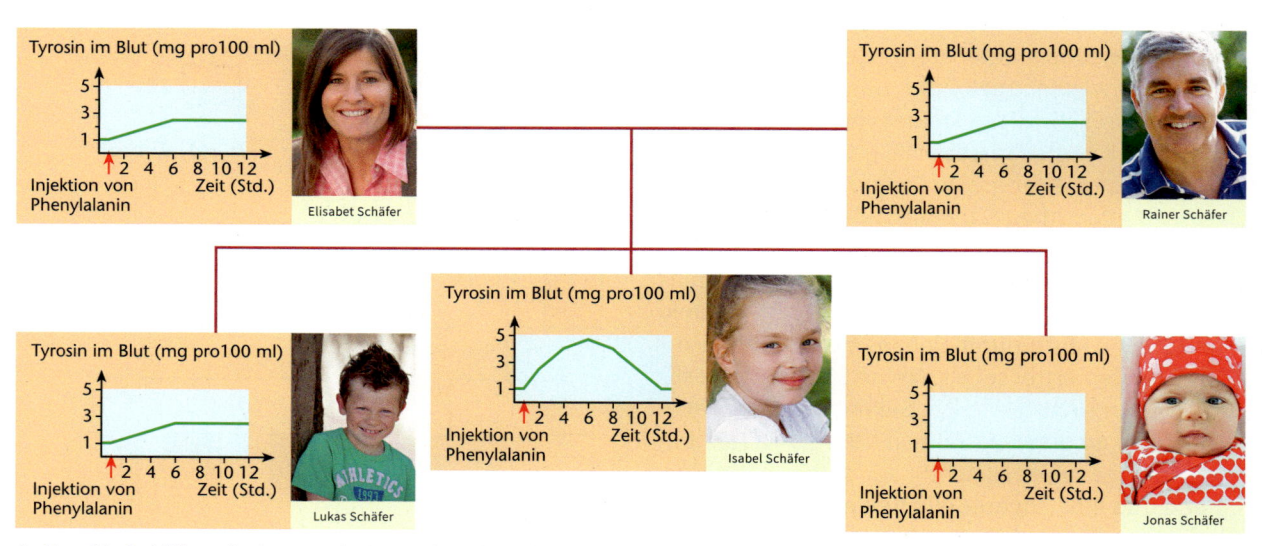

1 Familie Schäfer mit den Ergebnissen des Phenylalanin-Belastungstests

Mit der Nahrung nehmen Menschen Proteine zu sich. Bausteine der Proteine sind Aminosäuren. Eine der 21 verschiedenen Aminosäuren heißt Phenylalanin. Normalerweise wird Phenylalanin aus der verdauten Nahrung in Leberzellen mithilfe eines Enzyms, das abgekürzt PAH genannt wird, zu der Aminosäure Tyrosin umgewandelt (Abb. 2). Tyrosin wiederum ist eine Vorstufe für die Bildung zum Beispiel von Schilddrüsenhormon, Dopamin und Melanin.

Das Gen für das Enzym PAH liegt auf dem Chromosom 12. Eine Mutation des Gens verändert seine Information derart, dass kein funktionsfähiges PAH in Leberzellen gebildet werden kann. Wenn beide Eltern jeweils das mutierte Gen an ein Kind weitergeben, ist es nicht in der Lage, Phenylalanin in Tyrosin umzuwandeln. Dann häuft sich Phenylalanin im Körper an. Man spricht von einer **erblichen Stoffwechselstörung**. Sie hat den Namen **Phenylketonurie**, abgekürzt PKU. Kinder, die von Phenylketonurie betroffen sind und nicht behandelt werden, entwickeln im Laufe der ersten Lebensjahre unter anderem schwere geistige Defekte. Das hängt damit zusammen, dass eine hohe Konzentration an Phenylalanin im Körper zu einer Schädigung des Gehirns führt (Abb. 2). Heute werden in Deutschland alle Neugeborenen mithilfe eines Bluttests auf Phenylketonurie untersucht. Durchschnittlich ein Neugeborenes von 12 000 hat diese erbliche Stoffwechselstörung. Wird die Krankheit erkannt, muss viele Jahre, meistens lebenslang, eine Diät mit wenig Phenylalanin eingehalten werden. So behandelte Kinder zeigen dann eine normale Entwicklung.

Phenylketonurie wird rezessiv vererbt. Heterozygote (Mischerbige mit dem Genotyp Aa) sind selbst nicht erkrankt, können aber das mutierte Gen übertragen. Durch die **Diploidie**, also das Vorhandensein von homologen Chromosomen, wird die Mutation eines Allels überdeckt und die schädliche Auswirkung kommt kaum zur Geltung. Bei Heterozygoten ist nur eines der beiden Allele für das Enzym PAH mutiert. Das andere Allel arbeitet normal. Beim **Heterozygoten-Test** (Phenylalanin-Belastungstest) wird Personen eine bestimmte Menge Phenylalanin durch Injektion verabreicht und über einen Zeitraum von mehreren Stunden der Gehalt an Tyrosin im Blut gemessen. Auf diese Weise können heterozygote Personen erkannt werden (Abb. 1, 3).

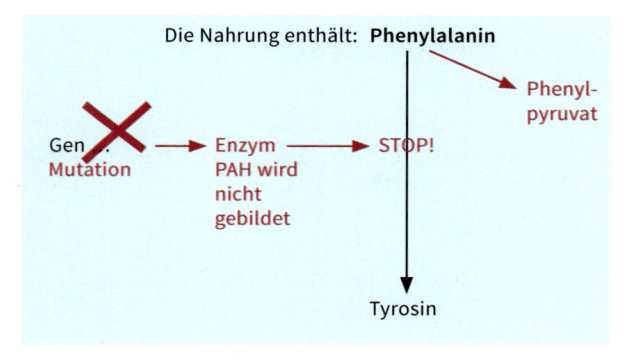

2 Phenylalanin-Stoffwechsel

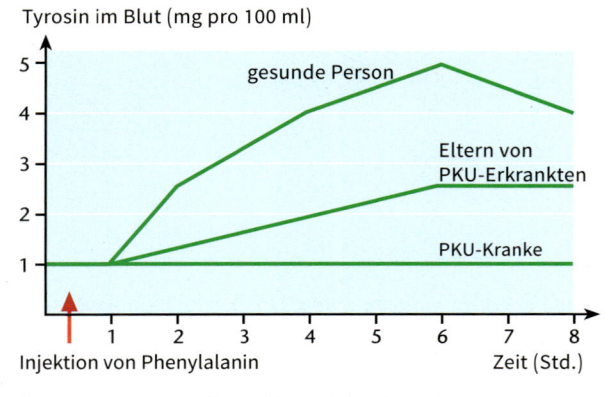

3 Heterozygoten-Test (Phenylalanin-Belastungstest) bei verschiedenen Personengruppen

1. Phenylalanin-Stoffwechsel bei verschiedenen Genotypen. Erläutere unter Bezug auf Abbildung 4 den Phenylalanin-Stoffwechsel bei homozygot Gesunden, Heterozygoten und bei PKU-Kranken.

2. Molekulare Grundlagen des Heterozygoten-Tests. Bei diesem Test wird allen Testpersonen die gleiche Menge an Phenylalanin je Kilogramm Körpermasse durch Injektion verabreicht. Dann wird der Tyrosin-Gehalt im Blut über die nächsten Stunden gemessen. Vergleiche die Kurvenverläufe in Abbildung 3. Ordne jeder der drei Kurven in Abbildung 3 eine Teilabbildung in Abbildung 4 zu. Begründe dann die Unterschiede der Kurven.

3. PKU in der Familie Kurze.
Nenne für jede Person in der Familie Schäfer die möglichen Genotypen. Beachte dabei die Ergebnisse des Phenylalanin-Belastungstests (Abb. 1, 3).

4. Wahrscheinlichkeiten. Ermittle, mit welcher Wahrscheinlichkeit ein weiteres Kind von Herrn und Frau Schäfer PKU-krank wäre. Begründe dein Ergebnis.

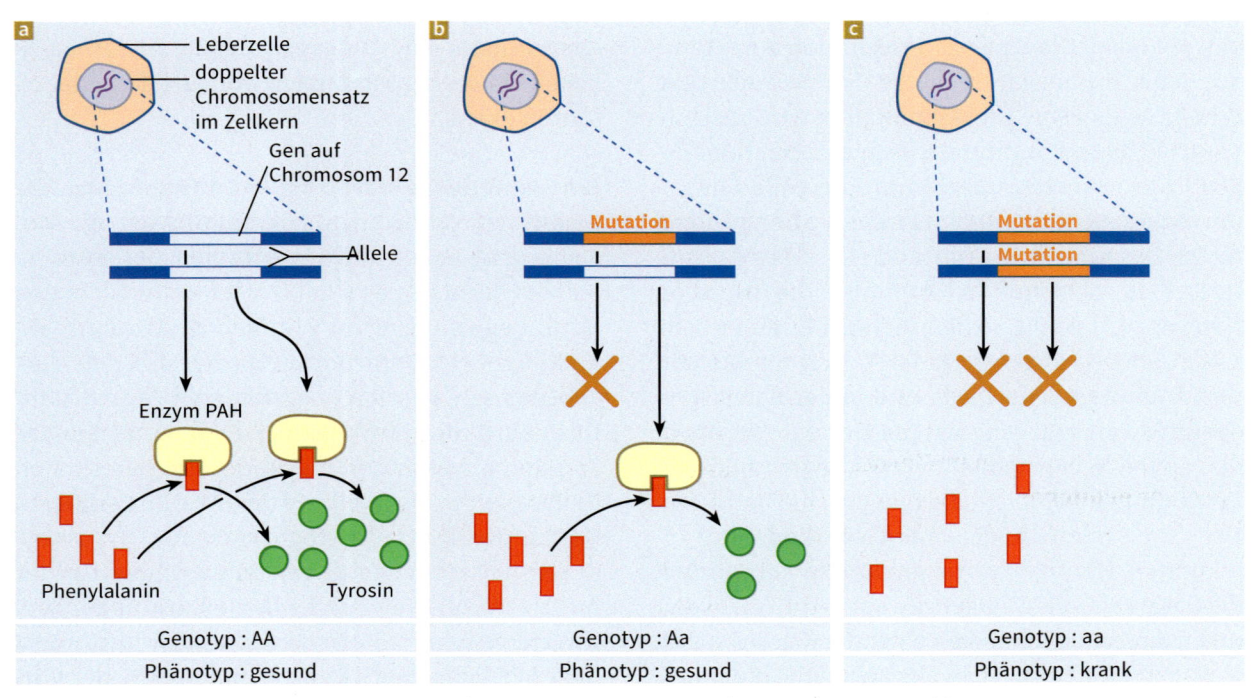

4 Modell zum Stoffwechselgeschehen bei a) homozygot Gesunden, b) Heterozygoten und bei c) PKU-Kranken

5.8 Genetische Beratung am Beispiel der Mukoviszidose

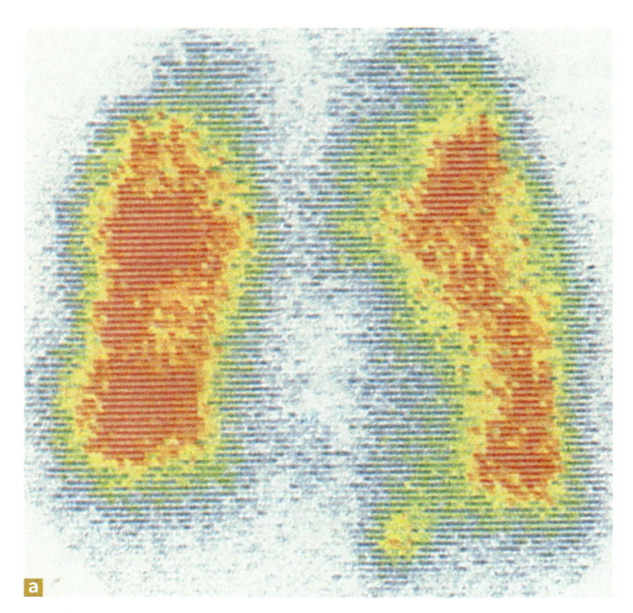

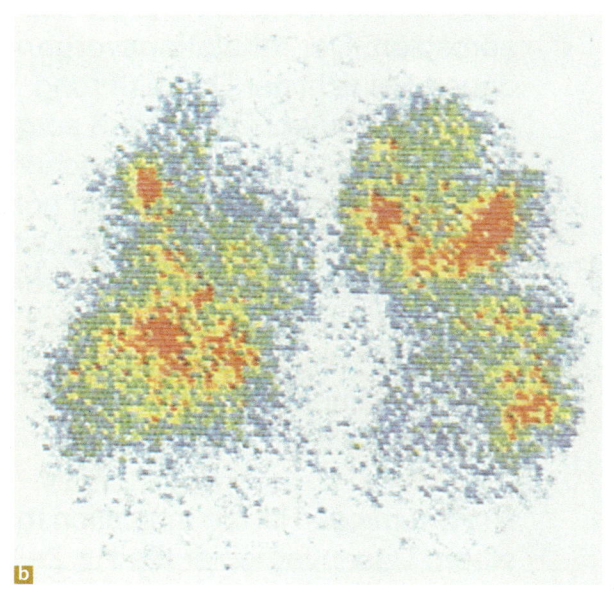

1 *a) Luft in den Lungen eines gesunden und b) eines an Mukoviszidose erkrankten Mädchens. Rot und gelb gefärbt sind die gut mit Luft gefüllten Teile der Lunge.*

Die **Mukoviszidose** ist in Europa die häufigste erbliche Stoffwechselstörung. Ein Kind von 2500 Neugeborenen leidet an der Krankheit, die rezessiv vererbt wird. Ursache ist die Mutation eines Gens auf dem Chromosom 7. Dieses Gen verändert die Schleimhautzellen. Die Genmutation wird rezessiv vererbt. Das nicht mutierte Gen auf den homologen Chromosomen übernimmt die volle Funktion, sodass die Mutation im Phänotyp ohne Folgen bleibt. Das Kind ist gesund, überträgt aber das mutierte Gen an seine Nachkommen. Die Mutation führt dazu, dass die Schleimhautzellen einen sehr zähen Schleim abgeben. Er häuft sich vor allem in den Atemwegen, im Darm und in der Bauchspeicheldrüse an und schädigt die Organe. Bereits in den ersten Lebensmonaten tritt Mukoviszidose in Erscheinung. Vor allem die Lungen sind betroffen. Der zähe Schleim bildet einen Nährboden für Infektionen. Häufige Lungenentzündungen können die Folge sein. Das Lungengewebe wird geschädigt und kann zunehmend schlechter den Gasaustausch gewährleisten (Abb. 1). In der Behandlung der Mukoviszidose steht daher an erster Stelle, Infektionen der Lunge, so gut es geht, zu verhindern. Erkrankte müssen mehrmals täglich inhalieren und den Schleim abklopfen. Starben noch vor wenigen Jahrzehnten die meisten Erkrankten im Kindesalter, so kann mit heutigen medizinischen Möglichkeiten eine Lebenserwartung von ungefähr vierzig Jahren erreicht werden.

Eine **genetische Beratung** ist für Menschen, die eine genetisch bedingte Erkrankung wie die Mukoviszidose haben und das Auftreten dieser Krankheit bei ihren Kindern befürchten sinnvoll. In den darauf spezialisierten Kliniken findet dann ein ausführliches Beratungsgespräch mit den dort arbeitenden, speziell ausgebildeten Ärzten statt. Dazu wird die gesundheitliche Vorgeschichte der Familienangehörigen bis zu der großelterlichen Generation in Form eines Stammbaums erhoben. Daraus ergibt sich die Möglichkeit zur Voraussage des Risikos der eigenen geplanten Kinder für das Auftreten von genetisch bedingten Erkrankungen. Die zukünftigen Eltern werden auch informiert über Möglichkeiten, Grenzen und Risiken der **vorgeburtlichen Diagnostik**.

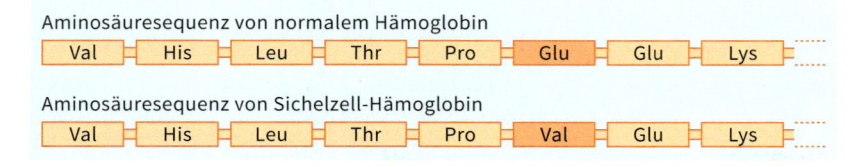

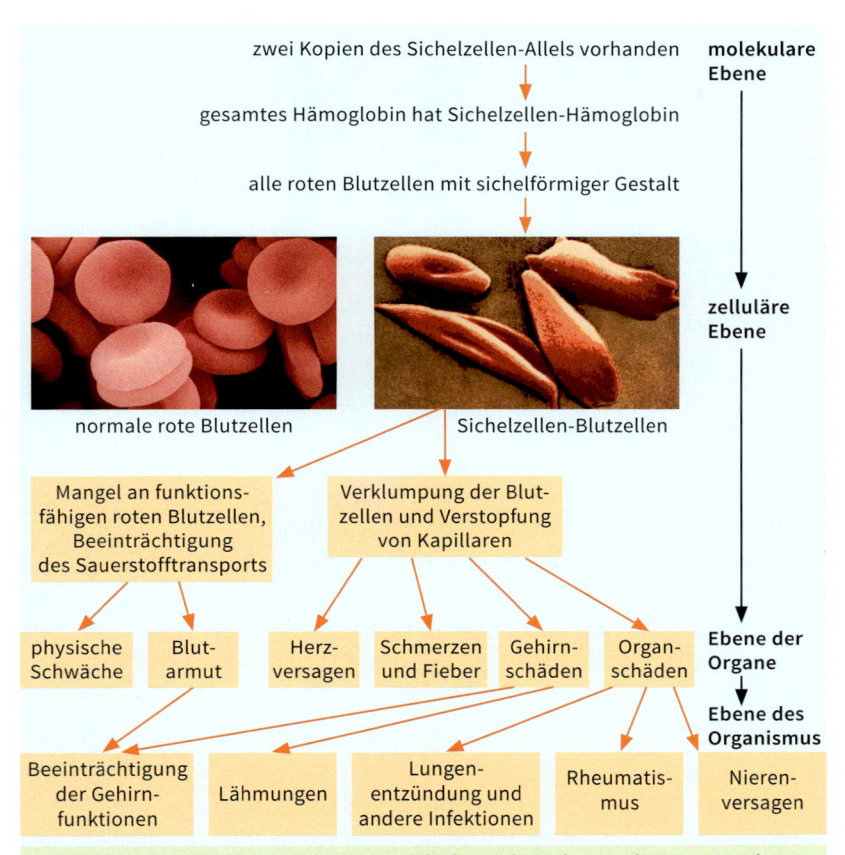

Aminosäuresequenz von normalem Hämoglobin
| Val | His | Leu | Thr | Pro | Glu | Glu | Lys | ...

Aminosäuresequenz von Sichelzell-Hämoglobin
| Val | His | Leu | Thr | Pro | Val | Glu | Lys | ...

molekulare Ebene
zwei Kopien des Sichelzellen-Allels vorhanden
↓
gesamtes Hämoglobin hat Sichelzellen-Hämoglobin
↓
alle roten Blutzellen mit sichelförmiger Gestalt

zelluläre Ebene

normale rote Blutzellen — Sichelzellen-Blutzellen

Mangel an funktionsfähigen roten Blutzellen, Beeinträchtigung des Sauerstofftransports — Verklumpung der Blutzellen und Verstopfung von Kapillaren

physische Schwäche | Blutarmut | Herzversagen | Schmerzen und Fieber | Gehirnschäden | Organschäden

Ebene der Organe

Ebene des Organismus

Beeinträchtigung der Gehirnfunktionen | Lähmungen | Lungenentzündung und andere Infektionen | Rheumatismus | Nierenversagen

Die **Sichelzellanämie** ist eine erbliche Erkrankung der roten Blutzellen. Die Betroffenen haben aufgrund einer Punktmutation im Chromosom 11 ein verändertes Hämoglobin, das zur sichelförmigen Gestalt der roten Blutzellen führt. Die Krankheit wird rezessiv vererbt. Beim Genotyp aa wird die lebensbedrohliche Erkrankung voll ausgebildet. Bei Heterozygoten mit dem Genotyp Aa ist etwa die Hälfte der roten Blutzellen sichelförmig.

Sichelförmige rote Blutzellen können sich leicht untereinander verhaken. Es kommt zur Verklumpung mit der Folge, dass Blutkapillaren verstopft werden.

2 *Sichelzellanämie*

1. Sichelzellanämie: Von der Mutation zur Erkrankung.
a) Beschreibe anhand der Abbildung 2 die Auswirkungen und Zusammenhänge auf den verschiedenen Ebenen – von der DNA über das Hämoglobin-Protein, die roten Blutzellen bis zum Organismus.

b) Beschreibt, welche Aussagen die genetische Beratung bei folgenden Elternpaaren treffen würde:
Paar 1   reinerbig gesund – heterozygot
Paar 2   reinerbig krank – reinerbig gesund
Paar 3   heterozygot – heterozygot

2. Mukoviszidose: Fallbeispiele zur genetischen Beratung.
a) In Abbildung 4 stehen die roten Personen für an Mukoviszidose Erkrankte. Nenne die Phänotypen der anderen Personen.
b) Benenne für die Personen der Beispiele A bis E die Genotypen. Berechne für jedes Beispiel die Wahrscheinlichkeit, dass die Nachkommen homozygot gesund, heterozygot oder an Mukoviszidose erkrankt sein werden.

3. Genetische Beratung.
Simuliert an Beispielen aus Abbildung 3 die genetische Beratung eines Elternpaares.

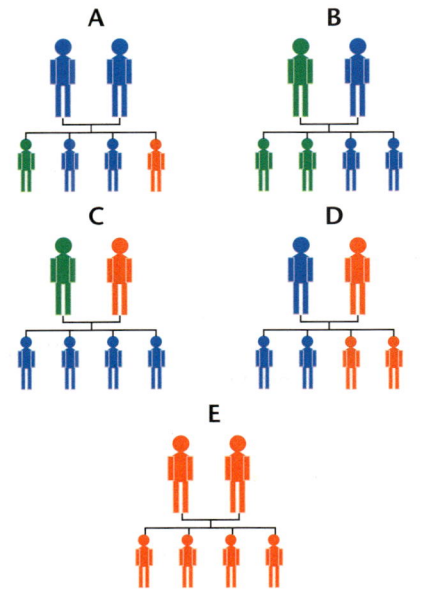

3 *Mukoviszidose, Fallbeispiele*

5.9 Fortpflanzungsmedizin

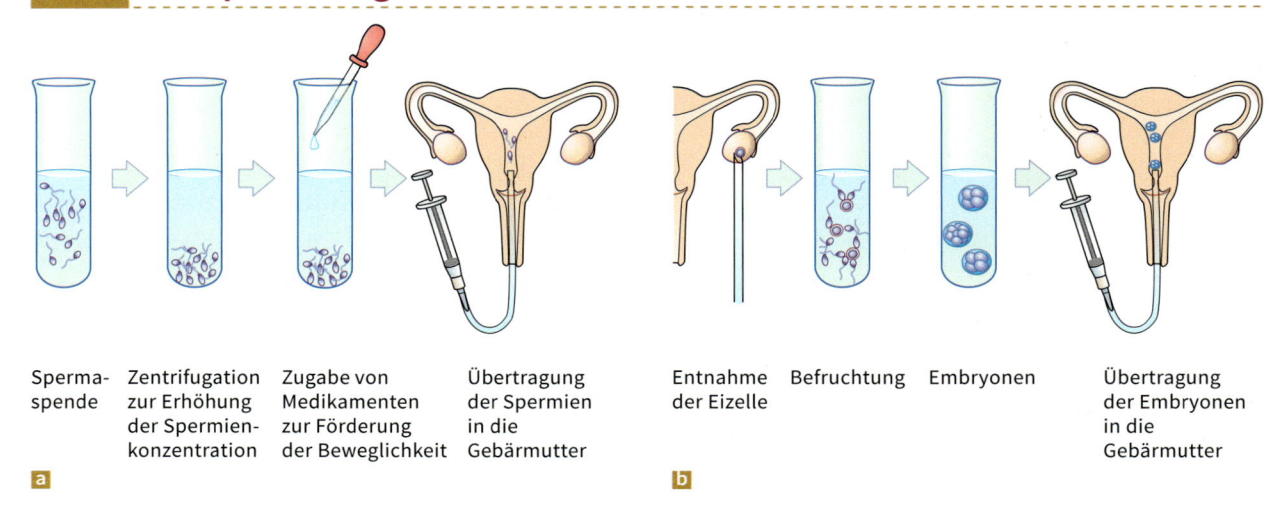

| Sperma-spende | Zentrifugation zur Erhöhung der Spermien-konzentration | Zugabe von Medikamenten zur Förderung der Beweglichkeit | Übertragung der Spermien in die Gebärmutter | Entnahme der Eizelle | Befruchtung | Embryonen | Übertragung der Embryonen in die Gebärmutter |

1 *Verschiedene Methoden medizinischer Fortpflanzungstechnik: a) künstliche Besamung, b) künstliche Befruchtung*

Man schätzt, dass in Deutschland zwei Millionen Paare ungewollt kinderlos sind. Manche Paare überlegen, ob sie ein Kind adoptieren. Andere Paare wünschen sich ein eigenes Kind. In vielen Fällen kann die Unfruchtbarkeit durch Psychotherapie, medikamentöse Behandlung oder durch Operationen behoben werden. Wenn das nicht hilft, stehen verschiedene medizinische Fortpflanzungstechniken zur Verfügung. Ihnen ist gemeinsam, dass Teilbereiche des Fortpflanzungsgeschehens außerhalb des Körpers stattfinden.

Bei der **künstlichen Besamung** werden Spermien konzentriert und mit einer Kanüle in die Gebärmutter übertragen (Abb. 1 a).

Künstliche Befruchtung (In-vitro-Fertilisation), ist eine Technik, bei der die Eizellen außerhalb des Körpers im Reagenzglas befruchtet werden (Abb. 1 b). Durch Hormongaben wird die Reifung der Eizellen und später dann der Eisprung in den Eierstöcken der betreffenden Frau stimuliert. Kurz vor dem Eisprung werden die reifen Eizellen mit Hilfe einer feinen Kanüle abgesaugt. Im Reagenzglas werden sie mit Spermien zusammengebracht und befruchtet. Die entstandenen Embryonen werden im Stadium von vier bis acht Zellen in die Gebärmutter übertragen. Das nennt man **Embryotransfer**. In Deutschland dürfen pro künstlicher Befruchtung maximal drei Embryonen herangezogen werden, die alle zurückgepflanzt werden müssen.

Nach deutschem Recht müssen die Partner für eine künstliche Befruchtung verheiratet sein oder in einer eheähnlichen Gemeinschaft leben. Eine Fremdspende ist verboten, in einigen anderen Ländern jedoch erlaubt. Eine **Leihmutterschaft** ist in Deutschland nach dem Embryonenschutzgesetz ebenfalls verboten, in bestimmten anderen Ländern jedoch nicht. Unter Leihmutterschaft versteht man, dass eine fremde Frau und nicht die Eizellspenderin den Embryo austrägt.

Heute ist es möglich, Spermien, Eizellen und auch frühe Embryonen bei minus 196 Grad Celsius in flüssigem Stickstoff tiefzugefrieren. Man spricht von **Kryokonservierung** (Abb. 3). So können sie aufbewahrt und später wieder aufgetaut werden. Ungefähr 50 bis 80 Prozent der so eingefrorenen Eizellen oder Spermien überleben die Prozedur. In Deutschland dürfen befruchtete Eizellen und Embryonen nicht tiefgefroren werden.

1. Vergleich verschiedener medizinischer Fortpflanzungstechniken. Vergleiche in Form einer tabellarischen Übersicht die natürlichen Vorgänge bei der Fortpflanzung mit den in Abbildung 1 dargestellten Fortpflanzungstechniken.
Beachte dabei folgende Gesichtspunkte:
– Herkunft der Eizelle(n)
– Herkunft der Spermien
– Ort der Befruchtung
– Zeitpunkt der Befruchtung
– Ort der ersten Zellteilungen des Embryos
– Ort der Einnistung des Embryos.

2. Ein Wunschkind um jeden Preis? Beschreibe, welche menschlichen Probleme du in den Fällen der Abbildung 4 für alle Beteiligten siehst. Diskutiere im Hinblick auf die Frage „Ein Wunschkind um jeden Preis?".

3. Erstgeburten. Werte Abbildung 2 und 5 aus und entwickle begründete Hypothesen über die Ursachen der Veränderungen.

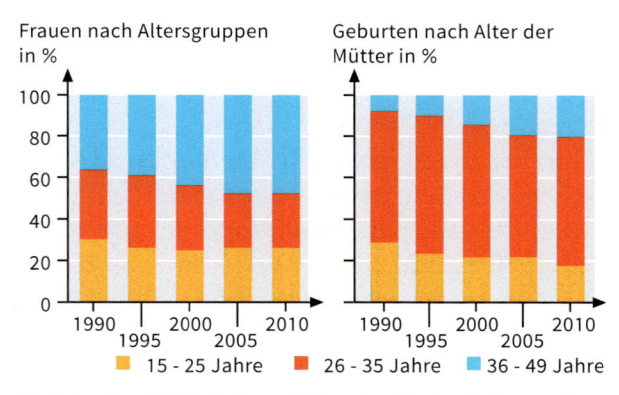

Frauen nach Altersgruppen in %

Geburten nach Alter der Mütter in %

15 - 25 Jahre 26 - 35 Jahre 36 - 49 Jahre

2 Geburtenhäufigkeit und Alter der Mutter in Prozent

1990: 830 019
1995: 765 221
2000: 766 999
2005: 685 795
2010: 682 069

5 Geburtenhäufigkeit pro Jahr in Deutschland (absolute Angaben)

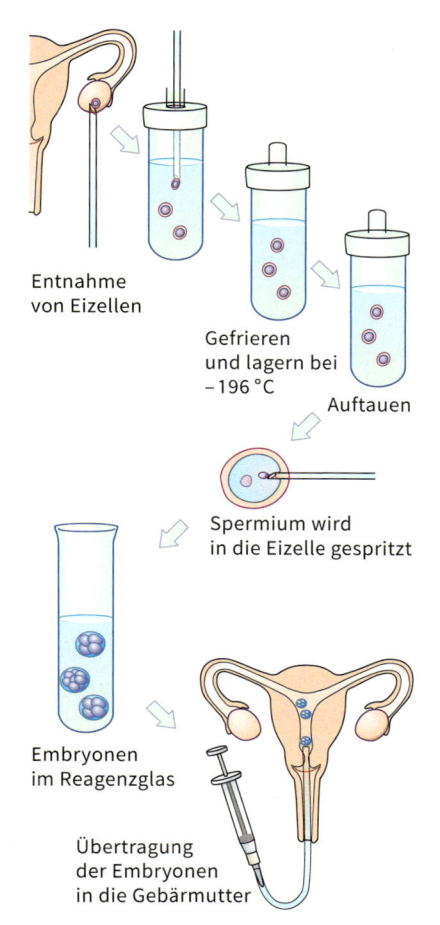

Entnahme von Eizellen
Gefrieren und lagern bei –196 °C
Auftauen
Spermium wird in die Eizelle gespritzt
Embryonen im Reagenzglas
Übertragung der Embryonen in die Gebärmutter

3 Kryokonservierung von Eizellen

Fall 1: „Das späte Kind"
Beschreibe die in Abbildung 3 dargestellte Technik. Erläutere die Abbildungsunterschrift. Mit dieser Technik gelang es, eine 55-jährige Frau Mutter werden zu lassen.

Fall 2: „Ein Kind für ein lesbisches Paar"
Ein lesbisches Paar möchte mit Hilfe medizinischer Fortpflanzungstechnik ein Kind bekommen. Erläutere ein mögliches Verfahren.

Fall 3: „Kind mit fünf Eltern"
In den USA gibt es Kinder mit fünf Eltern: Die biologischen Eltern (Eizellspenderin und Samenspender), eine Leihmutter und die beiden sozialen Eltern, die sich ein Kind gewünscht haben und bei denen es aufwächst. Beschreibe die medizinischen Fortpflanzungstechniken, die in diesem Fall notwendig sind.

4 Ein Wunschkind um jeden Preis?

Ethisches Bewerten

Leihmutterschaft: Eine Leihmutter ist eine Frau, die für eine andere Frau ein Kind austrägt. Meistens erfolgt die Leihmutterschaft gegen Bezahlung. Nach künstlicher Befruchtung wird der Embryo in einem sehr frühen Entwicklungsstadium in die Gebärmutter der Leihmutter übertragen. Nach der Geburt überlässt die Leihmutter der anderen Frau das Kind. Die Geschlechtszellen für die künstliche Befruchtung können unterschiedlicher Herkunft sein, zum Beispiel von Partnern in einer Ehe oder von einer fremden Eizellspenderin und/oder einem fremden Samenspender stammen. In den USA, wo Leihmutterschaft nicht verboten ist, gibt es Kinder mit „fünf Eltern": die sozialen Eltern, die das Kind bestellt haben und es aufziehen wollen, eine Eizellspenderin und ein Samenspender als genetische Eltern sowie die Leihmutter als biologischer Elternteil. Leihmutterschaft ist in Deutschland und einigen anderen Ländern verboten, in anderen Ländern dagegen nicht. Juristisch gilt in Deutschland diejenige Frau als Mutter, die das Kind geboren hat.

Der Fall: Sabine (31) und ihr Ehemann Sven (33) wünschen sich seit einigen Jahren sehnlichst ein eigenes Kind. Sabine wurde im Alter von 25 Jahren wegen einer Erkrankung die Gebärmutter entfernt. Sie kann daher das Kind nicht selbst austragen. Ihre Hoffnung besteht darin, eine Leihmutter in den USA zu finden, die ihr Kind austrägt. Die Eizellen für die künstliche Befruchtung sollen von Sabine, die Spermazellen von ihrem Mann stammen. Über das Internet hat Sabine Adressen für Leihmütter ausfindig gemacht und erste Kontakte geknüpft. Eine Frau hat sich bereit erklärt, für 25 000 Dollar das Kind auszutragen und es nach der Geburt Sabine und Sven zu überlassen. Rein finanziell betrachtet würden beide die Summe aus Erspartem aufbringen. Nun steht das Ehepaar vor der Entscheidung. Sabine ist für die Leihmutterschaft, Sven dagegen.

Wie soll sich das Paar entscheiden?

1 *Leihmutterschaft – Beispiel für ein ethisches Dilemma*

Ethisches Bewerten bedeutet, Handlungen von Menschen anhand von Wertvorstellungen als moralisch gut (richtig) oder moralisch schlecht (falsch) zu bewerten und diese Urteile zu begründen (Abb. 2). Im Biologieunterricht geht es dabei nicht um alltägliches Verhalten einzelner Menschen, sondern um Handlungen in medizinischen und biologischen Bereichen. Vor allem sind das solche Bereiche, in denen es um die Verantwortung des Menschen gegenüber sich selbst, für andere Menschen, für andere Lebewesen und für die Umwelt geht. Beispiele sind die Forschung an Embryonen, moderne Fortpflanzungsmedizin, Anwendungen der Gentechnik, Sterbehilfe, Organtransplantationen, Tierversuche und Eingriffe in Ökosysteme.

Ethisches Bewerten erfolgt am besten in einer Abfolge von Schritten:
1. Die biologischen oder medizinischen Sachverhalte werden geklärt. Bei der Auswertung von Texten und anderen Materialien werden sachliche Informationen sorgfältig von Wertungen unterschieden.
2. Erste Abstimmung durch Handheben bei geschlossenen Augen zu folgender Frage (nur der Lehrer oder die Lehrerin weiß also zunächst das Ergebnis): Hat die Person richtig oder falsch gehandelt?
3. Was ist der Kern des Dilemmas? Erörterung im Plenum.
4. Aufzählen der Handlungsmöglichkeiten der Beteiligten sowie aller Wertvorstellungen, die mit diesen Handlungsmöglichkeiten verbunden sind (Plenum).

5. Die Klasse wird in eine Pro- und eine Contragruppe und diese jeweils in Untergruppen von drei bis vier Schülerinnen und Schülern aufgeteilt. In den Gruppen werden Pro- beziehungsweise Contra-Argumente gesammelt und jeweils in eine Rangfolge gebracht.
6. Diskussion über die Ergebnisse der Pro- und Contragruppen im Plenum. Dabei werden folgende Regeln beachtet:
– Kein Argument darf von der Diskussion ausgeschlossen werden.
– Persönliche Angriffe unterbleiben; die mündlichen Beiträge werden nicht nach gut oder schlecht bewertet.
– Diskussionsregel: Der jeweils letzte Redner oder die letzte Rednerin der einen Gruppe (zum Beispiel der Contragruppe) ruft einen Schüler oder eine Schülerin der anderen Gruppe (Progruppe) auf, der oder die sich durch Handheben gemeldet hat.
7. In den Pro- und Contragruppen werden die Argumente der jeweiligen Gegenseite bewertet und in eine Rangfolge gebracht.
8. Die Ergebnisse der Pro- und Contragruppen werden im Plenum erörtert.
9. Die zweite Abstimmung erfolgt, jeder entscheidet sich nach seinem persönlichen ethischen Urteil. Das Ergebnis wird mit der ersten Abstimmung verglichen.

1. Ethisches Bewerten an einem Beispiel.
a) Bewertet nach dem Muster des ethischen Bewertens das Beispiel in Abbildung 1.
b) Nennt Vorschläge für Themen, die für eine ethische Bewertung besonders geeignet sind und sammelt sie. Diskutiert eure Vorschläge.

Wertvorstellungen, Werte: Unter Wertvorstellungen oder Werten versteht man wichtige und wünschenswerte Eigenschaften, die Menschen Dingen, Ideen oder Handlungen anderer Menschen zuschreiben. Dabei können verschiedene Menschen unterschiedliche Wertvorstellungen haben: Was einem Menschen als wertvoll erscheint, kann bei einem anderen nur einen geringen Wert haben. Eine kleine Auswahl von Werten gibt folgende Aufzählung: Menschlichkeit, Freiheit, Gesundheit, Vertrauen, Besitz, Wohlstand, Schutz des Lebens, Gerechtigkeit, Schönheit, Wahrheit, Toleranz, Meinungsfreiheit, Zuverlässigkeit, Solidarität, Macht, Hilfsbereitschaft, Sicherheit, Nachhaltigkeit, Erfolg, Pünktlichkeit, gutes Benehmen, Selbstbestimmtheit. Manche Werte können in einem Konkurrenzverhältnis zueinander stehen, zum Beispiel Wohlstand und Nachhaltigkeit oder Gesundheit und Schutz des Lebens.

Gesellschaftliche Werte sind solche, die von einer Gesellschaft oder zumindest ihrem überwiegendem Teil anerkannt werden. Allerdings kann sich im Laufe der Zeit die Bedeutung von Werten in einer Gesellschaft verändern. Man spricht dann von Wertewandel. In freien, demokratischen Gesellschaften werden Wertvorstellungen diskutiert und können sich verändern.

Moral: Unter Moral versteht man gesellschaftliche Vorstellungen darüber, welche Handlungen von Menschen als sittlich gut oder sittlich schlecht zu bewerten sind. Als moralischer Maßstab dienen dabei oftmals gesellschaftlich anerkannte Werte. So wird zum Beispiel eine Lüge als moralisch schlecht bewertet, weil sie unter anderem gegen den gesellschaftlich anerkannten Wert der Wahrheit verstößt.

Ethik ist das Nachdenken über Moral und gesellschaftliche Werte. Ethik fragt auch nach Gründen, warum eine Handlung moralisch gut oder schlecht, richtig oder falsch sein soll.

Dilemma: Unter einem Dilemma versteht man eine Situation ähnlich einer Zwickmühle, in der sich zwei Handlungsmöglichkeiten so entgegenstehen, dass jede Entscheidung zu einem unerwünschten Resultat führt („egal was man macht, man macht etwas falsch"). In Hinblick auf Wertvorstellungen spricht man von einem Dilemma, wenn jede denkbare Entscheidung zur Verletzung einer Wertvorstellung führt.

2 *Wichtige Begriffe für ethisches Bewerten*

Wiederholen – Üben – Festigen: „Vom Kern über das Chromosom zum Gen"

1. Einige Schlüsselbegriffe zum Thema.
a) Erläutert euch in Partnerarbeit abwechselnd die im Begriffskasten genannten Begriffe (Abb. 1).
b) Erstellt eine Concept-Map zum Thema „Mitose". Benutzt für die Concept-Map unter anderem auch folgende Begriffe: Mitose, Meiose, Lichtmikroskop, Tochterzellen, Spindelfasern, Chromosom, Kernmembran, Zellpole, Doppel-Chromosom, Centromer, Prophase, Anaphase, Metaphase, Interphase, Telophase.

Genom, Autosomen, Gonosomen, Mitose, Meiose, genetische Variabilität, Phänotyp, Genotyp, haploid, diploid, modifikatorische Variabilität, Konduktorin, Mutation, Modifikation, dominant-rezessiver Erbgang, intermediärer Erbgang, Uniformitätsregel, Spaltungsregel, homozygot, heterozygot.

1 Begriffskasten

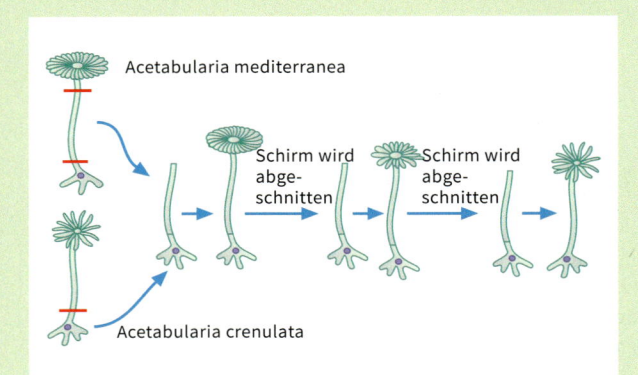

2 Kombinationsversuche mit zwei Acetabularia-Arten

2. Kombinationsversuche mit Acetabularia. Abbildung 2 zeigt einen Versuch mit zwei Arten der Schirmalge (*Acetabularia mediterranea* und *Acetabularia crenulata*). Erläutere die dargestellten Kombinationsversuche.

3. Lebenszyklus beim Menschen. Erläutere den Lebenszyklus beim Menschen auch vor dem Hintergrund des menschlichen Chromosomensatzes anhand von Abbildung 3.

4. Züchtung bei der Süßlupine. Mithilfe von Züchtungen hat es der Mensch geschafft, bestimmte Pflanzensorten zu schaffen, die für ihn nützlich sind. So versuchte man, die beiden nützlichen Eigenschaften der Süßlupine „platzfest" und „bitterstofffrei" zu kombinieren (Abb. 4). Entwickle eine Vorgehensweise zur Züchtung dieser Rasse. Begründe die Vorgehensweise anhand eines Erbschemas.

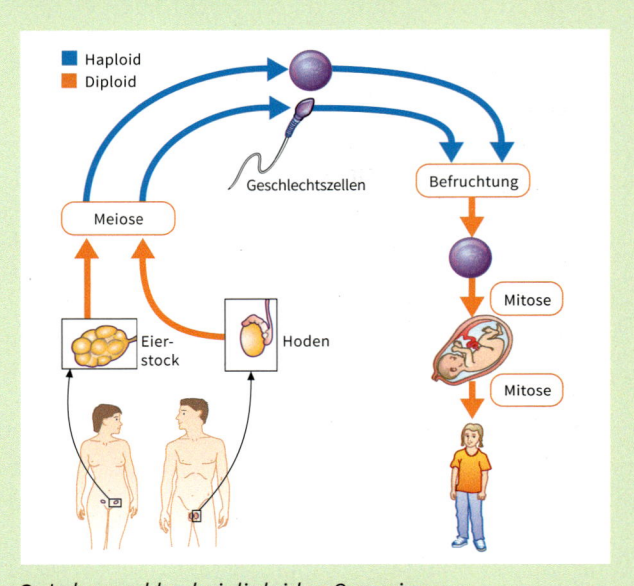

3 Lebenszyklus bei diploiden Organismen

Die Süßlupine ohne Bitterstoffe wurde lange Zeit aufgrund des hohen Eiweißgehalts ihrer Samen als Futterpflanze angebaut. Die bitterstofffreie Pflanze besaß allerdings Hülsen, die beim Ernten aufplatzten, so dass viele der Samen heraus gefallen sind. Die Ernten waren daher meist mit einem hohen Verlust verbunden. Bekannt war allerdings auch eine Rasse, die platzfeste Hülsen besaß, jedoch viele Bitterstoffe enthielt. Aufgrund der Bitterstoffe war diese Rasse jedoch als Futterpflanze ungeeignet. Die Merkmale „bitterstoffhaltig" und „leichtes Aufplatzen der Hülsen" sind jeweils dominant.

4 Informationen zur Süßlupine

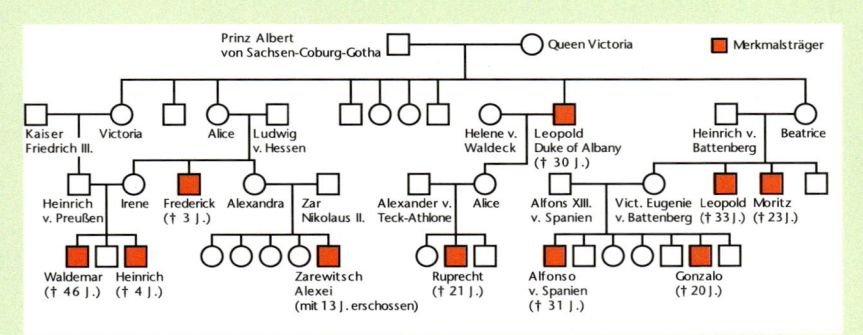

5 Bluterkrankheit im europäischen Hochadel

Verletzt sich ein gesunder Mensch, so gerinnt das bei einer Verletzung ausgetretene Blut meist in 4–7 Minuten. Bei der Bluterkrankheit liegt eine Störung der Blutgerinnung vor. Bei den betroffenen Personen setzt die Blutgerinnung oft nur mit starker Verzögerung ein. Durch vergleichsweise harmlose Verletzungen können für einen Betroffenen lebensbedrohliche Situationen durch zu hohen Blutverlust entstehen. Häufig kommt es auch zu spontanen Blutungen, die ohne sichtbare Wunden auftreten. Bei der Bluterkrankheit handelt es sich um eine Erbkrankheit. In der Vergangenheit litten überdurchschnittlich viele Mitglieder des europäischen Hochadels an der Bluterkrankheit, weshalb sie auch den Namen „Krankheit der Könige" erhielt.

6 Informationen zur Bluterkrankheit

5. Bluterkrankheit. Interpretiere die Informationen aus den Abbildungen 5 und 6 im Hinblick auf die Form der Vererbung der Bluterkrankheit. Entwickle für alle aufgeführten Personen die möglichen Genotypen. Begründe deine Entscheidungen.

6. Basiskonzepte und das Thema „Vom Kern über das Chromosom zum Gen". In der Abbildung unten sind noch einmal die Basiskonzepte in Kurzform dargestellt. Ausführliche Erläuterungen zu den Basiskonzepten findest du vorne im Buch. Ordne fünf im Buch dargestellte Beispiele zu den Einzelthemen „Bedeutung des Zellkerns und Zellvermehrung – Mitose", „Gene – Genprodukte – Merkmale" sowie „Vererbung: Meiose und Weitergabe von Genen" einem Basiskonzept oder mehreren Basiskonzepten begründet zu.

System-Konzept
Struktur und Funktion

Entwicklungs-Konzept
Geschichte und Verwandtschaft

Entwicklungs-Konzept
Variabilität und Angepasstheit

Struktur- und Funktions-Konzept
Information und Verständigung

Basiskonzepte: Grundlegende Erkenntnisse im Fach Biologie

System-Konzept
Stoff- und Energieumwandlung

Struktur- und Funktions-Konzept
Steuerung und Regelung

Entwicklungs-Konzept
Fortpflanzung und Entwicklung

Struktur- und Funktions-Konzept
Kompartimentierung

Evolution

6 Indizien für die Evolution

7 Evolutionstheorien

8 Evolution des Menschen

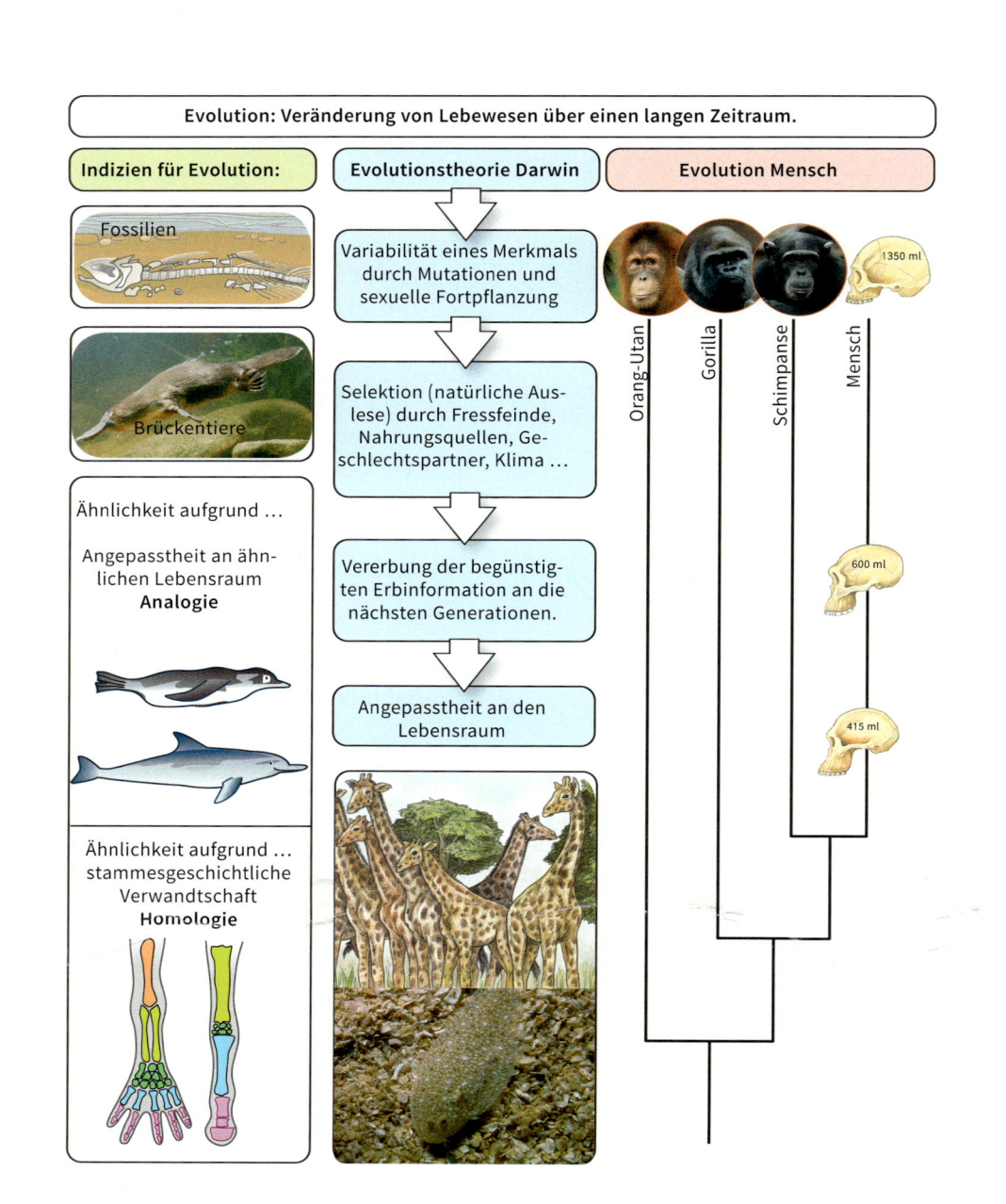

Evolution: Veränderung von Lebewesen über einen langen Zeitraum.

Indizien für Evolution:

Fossilien

Brückentiere

Ähnlichkeit aufgrund …
Angepasstheit an ähnlichen Lebensraum
Analogie

Ähnlichkeit aufgrund …
stammesgeschichtliche Verwandtschaft
Homologie

Evolutionstheorie Darwin

Variabilität eines Merkmals durch Mutationen und sexuelle Fortpflanzung

↓

Selektion (natürliche Auslese) durch Fressfeinde, Nahrungsquellen, Geschlechtspartner, Klima …

↓

Vererbung der begünstigten Erbinformation an die nächsten Generationen.

↓

Angepasstheit an den Lebensraum

Evolution Mensch

Orang-Utan | Gorilla | Schimpanse | Mensch

1350 ml

600 ml

415 ml

134

Der nur 50 cm lange Vorfahr der heutigen Pferde lebte vor 42 Millionen Jahren in feuchten und warmen Wäldern.

6.1 Wie alles begann – chemische Evolution

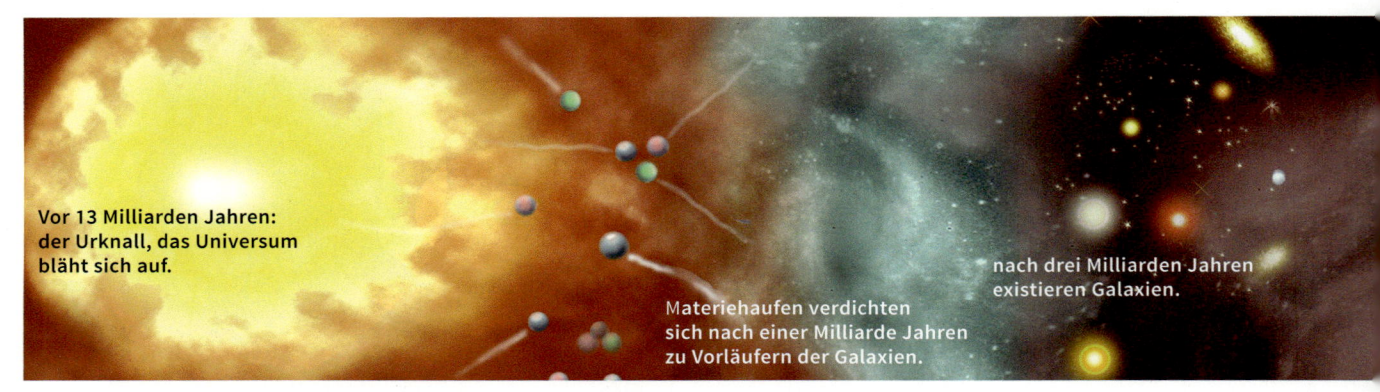

Vor 13 Milliarden Jahren: der Urknall, das Universum bläht sich auf.

Materiehaufen verdichten sich nach einer Milliarde Jahren zu Vorläufern der Galaxien.

nach drei Milliarden Jahren existieren Galaxien.

1 *Das Weltall – von seinem Beginn bis heute*

Wissenschaftler haben eine Theorie entwickelt, nach der die Geschichte des Weltalls vor fast 14 Milliarden Jahren mit einer gewaltigen Explosion, dem Urknall, begann. Nach etwa 300 000 Jahren bildeten sich erste Atome, die sich in der Folgezeit zunächst zu Materiehaufen und schließlich zu Galaxien zusammenballten. Nach neun Milliarden Jahren bildete sich unser Sonnensystem mit seinen Planeten. Die Phase bis zur Entstehung der Planeten bezeichnet man als **physikalische Evolution** (Abb. 1).

Zu Anfang war die Erde ein Feuerball. Sie bestand aus glühender, flüssiger Lava. In dieser flüssigen Erde wanderten Eisen und Nickel wegen ihrer hohen Dichte ins Erdinnere. Diese Elemente bilden seitdem den Erdkern. Die leichteren Elemente wie Aluminium und Silizium blieben außen und bildeten nach Abkühlung der Erdoberfläche die feste Erdkruste. Aus der immer noch heißen Erdoberfläche gelangten durch Vulkanismus große Mengen Wasserdampf und andere Gase in die Atmosphäre. Es begann mehrere Millionen Jahre lang heftig zu regnen und zu gewittern (Abb. 2). Die ersten Urmeere bildeten sich. Die Uratmosphäre war ganz anders zusammengesetzt als unsere heutige Atmosphäre. Sie war sehr feucht, enthielt viel Kohlenstoffdioxid sowie Stickstoff, Methan und Ammoniak, aber keinen Sauerstoff. Durch die Uratmosphäre gelangte energiereiche ultraviolette Strahlung auf die Erdoberfläche.

Man geht heute davon aus, dass sich das Leben aus unbelebten, anorganischen Vorstufen in langen Zeiträumen im Urozean entwickelt hat. In einem ersten Schritt müssen einfache organische Verbindungen entstanden sein. Organische Verbindungen sind Bausteine der Lebewesen. Fossile Funde weisen darauf hin, dass erste einfach gebaute Lebewesen die Erde bereits vor 3,8 Milliarden Jahren besiedelten.

1953 führte der amerikanische Wissenschaftler STANLEY MILLER ein wichtiges Experiment durch. Er simulierte in einer Apparatur die Bedingungen der frühen Erde (Abb. 3). MILLER konnte zeigen, dass sich in seiner Apparatur Aminosäuren bildeten. Aminosäuren sind Bausteine von Proteinen und kommen in jeder Zelle vor. Bei Variationen dieses Experimentes bildeten sich auch andere organische Moleküle: Zucker, Fette und Nukleinsäuren. Die Phase in der Erdgeschichte, in der diese organischen Moleküle entstanden, bezeichnet man als **chemische Evolution**. Eine heutige Modellvorstellung geht davon aus, dass sich im Urozean Proteinmoleküle, Fettbläschen und Nukleinsäuren anreicherten. Fettbläschen umschlossen verschiedene Moleküle. Darunter waren auch Moleküle, die sich selbst vervielfältigen konnten. In diese bereits zellähnlichen Gebilde wurden später auch Nukleinsäuren aufgenommen. Die Vorgänge bei der Entstehung der ersten Zellen markieren den Beginn der **biologischen Evolution**.

neun Milliarden Jahre nach dem Urknall bildet sich unser Sonnensystem mit seinen Planeten.

fünf Milliarden Jahre später entstehen neue Galaxien – darunter auch unsere Milchstraße.

vor 3,8 Milliarden Jahren entwickeln sich die ersten Lebensformen auf der Erde.

seit 2 Millionen Jahren besiedeln Menschen den blauen Planeten.

1. Stadien der Evolution.
a) Beschreibe die Abbildungen 1 und 2. Ordne Abbildung 2 zeitlich in Abbildung 1 ein.
b) Die Phasen der Erdgeschichte nennt man physikalische Evolution, chemische Evolution und biologische Evolution. Definiere jede der drei Phasen in jeweils einem Satz.

2. Das MILLER-Experiment.
a) Beschreibe mithilfe von Abbildung 3 und des Grundwissentextes das MILLER-Experiment.
b) Formuliere das Ergebnis des MILLER-Versuches.
c) Beurteile den Wahrheitsgehalt dieser Aussagen:
– MILLER konnte durch sein Experiment beweisen, dass das Leben auf der Erde aus anorganischen Vorstufen entstanden ist.
– MILLER hat bewiesen, dass sich auf der frühen Urerde Aminosäuren gebildet haben.
– Eine Hypothese besagt, dass das Leben durch Meteoriten in Form kleiner Bakterien auf die Erde gelangt ist. MILLER konnte das widerlegen.
– MILLER hat gezeigt, dass die Entstehung von Leben aus anorganischen Vorstufen auf der Erde prinzipiell möglich war.
– MILLER hat gezeigt, dass unter Bedingungen der frühen Erde die Entstehung organischer Moleküle möglich war.
d) Inwiefern lassen sich Entsprechungen zwischen den Bedingungen auf der frühen Erde und den Bedingungen des MILLER-Experimentes feststellen? Formuliere in folgender Form: „Die elektrischen Entladungen zwischen den Elektroden simulieren …"

2 *Die Erde während der chemischen Evolution*

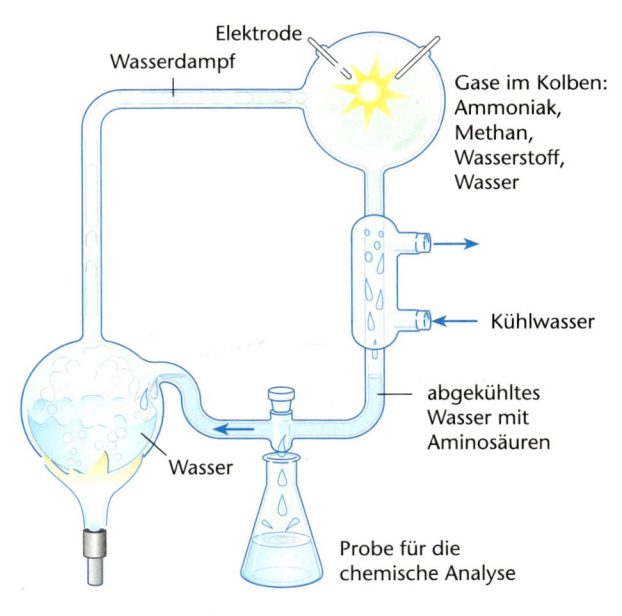

3 *Das MILLER-Experiment*

6.2 Wie alles begann – biologische Evolution

1 *Schwarze Raucher auf dem Meeresgrund*

2 *Tiere an Schwarzen Rauchern*

Schwarze Raucher sind viele Meter hohe Röhren auf dem Meeresgrund, die sich an heißen Tiefseequellen bilden (Abb. 1). Wissenschaftler waren überrascht, als sie in dieser völlig dunklen und nach unseren Vorstellungen lebensfeindlichen Umgebung eine reichhaltige Tierwelt entdeckten (Abb. 2). Grundlage dieser Lebensgemeinschaften sind Bakterien. Diese Bakterien können ohne Lichtenergie leben. Sie wandeln die an den Schwarzen Rauchern vorkommenden Metallsulfide um. Die Umwandlung liefert Energie. Mit dieser Energie bauen die Bakterien aus Wasser und Kohlenstoffdioxid, das im Wasser gelöst ist, energiereiche organische Stoffe auf. Die Bakterien sind Nahrungsgrundlage eines ganzen Ökosystems in der lichtlosen Tiefsee. Möglicherweise entstanden während der Evolution erste, den Bakterien ähnliche Lebewesen an Schwarzen Rauchern.

Andere urtümliche Bakterien nahmen energiereiche organische Moleküle, die sich im Urozean angereichert hatten, auf und bauten diese zu kleineren Molekülen ab. Solche Abbauvorgänge, die ohne Beteiligung von Sauerstoff ablaufen, bezeichnet man als **Gärungen**. Als organische Moleküle im Urmeer durch den Stoffwechsel der Bakterien seltener wurden, konnten vor allem Organismen überleben, die sich eine andere Energiequelle erschlossen hatten. Sie nutzten die Energie des Sonnenlichts zum Aufbau von energiereichen Stoffen. Diesen Vorgang bezeichnet man als **Fotosynthese**. Den dafür notwendigen Wasserstoff bezogen diese Organismen aus Schwefelwasserstoff. Stoffwechselvorgänge, die ohne Beteiligung von Sauerstoff ablaufen, bezeichnet man als **anaerob**. In diesem Fall spricht man von einer anaeroben Fotosynthese.

Schwefelwasserstoff wurde aber zunehmend knapper. Nun waren Organismen wie Cyanobakterien im Vorteil, die wie die heutigen Pflanzen Wasser als Wasserstoffquelle nutzen konnten. Bei dieser aeroben Fotosynthese wurde erstmals von Lebewesen Sauerstoff freigesetzt, der bis dahin in der Atmosphäre kaum vorkam. Für die meisten der damals vorkommenden Lebewesen war der Sauerstoff ein tödliches Gift. Viele Arten starben aus. Andere waren in der Lage, den Sauerstoff zur Oxidation von Nährstoffen zu nutzen. Der Stoffwechseltyp der **Atmung** entstand. Die Entstehung der ersten Zellen und ihre unterschiedlichen Stoffwechsel markiert den Beginn der biologischen Evolution

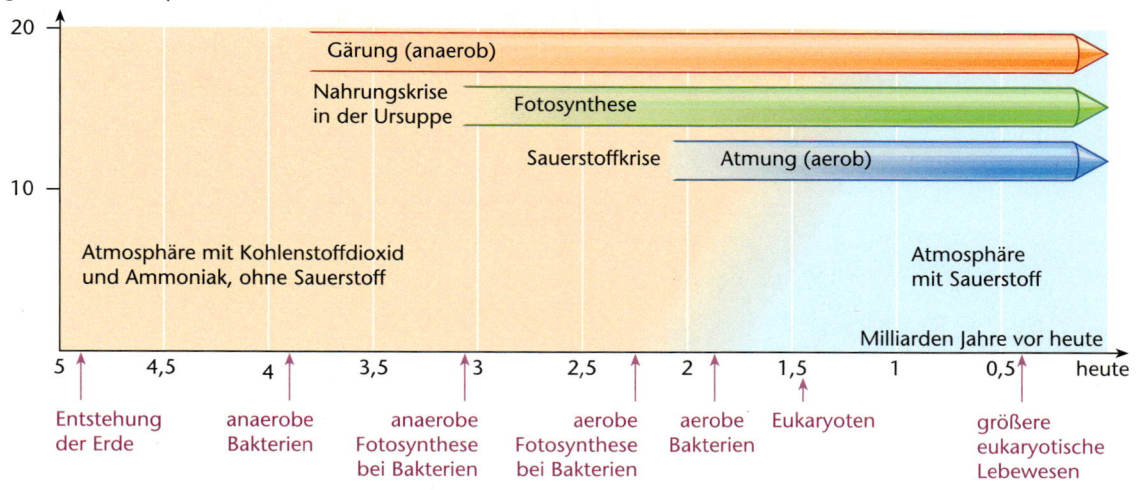

3 Wichtige Etappen der Evolution des Stoffwechsels

1. Die Evolution des Stoffwechsels.
a) In Abbildung 3 sind wichtige Etappen der Evolution des Stoffwechsels dargestellt. Beschreibe die Fakten, die dem Diagramm zu entnehmen sind, und erläutere Zusammenhänge.
b) Begründe die folgende Aussage: „Die Bedingungen auf der Erde haben sich durch die Entstehung und Evolution des Lebens fortlaufend verändert."
c) Bewerte die folgende Aussage: „Frühe ‚Energiekrisen' waren der Motor der Evolution von neuen Stoffwechseltypen."

2. Stoffwechseltypen im Vergleich.
a) Beschreibe mithilfe des Grundwissentextes und der Abbildung 4 Zellatmung und Gärung. Erläutere, inwiefern die Entwicklung der Zellatmung für die dazu befähigten Organismen einen Vorteil darstellte.
b) Vergleiche mithilfe des Grundwissentextes und der Abbildung 4 aerobe und anaerobe Fotosynthese.

3. Aerobe Fotosynthese und Entwicklung des Lebens. Erläutere, inwiefern die Entstehung der aeroben Fotosynthese Einfluss auf die weitere Entwicklung des Lebens auf der Erde hatte.

---

alkoholische Gärung
$C_6H_{12}O_6 \rightarrow 2\,C_2H_5OH + 2\,CO_2$; Energie
Glucose $\rightarrow$ Ethanol + Kohlenstoffdioxid ; Energie

Zellatmung
$C_6H_{12}O_6 + 6\,O_2 \rightarrow 6\,CO_2 + 6\,H_2O$; Energie
Glucose + Sauerstoff $\rightarrow$ Kohlenstoffdioxid + Wasser ; Energie

anaerobe Fotosynthese
$6\,CO_2 + 12\,H_2S$; Lichtenergie $\rightarrow C_6H_{12}O_6 + 12\,S + 6\,H_2O$
Kohlenstoffdioxid + Schwefelwasserstoff ; Lichtenergie $\rightarrow$ Glucose + Schwefel + Wasser

aerobe Fotosynthese
$6\,CO_2 + 12\,H_2O$; Lichtenergie $\rightarrow C_6H_{12}O_6 + 6\,O_2 + 6\,H_2O$
Kohlenstoffdioxid + Wasser ; Lichtenergie $\rightarrow$ Glucose + Sauerstoff + Wasser

4 Verschiedene Stoffwechseltypen

6.3 Stammesgeschichte der Lebewesen

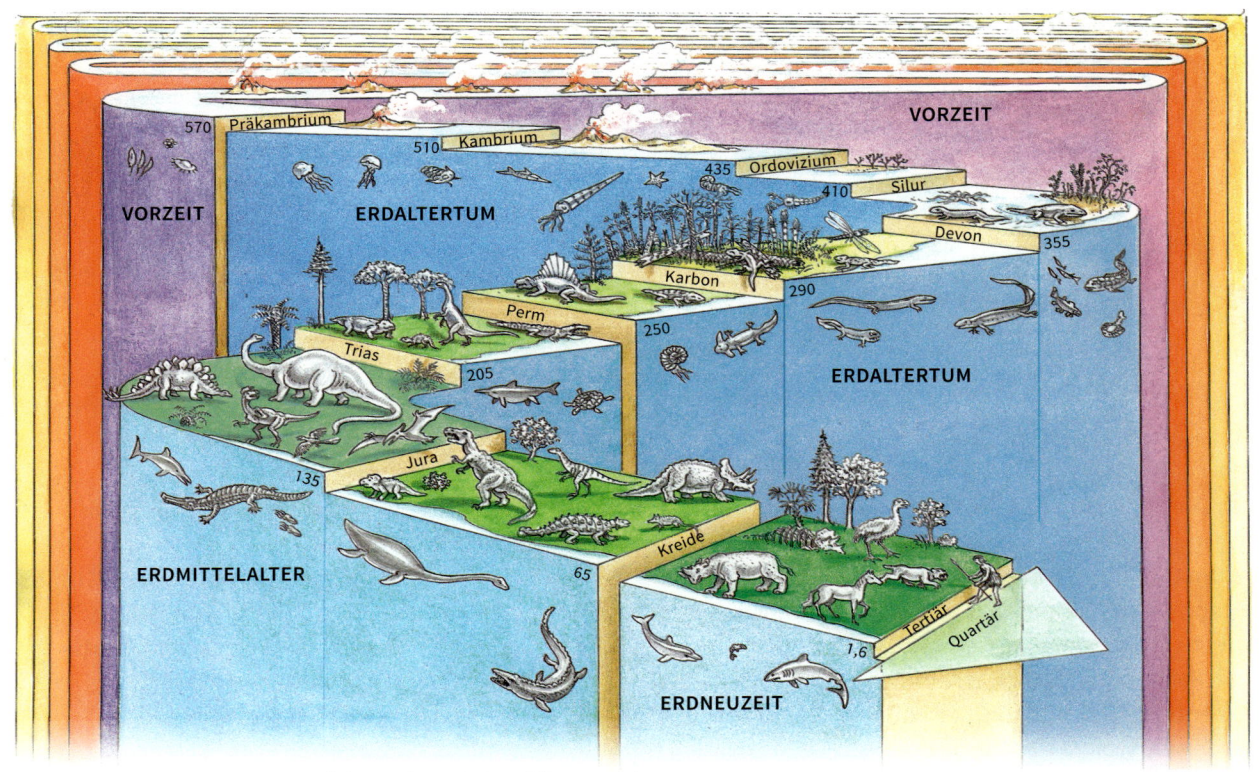

1 Entwicklung des Lebens auf der Erde, Zeit in Millionen Jahren

Die Erde ist ungefähr 4,8 Milliarden Jahre alt. Anfangs war es auf der Erde so heiß, dass die Erdoberfläche noch flüssig war. Sie kühlte sich mit der Zeit ab und wurde fest. Die Uratmosphäre der Erde bestand im Wesentlichen aus Wasserdampf, Stickstoff und Kohlenstoffdioxid. Sauerstoff war noch nicht vorhanden. Der Wasserdampf wurde durch das Abkühlen der Erde zu flüssigem Wasser. Es bildeten sich die ersten Seen und Ozeane. Dort entwickelten sich vor etwa 3,8 Milliarden Jahren die ersten Lebewesen. Sie bestanden nur aus einer einzigen Zelle. Einige dieser **Einzeller** entwickelten die Fähigkeit Fotosynthese zu betreiben. Bei der Fotosynthese wird Sauerstoff freigesetzt. Allmählich bildete sich eine Atmosphäre, die Sauerstoff für atmende Lebewesen enthielt.

Die ersten **Vielzeller** entwickelten sich vor etwa 1,5 Milliarden Jahren. Sie bestanden aus mehreren Zellen, die auf unterschiedliche Aufgaben im Gesamtorganismus spezialisiert waren. Im Kambrium, vor 570 – 510 Millionen Jahren, entwickelten sich im Meer viele Urformen der heutigen Pflanzen und Tiere, darunter auch die ersten **Wirbeltiere** (Abb. 1).

Gegen Ende des Silurs besiedelten Pflanzen und Tiere das Festland. Diese ersten Wirbeltiere waren Vorfahren der heutigen Amphibien. Im Karbon wuchsen an Land große Wälder, aus deren Überresten sich z. B. die heute von uns genutzte Steinkohle bildete. Die ersten Säugetiere entstanden vor ungefähr 200 Millionen Jahren. Sie waren etwa so groß wie Mäuse. Die ersten **Blütenpflanzen** gibt es seit Beginn der Kreidezeit. Am Ende der Kreidezeit starben die Dinosaurier und viele andere Tierarten aus. Auf der Erde breiteten sich Säugetiere aus. Die **Menschen** gibt es auf der Erde erst seit verhältnismäßig kurzer Zeit. Sie traten vor etwa 3 Millionen Jahren auf.

1. Zeitleiste. Zeichne in dein Heft eine Zeitleiste. Dazu zeichnest du eine Linie, die die Zeit vom Beginn des Kambriums bis zum Ende des Quartärs darstellt. Maßstab: 2 Millionen Jahre entsprechen 1 mm (Abb. 2).
a) Zeichne auf dieser Zeitleiste die einzelnen Erdzeitalter in ihrer zeitlichen Ausdehnung ein und beschrifte sie.

```
        Ordovizium
   510            435
        ↑
      Urfische
```

b) Trage die auf der Grundwissenseite beschriebenen „Stationen des Lebens" in die Zeitleiste ein.
c) Beschreibe, wie lang deine Zeitleiste wäre, wenn du das Präkambrium im gleichen Maßstab anfügen würdest.
d) Messt eine entsprechend lange Schnur ab. Bringt am Ende jedes Erdzeitalters ein beschriftetes Schildchen an. Hängt die Schnur in der Klasse auf.

4,8 Mrd. Jahre	so lange gibt es den Menschen
2 Mio. Jahre	Alter des Lebens auf der Erde
500 Mio. Jahre	Höchstalter einer Eiche
1300 Jahre	so lange gibt es die Wirbeltiere
Höchstalter eines Wals	3,8 Mrd. Jahre
so lange braucht das Licht für 300000 km	1 Jahr
Dauer eines Erdumlaufs um die Sonne	1 Tag
Dauer einer Erdumdrehung	1 sec
100 Jahre	Alter der Erde

2. Zeitspannen. Ordne die nebenstehenden Paare zu. Begründe deine Zuordnung.

3. Veränderliche Erdoberfläche. Während der Erdgeschichte veränderte sich auch die Gestalt der Erdoberfläche (Abb. 3). Beschreibe die Veränderung der Verteilung von Land und Meer.

4. Zukunft des Lebens auf der Erde. Die Lebewesen der Erde haben sich im Laufe langer Zeiträume geändert. Manche Arten sind ausgestorben, neue hinzugekommen. Diskutiert Vermutungen darüber, ob sich auch in Zukunft (z. B. in zehn, fünfzig oder hundert Millionen Jahren) die Lebewesen der Erde verändern werden.

5. Stammesgeschichte. Die Stammesgeschichte geht davon aus, dass jeder heute lebende Organismus eine viele Millionen Jahre dauernde Geschichte hat. Erkläre diesen Sachverhalt.

Erdzeitalter	vor Mio. Jahren
Quartär	1,6 – heute
Tertiär	65 – 1,6
Kreide	135 – 65
Jura	205 – 135
Trias	250 – 205
Perm	290 – 250
Karbon	355 – 290
Devon	410 – 355
Silur	435 – 410
Ordovizium	510 – 435
Kambrium	570 – 510
Präkambrium	4800 – 570

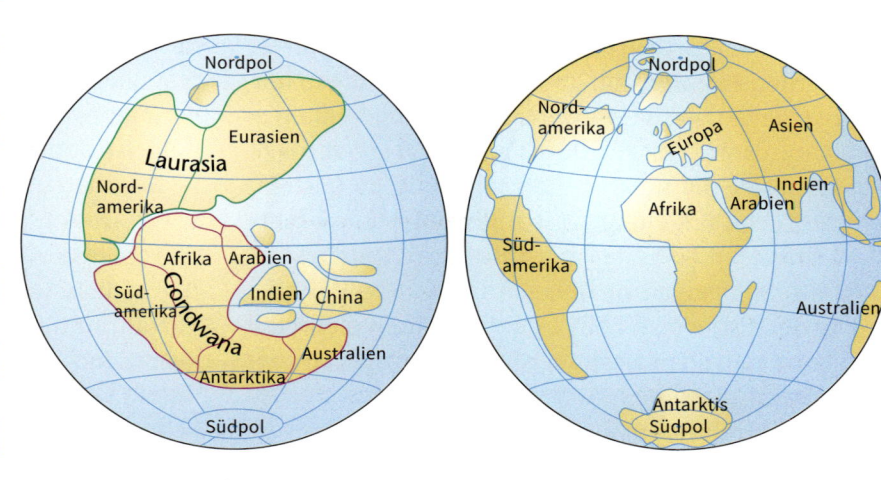

2 *Erdzeitalter*

3 *Die Erdoberfläche vor 250 Millionen Jahren (links) und heute (rechts)*

6.4 Fossilien als Belege der Evolution

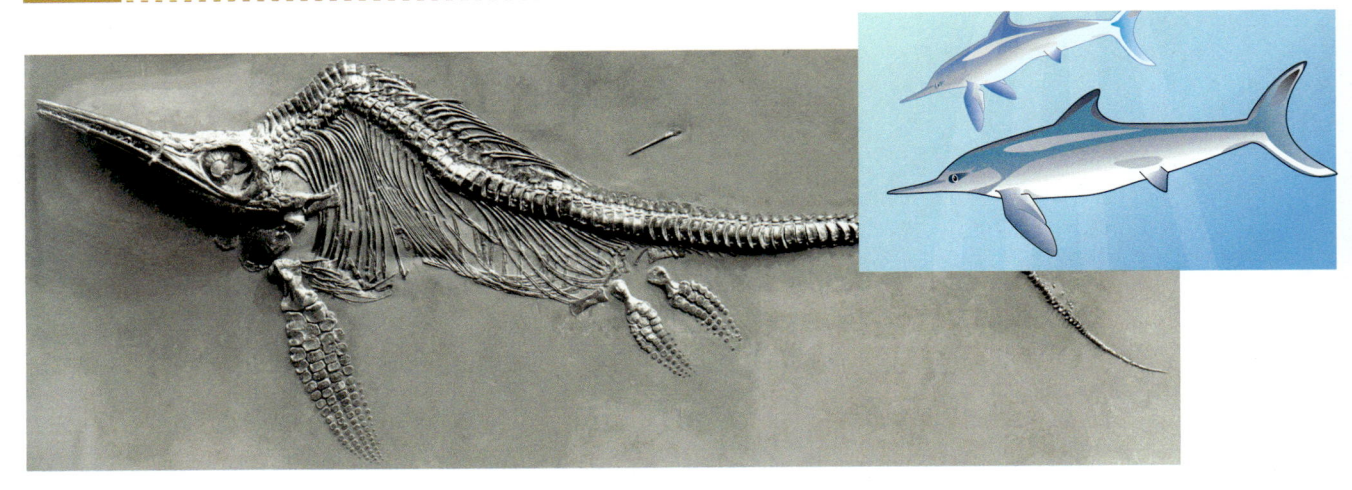

1 Versteinertes Skelett eines Fischsauriers

2 Rekonstruktion eines Fischsauriers

Die **Fischsaurier** sind eine Gruppe ausgestorbener Reptilien aus dem Erdmittelalter. Sie lebten während der Kreidezeit vor etwa 150 Millionen Jahren und starben vor etwa 93 Millionen Jahren aus. Im Jahr 1811 wurde das erste vollständige versteinerte Skelett eines Fischsauriers in einem Steinbruch entdeckt.

Als der oben abgebildete Fischsaurier starb, sank sein Körper auf den Meeresgrund. Die Weichteile wurden bereits nach kurzer Zeit zersetzt. Das übrig gebliebene Skelett wurde von Sand und Schlamm zugedeckt. Im Laufe von vielen Jahren wurden im Wasser gelöste Mineralsalze in die Knochen eingelagert. Die Knochen versteinerten dadurch. Diese versteinerten Überreste von Pflanzen und Tieren werden **Fossilien** genannt. Die Ablagerungen um das Skelett herum wurden im Laufe von Millionen Jahren immer dicker. Durch großen Druck verdichteten sich die Ablagerungen ebenfalls zu Gestein. Zersetzen sich die Überreste der eingeschlossenen Lebewesen, so hinterlassen sie einen **Abdruck** im Gestein. Dringen die Ablagerungen in die Überreste der Lebewesen ein und verdichten sich erst dann zu festem Gestein, so entstehen **Versteinerungen**. Nach dem Absinken des Meeresspiegels oder durch Hebungen des Meeresbodens wurde der ursprüngliche Meeresboden zu Land. Heute findet man Fossilien oft in Steinbrüchen oder dort, wo das Gestein auf natürliche Weise verwittert. Werden abgestorbene Pflanzenteile durch Sand oder Schlamm überlagert, findet unter Luftabschluss im Prozess der **Inkohlung** eine Umwandlung zu Torf, Braun- und Steinkohle statt, bis fast nur noch Kohlenstoff übrig bleibt. Fossilien können auch auf andere Weisen als durch Überlagerung mit Sedimenten entstehen (Abb. 5).

Mithilfe von Fossilien konnte man erstmals beweisen, dass es früher andere Lebewesen als heute gab. Je tiefer die Fossilien in eine Gesteinsschicht eingelagert sind, desto älter sind sie. Heute lässt sich das Alter von Gesteinen und damit auch das Alter der Fossilien recht genau bestimmen. Anhand der versteinerten Skelette erhielt man viele Informationen über die Fischsaurier. Daher konnte man Vermutungen über ihre Lebensweise anstellen und Rekonstruktionen von ihm anfertigen (Abb. 2). Eine **Rekonstruktion** ist eine Nachbildung. Sie zeigt, wie man sich das Aussehen der ausgestorbenen Tiere heute vorstellt. Viele Merkmale sprechen dafür, dass der Fischsaurier ein Reptil ist. Seine Vorfahren haben wahrscheinlich auf dem Land gelebt. Erst spätere Generationen sind wieder zu einem Leben im Wasser übergegangen. Man erkennt z. B. in den Flossen Ober- und Unterarmknochen sowie Handwurzel- und Fingerknochen, die bei den Fischen fehlen (Abb. 1).

1. Vom lebenden Tier zum Fossil. Ordne die Abbildungen 3a–e in eine zeitlich richtige Abfolge. Formuliere für jedes Bild eine passende Überschrift.

2. Fragen an eine Fossilien-Forscherin. Stelle dir vor, du könntest mit einer Fossilien-Forscherin ein Gespräch über das Fossil in Abbildung 4 führen. Nenne fünf Fragen, die du der Forscherin stellen würdest.

3. Modellversuch. Vergleiche die Materialien und die Vorgänge bei dem Modellversuch mit den Vorgängen bei der Fossilentstehung.

4. Nahrung und Verhalten ausgestorbener Tiere. Erläutere anhand der Informationen in diesem Kapitel, wodurch Aussagen über Nahrung und Lebensweise der fossilen Tiere möglich sind.

> **Experiment**
>
> In einer Schüssel wird etwas Gips mit Wasser verrührt. Ein eingefetteter Joghurtbecher wird zur Hälfte mit dem dickflüssigen Gipsbrei gefüllt. Dann lässt man den Gips etwas fester werden. Nun wird ein abgekochter Hühnerknochen waagerecht in den Gips eingedrückt. Nach dem Hartwerden der Gipsmasse wird diese an der Oberfläche eingefettet. Man gießt darauf erneut Gips, bis der Becher gefüllt ist. Nach dem Erhärten wird der Gipsblock aus dem Becher entfernt. Mit Hammer und Meißel wird der Block an der Schichtgrenze geteilt.

Modellversuch zur Entstehung von Fossilien.

4 *Propalaeotherium*

Mumifizierung: Mumien sind unverweste Fossilien, deren Weichteile erhalten sind. Mumifizierung geschieht z.B. in Wüsten, wenn die Umgebungstemperatur niedrig und die Luft sehr trocken ist. Auch bei einer Einbettung in Mooren oder Eisflächen entstehen durch bestimmte Stoffe im Boden Mumien.

Einschlüsse: Kleine Tiere können von einem Tropfen Baumharz umschlossen werden, der im Laufe der Zeit zu Bernstein umgewandelt wird. Die eingeschlossenen Tiere, z.B. Mücken, werden in dem Bernstein konserviert. Von Einschlüssen spricht man auch, wenn Tiere von Eis eingeschlossen werden, z.B. Mammuts im Dauerfrostboden Sibiriens.

Hartteile: Zähne oder die Gehäuse von Muscheln oder Schnecken verwesen nicht so schnell wie Weichteile und bleiben unter günstigen Bedingungen lange erhalten. Daher findet man sie oft, wenn die Weichteile längst zersetzt worden sind.

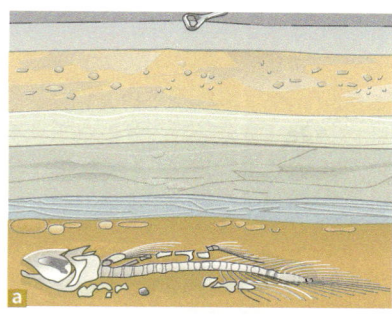

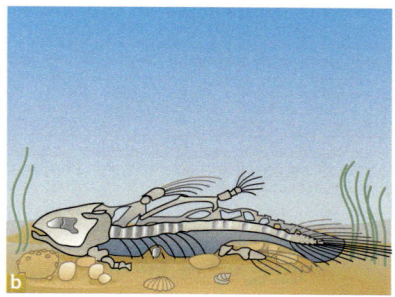

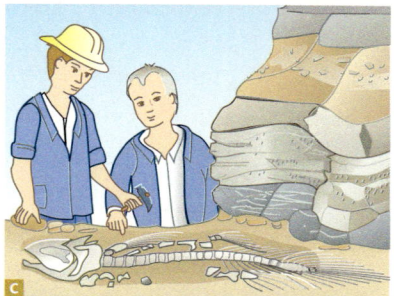

3 *Stadien der Entstehung von Fossilien (ungeordnet)*

5 *Sonderformen der Entstehung von Fossilien*

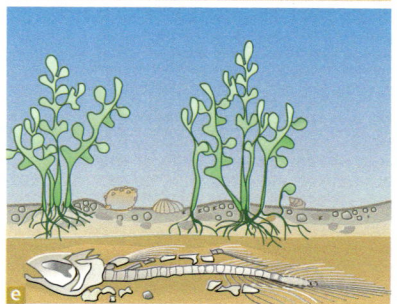

6.5 Der Landgang der Wirbeltiere

1 Rekonstruktion des „großen Flachwasserfischs" Tiktaalik, und die Entwicklungslinie vom Wasser zum Land

Das **Devon** ist eine der wichtigsten Epochen in der Geschichte der Erde. In diesem Zeitalter besiedelten schon die Pflanzen das Festland. Sie waren die Pioniere an Land und bereiteten dieses für das tierische Leben vor. Pflanzen waren z. B. eine wichtige Nahrungsquelle für die ersten Landtiere. Den Pflanzen folgten die ersten wirbellosen Tiere, wie die Insekten. Die ersten Wirbeltiere an Land gab es vermutlich erst Ende des Devons. Der genaue Zeitraum war lange unklar, bis im Jahre 2006 an der Polarküste Kanadas ein etwa 370 Millionen Jahre altes Fossil des Fisches *Tiktaalik* gefunden wurde. *Tiktaalik* bedeutet soviel wie „großer Flachwasserfisch".

Das Skelett des etwa einen Meter langen *Tiktaalik* wies schon wichtige Angepasstheiten an das Leben an Land auf. Seine Brustflossen ähnelten den Flossen von Raubfischen des Devons und später vorkommender primitiver Amphibien wie dem *Ichthyostega*. Die Flossen besaßen bereits einen Ellenbogen und Teile von Handgelenken. Sie endeten aber noch in Flossenstrahlen wie bei den Fischen. *Tiktaalik* lebte vermutlich im Flachwasser. Seine beinartigen Flossen halfen ihm, sich auf dem Boden aufzustützen und damit Sauerstoff zu atmen. Sie ermöglichten ihm auch kurze, kriechende Landgänge.

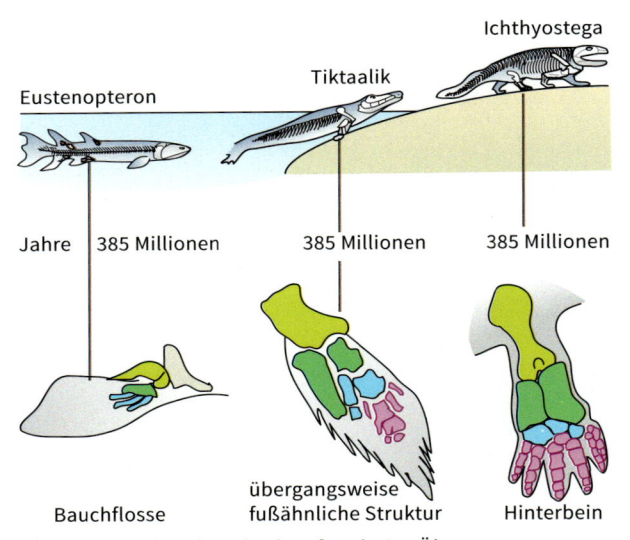

2 Veränderung der Gliedmaßen beim Übergang vom Wasser zum Land (Hellgrün: Oberarmknochen, Dunkelgrün: Unterarmknochen, Blau: Handwurzelknochen, Rot: Fingerknochen)

Die wichtigste Veränderung gegenüber dem Fischskelett ist jedoch, dass *Tiktaalik* bereits seinen Kopf etwas drehen konnte, was Fische nicht können. *Tiktaalik* besaß vermutlich sowohl Kiemen als auch Lungen. So konnte er sich im Wasser, aber auch an der Luft, mit Sauerstoff versorgen. *Tiktaalik* lebte vermutlich im Flachwasser in einer amphibischen Landschaft und wagte bereits erste Gänge an Land.

3 Lebensbild aus dem Devon; vor 410 bis 355 Millionen Jahren

Cheirolepis ist ein Vorfahr der heutigen Knochenfische, z. B. der Forelle. Er lebte im Wasser und atmete durch Kiemen. Er besaß eine Schwimmblase für den Auftrieb. Mit seinen Flossen konnte *Cheirolepis* schnell und geschickt schwimmen, was z.B. bei der Jagd besonders vorteilhaft war.
Der Lungenfisch *Dipterus* lebte in der Übergangszone zwischen Wasser und Land. Er besaß Kiemen und Lungen. Seine kurzen Beine besaßen kräftige Muskeln. Lungenfische des Devons gelten als Vorfahren der heute lebenden Wirbeltiere.
Ichthyostega ist eines der ersten Landwirbeltiere und gehört zu den Amphibien. Er atmete durch Lungen. *Ichthyostega* besaß im Gegensatz zu Fischen eine stärkere Wirbelsäule. Dies war vorteilhaft, da an Land die Schwerkraft größer als im Wasser ist. Weiterhin besaß er stabile Gliedmaßen. Am Schwanz wies er noch einen Flossensaum auf, sodass er sich auch schnell im Wasser fortbewegen konnte. Für die Fortpflanzung war *Ichthyostega* auf das Wasser angewiesen. Er gilt als das Uramphib, aus dem sich alle weiteren Amphibien entwickelten.

4 Informationen zu ausgewählten Tieren des Devons

1. Der Übergang vom Wasser zum Land
a) Erläutere mithilfe der Abbildungen 1 und 2 sowie des Grundwissentextes, wie *Tiktaalik* an den Übergang vom Wasser zum Land besonders angepasst war.
b) Formuliere eine Hypothese zu der Tatsache, dass zuerst Pflanzen und später erst die Tiere das Land besiedelten.

2. Vergleich von Angepasstheiten. Vergleiche z. B. in Form einer Tabelle die Angepasstheiten von *Cherolepis*, *Dipterus* und *Ichthyostega* an ihren Lebensraum. Nutze hierfür die Informationen in den Abbildungen 3 und 4.

3. Entwicklung der Gliedmaßen beim Übergang vom Wasser zum Land. Erläutere anhand von Abbildung 2 und der Grundwissenseite die Veränderungen im Bau der Gliedmaßen beim Übergang vom Wasser zum Land. Berücksichtige auch die Basiskonzepte „Struktur und Funktion" und „Vielfalt und Angepasstheit".

6.6 Der Landgang der Pflanzen

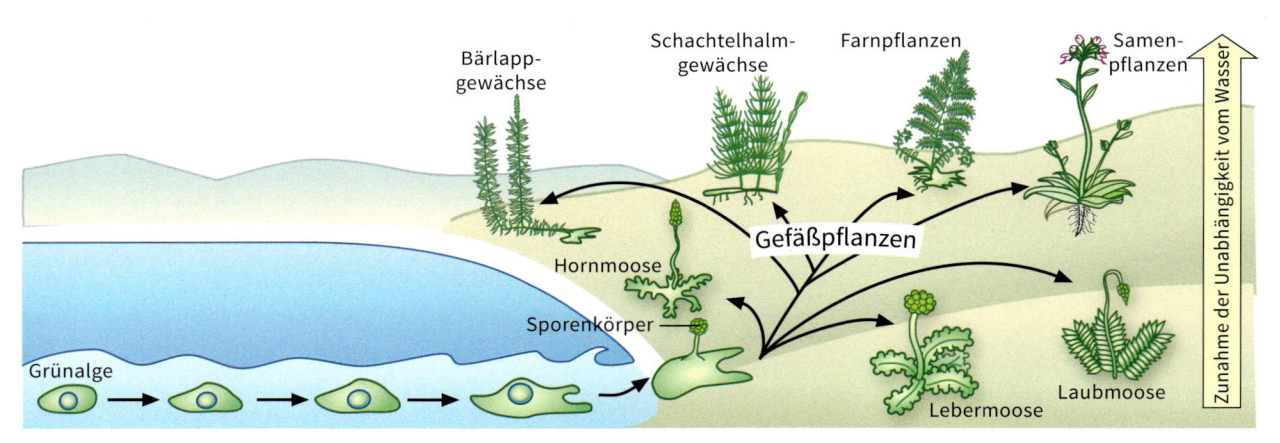

1 *Mögliche Entwicklung der Gefäßpflanzen aus den Algen*

Seit der Entwicklung der Fotosynthese vor etwa 2,3 Milliarden Jahren gibt es Pflanzen im Wasser. Die ersten Landpflanzen traten im **Ordovizium** (vor 485- 444 Millionen Jahren) auf. Es waren wahrscheinlich Moose, die sich aus Grünalgen entwickelten (Abb. 1). Damit die Pflanzen an Land leben konnten, mussten sie Angepasstheiten an die neuen Bedingungen entwickeln.

Bei den **Algen** findet der geschlechtliche Teil der Fortpflanzung im Wasser statt. Männliche Geschlechtszellen gelangen schwimmend zur Eizelle. Bei **Moosen** und **Farnen** müssen männliche und weibliche Geschlechtsorgane von einem gemeinsamen Wassertropfen eingeschlossen sein, damit die männlichen Geschlechtszellen zur Eizelle gelangen können. Aus der befruchteten Eizelle entsteht dann ein Sporenkörper (Abb. 4).

Moose trocknen bei Wassermangel rasch aus. Manche Arten können jahrelang in ausgetrocknetem Zustand überleben. Bei Regen nehmen sie über ihre Oberfläche das Wasser wieder auf. Im Laufe des **Silurs** (444 - 420 Millionen Jahre) erschienen die ersten Pflanzen mit Leitungsbahnen für Wasser im Pflanzenkörper. Sie werden **Gefäßpflanzen** genannt. Während im Wasser lebende Pflanzen gelöstes Kohlenstoffdioxid und Mineralsalze direkt über die gesamte Oberfläche aufnehmen, können an Land lebende Pflanzen Kohlenstoffdioxid in gelöster Form über feuchte Oberflächen aus der Luft aufnehmen. Das dafür benötigte Wasser muss aus dem Boden aufgenommen und hoch transportiert werden. Dies machen Wurzeln und Leitungsbahnen möglich. Die **Leitungsbahnen** brachten durch Wandverstärkungen eine zusätzliche Stabilität, die es den Pflanzen ermöglichte, dem Licht entgegenzuwachsen. Feuchte Oberflächen zur Kohlenstoffdioxidaufnahme führen aber zum Verlust von Wasser durch Verdunstung. Diese Verdunstung löst einen Sog in den Leitungsbahnen aus, der das Wasser entgegen der Schwerkraft nach oben befördert, bringt aber die Gefahr der Austrocknung mit sich. Durch die Verlagerung der feuchten Oberflächen in das Blattinnere und durch regulierbare Spaltöffnungen wird die Verdunstung vermindert. Im **Karbon** (359–299 Millionen Jahre) bildeten Gefäßpflanzen wie Farne, Schachtelhalme und Bärlappe bereits riesige Wälder.

Die ersten **Samenpflanzen** traten in der **Kreidezeit** (145 - 66 Millionen Jahre) auf. Sie sind bei der Fortpflanzung unabhängig vom Wasser. Bei den Nacktsamern, wie den Nadelbäumen, liegen die Samenanlagen mit den Eizellen offen. Die Pollen, die männlichen Geschlechtszellen, können so mit dem Wind zu den Eizellen gelangen. Bedecktsamer haben die Samenanlagen mit den Eizellen geschützt im Fruchtknoten. Die Bestäubung findet bei ihnen durch Wind oder Tiere, wie z. B. Insekten, statt.

Blüten der von Insekten bestäubten Pflanzenarten haben häufig auffällige Farben. In den Blüten findet man die Fruchtblätter, die die Eizellen umschließen. Die männlichen Zellen befinden sich in den Pollenkörnern, die in den Staubblättern gebildet werden. Viele Pflanzen lassen sich nur von Pollenkörnern anderer Blüten der gleichen Art bestäuben. Aus der befruchteten Eizelle entsteht der Embryo, der sich zusammen mit Speicherstoffen im Samenkorn befindet. Beim Auskeimen wächst er zu einer neuen Pflanze heran.

2 *Fortpflanzung einer Samenpflanze*

Bienen entwickelten sich nach Schätzungen von Forschern anhand von Fossilien vor etwa 120 Millionen Jahren. Die ersten Schmetterlinge traten nur wenig früher auf. Etwa um die gleiche Zeit erlebten die Bedecktsamer eine wahre Explosion der Artenvielfalt und wurden zur größten Gruppe der Landpflanzen. Forscher vermuten einen Zusammenhang zwischen diesen Entwicklungen in der Erdgeschichte.

3 *Entwicklung von Pflanzen und Insekten*

In einem Moospolster wachsen auf verschiedenen Pflänzchen weibliche und männliche Blüten. Werden eine weibliche und eine männliche Blüte von einem Wassertropfen umschlossen, gelangen die männlichen Geschlechtszellen zur Eizelle und befruchten sie. Aus der befruchteten Eizelle wächst ein Sporenkörper mit vielen Sporen heran. Die reifen Sporen werden vom Wind verbreitet. Aus ihnen wächst eine neue Moospflanze.

4 *Fortpflanzung der Moose*

1. Oberfläche von Alge und Buche. Vergleiche die Oberfläche von Fadenalge und Buche in Abbildung 6 und erläutere die Unterschiede als Angepasstheit an ihren Lebensraum.

2. Moose und Samenpflanzen. Vergleiche und erläutere die Fortpflanzung von Moosen und Samenpflanzen als Angepasstheiten an die Umweltbedingungen des Landes (Abb. 2, 4).

3. Leitbündel. Leitungsbahnen für Wasser und Zucker sind in der Regel zu Leitbündeln zusammengefasst (Abb. 5). Häufig enthalten diese zusätzlich Zellen mit verstärkten Zellwänden. Erläutere den Bau der Leitbündel als Angepasstheit.

4. Insekten und Landpflanzen. Stelle Hypothesen auf zur Bedeutung der gleichzeitigen Entwicklung der Bedecktsamer und einiger Insektengruppen.

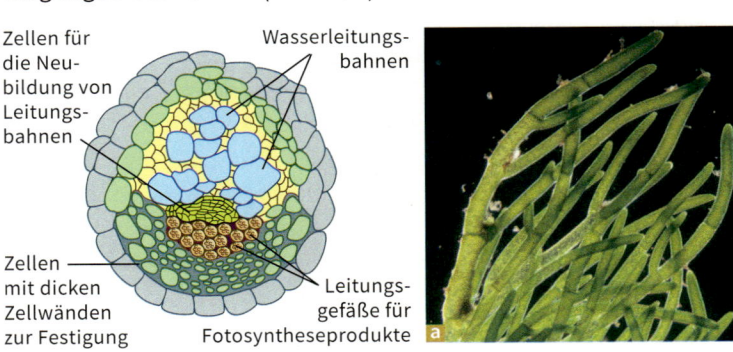

5 *Querschnitt eines Leitbündels*

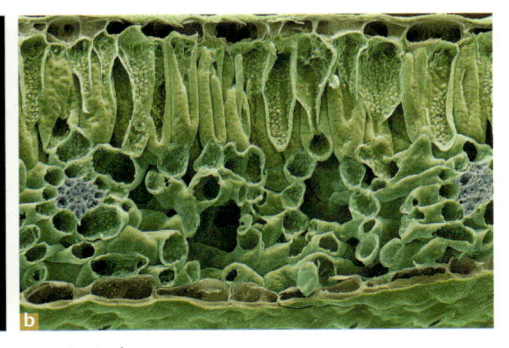

6 *a) Fadenalge und b) Buche (Querschnitt)*

6.7 Archaeopteryx – ein Brückentier

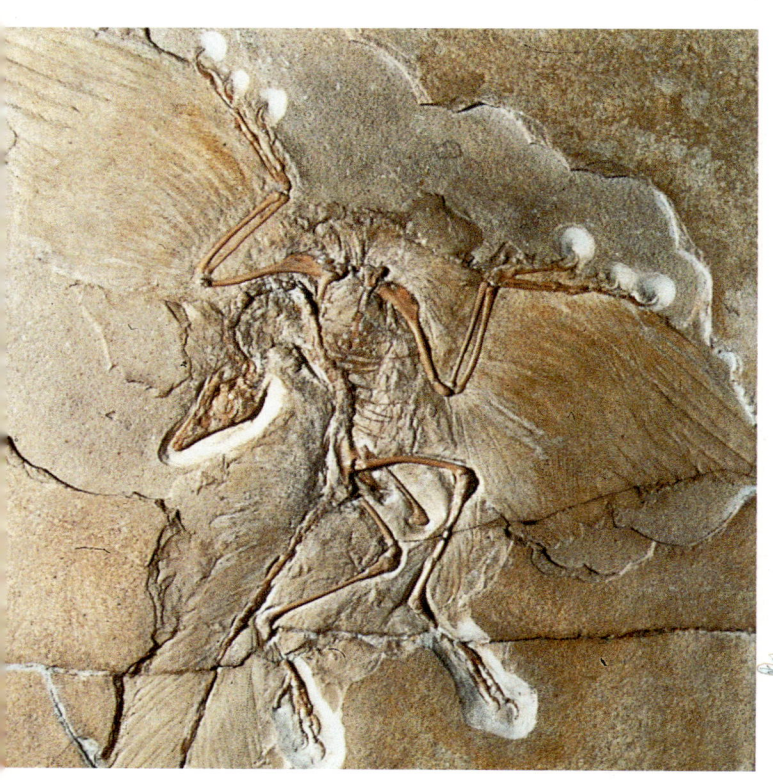

1 Archaeopteryx; Fossil

2 Archaeopteryx, Rekonstruktion

Im Jahr 1876 erregte der Fund eines versteinerten **Urvogels** in der fränkischen Alb bei Eichstätt das Aufsehen der Wissenschaftler (Abb. 1). Das Alter dieses sehr gut erhaltenen Fossils wurde auf etwa 150 Millionen Jahre geschätzt. Die bisher gefundenen Vogelfossilien waren etwa 100 Millionen Jahre jünger. Der Urvogel war ungefähr so groß wie eine Taube. In dem versteinerten Abdruck erkennt man sehr genau die Knochen der Flügel und der Beine, den Schwanz und den Kopf des Urvogels. Sogar die Federn im Bereich der Flügel und des Schwanzes sind in dem versteinerten Abdruck gut zu erkennen. Daher nannte man den Urvogel **Archaeopteryx**, was so viel wie „alte Feder" bedeutet. Man fand in der Nähe von Eichstätt bis heute noch sechs weitere Fossilien dieses *Archaeopteryx*.

Da der *Archaeopteryx* Federn besaß, wurde er zunächst in die Gruppe der Vögel eingeordnet. Er wies jedoch auch Merkmale auf, die typisch für Reptilien sind. Hierzu zählen unter anderem die lange Schwanzwirbelsäule, die freien Finger mit Krallen und die Zähne im Maul. In der Nähe von Eichstätt fand man auch das Skelett des Zwergsauriers *Compsognathus*, das dem Skelett des *Archaeopteryx* sehr ähnlich ist. Der Zwergsaurier gehörte zu den Reptilien. Der *Archaeopteryx* lebte zurzeit der Saurier. Da er Vogelmerkmale und Reptilienmerkmale besitzt, wird er als eine **Übergangsform** zwischen Vögeln und Reptilien eingeschätzt. Er wird auch als **Brückentier** bezeichnet, da er die Vögel mit den Reptilien verbindet. Die Funde solcher Übergangsformen sind für die Evolutionsforscher von großer Bedeutung, da durch sie die Evolution der Lebewesen besser nachvollzogen werden kann. Der *Archaeopteryx* könnte am Beginn der Entwicklung von Vögeln gestanden haben. Ob er tatsächlich der Urvogel war, wird heute eher bezweifelt. Der *Archaeopteryx* beweist jedoch, dass die Vögel von Reptilien abstammen.

Huhn — Gabelbein, Brustbein

Archaeopteryx — Gabelbein, Bauchrippen

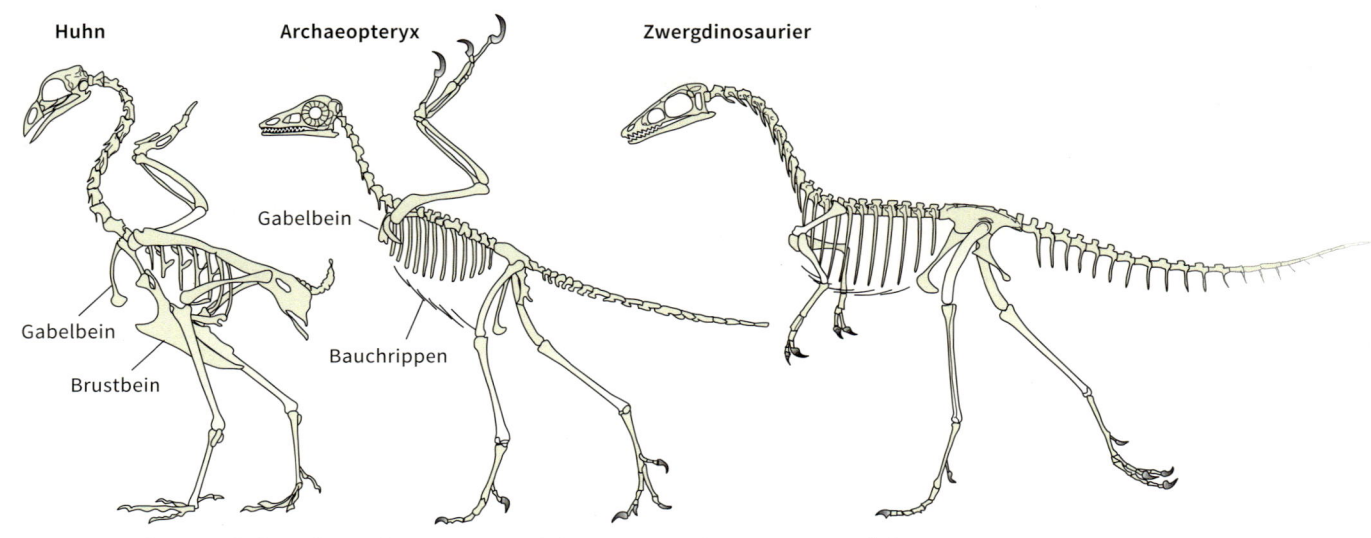

Zwergdinosaurier

3 Skelette des Haushuhns, des Archaeopteryx und des Zwergsauriers Compsognathus

1. Fossilfund des Archaeopteryx. Beschreibe die Abbildung des Fossilfundes von *Archaeopteryx* in Abbildung 1.

2. Skelettvergleich. In Abbildung 3 sind die Skelette des Haushuhns, des *Archaeopteryx* und des Zwergsauriers *Compsognathus* dargestellt. Vergleiche das Skelett des *Archaeopteryx* mit dem Skelett des Haushuhns und des Zwergsauriers *Compsognathus* anhand folgender Merkmale: Kiefer, Finger, Gabelbein, Brustkorb, Becken, Schwanzwirbelsäule, Federn.
Stelle die Ergebnisse in Form einer Tabelle dar.

3. Der Archaeopteryx – eine Urform der Vögel?
Über die Lebensweise, das Verhalten und das wirkliche Aussehen von *Archaeopteryx* kann man nur Vermutungen anstellen. Durch Rekonstruktionen, die man anhand von Skelettfunden des *Archaeopteryx* angefertigt hat, versucht man, eine bessere Vorstellung vom Leben des *Archaeopteryx* zu bekommen. In den Abbildungen 2 und vier sind zwei verschiedene Rekonstruktionen dargestellt. Entwickle anhand der beiden Rekonstruktionen eine begründete Vermutung zur Lebensweise des Urvogels *Archaeopteryx*.

4 Archaeopteryx, alternative Rekonstruktion

6.8 Homologien und Analogien

1 Maulwurfsgrille

2 Maulwurf

Die Ähnlichkeit zwischen Maulwurf und Maulwurfsgrille ist groß (Abb. 1, 2). Beide Tiere haben eine spitze Schnauze, einen gedrungenen Körper und statt einfacher Vorderbeine haben sie kräftige Grabschaufeln. Trotz dieser Ähnlichkeiten sind beide Arten nicht miteinander verwandt. Die Ähnlichkeiten sind das Ergebnis der Angepasstheit an ähnliche Umweltfaktoren. Beide Tiere leben im Boden und graben mit ihren Grabschaufeln Gänge. Solche Ähnlichkeiten aufgrund von Angepasstheiten werden auch als **Analogien** bezeichnet. Diese sind das Ergebnis einer gleichgerichteten, konvergenten Entwicklung.

Die Vorderextremitäten der Wirbeltiere ähneln sich in ihrem Aufbau (Abb. 3). Auf den Oberarmknochen folgen zwei Unterarmknochen, mehrere Handwurzelknochen, vier oder fünf Mittelhandknochen und schließlich vier oder fünf Fingerknochen. Hier handelt es sich nicht um Angepasstheiten, sondern um Übereinstimmungen aufgrund gemeinsamer Erbinformation. Solche Übereinstimmungen im Aufbau bezeichnet man als **Homologien**. Homologe Merkmale zweier oder mehrerer Arten gehen auf gemeinsame Vorfahren zurück. Sie sind ein Beleg für die Evolution. Oft sind Homologien schwer zu erkennen, weil die Organe im Laufe der Evolution ihre Funktion und damit ihr Aussehen gewechselt haben. Aus den Vorderfüßen der ersten Wirbeltiere sind die Flossen der Wale, die Flügel der Vögel und die Grabschaufeln der Maulwürfe hervorgegangen.

Die äußerlichen Unterschiede bei den Extremitäten kommen dadurch zustande, dass die Tiere im Laufe der Evolution verschiedene Lebensräume besiedelt haben. Es kam zu Angepasstheiten an die jeweilige Umwelt der Tiere. Diese Angepasstheiten werden auch **Spezialisierung** genannt. Dabei ist jedoch der ursprüngliche Bauplan erhalten geblieben. Homologe Merkmale können zum Aufstellen von Stammbäumen herangezogen werden.

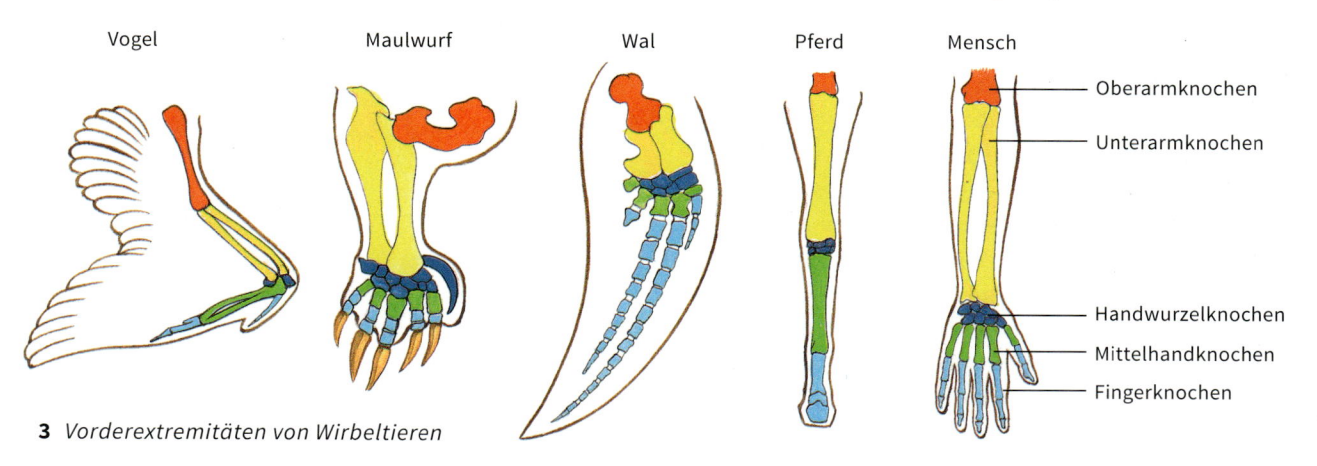

3 Vorderextremitäten von Wirbeltieren

4 *Wolfsmilchgewächs*

5 *Kaktus*

1. Analogie und Homologie. Erläutere anhand der Abbildungen 1 bis 3 die Begriffe Homologie und Analogie.

2. Kaktus und Wolfsmilchgewächs. In Trockengebieten Afrikas findet man Wolfsmilchgewächse (Abb. 4). Im Mark ihrer stark verdickten Sprossachse können sie Wasser speichern. Ihre Blätter sind zu Stacheln umgeformt, durch die kaum noch Wasser verdunstet, da ihre Oberfläche sehr klein ist.
In südamerikanischen Trockengebieten findet man dagegen viele Arten der Kakteen, die ebenfalls an ihren Standort angepasst sind (Abb. 5). Sie speichern Wasser, allerdings nicht im Mark, sondern in der Rinde der Sprossachse.
a) Erläutere, ob es sich bei den Ähnlichkeiten zwischen Kakteen und Wolfsmilchgewächsen um eine Analogie oder um eine Homologie handelt. Begründe deine Entscheidung.
b) Stelle Hypothesen auf, wie es zu dieser Analogie bzw. Homologie gekommen sein könnte.

3. Rudimentäre Organe. Die Vorfahren der Wale lebten an Land. Bei der Untersuchung von Walskeletten fand man zwei vollkommen unentwickelte Hinterbeine im Körper (Abb. 6). Man nennt solche funktionslos gewordenen Gebilde rudimentäre Organe. Manche Wissenschaftler halten sie für einen wichtigen Beleg für die Evolution. Erkläre diese Auffassung. Begründe, warum man auch von homologen Organen und Angepasstheit sprechen kann.

4. Stacheln und Dornen. Begründe, ob es sich bei den Stacheln der Rose und den Dornen des Weißdors in Abbildung 7 um analoge oder homologe Organe handelt.

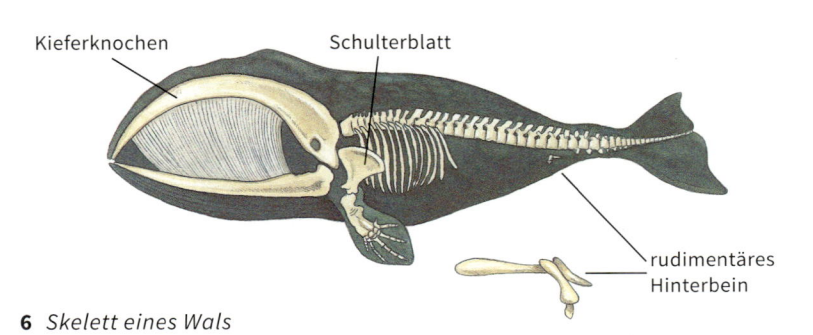

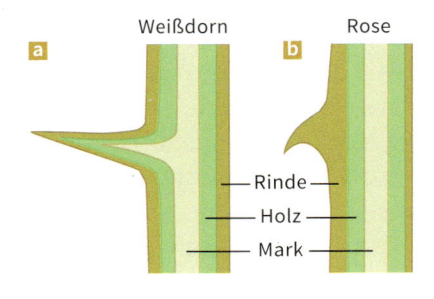

6 *Skelett eines Wals*

7 *a) Dorn und b) Stachel*

6.9 Die Entwicklung der Wirbeltiere ist ein Beleg für die Evolution

1 *Vertreter der Wirbeltiere*

Die Entwicklungsgeschichte der Wirbeltiere zeigt eine zunehmende Angepasstheit an vielfältige Lebensräume auf. Es lässt sich eine Tendenz zu immer komplexeren Organismen erkennen. Diese Höherentwicklung ist aber nicht zielgerichtet, sondern eine Folge der immer feineren Angepasstheit an die Lebensräume des Landes. Sie belegt aber die Evolution der Arten.

Tiere, die ein innen liegendes Skelett mit einer Wirbelsäule aus Knochen aufweisen, werden als **Wirbeltiere** bezeichnet. Zu den Wirbeltieren gehören die Fische. Bis vor etwa 380 Millionen Jahren lebten sie ausschließlich im Wasser. Zu dieser Zeit erfolgte die Besiedelung des Landes durch die ersten Landwirbeltiere, die **Amphibien**. Diese sind aus den im Wasser lebenden Fischen hervorgegangen und wiesen besondere Angepasstheiten an das Landleben auf. Aus den Amphibien entwickelten sich schließlich die Vögel und die Säugetiere.

Fische leben im Wasser und die Befruchtung findet ebenso wie die Entwicklung der befruchteten Eizellen im Wasser stattfindet. Die äußere Befruchtung der Amphibien findet ebenfalls im Wasser statt. Die Larven (Kaulquappen) entwickeln sich im Wasser zu ausgewachsenen Tieren, die dann zum Landleben übergehen. **Reptilien** haben eine innere Befruchtung, das heißt im Körper des Weibchens. Die Eier sind durch eine dickere Schale vor Austrocknung geschützt und werden in den Boden abgelegt. Aus ihnen schlüpfen nach einiger Zeit selbstständige Jungtiere. Auch bei **Vögeln** findet eine innere Befruchtung statt. Die Eier haben eine feste Schale und werden in ein Nest gelegt, wo sie dann von den Eltern bebrütet werden. Die Jungen bedürfen noch der Wärmung und Fütterung durch die Eltern. Die Entwicklung der **Säugetiere** erfolgt nach der inneren Befruchtung im Mutterleib. Das Ei entwickelt sich in der Gebärmutter bis zum Fetus. Die Jungen werden weitgehend entwickelt zur Welt gebracht und von der Mutter mit Milch versorgt. Die Wirbeltiergruppen weisen in ihrer Entwicklung also eine zunehmende Unabhängigkeit der Fortpflanzung vom Wasser auf.

Die Haut der unterschiedlichen Wirbeltiergruppen ist eine Angepasstheit an ihre Lebensweise. Fische weisen eine schleimige Haut mit vielen Drüsen und dachziegelartig angeordneten Schuppen auf, die eine Angepasstheit an das Wasserleben darstellt. Amphibien können nur in einer feuchten Umgebung überleben, da ihre Haut viele Schleimdrüsen enthält und stets feucht bleiben muss. Die trockene Haut der Reptilien bildet Hornschuppen oder Hornschilde aus, welche vor dem Austrocknen schützen. Reptilien sind in der Lage, trockenere Lebensräume zu besiedeln. Die Haut der Vögel schützt vor Austrocknung. Typisch für Vögel ist, dass ihr Körper mit Federn bedeckt ist, die den Körper wärmen und das Fliegen ermöglichen. Auch die Haut der Säugetiere schützt vor Austrocknung und die Bedeckung sorgt für einen Schutz vor dem Auskühlen. Vögel und Säugetiere sind im Gegensatz zu den anderen Wirbeltiergruppen gleichwarm und damit vor allem bei niedrigeren Temperaturen leistungsfähiger. Auch weisen sie Lungen auf, die eine größere innere Oberfläche haben und somit mehr Sauerstoff aufnehmen können.

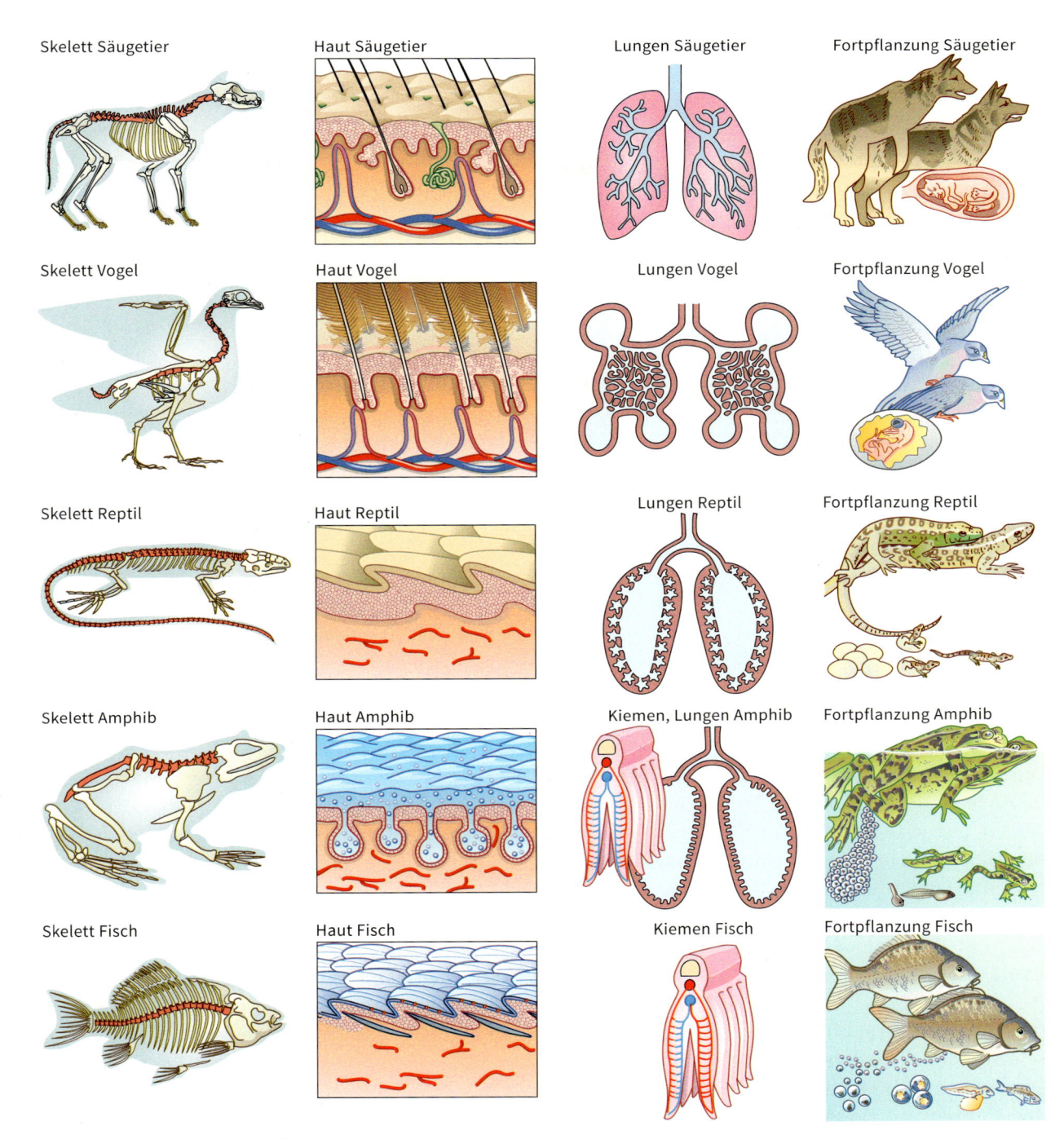

Skelett Säugetier · Haut Säugetier · Lungen Säugetier · Fortpflanzung Säugetier

Skelett Vogel · Haut Vogel · Lungen Vogel · Fortpflanzung Vogel

Skelett Reptil · Haut Reptil · Lungen Reptil · Fortpflanzung Reptil

Skelett Amphib · Haut Amphib · Kiemen, Lungen Amphib · Fortpflanzung Amphib

Skelett Fisch · Haut Fisch · Kiemen Fisch · Fortpflanzung Fisch

2 *Merkmale der Wirbeltierklassen*

1. Vergleich. Ordne die Merkmale der verschiedenen Wirbeltiergruppen in einer Tabelle. Berücksichtige dabei Fortbewegung, Körperbedeckung, Körpertemperatur, Atmung, Fortpflanzung und Entwicklung.

2. Entwicklung als eine Folge der immer feineren Angepasstheit an die Lebensräume des Landes. Erläutere diese Aussage unter Berücksichtigung der Abbildung 2..

153

6.10 Stammbaum der Wirbeltiere und Brückentiere

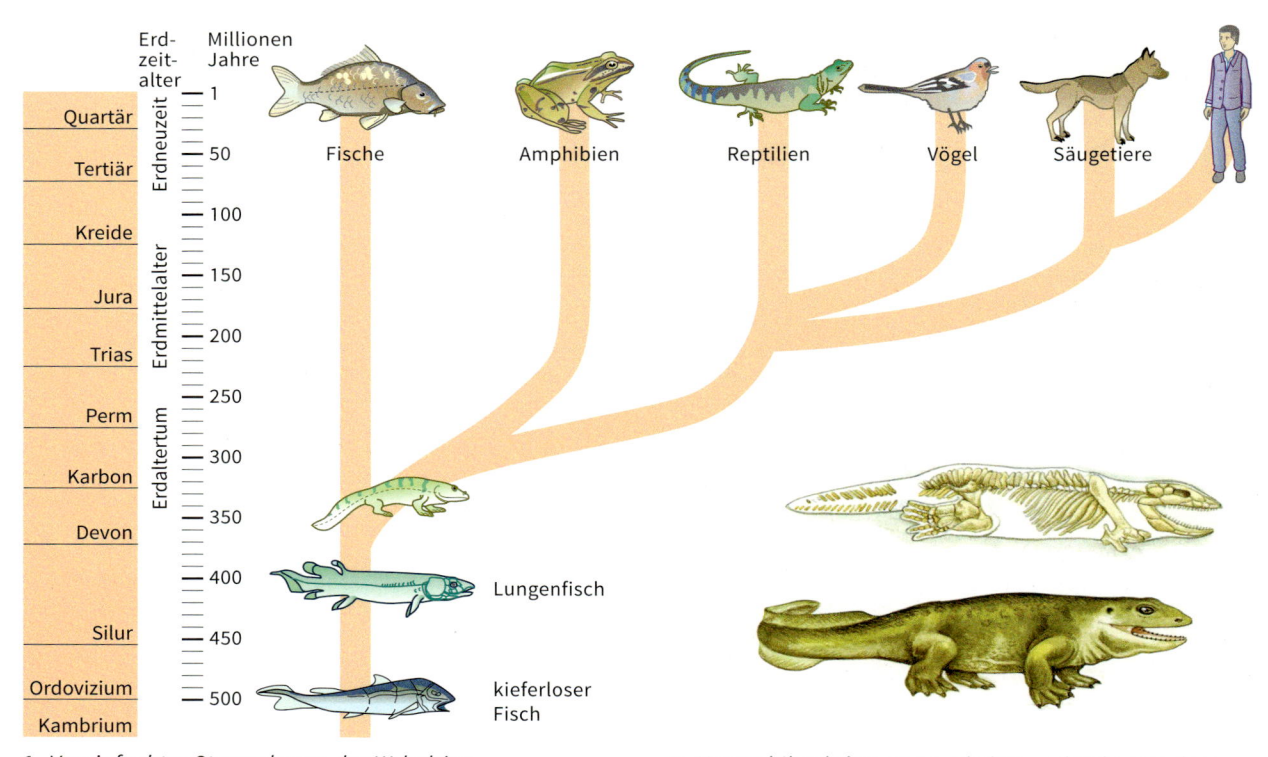

1 *Vereinfachter Stammbaum der Wrbeltiere*

2 *Uramphib Ichthyostega: Skelett und Rekonstruktion*

Durch einen Vergleich von Fossilien mit Skeletten heute lebender Organismen konnte man herausfinden, dass alle heute auf der Erde vorkommenden Arten aus anderen Formen von Lebewesen hervorgegangen sind. Diese Veränderung von Organismen über einen langen Zeitraum hinweg bezeichnet man als **Stammesgeschichte** oder **Evolution.**

In einem **Stammbaum** lässt sich die Stammesgeschichte der Wirbeltiere übersichtlich darstellen. Durch Linien wird gezeigt, welche Lebewesen sich aus anderen entwickelt haben. Er zeigt, dass die heute lebenden Wirbeltiere aus gemeinsamen Vorfahren entstanden sind. Vor etwa 500 Millionen Jahren lebten die ersten Wirbeltiere auf der Erde. Es waren kieferlose Fische (Abb. 1). Etwa 100 Millionen Jahre später haben sich aus diesen kieferlosen Fischen unter anderem Lungenfische entwickelt. Die Auswertung der Fossilfunde hat ergeben, dass diese frühen Vorfahren zwar noch im Wasser lebten, aber bereits vier Gliedmaßen besaßen. Man nimmt an, dass sich aus ihnen alle heutigen Wirbeltiere, die an Land leben, entwickelt haben. Aus den Uramphibien entstanden vor 330 Millionen Jahren die ersten Kriechtiere. Vor etwa 200 Millionen Jahren entwickelten sich aus bestimmten Reptilien die ersten Säugetiere. **Brückentiere** wie Quastenflosser, Archaeopteryx und Schnabeltier stellen Übergangsformen dar, die problemlos in den Stammbaum eingeordnet werden können.

Das Brückentier **Ichthyostega** wird als Übergangsform von Fischen und Amphibien angesehen (Abb. 4). Das Uramphib lebte vor etwa 350 Millionen Jahren und besaß folgende Merkmale: fischähnliche Körperform, Schädelknochen wie beim Lungenfisch angeordnet, keine Kiemen, Beine, verstärkte Knochen, Beine und Arme fest mit der Wirbelsäule verbunden. Diese Merkmale waren beim Lungenfisch noch nicht vorhanden.

Für die Erforschung einer ausgestorbenen Tiergruppe stehen häufig nur wenige Fossilfunde zur Verfügung. Die Rekonstruktionen sind oft schwierig und ähneln nicht immer den ursprünglichen Tieren. An den gefundenen Skeletten fehlen oft viele Knochen. Deshalb werden manchmal mehrere Rekonstruktionen angefertigt. Evolutionsforscher untersuchen ergänzend **lebende Fossilien.** Das sind heute lebende Tiere, die urtümliche Merkmale aufweisen. Zum Beispiel gibt es Quastenflosser, die mit den ursprünglichen Quastenflossern vor 400 Millionen Jahren sehr eng verwandt sind und sich in dieser langen Zeit kaum verändert haben. Man hat Quastenflosser gefangen und lebend beobachtet. Sie bewegen sich mit ihren Flossen so, als würden sie im Wasser gehen. Die Quastenflosser zeigen also im Wasser eine Form der Fortbewegung, wie sie von Landwirbeltieren bekannt ist.

4 *Der Quastenflosser – ein lebendes Fossil*

3 *Heute lebender Quastenflosser (b) und Fossil (a)*

1. Stammbaum der Wirbeltiere. Beschreibe die Entwicklung der Wirbeltiere vom Kambrium bis zur Gegenwart anhand des Stammbaums in Abbildung 1. Beachte dabei die Brückentiere. Ein Stammbaum wird immer „von unten nach oben" gelesen.

2. Brückentiere.
a) Erläutere am Beispiel des Uramphibs Ichthyostega den Begriff „Brückentier" (Abb. 2 und 3).
b) Begründe die Einschätzung des Schnabeltiers als Brückentier (Abb. 5).
c) Erläutere, zwischen welchen Wirbeltiergruppen das Schnabeltier als Übergangsform einzuordnen ist.
d) Ordne Archaeopteryx in den Stammbaum ein.

3. Der Quastenflosser – ein lebendes Fossil? Vergleiche Körperform und Flossenanordnung des Quastenflossers mit heute lebenden Fischen (Abb. 3). Beurteile, ob der Quastenflosser auch als lebendes Brückentier bezeichnet werden kann (Abb. 4).

4. Der Übergang vom Wasser zum Land. Das Uramphib weist gegenüber den kieferlosen Fischen deutliche Veränderungen auf. Erkläre diese Veränderungen im Zusammenhang mit der Besiedlung des Landes anhand des Textes sowie Abbildung 2.

In Australien lebt das Schnabeltier. Von Forschern wird es als Säugetier eingeordnet, denn es weist Milchdrüsen, Körperbehaarung und eine gleichbleibende Körpertemperatur auf. Einige für Säugetiere untypische Merkmale treten auf: Das Schnabeltier legt Eier, hat einen gemeinsamen, Kloake genannten Ausgang für Geschlechtsorgane und Ausscheidungsorgane sowie einen schnabelartigen Kiefer.

5 *Aussehen und Merkmale des Schnabeltieres*

6.11 Stammbaum der Pferde

Nord- und Südamerika — Eurasien

- Pliohippus 125 cm
- Equus 180 cm
- Hipparion
- Meryhippus 100 cm
- Hypohippus
- Anchitherium
- Mesohippus 60 cm
- Hyracotherium 30 cm — vor 55 Millionen Jahren

Jahre heute — 5 Mill. — 22 Mill. — 35 Mill.

Grasfresser
Blattfresser
Aufsicht auf Backenzahn
Schulterhöhe in cm

1 *Stammbaum der Pferde*

Der Stammbaum des Pferdes ist gut erforscht. Fossilien zeigen, dass die Urpferde der Gattung *Hyracotherium* vor circa 65 Millionen Jahren in den Wäldern Amerikas lebten. Das Gebiss des Urpferdes hatte Schneide- und Backenzähne, mit denen das Tier gut weiches Laub fressen konnte. In den Mägen einiger Urpferde fand man versteinerte Blätter. Die Tiere waren fuchsgroß und konnten sich daher leicht in Büschen verstecken. Die abspreizbaren Zehen verhinderten ein Einsinken im feuchten Waldboden. Der Vergleich mit jüngeren Fossilien des Pferdes zeigt eine Entwicklung: Die Pferdeartigen wurden im Laufe der Jahrmillionen größer, die Backenzähne wurden breiter und bekamen scharfkantige Oberflächen. Die Fußskelette der Pferdeartigen veränderten sich. Die jüngeren Fossilien weisen bereits die Fußform der heutigen Pferde auf, bei denen die Mittelzehe stark vergrößert und von einem harten Huf umgeben ist, während die anderen Zehen verkümmert sind. Diese Veränderungen sind vermutlich Angepasstheiten an einen Klimawandel. Es wurde wärmer, die Wälder gingen zurück und Steppen breiteten sich aus. Die Urpferde waren in den Steppen leicht sichtbar und die langsameren Individuen fielen Fressfeinden zum Opfer. Tiere, die aufgrund ihrer Größe und des veränderten Fußskelettes schneller rennen konnten, hatten Überlebensvorteile. Es entstanden Pferdeartige mit vergrößerten Mittelzehen und Hufen. Die Höherentwicklung und Spezialisierung der Pferde ist ein Beleg für die Evolution. Die Veränderungen bei den Zähnen lassen sich als Angepasstheit an das Fressen des harten Steppengrases interpretieren.

Die Entwicklung der Pferdearten fand in Nordamerika statt. Aber auch in Eurasien wurden Pferdefossilien gefunden. Man vermutet, dass immer wieder Pferde über Landbrücken nach Eurasien einwanderten. Vor wenigen Hunderttausend Jahren starben die Pferde in Amerika aus. Die heute dort lebenden Pferde, auch die der Indianer, stammen von europäischen Pferdearten ab, die nach Amerika eingewandert sind.

1. Evolution der Pferde.
a) Zeichne eine Tabelle, die folgende Spalten enthält: Gattung, Fußskelett, Backenzähne, Schulterhöhe. Fülle die Tabelle aus. Entnimm die nötigen Informationen über die Gattungen *Hyracotherium, Mesohippus, Meryhippus, Pliohippus* und *Equus* der Abbildung 1.
b) Beschreibe die Veränderungen während der Evolution der Pferde als Angepasstheiten an Lebensraum und Ernährungsweise.
c) Erläutere, welche Basiskonzepte zum Thema dieses Abschnittes gehören.

2. Die „Europäische Pferdereihe". Im Jahre 1873 veröffentlichte der russische Paläontologe KOWALEWSKY einen Stammbaum der Pferde, die so genannte „Europäische Pferdereihe" (Abb. 2). Heute gilt dieser Stammbaum als widerlegt.
a) Erläutere mithilfe von Abbildung 1, wie KOWALEWSKY zu seinen damaligen Schlussfolgerungen gekommen sein könnte.
b) Erläutere, welche Probleme es bei der Aufstellung von Stammbäumen mithilfe von Fossilien gibt.

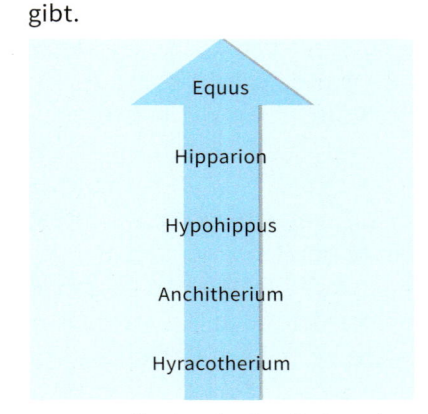

2 „Europäische Pferdereihe" nach Kowalewsky
(Equus, Hipparion, Hypohippus, Anchitherium, Hyracotherium)

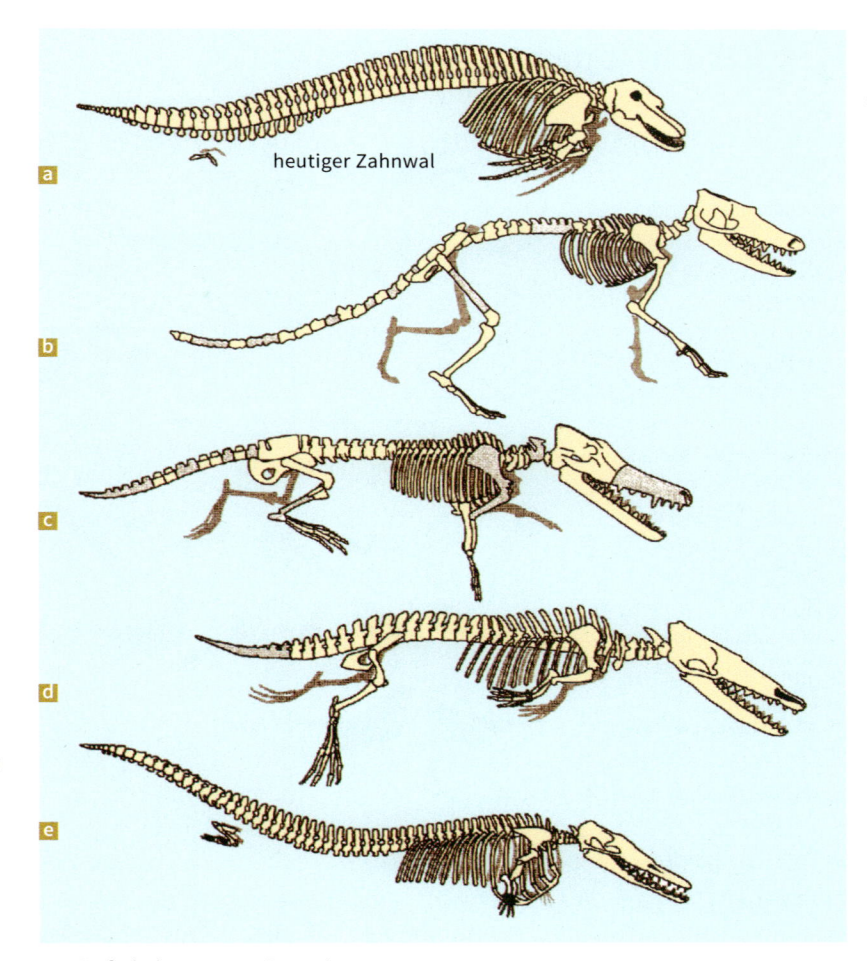

3 Fünf Skelette von Säugetieren

3. Evolution der Wale. Das „Urhuftier" *Pakicetus* lebte vor 70 Millionen Jahren. Aus ihm gingen später sowohl die Paarhufer als auch die Wale hervor. Als vor 65 Millionen Jahren die Meeressaurier ausstarben, konnten Säugetiere reichlich Nahrung in den Meeren finden. Vor kurzer Zeit fand man verschiedene Skelette solcher Tiere. *Ambulocetus* lebte amphibisch, konnte also an Land gehen und im Wasser schwimmen, wobei ihm sein langer Schwanz half. Man fand auch Skelette von Tieren, die noch stärker an das Leben im Wasser angepasst waren: *Rodhocetus* hat vermutlich schon ganz im Wasser gelebt; seine Vorderbeine waren zu kurzen Flossen umgebildet. An unsere heutigen Zahnwale erinnert das Skelett von *Durodon*.
a) Benenne die Tiere in Abb. 3 a bis e.
b) Stelle in einer übersichtlichen Tabelle dar, wie die Angepasstheiten an das Leben im Meer von *Pakicetus* bis zum heutigen Zahnwal zugenommen haben. Werte dazu die Abbildung 3 genau aus.

4. Meeressäugetiere. Begründe die Besiedlung der Meere durch die Säugetiere vor 65 Millionen Jahren.

6.12 Vielfalt der Arten

Reich Animalia (Tiere) > 1.500.000 Arten	
Stamm Chordata (Wirbeltiere) 50.000 Arten	
Klasse Aves (Vögel) 8.600 Arten	
Ordnung Passeriformes (Sperlingsvögel) 5.160 Arten	
Familie Turdidae (Drosseln) 125 Arten	
Gattung Turdus (Echte Drosseln) 28 Arten	
Art Turdus merula (Amsel) 1 Art	

1 *Hierarchisches System der Tiere*

Auf der Erde leben heute viele Millionen Arten von Lebewesen. Die genaue Anzahl weiß niemand, weil erst ein geringer Teil aller Arten entdeckt wurde. Die riesige **Artenvielfalt** ist eine Eigenschaft des Lebens auf der Erde.

Folgende Aussagen treffen auf eine Art zu, unabhängig davon, ob die Mitglieder der Art früher lebten oder heute leben:
- Zu einer **Art** gehören alle Lebewesen, die sich untereinander fruchtbar fortpflanzen können. Meistens sind die Lebewesen einer Art durch Vererbung in den wesentlichen Merkmalen des Körperbaus, in der Lebensweise und im Verhalten ähnlich.
- Lebewesen einer Art haben gleiche Ansprüche an die Umwelt. Man nennt die Gesamtheit der Ansprüche einer Art an die Umwelt die **ökologische Nische** einer Art. Verschiedene Arten können nur dann nebeneinander leben, wenn sie sich in ihrer ökologischen Nische unterscheiden. Das geschieht zum Beispiel dadurch, dass die beiden Arten dadurch Konkurrenz vermeiden, dass sie unterschiedliche Nahrung bevorzugen.

Die Lebewesen der Erde haben sich im Laufe langer Zeiträume verändert. Viele Arten sind ausgestorben (Abb. 2). Mit Fossilfunden kann man belegen, dass sich Arten im Laufe langer Zeiträume verändert haben und so allmählich neue Arten entstanden sind. Man bezeichnet die Entwicklung neuer Arten aus bestehenden Arten als **Evolution**. Einmal ausgestorbene Arten entstehen nie wieder. Die Evolution ist nicht umkehrbar.

Das heute zur Einordnung einer Art verwendete **hierarchische System** geht auf den schwedischen Biologen CARL VON LINNÉ (1707 – 1778) zurück. Unter Hierarchie versteht man ein Ordnungssystem von über- und untergeordneten Einheiten. Für die Gliederung des Systems der Lebewesen benutzte Linné die Gliederungsstufen Reich, Stamm, Klasse, Ordnung, Familie, Gattung und Art. Der lateinische Artname setzt sich aus zwei Worten zusammen. Davon ist das erste Wort der Name der Gattung.

1. Ordnen der Artenvielfalt – das hierarchische System von LINNÉ.
a) Erläutere das hierarchische System von LINNÉ anhand der Abbildung 1.
b) Nenne Merkmale, die die Art *Turdus merula* (Amsel) mit den Mitgliedern der Klasse „Vögel", des Stamms „Wirbeltiere" und des Reichs „Tiere" gemeinsam hat.

2. Jede Art hat eine eigene ökologische Nische. Begründe, dass nur dann Lebewesen verschiedener Tierarten dauerhaft neben- und miteinander leben können, wenn ihre ökologischen Nischen hinreichend unterschiedlich sind.

3. Arten durch Merkmalsvergleiche den fünf Klassen der Wirbeltiere zuordnen. Aufgrund von Ähnlichkeiten im Körperbau und Ähnlichkeiten in bestimmten Merkmalen werden Wirbeltiere in fünf Klassen eingeordnet.
a) Nenne die fünf Klassen der Wirbeltiere.
b) Ordne in einem ersten Schritt jede der in Abbildung 2 genannten Arten einer Merkmalskombination oder mehreren Merkmalskombinationen (Buchstaben A bis G) in Abbildung 2 zu. Begründe die Zuordnung. Ordne dann jeder Merkmalskombination in Abbildung 2 eine Wirbeltierklasse zu (Abb. 3).

Merkmale der Lebewesen	A	B	C	D	E	F	G
geschlossener Blutkreislauf	+	+	+	+	+	+	+
vier Extremitäten vorhanden	+	−	+	+	+	+	+
Eiablage an Land	+	−	−	−	−	−	+
Eiablage im Wasser	−	+	−	+	−	−	−
gleichwarm	+	−	+	−	+	+	−
wechselwarm	−	+	−	+	−	−	+
Junge werden gesäugt	−	−	+	−	+	+	−
Junge werden lebend geboren	−	−	+	−	+	+	−
zumindest teilweise Lungenatmung	+	−	+	+	+	+	+
Metamorphose	−	−	−	+	−	−	−
Wirbelsäule ist vorhanden	+	+	+	+	+	+	+

2 *Merkmalsvergleich von sieben heute lebenden Wirbeltieren (A bis G)*

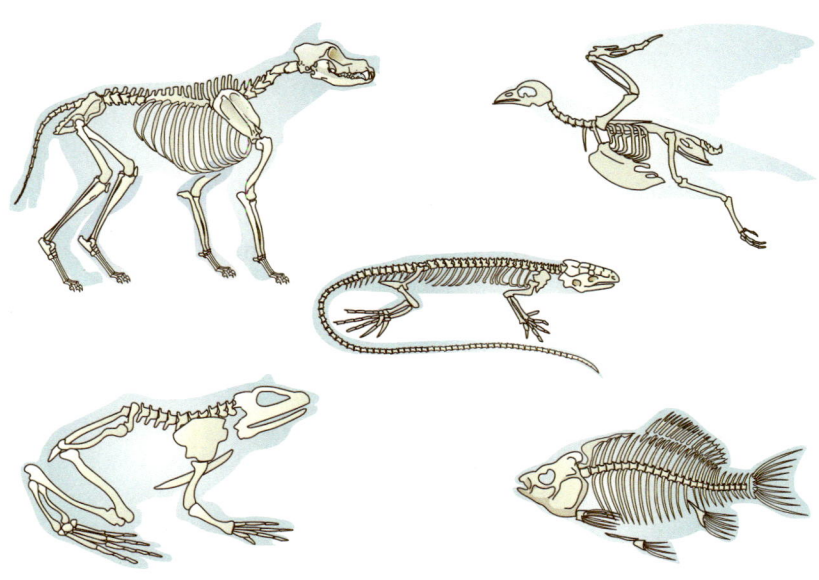

3 *Skelette von Vertretern der fünf Wirbeltierklassen: Wolf (Canis lupus), Ringeltaube (Columba palumbus), Zauneidechse (Lacerta agilis), Erdkröte (Bufo bufo) und Karpfen (Cyprinus carpio)*

4. Ähnlichkeiten in Pflanzenfamilien erkunden. Aufgrund von bestimmten Ähnlichkeiten werden Apfel (*Malus domesticus*), Kirsche (*Prunus avium*) und Hundsrose (*Rosa canina*) in die Familie der Rosengewächse (*Rosacea*) eingeordnet. Die Sonnenblume (*Helianthus annuus*), der Löwenzahn (*Taraxum officinale*), der Rainfarn (*Tanacetum vulgare*) und das Gänseblümchen (*Bellis perennis*) gehören aufgrund bestimmter Ähnlichkeiten in die Familie der Korbblütler (*Compositae*).
Erläutere anhand von geeignetem Anschauungsmaterial, um welche Ähnlichkeiten es sich jeweils in den beiden Pflanzenfamilien handelt. Wenn die Blütezeit dieser Pflanzen ist, kannst du dir Blüten besorgen. außerhalb dieser Zeit kannst du nach Blütenbeschreibungen recherchieren.

7.1 Darwin – ein Forscherleben

1 *Charles Darwin (1809–1882) im Jahre 1840*

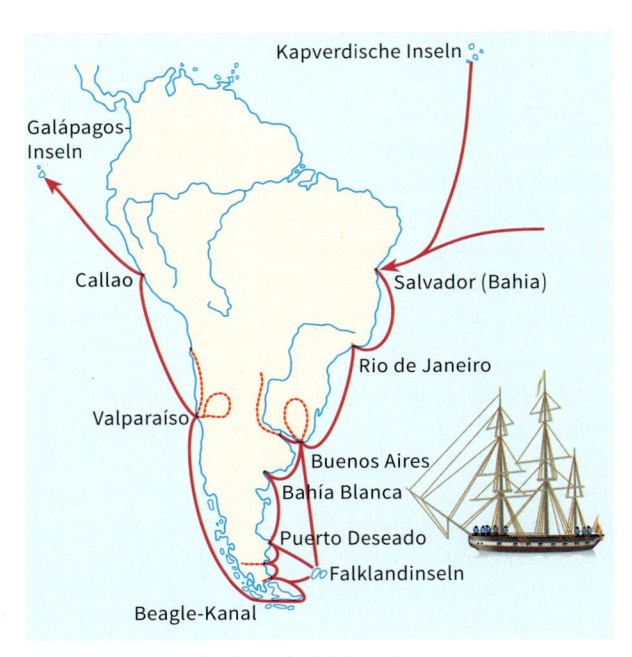

2 *Die Reise mit der Beagle 1832–1834*

CHARLES DARWIN wurde 1809 geboren. Sein Vater war Arzt und überredete ihn zum Medizinstudium. Als der erst 16-jährige Charles jedoch sah, wie Patienten ohne Betäubung operiert wurden, verlor er die Lust auf den Arztberuf. Sein Vater ließ ihn daraufhin Theologie studieren. Nach dem Abschluss des Theologiestudiums erhielt DARWIN 1831 das Angebot, als Naturforscher auf dem Vermessungsschiff Beagle nach Südamerika mitzureisen (Abb. 2).

Während der Überfahrt las DARWIN viel über die **Abstammungstheorie**. Danach haben sich die Lebewesen im Laufe der Zeit verändert. Die heutigen Tiere und Pflanzen stammen von ausgestorbenen Formen ab, die zum Teil völlig anders aussahen. Zur Zeit DARWINS glaubte die Mehrheit der Menschen an die wörtliche Auslegung der biblischen Schöpfungsgeschichte. Diese Vorstellung nennt man auch **Kreationismus**. Die Abstammungstheorie stand in völligem Gegensatz zu dieser Auffassung. Die Abstammungstheorie machte zu dieser Zeit noch keine Aussagen darüber, wodurch die Veränderung der Lebewesen geschieht.

In Südamerika entdeckte DARWIN bei Ausgrabungen Skelette riesiger Säugetiere, die auffällige Ähnlichkeiten mit heute lebenden kleineren Arten zeigten. Dies war für DARWIN eine erste Bestätigung der Abstammungstheorie. Ein weiteres Indiz fand Darwin auf den Galápagos-Inseln, die weit entfernt vom südamerikanischen Festland liegen. Hier lebten vierzehn verschiedene Finkenarten, die sehr unterschiedlich aussahen. Einige Finken fraßen Pflanzensamen, andere Früchte, wieder andere ernährten sich von Insekten. Ihre Schnäbel waren unterschiedlich, entsprechend ihrer Nahrung (Abb. 3). Dass die Finken verschiedener Arten angehörten, konnte er dadurch belegen, dass sie sich nur mit Individuen ihrer eigenen Art fruchtbar fortpflanzen konnten und nicht mit anderen Arten. Später erkannte Darwin, dass sich alle Finken aus einer Art entwickelt haben mussten. Deren Vertreter waren bereits vor sehr vielen Jahren auf die Galápagos-Inseln gekommen.

DARWIN überlegte, was die Ursache für die Veränderung der Lebewesen war. Dabei ging er von drei Tatsachen aus, die seit langem bekannt waren:

- Alle Tiere und Pflanzen produzieren mehr Nachkommen, als zum Überleben der Art notwendig sind.
- Die Zahl der Individuen in einem Lebensraum bleibt über die Jahre mehr oder weniger konstant.
- Die natürlichen Ressourcen wie Nahrung, Wasser und Raum sind begrenzt.

Aus diesen drei Tatsachen folgerte Darwin, dass eine Konkurrenz zwischen den Individuen um die begrenzten Ressourcen stattfindet. Er stellte sich die Frage, welche Individuen diese Auseinandersetzung um die Ressourcen gewinnen. Hier waren Darwin zwei weitere Tatsachen hilfreich, die aus der Tier- und Pflanzenzucht bekannt waren (Abb. 4):

- Innerhalb einer Tier- oder Pflanzenart unterscheiden sich die Individuen mehr oder weniger.
- Viele Eigenschaften eines Individuums werden auf die Nachkommen vererbt.

Darwin zog nun weitere Schlussfolgerungen: Diejenigen Individuen, die am besten an die Umwelt angepasst sind, haben Vorteile in der Auseinandersetzung um die Ressourcen. Das heißt, sie können mehr Nachkommen großziehen als die weniger gut angepassten Tiere. Darwin glaubte, dass ihre vorteilhaften Merkmale daher in der nächsten Generation häufiger auftreten. Im Laufe der Zeit findet so eine Anpassung der Lebewesen an ihre Umwelt statt. Darwin bezeichnete seine Theorie als **„Theorie der natürlichen Auslese"**. Darwin zögerte mit der Veröffentlichung seiner Ergebnisse, weil sie in Widerspruch zum Schöpfungsglauben standen. Er hatte Angst, als Ketzer dazustehen. Sein Buch „On The Origin of Species" erschien erst 1859. Die Erstauflage war noch am Tage des Erscheinens ausverkauft.

3 *Vier verschiedenartige Darwin-Finken der Galápagos-Inseln*

Von Anfang an hatte Darwin viele berühmte Anhänger, aber auch viele Gegner. Er stellte nicht nur die wörtliche Auslegung der biblischen Schöpfungsgeschichte, den Kreationismus, in Frage, sondern behauptete außerdem, dass Menschen und Affen von gemeinsamen Vorfahren abstammen. Damit verlor der Mensch seine Stellung als „Krone der Schöpfung", die er bisher innehatte. Zu Beginn des 20. Jahrhunderts begann man die Vererbung zu verstehen. Darwins Vermutung, dass bestimmte Eigenschaften und Merkmale auf die Nachkommen vererbt werden, wurde bestätigt. Auch Erkenntnisse aus der Molekulargenetik, der Ökologie, der Verhaltensforschung und weiterer Gebiete der Biologie flossen im 20. Jahrhundert in die Theorie der natürlichen Auslese ein und erweiterten sie zur Evolutionstheorie, wie sie heute allgemein anerkannt ist.

4 *Felsentaube und drei der aus ihr gezüchteten Rassen*

Informationen beschaffen, gliedern und bewerten – Recherchieren

Recherchieren bedeutet, Informationen zu einem bestimmten Thema zu sammeln, auszuwerten und zu beurteilen. Man kann im Internet oder in der Bibliothek nach Informationen suchen. Ein Problem, das sich bei der Recherche oft stellt, ist die Informationsfülle. Welche Informationen soll man für das Thema verwenden, was ist von Bedeutung, was ist eher unwichtig und stimmen auch alle Aussagen, die man im Internet gefunden hat? Um bei all diesen Problemen den Überblick nicht zu verlieren, ist es sinnvoll, eine Recherche mithilfe eines Rechercheplakates durchführen. Das Rechercheplakat ist ein wichtiges Hilfsmittel, um in der Fülle der Informationen den Überblick zu behalten. Es stellt eine Orientierungshilfe bei der Recherche dar.

1 *Beispiel für eine Suchmaschine*

2 *Bibliothek*

Du hast dich im Biologieunterricht bereits mit verschiedenen Evolutionstheorien zur Entstehung von Arten auseinandergesetzt und Indizien für die Evolution kennengelernt. Es gibt aber auch Personen, die die Evolutionstheorie ablehnen. Sie glauben, dass Gott allein die heutigen Lebewesen geschaffen hat. Anhänger dieser Vorstellung heißen „Kreationisten" (lat. *creare* = schöpfen). Mit den Ideen und Vorstellungen der Kreationisten sollst du dich kritisch in einem Referat zum Thema „Kreationismus – zwischen Bibel und Wissenschaft" auseinandersetzen.

Die Evolutionstheorie ist in den Augen der Kreationisten falsch!

Bei den Kreationisten handelt es sich um Gegner der Evolutionstheorie von Charles Darwin. Sie sind der festen Überzeugung, dass sich der Mensch nicht evolutionär aus dem Tierreich entwickelt hat, sondern von Gott geschaffen wurde. Ihren Schwerpunkt haben die Kreationisten in den USA. Aber auch in Deutschland nehmen circa 1,3 Millionen Menschen den Schöpfungsbericht in der Bibel wörtlich. Die Anhänger dieser Vorstellung fordern, dass ihre Sichtweise auch im Biologieunterricht behandelt werden soll.

3 *Ausgangstext*

Methode

Mithilfe eines Rechercheplakates kannst du Informationen zu diesem Thema sammeln, auswerten und bewerten.

1. Vorbereitung: Für ein Rechercheplakat benötigst du ein großes Blatt (DIN A2), Stifte und Kleber.

2. Themenfindung: Du benötigst ein konkretes Thema wie z.B. „Kreationismus –zwischen Bibel und Wissenschaft", um deine Recherche beginnen zu können.

3. Ausgangstext finden: Suche im Internet oder in Fachzeitschriften nach einem passenden Artikel zu deiner Fragestellung.

4. Inhalt wiedergeben: Klebe den Ausgangstext in die Mitte des Plakates und trage stichpunktartig den Inhalt in die Spalte „Textwissen" ein.

5. Vorwissen notieren: Trage in Stichpunkten in die Spalte „Vorwissen" all das ein, was du bereits über dein Thema weißt.

6. Suchwörter festhalten: Stelle mithilfe deiner bisherigen Ergebnisse Suchwörter zusammen, nach denen du suchen möchtest. Notiere sie in der Spalte „Suchwörter".

7. Recherchefragen formulieren: Formuliere mithilfe der Suchwörter Fragen, damit du weißt, zu welchen Aspekten deines Themas du Informationen suchst. Halte sie in der Spalte „Recherchefragen" fest.

8. Recherchieren: Suche im Internet oder in Sachbüchern, Zeitschriften oder Lexika nach passenden Informationen.

9. Bewerten der gefundenen Informationen: Bevor du die gefundenen Informationen verwendest, solltest du diese auf ihre Richtigkeit bzw. Seriosität überprüfen. Beachte beim Verwenden von Suchmaschinen, dass die Reihenfolge der gefundenen Internetseiten nichts über deren Güte aussagt. Oft verbergen sich hinter den ersten Treffern Seiten von Unternehmen, die Geld dafür bezahlt haben, dass diese als erste Treffer angezeigt werden. Bedenke, dass bei Wikipedia und anderen freien Nachschlagewerken jedermann Informationen veröffentlichen kann. So können auch Unwahrheiten verbreitet werden. Denke daran, dass ein Blog oft die Meinung seines Verfassers wiedergibt. Diese muss nicht immer den Tatsachen entsprechen.

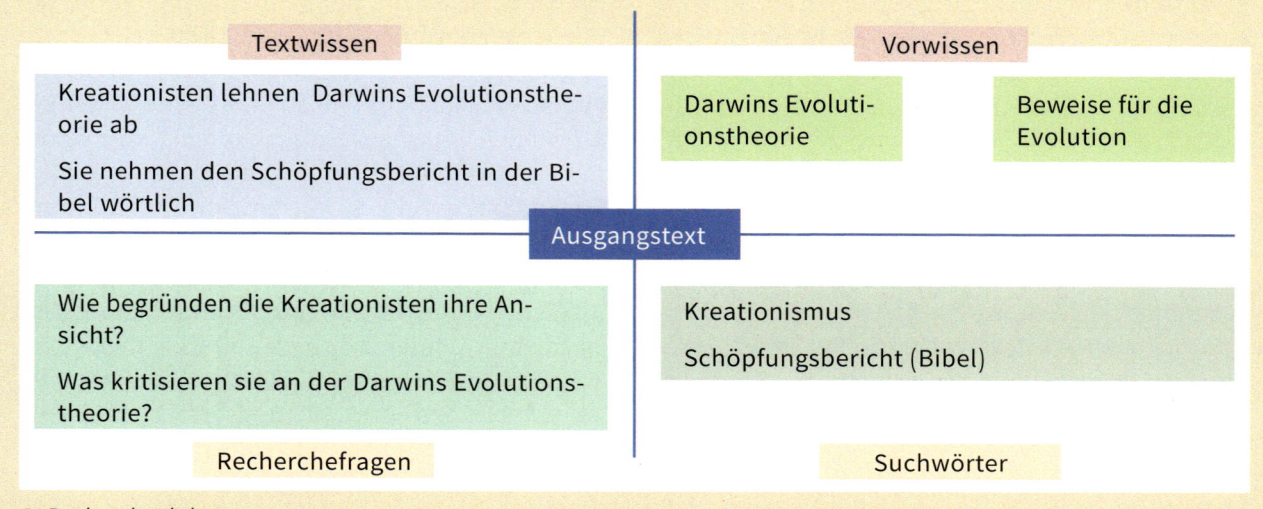

Textwissen	Vorwissen
Kreationisten lehnen Darwins Evolutionstheorie ab Sie nehmen den Schöpfungsbericht in der Bibel wörtlich	Darwins Evolutionstheorie Beweise für die Evolution
Ausgangstext	
Wie begründen die Kreationisten ihre Ansicht? Was kritisieren sie an der Darwins Evolutionstheorie?	Kreationismus Schöpfungsbericht (Bibel)
Recherchefragen	Suchwörter

4 *Rechercheplakat*

7.3 Variabilität und Selektion sind wichtige Evolutionsfaktoren

1 Genetische Variabilität bei Schnirkelschnecken

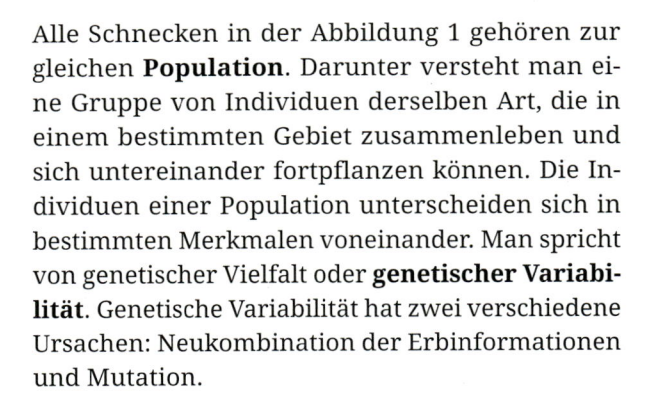

2 Einige Varianten des Zweipunkt-Marienkäfers

Alle Schnecken in der Abbildung 1 gehören zur gleichen **Population**. Darunter versteht man eine Gruppe von Individuen derselben Art, die in einem bestimmten Gebiet zusammenleben und sich untereinander fortpflanzen können. Die Individuen einer Population unterscheiden sich in bestimmten Merkmalen voneinander. Man spricht von genetischer Vielfalt oder **genetischer Variabilität**. Genetische Variabilität hat zwei verschiedene Ursachen: Neukombination der Erbinformationen und Mutation.

Unter **Neukombination** versteht man das Vermischen der elterlichen Erbinformation während der Bildung der Geschlechtszellen und bei der Befruchtung. Neue Merkmale entstehen dabei nicht. **Mutationen** sind nicht zielgerichtete Veränderungen der Erbinformation, die zur Ausbildung neuer Merkmale führen können. Oft sind Mutationen nachteilig für das betreffende Lebewesen. Manchmal können Mutationen aber auch vorteilhaft sein. Man nennt die Merkmale und Verhaltensweisen, die in der Auseinandersetzung mit der Umwelt vorteilhaft sind, **Angepasstheiten**. Lebewesen mit vorteilhaften Merkmalen haben eine höhere Wahrscheinlichkeit, sich fortzupflanzen und ihre Erbinformationen an die Nachkommen weiterzugeben als Lebewesen mit weniger vorteilhaften Merkmalen. Man spricht von einer **natürlichen Auslese** oder **Selektion**. Das Zusammenspiel von Mutation und Selektion kann zur Entstehung neuer Arten führen. Daher nennt man sie **Evolutionsfaktoren**.

Ein Beispiel für das Zusammenwirken von genetischer Variabilität und natürlicher Auslese ist der Zweipunkt-Marienkäfer. Von ihm gibt es über 80 genetisch bedingte Varianten mit roter Grundfarbe und dunklen Punkten auf den Flügeldecken und mit schwarzer Grundfarbe und roten Punkten (Abb. 2). Wie alle Insekten sind diese Käfer wechselwarm. Allerdings kann Lichtabsorption ihre Körpertemperatur beeinflussen, weil dabei Licht zum Teil in Wärme umgewandelt wird. In Versuchen mit 18 Grad Celsius Umgebungstemperatur stieg durch Beleuchtung die Körpertemperatur der schwarzen Käfer auf 23,5 Grad Celsius, die der roten Käfer nur auf 21 Grad Celsius. Da mit erhöhter Körpertemperatur die Stoffwechselaktivität steigt, benötigen schwarze Zweipunkt-Marienkäfer mehr Nahrung. Während der Winterstarre nimmt die Körpertemperatur ab und die Käfer zehren von ihren Fettreserven. Wegen ihrer etwas erhöhten Stoffwechselaktivität, drohen die schwarzen Käfer eher zu verhungern als die roten. Daher findet man im Frühjahr überwiegend rote Zweipunkt-Marienkäfer (Abb. 3). Aufgrund ihrer höheren Stoffwechselaktivität haben die schwarzen Käfer bei sommerlicher Wärme eine höhere Fortpflanzungsrate (Abb. 4). Durch natürliche Auslese werden im Winter die roten Käfer begünstigt, im Sommer die schwarzen. Über ein Jahr betrachtet ist dadurch der Fortpflanzungserfolg größer, als wenn es nur schwarze oder nur rote Zweipunkt-Marienkäfer gäbe.

1. Natürliche Auslese beim Zweipunkt-Marienkäfer.
a) Erläutere die Abbildung 3. Benutze dabei die Angaben in Abbildung 4 und im Grundwissen-Text.
b) Begründe unter Bezug auf Abbildung 4, dass der gesamte jährliche Fortpflanzungserfolg von schwarzen und roten Varianten zusammen größer ist als wenn es nur schwarze oder nur rote Varianten gäbe.
c) Überprüfe, ob die folgende Aussage richtig oder falsch ist: „Ohne die roten Zweipunkt-Marienkäfer mit der niedrigeren Stoffwechselaktivität wäre diese Art vom Aussterben bedroht".

2. Kohlzüchtung. Abbildung 5 zeigt Kohlsorten die der Mensch durch künstliche Auslese gezüchtet hat. Vergleiche die künstliche Auslese mit der natürlichen Auslese.

3. Modellversuch zur Selektion. Schneidet 50 rote und 50 grüne Trinkhalme jeweils in drei etwa gleich lange Stücke. Diese Stücke stellen „Insekten" dar. Mehrere Schüler sind Fressfeinde der Insekten, zum Beispiel Singvögel. Verteilt auf einer etwa 15x15 m großen Rasenfläche je 100 rote und grüne Trinkhalmstückchen. Fünf „Singvögel" sollen innerhalb von 30 Sekunden möglichst viele „Insekten" aufsammeln. Zählt die gesammelten Stücke nach Rot und Grün getrennt aus. Bewertet das Ergebnis. Erläutert, welche Entsprechungen es zwischen Modellversuch und natürlicher Auslese in der Natur gibt. Begründe, welche Bedingungen im Modellversuch vereinfacht worden sind. Plant eine Verbesserung des Versuchs, bei dem auch die Fortpflanzung der unterschiedlich angepassten „Insekten" eine Rolle spielt.

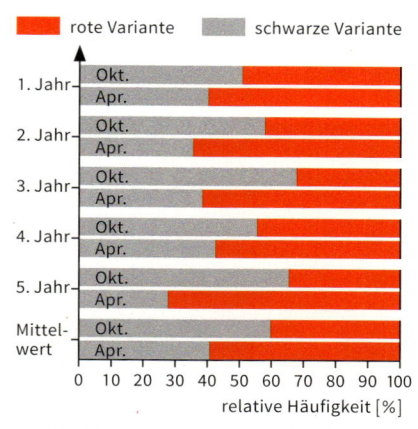

3 Häufigkeit der roten und schwarzen Varianten im Frühjahr und Herbst

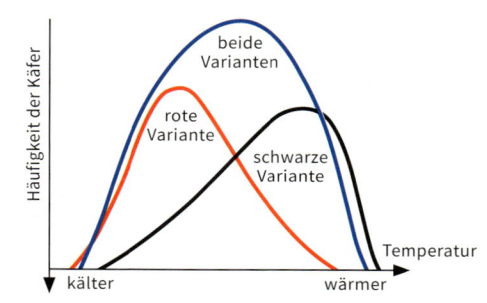

4 Fortpflanzungserfolg der roten und schwarzen Varianten bei verschiedenen Temperaturen

5 Züchtung verschiedener Kohlsorten durch künstliche Auslese

7.4 Der Birkenspanner – Angepasstheit durch Mutation und Selektion

1 *Luftverschmutzung durch Industrialisierung im 19. Jahrhundert*

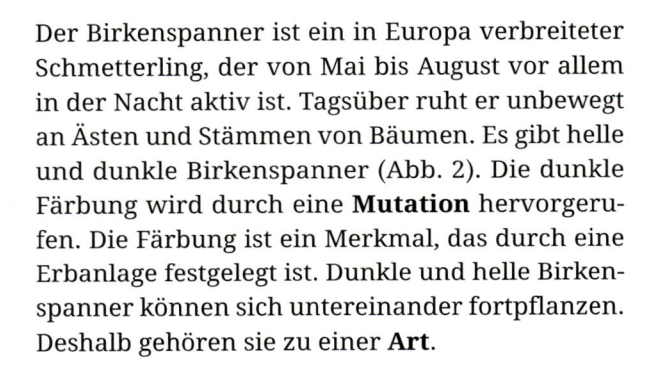

2 *Dunkler und heller Birkenspanner auf heller Birkenborke*

Der Birkenspanner ist ein in Europa verbreiteter Schmetterling, der von Mai bis August vor allem in der Nacht aktiv ist. Tagsüber ruht er unbewegt an Ästen und Stämmen von Bäumen. Es gibt helle und dunkle Birkenspanner (Abb. 2). Die dunkle Färbung wird durch eine **Mutation** hervorgerufen. Die Färbung ist ein Merkmal, das durch eine Erbanlage festgelegt ist. Dunkle und helle Birkenspanner können sich untereinander fortpflanzen. Deshalb gehören sie zu einer **Art**.

Fressfeinde des Birkenspanners sind Singvögel wie Rotkehlchen, Singdrosseln oder Goldammern. Auf hellem Untergrund wie zum Beispiel der Borke der Birke sind helle Birkenspanner besser getarnt als dunkle Birkenspanner. Auf einem hellen Untergrund sind helle Birkenspanner von ihren Fressfeinden kaum zu entdecken. Auf dunklem Untergrund ist dagegen die dunkle Färbung ein vorteilhaftes Merkmal.

Man nennt Merkmale eines Lebewesens, die in der Auseinandersetzung mit der Umwelt vorteilhaft sind, **Angepasstheiten**. Lebewesen mit vorteilhaften Merkmalen haben in der Regel bessere Chancen zu überleben und einen höheren Fortpflanzungserfolg als Lebewesen mit weniger vorteilhaften Merkmalen. Unter **Fortpflanzungserfolg** versteht man die Wahrscheinlichkeit eines Lebewesens, sich fortzupflanzen und seine Erbanlagen an die Nachkommen weiterzugeben. Man spricht von **natürlicher Auslese** oder **Selektion**. Damit ist gemeint, dass Individuen einer Art aufgrund unterschiedlicher Ausprägung erblicher Merkmale unterschiedlichen Fortpflanzungserfolg haben.

Im 19. Jahrhundert kam es infolge der Industrialisierung in Europa zu starker Luftverschmutzung durch Ruß und Staub (Abb. 1). Bei der Verbrennung von Steinkohle wurden giftige Schwefelverbindungen in die Luft freigesetzt. In England führte die Luftverschmutzung in der zweiten Hälfte des 19. Jahrhunderts vor allem in den Industrieregionen dazu, dass die Borke der Bäume durch Ablagerung von Ruß und Staub dunkler wurde. Im Jahr 1848 wurden in der Nähe von Manchester (England) nur einige dunkle Exemplare des Birkenspanners gefunden. 1895 waren dort bereits 95 Prozent der Birkenspanner dunkel. Noch bis zur Mitte des 20. Jahrhunderts war in der Nähe der Industriegebiete der weitaus größte Teil der Birkenspanner dunkel, während in unbelasteten ländlichen Regionen helle Birkenspanner sehr häufig waren. In der zweiten Hälfte des 20. Jahrhunderts verbesserte sich die Luft durch Umweltschutzmaßnahmen. Seitdem geht der Anteil der dunklen Birkenspanner in den Industrieregionen Englands zurück (Abb. 4).

1. Angepasstheit durch natürliche Auslese beim Birkenspanner.
a) Lies den Text auf der linken Seite. Erläutere folgende Begriffe: Angepasstheit, Fortpflanzungserfolg, natürliche Auslese (Selektion), Mutation.
b) Beschreibe mithilfe des Textes und Abbildung 4 die wesentlichen Veränderungen in der Häufigkeit dunkler und heller Birkenspanner in den Industrieregionen Englands von der Mitte des 19. Jahrhunderts bis zum Ende des 20. Jahrhunderts.
c) Begründe die Veränderungen in der Häufigkeit des Birkenspanners.

2. Gedanken-Modell zur natürlichen Auslese. Stelle deinen Mitschülerinnen und Mitschülern in einem Kurzreferat den Vorgang der natürlichen Auslese am Beispiel der Abbildung 5 dar. Berücksichtige dabei unter anderem folgende Begriffe: Art, erbliches Merkmal, Merkmalsunterschiede zwischen Individuen, Angepasstheit(en), Überlebenschancen, Fortpflanzungserfolg, natürliche Auslese (Selektion).

Baum	Standort 1		Standort 2	
	dunkle Birkenspanner	helle Birkenspanner	dunkle Birkenspanner	helle Birkenspanner
A	10	2	3	8
B	8	3	4	7
C	8	4	3	8
D	7	2	2	6
E	8	2	4	7
Summe				
Durchschnitt je Baum				

3 Anzahlen heller und dunkler Birkenspanner auf verschiedenen Bäumen

3. Häufigkeit der hellen und dunklen Birkenspanner an zwei verschiedenen Standorten. Im Jahre 1956 wurde an einem Standort im ländlichen Raum und an einem innerstädtischen Standort einer Großstadt in England zeitgleich an je fünf Bäumen die Zahl der auf der Borke ruhenden Birkenspanner gezählt (Abb. 3). Präsentiere die Daten der Tabelle in einem geeigneten Diagramm. Werte das Diagramm in Hinblick auf die Frage aus, welcher der beiden Standorte innerstädtisch und welcher ländlich ist.

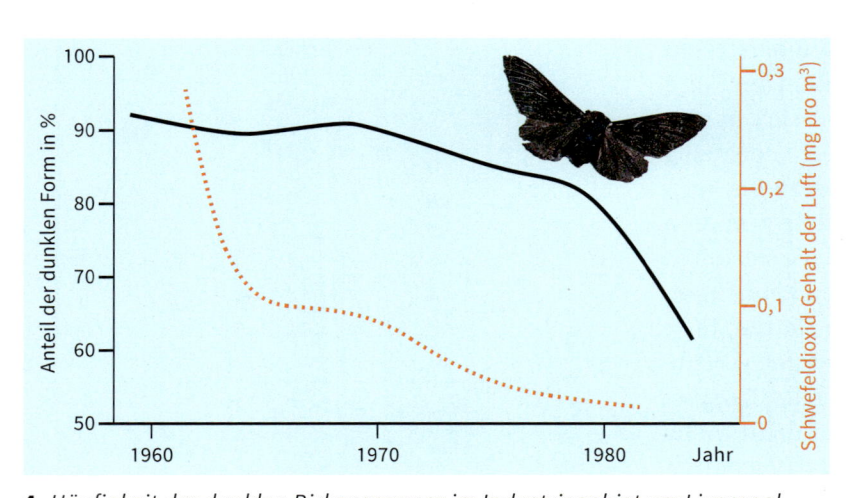

4 Häufigkeit der dunklen Birkenspanner im Industriegebiet um Liverpool

5 Gedanken-Modell zur natürlichen Auslese

7.5 Artbildung durch Wirkung von Evolutionsfaktoren

Manchmal werden Populationen durch Naturereignisse in zwei Gruppen gespalten. Ein Fluss kann zum Beispiel plötzlich seinen Lauf ändern und dadurch den Lebensraum einer Kaninchengruppe zerteilen. Der Austausch von Erbinformationen zwischen Mitgliedern der Population, der so genannte **Genfluss**, ist dann unterbrochen. Eine solche Unterbrechung des Genflusses bezeichnet man als **Isolation**. Die Isolation ist ein wichtiger Evolutionsfaktor, der die Entstehung neuer Tier- oder Pflanzenarten fördert.

Wenn in einer Population eine vorteilhafte **Mutation** auftritt, so kann sie sich nur innerhalb dieser Population ausbreiten. Selbst bei gleichen Umweltbedingungen entwickeln sich daher getrennte Populationen langsam auseinander. Wesentlich schneller verläuft die Auseinanderentwicklung, wenn die beiden Populationen durch Isolation, wie z. B. während der Eiszeit, unterschiedlichen Umweltbedingungen ausgesetzt sind. Da die Umweltbedingungen die Richtung der Evolution durch die **Selektion** steuern, verläuft die Evolution der beiden Populationen unterschiedlich.

Am Anfang sind sich die Individuen der beiden Populationen noch recht ähnlich. Sie gehören noch einer Art an, sie könnten sich noch paaren und fruchtbare Nachkommen hervorbringen, wenn sie nicht getrennt wären (Abb. 1). Je länger die Isolation andauert, desto mehr Mutationen treten auf, die das Aussehen und das Verhalten der Tiere verändern. Die Mutationen können sich in den Populationen ausbreiten, wenn sie nicht nachteilig sind. Einige der Mutationen verhindern die Fortpflanzung zwischen Tieren der beiden getrennten Populationen. Man sagt, Lebewesen, die sich nicht miteinander fortpflanzen können, sind voneinander isoliert. Alle Faktoren, die dazu führen, fasst man unter dem Begriff **Isolation** zusammen. Weibchen der einen Population finden zum Beispiel Männchen der anderen Population nicht mehr attraktiv, weil diese ein anderes Balzverhalten entwickelt haben, oder die Tiere der einen Population sind nachtaktiv, die der anderen dagegen tagaktiv. Selbst wenn nach langer Zeit die für die Isolation verantwortlichen Faktoren wegfallen, verhindern jetzt die entstandenen Unterschiede einen Genfluss zwischen beiden Populationen. Aus den beiden Populationen der einen Art sind zwei neue Arten entstanden. Es hat eine **Artaufspaltung** stattgefunden. So entstehen immer wieder neue Arten, es sterben allerdings auch Arten aus, wenn sie nicht so gut wie ihre Konkurrenten an die Umweltbedingungen angepasst sind. Heute sind es meist durch den Menschen verursachte Umweltveränderungen, die für das Aussterben von Arten verantwortlich sind.

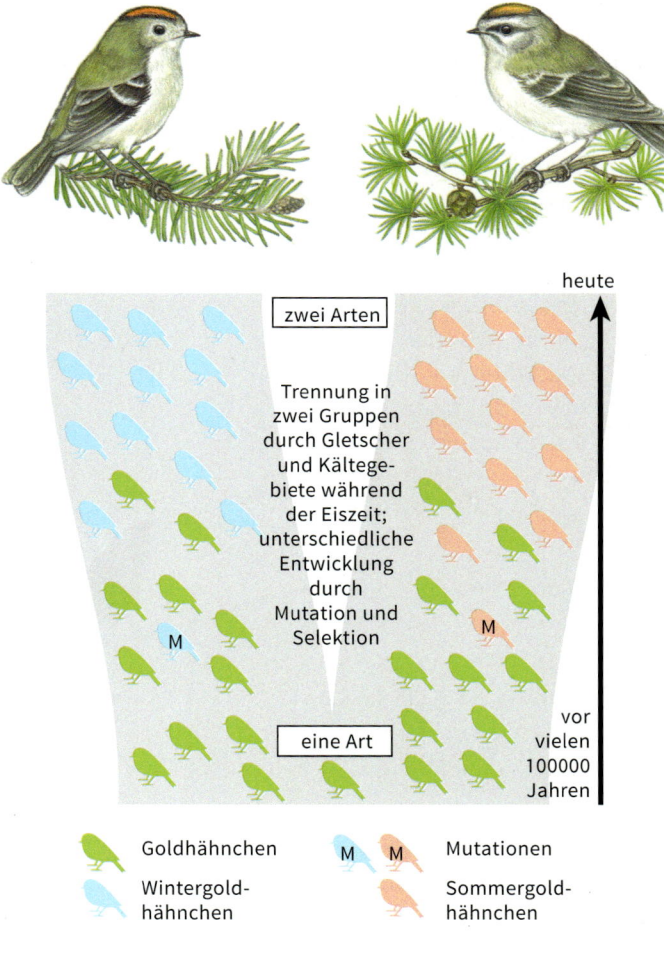

1 *Artbildung am Beispiel der Goldhähnchen*

2 Erdhörnchenart vom Süd- bzw. vom Nordrand des Grand Canyon

Canyon in den USA (Abb. 2). Die eine Art lebt am Südrand, die andere Art am Nordrand.
Die Art, die am Nordrand lebt, ist etwas kleiner als die Südrand-Art und hat einen Schwanz mit auffälliger weißer Unterseite. Dagegen haben sich Vögel, die auf beiden Seiten des Grand Canyon leben, nicht in unterschiedliche Arten aufgespalten.
a) Erläutere, wie es zur Artaufspaltung bei den Erdhörnchen gekommen sein könnte.
b) Begründe, warum es bei den Vögeln nicht zu einer vergleichbaren Artaufspaltung kam.

1. Grundbegriffe. Erläutere die Begriffe Population, Mutation, genetische Variabilität, Selektion, Angepasstheit, Separation, Isolationsmechanismus, Artbildung und Artaufspaltung an selbst gewählten Beispielen dieser Doppelseite.

2. Goldhähnchen. Beschreibe anhand der Abbildung 1 die Artbildung bei Winter- und Sommergoldhähnchen.

3. Erdhörnchen. Zwei Erdhörnchenarten bewohnen die gegenüberliegenden Ränder des Grand

4. Evolution von Vogelarten. Beschreibe anhand der Abbildung 3 die Evolution der abgebildeten Vögel. Rabenkrähe und Nebelkrähe haben im Überschneidungsgebiet fruchtbare Nachkommen untereinander.

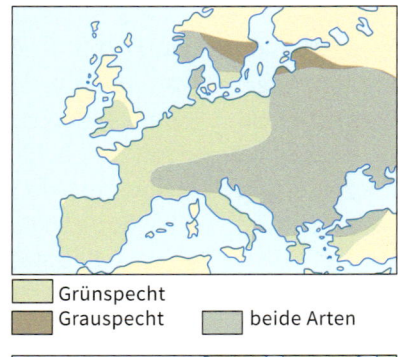

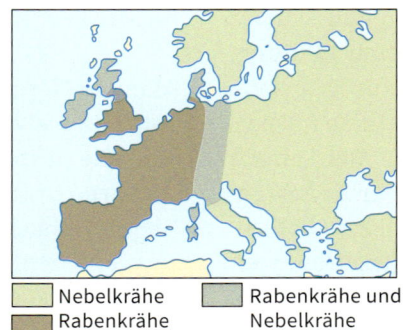

3 Vorkommen von Grauspecht (links) und Grünspecht sowie von Rabenkrähe (links) und Nebelkrähe

171

7.6 Wirken der Selektion – Tarnen und Warnen

1 Wespe

2 Schwebfliege

3 Schmetterling mit Augenflecken

4 Kupferglucke

5 Feuersalamander

6 Plattfisch

Getarnte Tiere werden seltener von Fressfeinden erbeutet als Tiere ohne Tarnung. Die Selektion bevorzugt also getarnte Tiere. Auch manche Jäger verfügen über eine **Tarnung**. Sie haben einen Selektionsvorteil, weil sie von der Beute bei der Jagd nicht vorzeitig entdeckt werden und somit erfolgreicher jagen können.

Bei einer **passiven Tarnung** sind Körperform und Körperfärbung genetisch so festgelegt, dass das Tier in seiner natürlichen Umgebung nur schwer zu erkennen ist (Abb. 4). Bei der **aktiven Tarnung**, zum Beispiel bei Plattfischen, nimmt das Tier seine jeweilige Umgebung wahr und passt seine Körperfarbe dieser Umgebung an (Abb. 6). Bei Faltern sind Augenflecken auf den Flügeln verbreitet. Sie wirken wie Augen eines größeren Tieres (Abb. 3). Häufig werden die Augenflecken verdeckt getragen und nur bei Gefahr gezeigt. Die Überraschung des Angreifers verschafft einen Vorteil bei der Flucht.

Manche Tiere fallen durch ihre auffällige Färbung auf (Abb. 1). Viele dieser Tiere sind wehrhaft oder sondern unangenehme Reizstoffe ab. Beispiele sind Bienen und Wespen. Diese Tiere signalisieren möglichen Fressfeinden, dass es sehr unangenehm sein kann, sie anzugreifen. Die auffällige Färbung ist eine **Warntracht**. Auch bei Tieren, die durch Reizstoffe ungenießbar sind, kommen Warntrachten vor. Ein Beispiel ist der Feuersalamander, der aus Drüsen auf seinem Rücken ein Nervengift versprühen kann (Abb. 5).

Manche Tiere, die Warntrachten tragen, täuschen nur vor, wehrhaft oder schlecht schmeckend zu sein. Sie profitieren von schlechten Erfahrungen, die ihre Fressfeinde mit den ähnlich aussehenden Tieren gemacht haben (Abb. 2). Dieses Phänomen, dass ein „Mime" eine andere Art, das „Modell", in Form, Farbe oder Verhalten imitiert, wird **Mimikry** genannt.

1. Ist Tarnung wirksam? Am Rand eines Wegs wurden Puppen des Kohlweißlings (Abb. 7), eines Schmetterlings, nach ihrer Sichtbarkeit im Pflanzenbewuchs in drei Gruppen eingeordnet:
1 = gut sichtbar, 2 = mittel und 3 = schlecht sichtbar. Nach einigen Tagen wurde kontrolliert, welche der Puppen gefressen waren und welche nicht (Abb. 8).

Gruppe	unversehrt	gefressen
1	14	9
2	18	11
3	23	7

8 Versuchsergebnisse

Rechne die Versuchsergebnisse in Prozentzahlen um und begründe, warum überraschend viele Puppen der Gruppe 1 überlebten.

7 Kohlweißlingpuppe

2. Korallenschlangen in Südamerika. In Südamerika findet man 75 Arten von Korallenschlangen, die alle die nahezu gleiche, auffällige Bänderung in den Farben Schwarz, Rot, Gelb zeigen (Abb. 10). Es gibt ungiftige, mäßig giftige und tödlich giftige Arten. Bei zufälligen Fängen von Korallenschlangen fand man Anzahlen, die als Maß für die Häufigkeit in der Natur gelten können:

a) Berechne aus den Angaben der Abbildung 9 für jedes Jahr das Verhältnis von „Vorbildern" V zu „Nachahmern" N.
b) Stelle Hypothesen auf, welche Eigenschaften Arten besitzen, die das „Vorbild" darstellen. Erkläre den Namen „Nachahmer". Begründe deine Überlegungen.

3. Blattförmige Tiere. Mimese ist eine Form der Tarnung, bei der Strukturen der unbelebten oder belebten Welt nachgeahmt werden. Nenne die mutmaßlichen Lebensräume der Tiere in Abbildung 11 und und begründe, ob es sich dabei um Analogien oder Homologien handelt.

4. Ähnlichkeit. Stelle dabei eine Hypothese auf, wie es zu dieser Ähnlichkeit gekommen sein könnte.

	1950	1951	1952	1953
„Vorbilder"	193	220	236	257
„Nachahmer"	84	67	87	83

9 Fangergebnisse bei Korallenschlangen

10 Korallenschlange

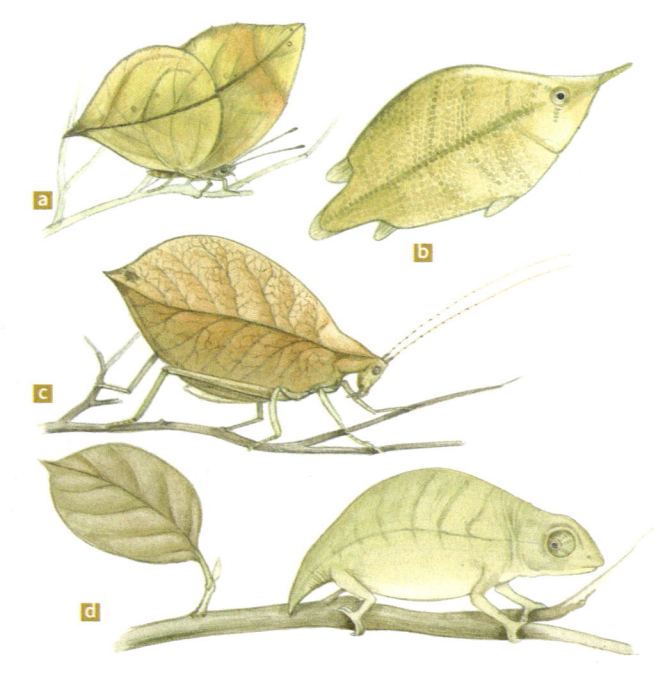

11 Mimese bei unterschiedlichen Tieren

8.1 Der Mensch und seine engsten Verwandten

| Orang-Utan 96,4 % | Gorilla 97,7 % | Schimpanse 99,4 % | Mensch |

Übereinstimmung mit der Erbinformation des Menschen

Menschenaffen

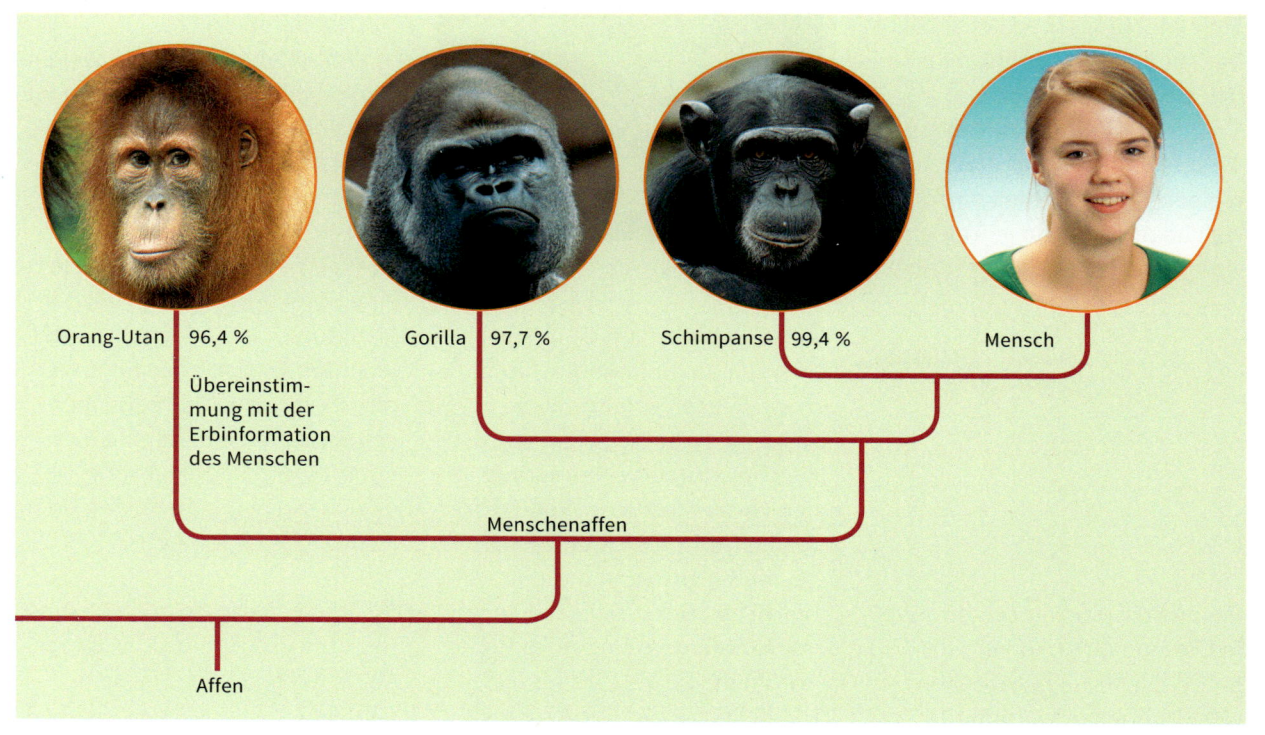

Affen

1 *Verwandtschaftsbeziehungen von Menschen und Menschenaffen*

Der Mensch besitzt eine Wirbelsäule und zwei Paar Gliedmaßen. Diese Merkmale weisen den Menschen als Wirbeltier aus. Der Mensch atmet durch Lungen. Seine oberste Hautschicht ist verhornt und zumindest teilweise mit Haaren bedeckt. Die Frau besitzt Milchdrüsen und ist lebendgebärend. Aufgrund dieser Merkmale gehört der Mensch zu den Säugetieren. Wenn man die Merkmale des Menschen mit denen anderer Säugetiere vergleicht, findet man die meisten Übereinstimmungen mit den **Menschenaffen**: Orang-Utan, Gorilla und Schimpanse.

Mensch und Menschenaffen sind verwandt, sie haben gemeinsame Vorfahren (Abb. 1). Der Schimpanse ist der nächste lebende Verwandte des Menschen. Beide unterscheiden sich nur wenig in ihrer Erbsubstanz und haben nur wenige unterschiedliche Merkmale. Die Unterschiede im Körperbau zwischen Mensch und Schimpanse hängen hauptsächlich damit zusammen, dass der Mensch dauerhaft aufrecht geht. Wirbelsäule, Becken und Beinskelett zeigen eine Anpassung an den aufrechten Gang. Das menschliche Gehirn ist etwa dreimal so groß und leistungsfähiger als das des Schimpansen. Mithilfe seines Gehirns kann der Mensch komplizierte Zusammenhänge zwischen Ursache und Wirkung erfassen. Daher kann er besser als der Schimpanse Werkzeuge und Geräte selbst herstellen und nutzen. Er kann in größerem Maße einsichtig handeln und über sich und seine Umwelt nachdenken, sich die Zukunft vorstellen und planen. Unterschiede am Kopf im Bereich von Kiefer, Gaumen und Kehlkopf ermöglichen dem Menschen das Sprechen. Die Fähigkeit, zu sprechen, ist der entscheidende Unterschied zum Schimpansen. Das Verhalten des Menschen hat aber auch angeborene Anteil, so genannte instinktive Verhaltensprogramme. Instinktive Verhaltensweisen wie die Stressreaktion sicherten das Überleben. Diese Verhaltensweisen sind älter als der Mensch selber und verweisen auf die Evolution.

1. Unterschiede Schimpanse – Mensch. Abbildung 2 zeigt körperliche Merkmale, in denen sich Mensch und Schimpanse unterscheiden. Liste die Unterschiede auf. Erkläre, welche Unterschiede mit dem aufrechten Gang des Menschen zusammenhängen.

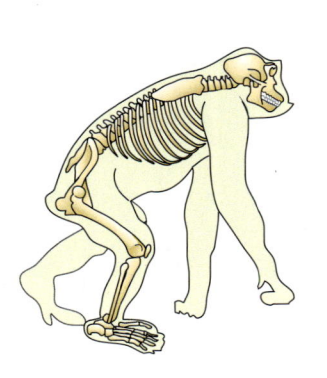

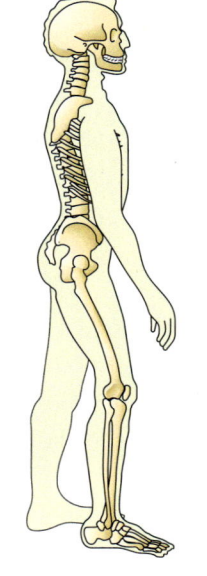

2. Forschungsbericht. „Ich möchte Ihnen ein Lebewesen vorstellen, das sich mit Gebärdensprache verständigen kann. Es versteht einfache, gesprochene Sätze. Es nimmt sich offensichtlich selbstbewusst wahr, denn es zeigt vor einem Spiegel selbstbezogenes Verhalten, z. B. untersucht es seine Zähne. Es erinnert sich an vergangene Ereignisse und kann sich über sie äußern. Es versteht zeitbezogene Wörter wie vorher, nachher und gestern. … Bei dem Lebewesen, das ich hier beschrieben habe, handelt es sich um Koko, ein dreijähriges Gorillaweibchen."
Erkläre, was diese Forschungsergebnisse über Gorillas aussagen.

3. Lebensweise von Schimpansen. Schimpansen leben in Gruppen. Sie verständigen sich mit verschiedenen Gesichtsausdrücken, Körperhaltungen und Lauten. Gruppenmitglieder teilen ihre Nahrung untereinander. In Schimpansengruppen sind wütende Auseinandersetzungen zu beobachten, aber auch Beschwichtigungen und Versöhnungen. Die Kindheit eines Schimpansen dauert etwa acht Jahre. In dieser Zeit lernt der junge Schimpanse viel von anderen Gruppenmitgliedern.
Stelle Gemeinsamkeiten in der Lebensweise von Schimpanse und Mensch zusammen.

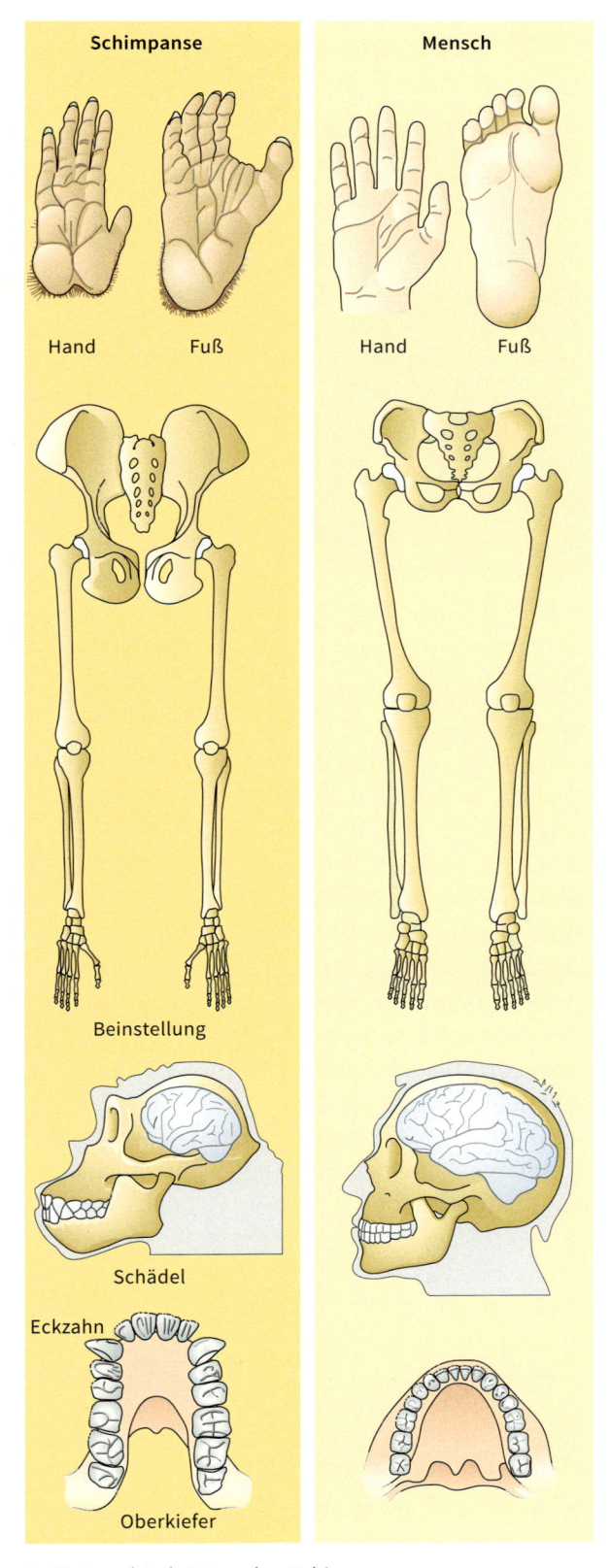

2 *Unterschiede Mensch – Schimpanse*

8.2 Geschichte der Menschwerdung

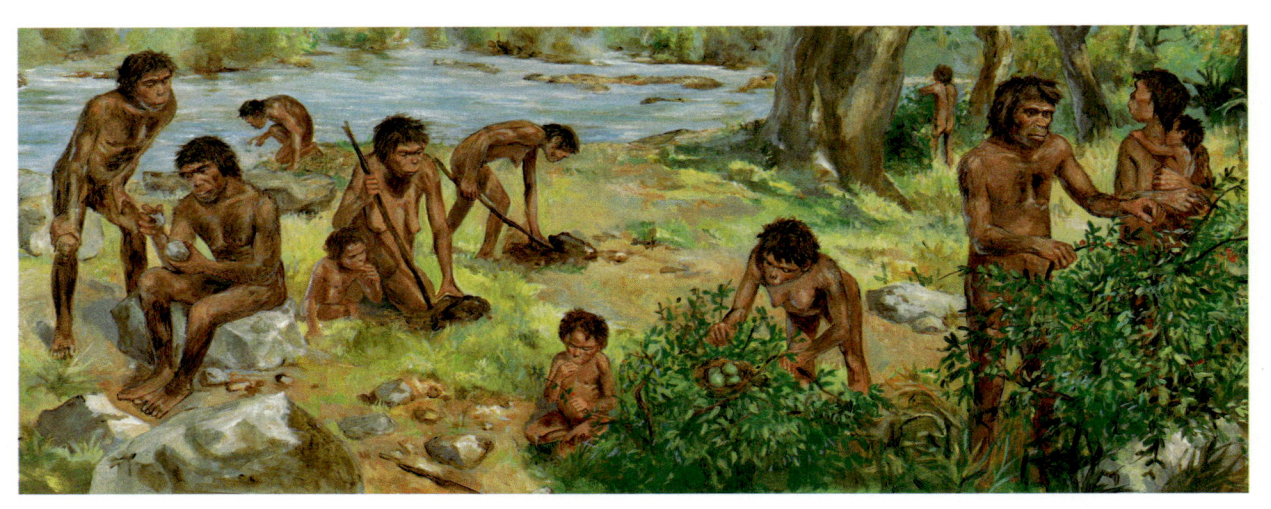

1 *Rekonstruktion einer Gruppe Frühmenschen am Ufer eines Sees in Afrika vor 1,8 Millionen Jahren*

Vor etwa sechs bis sieben Millionen Jahren lebten im tropischen Afrika die letzten gemeinsamen Vorfahren von heutigen Schimpansen und Menschen. Als der Mensch sich aus tierischen Vorfahren entwickelte, begann das **Tier-Mensch-Übergangsfeld**. Das Klima kühlte sich weltweit allmählich ab und der tropische Regenwald ging zurück. Immer mehr Grasland mit kleinen Wäldern und Einzelbäumen entstand. Während die Vorfahren der Schimpansen Bewohner des tropischen Regenwaldes blieben, war die offene Baum-Savanne der Lebensraum des Vormenschen *Australopithecus*. Die **Vormenschen** durchstreiften aufrecht gehend die Savanne in kleinen Gruppen auf der Suche nach pflanzlicher Nahrung und kleinen Tieren. Das Gehirnvolumen dieser Vormenschen entsprach etwa dem heute lebender Schimpansen. Vor ungefähr 2,4 bis 0,5 Millionen Jahren lebten die **Frühmenschen**, zunächst in Afrika, später auch in Asien und Europa. Zu den Frühmenschen gehört unter anderem *Homo habilis*; er lebte vor circa 2,4 bis 1,6 Millionen Jahren (Abb. 1). Außerdem zählt der *Homo erectus* zu den Frühmenschen; er lebte vor 1,8 bis 0,5 Millionen Jahren.

Vor allem in die Zeit des *Homo erectus* fallen Veränderungen, die für die Menschwerdung sehr bedeutungsvoll sind: Das Gehirnvolumen vergrößerte sich beträchtlich und damit auch die Intelligenz, das Lernvermögen und das Gedächtnis. Zum Aufbau eines großen Gehirns benötigt man viele Proteine. Die Gehirntätigkeiten selbst sind sehr energiebedürftig. Fleisch spielte eine größere Rolle in der Ernährung. Fleisch ist protein- und fettreich und daher energiereich. Neben das Sammeln von Nahrung trat die gemeinsame Jagd auf größere Tiere. Man spricht von der Lebensweise der Sammler und Jäger. Das Zusammenleben in den Gruppen der Frühmenschen wurde allmählich vielschichtiger. Die Gruppengröße nahm zu. Arbeitsteilung und Zusammenarbeit sowie gemeinsame vorausschauende Planungen waren für das Überleben vorteilhaft. Die Herstellung von Werkzeugen wurde in der Frühmenschenzeit vielfältiger. Die Phase der Kindheit verlängerte sich. Die Eltern kümmerten sich länger um ihre Kinder. Nur wenige Kinder konnten großgezogen werden, diese wurden jedoch intensiv betreut. In der Kindheit wird besonders viel gelernt, beim Spielen und durch Eltern, Geschwister und andere Gruppenmitglieder. Aus den Frühmenschen entwickelte sich in Afrika im Laufe von Hunderttausenden von Jahren der moderne Mensch, der **Jetztmensch**, *Homo sapiens*. Vor etwa 200 000 Jahren breitete er sich von Afrika über die ganze Erde aus. In Mitteleuropa trat er vor etwa 40 000 Jahren das erste Mal auf.

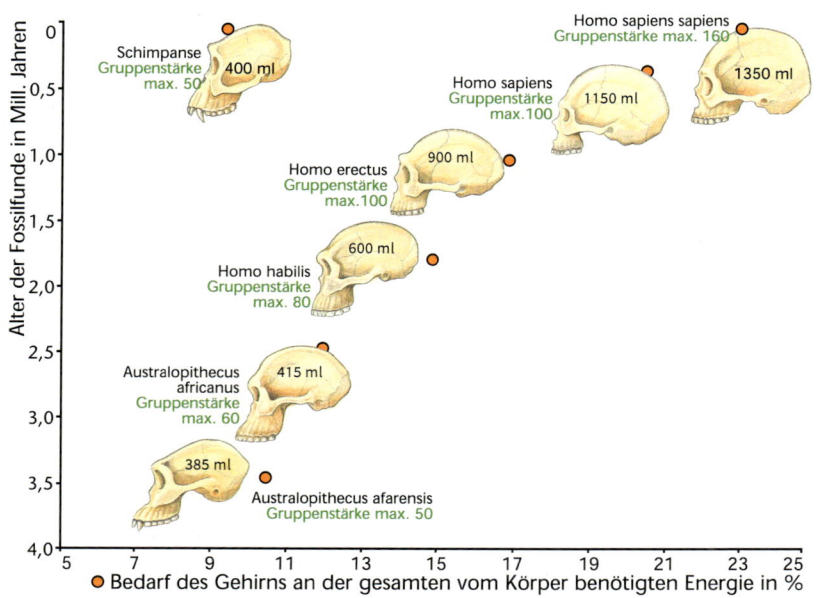

2 *Zusammenhang von Gehirnentwicklung, Gruppenstärke und der vom Gehirn benötigten Energie*

1. Leben der Frühmenschen.
a) Beschreibe Abbildung 1 zunächst in sachlicher Weise. Füge deiner Beschreibung dann Deutungen hinzu. Beachte dabei folgende Gesichtspunkte: Ernährungsweise, Lernvermögen, Werkzeugherstellung, Bedeutung der Kindheit, Anzahl der Nachkommen. Nenne die für das Überleben vorteilhaften Eigenschaften dieser Frühmenschen.
b) Nenne die fünf wichtigsten Sachverhalte, die ein Kind deiner Meinung nach bei den Frühmenschen lernen musste, um zu überleben.

2. Entwicklung von Schädel und Gehirn.
a) Vergleiche die abgebildeten Schädel nach folgenden Kriterien: Form des vorderen Teils des Schädels und Form der Stirn, Überaugenwulst, Form des Hinterhaupts (Abb. 2).
b) Formuliere Trends bei der Evolution der Schädelform.
c) Zeichne ein Diagramm zur Entwicklung des Gehirnvolumens (Abb. 2). Stelle die Ergebnisse in einem kurzen Text dar.
d) Erkläre den während der Evolution zunehmenden Energiebedarf des Gehirns (Abb. 2).

3. Verschiedene Ansichten über die Menschwerdung. Im vergangenen Jahrhundert gab es verschiedene Ansichten über die Menschwerdung. Einig war man sich nur darin, dass Kultur, der Übergang zum Bodenleben, die Entwicklung des aufrechten Ganges und die Vergrößerung des Gehirns notwendige Schritte in der Menschwerdung waren. Gestritten wurde darüber, in welcher Reihenfolge diese Schritte auftraten (Abb. 3). Diskutiert darüber, welches der Modelle a bis d am ehesten zutrifft. Begründet eure Auswahl.

4. Gehirnvolumen und Gruppengröße. Stelle eine Hypothese über den Zusammenhang zwischen Gehirnvolumen und Gruppengröße auf.

3 *Verschiedene Modelle der Menschwerdung*

177

8.3 Wie wir wurden, was wir sind

Die Wortsprache. Allein Menschen sind in der Lage, sich mit Worten zu verständigen. Die Wortsprache ermöglicht es Menschen zusammen mit dem umfassenden Gedächtnis, sich über Vergangenes, Zukünftiges und alles, was nicht unmittelbar wahrzunehmen ist, zu verständigen. Während des Sprechens sind die Hände frei für Tätigkeiten. Große Bedeutung hat die Wortsprache für die mitmenschlichen Beziehungen in einer Gruppe von Menschen. Mithilfe der Wortsprache lassen sich mitmenschliche Beziehungen umfassend gestalten.

Einsichtiges Verhalten und vorausschauende Planungen. Unter einsichtigem Verhalten versteht man die Fähigkeit, komplexe Situationen zu erfassen, in Gedanken verschiedene Möglichkeiten auszuprobieren und dann planmäßig zu handeln. Durch Einsicht lassen sich Ergebnisse und Folgen von Handlungen in Gedanken vorwegnehmen. Das ist die Voraussetzung für Planungen, also Verhalten in der Zukunft. Zum Beispiel ist es für die Herstellung eines Werkzeuges unerlässlich, in Gedanken die Schritte zur Herstellung vorwegzunehmen.

Der Mensch schafft Kultur.
Zu den Besonderheiten der Menschen gehört, dass sich im Laufe der Evolution verschiedene Fähigkeiten herausbildeten, die zusammen die kulturelle Entwicklung des Menschen begründen. Unter Kultur versteht man alles von Menschen und Menschengruppen Geschaffene. Dazu gehören Gegenstände ebenso wie geistige Errungenschaften. Religiosität ist eine Besonderheit des Menschen.

Arbeitsteilung, Kooperation und Zusammenarbeit. Viele Aufgaben in einer Menschengruppe werden effektiver und besser erledigt, wenn Arbeitsteilung und Kooperation vereinbart werden. Dann können sich Spezialisten auf besondere Tätigkeiten konzentrieren und es muss nicht jeder alles können.

Nutzung der Erfahrung anderer. Menschen können Erfahrungen von Generation zu Generation weitergeben. Man spricht von Überlieferung. Der Vorteil von Überlieferung besteht darin, dass jede Generation auf den Erfahrungen vorheriger Generationen aufbauen kann.

Herstellung und Nutzung von Werkzeugen. Es waren Werkzeuge, die dem Menschen viele Arbeiten erleichterten oder erst ermöglichten. Während die meisten Tiere spezialisiert sind und nur bestimmte Aufgaben durchführen können, ist der Mensch mithilfe seiner Werkzeuge äußerst vielseitig.

35000 v. Chr.: älteste Kunstwerke als Höhlenmalereien und Schnitzereien
6500 v. Chr.: erste Bilderschriften
3500 v. Chr.: Keilschrift in Mesopotamien
2600 v. Chr.: erste Tinte, die von Ägyptern und Chinesen aus Ruß und Wasser hergestellt wurde
190 v. Chr.: Pergament wurde als Schreibfläche genutzt. Zur Zeit der Römer entstanden die uns bekannten Schriftzeichen, die 26 Buchstaben des Alphabets.
1040 n. Chr.: In China wurden erstmals einzelne Schriftzeichen gedruckt.
1436: Buchdruck mit beweglichen Lettern und Metalltypengießgerät von Gutenberg erfunden
1609: erste Wochenzeitung
1650: erste Tageszeitung (in Leipzig)
1826: erste Fotografien
1861: Erfindung des Mikrofons
1861: Philipp Reis erfand das Telefon (Telefonleitungen sind noch heute ein wichtiges Transportmittel im Internet).
1894: erste Funksignale drahtlos übermittelt (Radio)
1903: erste brauchbare Farbfotografien
1925: erste öffentliche Fernsehvorführungen
1937: Vorläufer des Computers
1953: erstmals Farbfernsehen
1956: Videoband entwickelt
1969: erster Silizium-Mikroprozessor-Chip
1984: In diesem Jahr wurde erstmals die Grenze von 1000 miteinander vernetzten Rechnern überschritten.
heute: weltweite Informations- und Kommunikationsmöglichkeiten (Internet); elektronische Datenverarbeitung; riesige Mengen an Informationen können auf geringem Raum gespeichert und schnell abgerufen werden.

1 *Von der Höhlenmalerei zum Internet*

1. Von der Höhlenmalerei zum Internet. Lies die Angaben in Abbildung 1. Erkläre am Beispiel die Entwicklung der Nachrichtenübermittlung die Bedeutung der Fähigkeiten, die auf der Grundwissenseite erläutert werden.

2. Entdeckungen und Erfindungen. Stelle die folgenden Daten in einem geeigneten Diagramm dar. Bewerte die Aussagen des Diagramms.
11. Jahrhundert → 20 Entdeckungen
12. Jahrhundert → 40 Entdeckungen
13. Jahrhundert → 100 Entdeckungen
14. Jahrhundert → 50 Entdeckungen
15. Jahrhundert → 140 Entdeckungen
16. Jahrhundert → 180 Entdeckungen
17. Jahrhundert → 300 Entdeckungen
18. Jahrhundert → 700 Entdeckungen
19. Jahrhundert → 2200 Entdeckungen

3. Versuch: Untersuchung verschiedener Verständigungsmöglichkeiten. Ein Team aus drei oder vier Schülerinnen oder Schülern leitet diesen Versuch. Dieses überlegt sich drei unterschiedlich inhaltsreiche Mitteilungen, die sich auf Personen und Tätigkeiten in der Klasse beziehen, z. B.:
1. Gehe zur Tafel!
2. Peter hat gestern mit Paul Hausaufgaben in Mathematik gemacht.
3. Christine und Isabelle gehen übernächsten Samstag am späten Nachmittag ins Kino.
Diese Sätze werden der Klasse nicht mitgeteilt. Je zwei Schüler oder Schülerinnen erhalten vor der Tür einen der drei Sätze mitgeteilt. Sie sollen ohne Worte allein durch Gestik und Mimik den jeweiligen Satz verdeutlichen. Wie lange dauert es, bis der Satz verstanden wurde? Welche Worte wurden nur schwierig oder gar nicht erkannt? Vergleicht Informationsweitergabe mit Mimik und Gestik mit der Informationsweitergabe durch Wortsprache.

4. Pizza backen – ein kulturelles Ereignis. Stelle dir vor, du hast dich mit Freundinnen und Freunden verabredet, gemeinsam nach einem Rezept deiner Mutter eine Pizza zu backen. Erläutere an diesem Beispiel das Zusammenwirken von vorausschauender Planung, Wortsprache, Werkzeuggebrauch, Arbeitsteilung und Kooperation sowie Überlieferung.

8.4 Menschen – verschieden und doch gleich

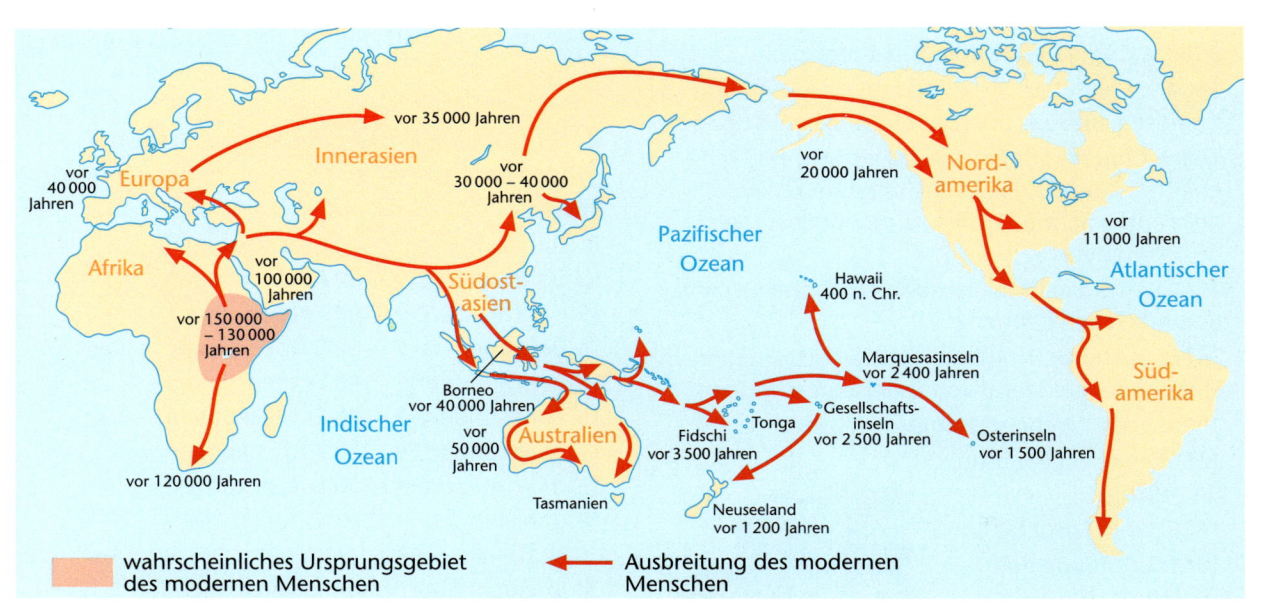

1 *Wahrscheinliche Ausbreitungswege des modernen Menschen (Homo sapiens)*

Alle heute lebenden Menschen haben einen gemeinsamen Ursprung. Man nimmt an, dass der moderne Mensch, *Homo sapiens*, vor etwa 150 000 Jahren von Afrika aus alle Kontinente besiedelte (Abb. 1).

Immer wieder hat man versucht, die Menschheit in Rassen einzuteilen. Mit **Rassen** meint man in der Biologie Gruppen von Lebewesen innerhalb einer Art, die sich in der Häufigkeit bestimmter erblicher Merkmale unterscheiden. Erst gegen Ende des 19. Jahrhunderts wurde der Rassenbegriff auf Menschen angewandt und von „Menschenrassen" gesprochen. Um typische Merkmale von „Menschenrassen" herauszufinden, wurden besonders in der ersten Hälfte des 20. Jahrhunderts Menschen aller Kontinente vermessen, fotografiert und klassifiziert. Das Ergebnis war eine unüberschaubare Fülle unterschiedlicher Einteilungen. Manche Untersuchungen lieferten drei Rassen, andere ein Dutzend und einige sogar über sechzig „Menschenrassen". Das geschah, weil die Merkmale zur Abgrenzung von Rassen stets willkürlich waren.

Auch die Hautfarbe ist als Unterscheidungskriterium nicht geeignet, denn keine Menschengruppe ist bezüglich der Hautfarbe erblich einheitlich. So finden sich innerhalb einer Menschengruppe mehr oder weniger große Abstufungen in der Hautfarbe. Menschen mit gelblicher Hautfarbe gibt es in vier verschiedenen Menschengruppen. Außerdem sind es nur vier der etwa 25 000 Gene des Menschen, die über die Ausprägung der Hautfarbe bestimmen. Die Hautfarbe ist nicht Ausdruck verschiedener „Menschenrassen", sondern eine Angepasstheit an das Klima, in das Menschen einwanderten und wo sie längere Zeit lebten (Abb. 1, 2). Eine dunkle Haut schützt zum Beispiel vor schädlichen ultravioletten Strahlen.

Die genetischen Unterschiede zwischen den Menschen auf der Erde sind sehr gering. Zwei Menschen unterscheiden sich durchschnittlich nur in etwa 0,09 Prozent ihrer DNA. Dabei können die genetischen Unterschiede zwischen zwei Menschen derselben Gruppe, z. B. zwei Europäern, genauso groß oder sogar größer sein als zwischen zwei Menschen verschiedener Gruppen, z. B. einem Europäer und einem Asiaten. Diese Erkenntnisse belegen die biologische Gleichwertigkeit aller Menschengruppen

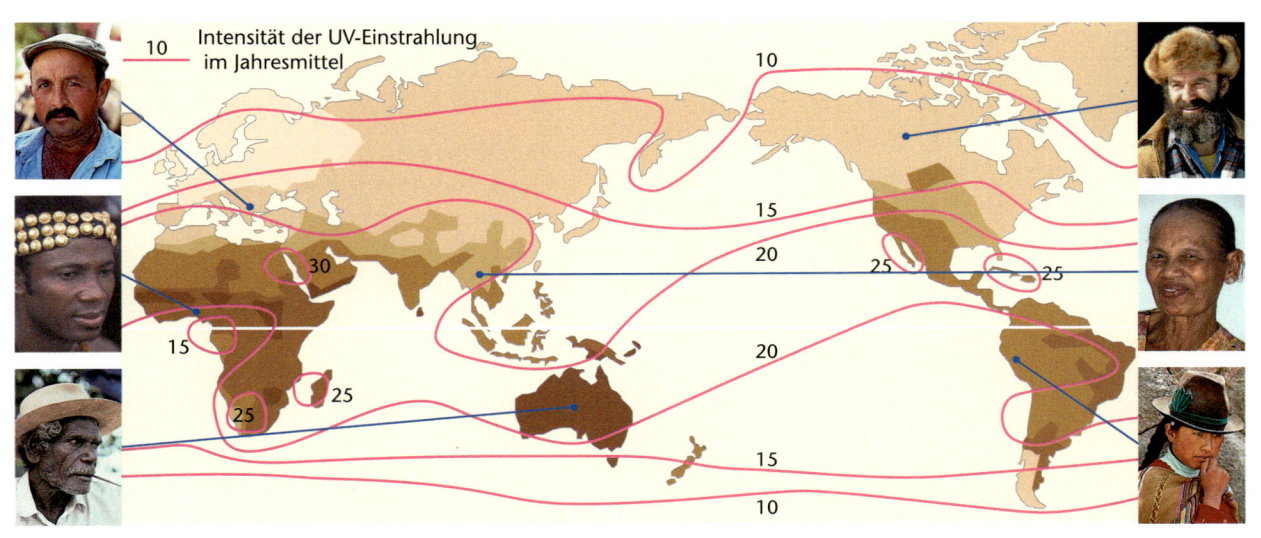

2 Verteilung der Hautfarben von Hell nach Dunkelbraun und UV-Einstrahlung (von 10 nach 30 zunehmend) auf der Erde

1. Rassismus. Beschreibe anhand des Textes in Abbildung 3, was man unter Rassismus versteht, und nenne Beispiele.

2. Hautfarbe. Werte die Abbildung 2 aus. Begründe, warum die Hautfarbe kein Kriterium für Rasseneinteilung ist (Abb. 2, 3).

3. Ausbreitung des modernen Menschen. Werte die Abbildung 1 aus.

Rassismus tritt weltweit und in vielen verschiedenen Formen auf. Es ist zutiefst menschenunwürdig und gegen die Menschen- und Grundrechte, dass Menschen sich anmaßen, den Wert anderer zu bestimmen. Es gibt viele Beispiele dafür, dass Mitglieder verschiedener Menschengruppen friedlich zusammenleben.

Die Hautfarbe ist zur Einteilung der Menschheit in Rassen ungeeignet. Die Hautfarbe ist ein polygen bedingtes Merkmal.

Die Nuancen der Hautfarbe sind eine Angepasstheit des Melaningehaltes in der Haut an diejenige Umwelt, in die Gruppen des Homo sapiens einwanderten und in denen sie längere Zeit lebten. Maßgeblich war dabei das Zusammenspiel zweier Prozesse: Einerseits die Schutzfunktion gegen UV-bedingte Zellschäden (dadurch wird eine dunkle Haut bei intensiver Sonneneinstrahlung begünstigt), andererseits die Vitamin-D-Synthese in der Haut mithilfe der Sonnenstrahlung (begünstigt eine helle Haut bei geringer Sonneneinstrahlung).

Umgangssprachlich werden mit dem Begriff „Rasse" häufig andere Völker, andere Kulturen oder eine Gruppe fremder Menschen bezeichnet. Man nennt es Rassismus, wenn einer Menschengruppe Eigenschaften unterstellt werden, durch die sie abgewertet, als unterlegen oder minderwertig eingestuft wird. Rassistische Vorurteile wurden in der Geschichte der Menschheit häufig zur Rechtfertigung von Aggressionen gegen andere Menschengruppen benutzt. Die fast vollständige Ausrottung der Indianer in Amerika wurde damit begründet, dass sie „schmutzige Wilde" seien. Das Vorurteil von der Überlegenheit der germanischen (arischen) „Rasse" und der Unterlegenheit der jüdischen „Rasse" diente im Nationalsozialismus als Rechtfertigung dafür, dass mehr als sechs Millionen Juden in Konzentrationslagern ermordet wurden. Beim Menschen ist die Anwendung des Begriffs „Rasse" in keiner Weise haltbar.

3 Stichwort: Rassismus

Wiederholen – Üben – Festigen zum Thema „Wie entsteht Angepasstheit?"

1. Einige Fachbegriffe zum Thema.
a) Erstellt ein Glossar für die im Begriffskasten genannten Begriffe (Abb. 1). Nutzt dazu auch die Worterklärungen am Ende des Buches.
b) Erstellt eine Concept-Map zum Thema „Der Birkenspanner – Angepasstheit durch Mutation und natürliche Auslese". Benutzt für die Concept-Maps auch die Begriffe im Begriffskasten. Präsentiert und vergleicht eure Concept-Maps.

Angepasstheiten, chemische Evolution, Individuum, Population, biologische Art, Art als Fortpflanzungsgemeinschaft, Fortpflanzungserfolg, biologische Evolution, natürliche Auslese, Selektion, künstliche Auslese, Züchtung, Stammbaum, Homologie, Analogie, genetische Vielfalt oder Variabilität.

1 Begriffskasten

2 a) Dunkler und heller Birkenspanner auf heller Birkenborke, b) Giraffen mit unterschiedlich langen Hälsen

3 Züchtung verschiedener Kohlsorten durch künstliche Auslese

2. Gemeinsamkeiten und Unterschiede in der Evolution der Birkenspanner und der Giraffen. Erläutere Gemeinsamkeiten und Unterschiede in der Evolution der Birkenspanner und der Giraffen (Abb. 2a und b).

3. Bedeutung der genetischen Variabilität. Erläutere anhand der Abbildung 2 und 3 die Bedeutung der genetischen Variabilität für die Entstehung von Angepasstheiten durch natürliche oder durch künstliche Auslese.

4. Biologische Art. Grünspecht und Grauspecht sind nah verwandt (Abb. 4). Dort, wo sich ihre Verbreitungsgebiete überschneiden, haben sie keine gemeinsamen Nachkommen. Rabenkrähe und Nebelkrähe haben in ihrem gemeinsamen Verbreitungsgebiet fruchtbare Nachkommen untereinander. Erläutere mithilfe dieser Beispiele den Begriff der biologischen Art.

Basiskonzepte

5. Basiskonzepte und das Thema „Wie entsteht Angepasstheit?". In der Abbildung unten sind noch einmal die Basiskonzepte in Kurzform dargestellt. Ausführliche Erläuterungen zu den Basiskonzepten findest du vorne im Buch. Ordne drei im Buch dargestellen Beispielen zum Thema „Wie entsteht Angepasstheit?" ein Basiskonzept oder mehrere Basiskonzepte begründet zu.

Grünspecht Grauspecht beide Arten

Nebelkrähe Rabenkrähe Rabenkrähe und Nebelkrähe

4 *Vorkommen von Grauspecht (oben links) und Grünspecht sowie von Rabenkrähe (unten links) und Nebelkrähe*

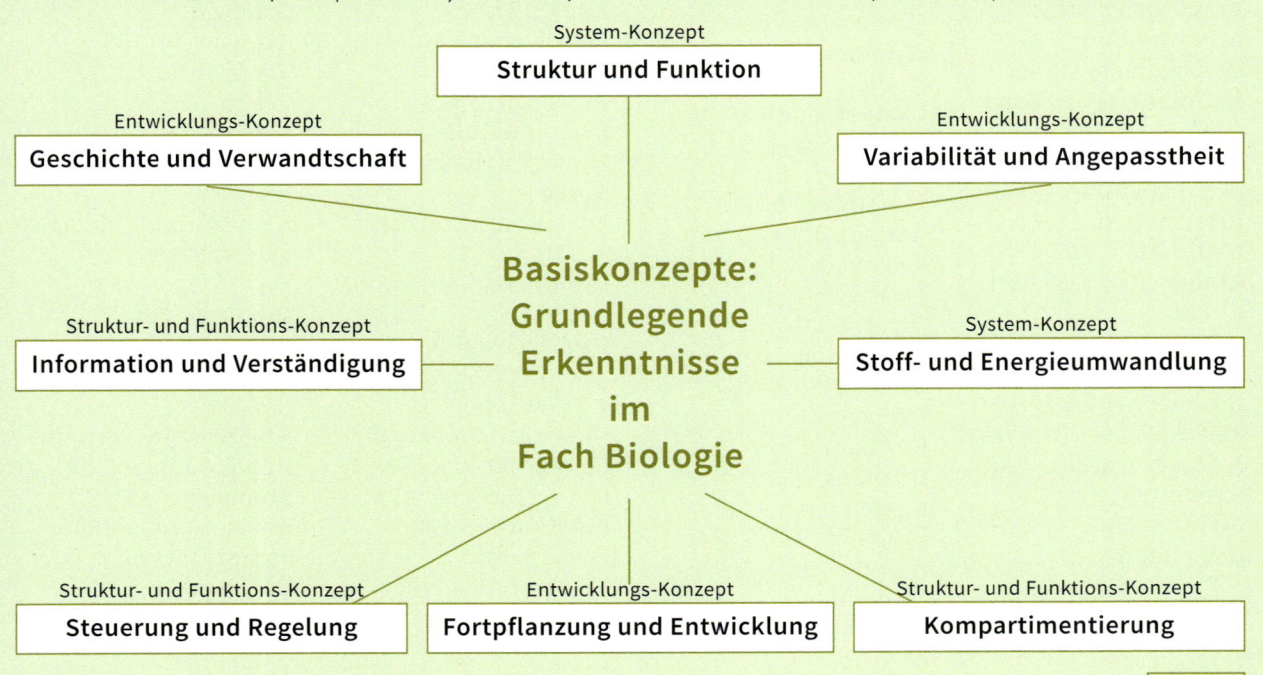

System-Konzept
Struktur und Funktion

Entwicklungs-Konzept
Geschichte und Verwandtschaft

Entwicklungs-Konzept
Variabilität und Angepasstheit

Struktur- und Funktions-Konzept
Information und Verständigung

System-Konzept
Stoff- und Energieumwandlung

Basiskonzepte: Grundlegende Erkenntnisse im Fach Biologie

Struktur- und Funktions-Konzept
Steuerung und Regelung

Entwicklungs-Konzept
Fortpflanzung und Entwicklung

Struktur- und Funktions-Konzept
Kompartimentierung

Stichwortverzeichnis

4M-Modell 74
5-Faktoren-Modell 75

A
Abhängigkeit 72
ABO-System 119
Abstammungstheorie 160
Acetabularia 85
Adrenalin 67
Aids 34
Akkommodation 52
Alkoholkonsum 78
Alkoholmissbrauch 78
Alkoholwerbung 78
Allel 105
Allergene 36
Allergie 36
Alzheimer-Erkrankung 59
Amniozentese 121
Amphibien 152
Amphib, Merkmal 153
anaerob 138
Analogie 150
Angepasstheit 168
Antibiotikaresistenz 28
Antibiotikum 14
Antigen 20
Antikörper 21
anwenden 6
Arbeitsgedächtnis 62
Arbeitsteilung 178
Archaeopteryx 148
Arcimboldo, Giuseppe 55
Art 158
Artaufspaltung 170
Artenvielfalt 158
Assoziation 62
Atmung, Stoffwechsel 138
Aufgabe 7
Auge 50
Auslese, natürlich 168
Auslese, natürliche 162
Auslesezüchtung 106
auswerten 6
Autosom 105
Axon 46, 59

B
Bakterien, multiresistent 28
Bakterium 12, 40
Basensequenz 88
Basiskonzepte 8
Bazille 12
Befruchtung 84
Befruchtung, künstlich 128
begründen 6
beobachten 6
Beratung, genetisch 116, 126
beschreiben 6
beurteilen 6
bewerten 6, 27
Bewerten, ethisch 130
Bildentstehung 52
Birkenspanner 168
Bluterkrankheit 116, 133, 183
Blutgruppe 118
Bluttransfusion 118
Borreliose 39
Brennpunkt 53
Brückentier 148
Burnout 69
B-Zelle 20

C
Cholera 13
Chromosom 86
Chromosomenmutation 108
Compsognathus 148
Crossing over 94

d
darstellen 6
Darwin, Charles 160
de Lamarck, Jean-Baptiste 162
Dendrit 46
Depression 70
Desoxyribose 88
Devon 144
Dezibel 56
Dilemma 131
diploid , 105
Diploidie 124
diskutieren 6
Distress 66
DNA 86, 88
dominant 98
Doppelchromosom 87
Doppelhelix 88
Dorn 151
Down-Syndom 120
Drogen, illegal 72
Drogen, legal 72

E
Einzeller 140
Eisberg-Modell 75
Ektoparasit 38
Embryotransfer 128
Endknöpfchen 46
entwickeln 6
Entzugserscheinung 72
Epidemie 32
Erbgang, autosomal 114
Erbgang, dominant-rezessiv 98, 105
Erbgang, gonosomal 116
Erbgang, intermediär 102, 105
Erbgang, X-chromosomal 116
Erbschema 99
Erdzeitalter 141
erklären 6
erläutern 6
erörtern 6
Ethik 131
Eukaryoten 84
Eustress 66
EVA-Prinzip 60
Evolution 154, 158
Evolution, biologisch 136
Evolution, chemisch 136
Evolution, physikalisch 136
Evolutionsfaktor 166

F
Farbensehen 51
Feuersalamander 172
Filialgeneration 98
Fisch, Merkmal 153
Fischsaurier 142
Fleck, gelber 50
Fleming, Alexander 14
Fortpflanzungserfolg 168
Fossil 142
Fossilien, lebende 155
Fremdbestäubung, künstlich 97
Frequenz 57
Fresszelle 20
Frühmensch 176
Frühsommer-Meningoenzephalitis (FSME) 39

G
Gärung 138
Geburtenhäufigkeit 129
Gedächtnis 62
Gedächtnis, sensorisch 62
Gehirn 59
Gehörknöchelchen 56
Geißel 12
Genfluss 170
Genom 84
Genommutation 108
Genotyp , 98, 105
Geschlechtschromosom 86
Glaskörper 50
Gonosom 105
Grauspecht 183
Grippe 17
Grünspecht 183
Gruppenzwang 78

h
haploid 105
Hartteile 143
Haut 49
Hemisphäre, Gehirn 58
heterozygot 105
Heterozygot 124
Hippocampus 58
Hirnhaut 58
Histamin 36
HIV 34
HI- Virus 16
Höhlensalmler 163
Homologie 150
Homo sapiens 180
homozygot 105
Hornhaut 50

Hörvorgang 56
Hybridzüchtung 106
Hypophyse 58
Hypothalamus 58
Hypothese 6

Ichthyostega 144, 154
Immunantwort, humoral 21
Immunantwort, zellulär 21
Immunisierung 24
Immunisierung, aktiv 26
Immunsystem 22
Immuntherapie 37
Impfung 16, 24
Influenza 32
Influenzavirus 16
Inkohlung 142
Inkubationszeit
Innenohr 56
Interphase 92
In-vitro-Fertilisation 128
Iris 50
Isolation 170

Jetztmensch 176
Jugendschutzgesetz 79

Känguru 163
Kapsel 12
Kapsid 16
Karbon 146
Karyogramm 87, 120
Keimbahn , 109
Keuchhusten 13
Kinderlähmung 25
Kleinhirn 58
Kniesehnenreflex 61
Kodominanz 102, 118
Kokke 12
Kombinationszüchtung 106
Konduktor 122
Konkavlinse 53
Kontaktallergie 36
Konvexlinse 53
Korallenschlange 173

Körperzellen, Mensch 112
Krallenfrosch 85
Krankheitssymptom 26
Kreationismus 160
Kreidezeit 146
Kryokonservierung 128
Kultur 178
Kupferglucke 172
kurzsichtig 52
Kurzzeitgedächtnis 62

Labyrinth, Ohr 56
Landsteiner, Karl 118
Langzeitgedächtnis 62
Lärmeindruck 65
Lärmkarte 64
Leihmutterschaft 128, 130
Leistenkrokodil 101
Lernen 62
Lernplakat 68
Leukozyten 20
Lichtbrechung 53
Lichtsinnesorgan 50
Lichtsinneszelle 50
Linné, Carl von 158
Lungenentzündung 30
Lyme-Borreliose 39

Markscheide 46
Masern 17, 26
Masernviren 26
Maulwurf 150
Maulwurfsgrille 150
Meiose 94
Mendel, Gregor 96
Menschenaffe 174
Menschwerdung 177
MHC-Marker 20, 22
MILLER-Experiment 137
Mimese 173
Mimikry 172
mischerbig , 105
Mitose 92
Mittelhirn 58
Mittelohr 56
Modifikation 110
Modifikationskurve 111
Moral 131

Morbus Alzheimer 70
Mukoviszidose 126
Mumifizierung 143
Museumsgang 68
Mutation 14
Mutationszüchtung 106

Nachhirn 58
Nahrungsmittelallergie 36
Nebelkrähe 183
nennen 6
Nerven, motorische 44
Nerven, sensorische 44
Nervensystem, peripher 44
Nervensystem, zentral 44
Neukombination 166
Neukombination, Regel 100
Neuron 46
Nische, ökologisch 158
Noradrenalin 67
Nukleotid 86, 88

Ohr 56
Organspende 23

Pandemie 32
Parasit 38
Parasympathikus 44
Parentalgeneration , 98
Penicillin 14
Pest 19
Pferd, Stammbaum 156
Phänotyp 98, 105
Phenylalanin 124
Phenylalanin-Belastungstest 124
Phenylketonurie 124
PKU 124
Plasmabrücke 12
Plasmid 12
Plattfisch 172
Pneumokokken 30
Population 166
Portfolio 76
Präsentation 68
Primel, chinesisch 110
Propalaeotherium 143

Proteinbiosynthese 90
protokollieren 6
Punktmutation 108

Quastenflosser 155

Rabenkrähe 183
Rasse 180
Rassismus 181
Raumschwelle 49
Reaktion 60
Reaktionsnorm 110
Rechercheplakat 164
Recherchieren 164
Reduktionsteilung 94
Referat 18
Reflex 60
reinerbig , 105
Reizstärke 48
Rekonstruktion 142
Replikation 90
Reptilien 152
Reptil, Merkmal 153
resistent 14
Resistenzbildung 109
Rezeptor 20
rezessiv , 98
Richtungshören 57
Ringmuskel 52
Röteln 17
Rot-Grün-Sehen 51
Rot-Grün-Sehschwäche 122
Russenkaninchen 110

Säugetier 152
Säugetier, Merkmal 153
Schall 57
Schalldruck 56
Scharlach 13
Schlüssel-Schloss-Prinzip 20, 88
Schlüssel-Schlosss-Prinzip 46
Schnecke, Ohr , 56
Schwarze Raucher 138
Schwebfliege 172
Schwerhörigkeit 64
sehen, räumlich 54
Sehnerv 50
Selbstbestäubung 96

Selektion , 168
Sensibilisierung 36
Silur 146
Sinneszellen 48
skizzieren 6
Spalt, synaptischer 46
Spaltungsregel , 98
Spirille 12
Stachel 151
Stammbaum 114
Stammesgeschichte 154
Stellung nehmen 6
Stoffwechseltyp 139
Stress 66
Stressor 66
Stressreaktion 64, 67
Suchmaschine 164
Sucht 72
Süßlupine 132
Sympathikus 44
Synapse 46
System, hierarchisch 158

Tarnung 172
Teilung, erbgleich 84
Test 124
Tetanus 13
Thalamus 58
T-Helferzelle 21
Think-Pair-Share 7
Tier-Mensch-Übergangsfeld 176
Tiktaalik 144
T-Killerzelle 21
Transmitter 46
Transplantation, Organ 22
Trisomie 21 120
Trommelfell 56
Tröpfcheninfektion 12
Typhus 13
T-Zelle 20

Übergangsform 148
Übertragungswege 28
Uniformitätsregel , 98
Urvogel 148
Utermohlen, William 71

Variabilität, genetisch 105, 112
Variabilität, modifikatorisch 105
Verdopplung, identische 90
Vererbung, geschlechtsgebunden 122
Vergessenskurve 63
vergleichen 6
Vermutung entwickeln 6
Versteinerung 142
Vielzeller 140
Viren 16
Vögel 152
Vogel, Merkmal 153
Vormensch 176

Wahrnehmung 48
Wanderratte 19
Warntracht 172
Wasserstoffbrücken 88
weitsichtig 52
Wertvorstellung 131
Wespe 172
Windpocken 17
Wirbeltiere 152
Wortsprache 178
Wunschkind 129

Zecke 38
zeichnen 6
Zellkern 84
Zellzyklus 93
zusammenfassen 6
Zwischenhirn 58

Worterklärungen

Abhängigkeit: (=Sucht) Ein überwältigendes Verlangen nacheinem bestimmten Erlebniszustand, den man z. B. mithilfe von Drogen erhalten kann. Dieses Verlangen ist so stark, dass man selbst kriminelle Mittel einsetzt, um an die Drogen zu gelangen.

Adrenalin: Hormon, das vom Nebennierenmark produziert wird. Es beschleunigt u. a. die Herztätigkeit und erhöht den Blutdruck.

AIDS: Tödlich verlaufende Krankheit, die das Immunsystem schwächt. Die Krankheit wird durch ein Virus mit dem Namen HIV (Humanes-Immunschwäche-Virus) ausgelöst.

Akkommodation: Anpassung des Auges an unterschiedliche Sehentfernung durch Veränderung der Linsenwölbung. Bei der Nahakkomodation ist die Linse stärker gewölbt, bei der Fernakkomodation wird sie abgeflacht.

Allele sind zwei Versionen eines Gens, die auf den beiden homologen Chromosomen am selben Ort liegen, das heißt für die Ausbildung des selben Merkmals zuständig sind.

Amniozentese ist die Untersuchung von Fruchtwasser aus der Fruchtblase, in der der Embryo heranwächst. Mithilfe einer feinen Kanüle wird durch die Bauchdecke der Mutter eine kleine Menge Fruchtwasser entnommen. Es enthält auch Zellen des Embryos. Sie werden auf Gen- und Chromosomenveränderungen untersucht.

Analoge Organe: Organe, die eine gleiche oder sehr ähnliche Funktion haben, jedoch unterschiedlich gebaut sind. Analoge Organe sind z. B. Vogelflügel und Insektenflügel.

Angepasstheiten sind Merkmale, mit denen Lebewesen
an ihre Umwelt angepasst sind. Angepasstheiten sind im Laufe der Zeit durch natürliche Auslese entstanden und erblich festgelegt.

Antibiotika: Antibiotika sind Stoffe, die bereits in sehr geringen Konzentrationen das Wachstum von Bakterien hemmen oder sie abtöten. Penicillin ist ein Beispiel für ein Antibiotikum.

Antigene: Stoffe, gegen den das Immunsystem Antikörper bildet, wie z. B. gegen Bakterien oder Pollen.

Antikörper: Eiweißmoleküle, die Krankheitserreger unschädlich machen können. Für jedes Antigen kann ein passender Antikörper gebildet werden.

Art: Die Tiere oder Pflanzen einer Art ähneln einander sehr. Sie können sich untereinander fortpflanzen und haben fruchtbare Nachkommen. Auf der Erde leben fast zwei Millionen Tier- und Pflanzenarten.

Artbildung heißt der Vorgang, bei dem aus einer Ausgangsart im Verlauf der Evolution zwei neue Arten entstehen. Bei der Artbildung spielen die räumliche Trennung in zwei getrennte Populationen (Isolation), genetische Variabilität und Mutationen sowie natürliche Auslese (Selektion) eine große Rolle.

Australopithecus: Die Australopithecinen bilden die älteste, zur Zeit bekannte Gruppe menschlicher Vorfahren. Einige Merkmale im Skelettbau zeigen, dass der Australopithecus aufrecht gehen konnte

Ausweichendes Verhalten: Ein menschliches Verhalten, bei dem Probleme und Konflikte nicht unmittelbar angegangen oder zu lösen versucht werden. Bei Problemen und Konflikten weicht der Betreffende auf ganz andere Tätigkeiten oder Verhaltensweisen aus.

Bakterien: (Einzahl: Bakterium) Mikroskopisch kleine, einzellige Lebewesen. Bakterien haben eine kugelige, spiralige oder stäbchenförmige Form. Manche Bakterien sind Krankheitserreger.

Befruchtung: Verschmelzen der Zellkerne einer weiblichen Geschlechtszelle (Eizelle) und einer männlichen Geschlechtszelle (Spermiumzelle).

Blinder Fleck: Austrittstelle des Sehnervs aus der Netzhaut. Hier befinden sich keine Lichtsinneszellen.

Blutgruppe: Entsprechend den Antigenen auf den roten Blutkörperchen werden beim Menschen die Blutgruppen A, B, AB, 0 unterschieden.

Brückentiere: Als Brückentiere bezeichnet man lebende oder fossile Übergangsformen mit Merkmalen aus verschiedenen Tiergruppen. Beispiele für Brückentiere sind der Urvogel Archaeopteryx und der Quastenflosser.

Chromosom: Anfärbbares, fädiges Gebilde im Zellkern, das aus Eiweiß und DNA besteht. Chromosomen sind die Träger der Erbanlagen. Die DNA-Doppelhelix bildet die Grundstruktur eines Chromosoms. Ein einzelnes Chromosom enthält ein langes, stark aufgeknäueltes DNA-Molekül, ein Doppelchromosom zwei identische DNA-Moleküle. Homologe Chromosomen sind die einander entsprechenden Chromosomen väterlicher und mütterlicher Herkunft.

Chromosomensatz benennt die Anzahl der in Länge und Form verschiedenen Chromosomen und ist für jede Art charakteristisch. Beim Menschen beträgt der diploide (doppelte) Chromosomensatz $2n = 46$.

Diploider Chromosomensatz: (= doppelter Chromosomensatz) Im Zellkern liegt jedes Chromosom doppelt vor. Körperzellen haben einen diploiden Chromosomensatz.

DNA: Abkürzung für Desoxyribo-nuclein-acid, Verbindung aus Zucker, Phosphorsäure und vier verschiedenen Basen. Ein Abschnitt der DNA entspricht einer Erbanlage (=Gen).

Dominante Erbanlage: Erbanlage, die sich bei der Ausbildung des Phänotyps durchsetzt.

Dominant-rezessiv ist ein Erbgang dann, wenn bei Mischerbigkeit (Heterozygotie) ein Allel den Phänotyp bestimmt. Dies Allel ist dominant. Das rezessive Allel trägt nicht zur Merkmalsausbildung bei.

Doppelchromosom: Es besteht aus zwei identischen (durch Verdoppelung entstandenen) Chromosomen, die am Centromer verbunden sind. Während eines Zellzykus wird das DNA-Molekül erst verdoppelt und dann während der Mitose durch Aufschraubung verkürzt und verdickt. In dieser Form wird es als Doppelchromosom in seiner typischen Form im Lichtmikroskop sichtbar.

Drogen: Drogen sind Stoffe, die auf das zentrale Nervensystem einwirken und die Befindlichkeit, Stimmungen, Bewusstsein und Wahrnehmungen beeinflussen. Es gibt legale, wie z. B. Alkohol und illegale Drogen, wie z. B. Heroin.

Eiweiß: (=Protein) Benötigt der Körper als Bausteine für körpereigene Substanzen. Eiweiße bestehen aus Aminosäuren. Durch unterschiedliches Verknüpfung der Aminosäuren entsteht eine riesige Zahl verschiedener Eiweiße.

Enzyme: In Zellen gebildete Moleküle, die immer aus einem Eiweiß und häufig zusätzlich aus einem Vitaminanteil bestehen. Enzyme setzen mit hoher Geschwindigkeit einen bestimmten Stoff (Substrat) zu einem Produkt um. Enzyme wirken auf bestimmte Stoffe bzw. Stoffgruppen (Substratspezifität) und führen spezielle chemische Reaktionen durch (Wirkungsspezifität). Das Erkennen des Substrats erfolgt nach dem Schlüssel-Schloss-Prinzip.

Erbanlagen (Gen): Abschnitt auf einem Chromosom, das die Anweisung für die Ausbildung eines Merkmals enthält. Dominante Erbanlagen setzen sich bei der Ausbildung eines Merkmals durch. Rezessive Erbanlagen können sich gegen dominante Erbanlagen nicht durchsetzen.

Erbkrankheiten: Bestimmte Veränderungen von Erbanlagen (Mutationen) können Krankheiten zur Folge haben. Wenn diese Veränderungen durch Vererbung an Nachkommen weitergegeben werden, spricht man von Erbkrankheiten.

Evolution: Entwicklung von Arten aus anderen Formen von Lebewesen im Verlauf der Erdgeschichte. Die Evolution neuer Arten erfolgt allmählich in langen Zeiträumen durch natürliche Auslese.

Fetus: Bezeichnung für den heranwachsenden Menschen in der Gebärmutter vom vierten Schwangerschaftsmonat bis zum Ende der Schwangerschaft.

Fossilien: Fossilien sind Überreste von Lebewesen oder Spuren davon. Häufig sind es Versteinerungen. Fossilien geben Auskunft über Lebewesen in früheren Erdzeitaltern.

Fresszellen: Eine Untergruppe der weißen Blutkörperchen, die körperfremde Stoffe erkennen und auffressen, heißt Fresszellen.

Frühmenschen: Die Frühmenschen bilden eine eigene Gruppe in der stammesgeschichtlichen Entwicklung zum Menschen. Sie lebten vor 1,8 Millionen bis 130000 Jahren v. Chr. In Ostafrika, Asien und Europa. Sie stellten sorgfältig bearbeitete Faustkeile her und benutzten das Feuer. Zu den Frühmenschen hören *Homo habilis* und *Homo erectus*.

Gedächtnis: Gedächtnis ist die Fähigkeit des Gehirns, Informationen zu speichern und unter bestimmten Umständen wieder abrufen zu können. Nach der Speicherzeitdauer unterscheidet man Ultrakurzzeitgedächtnis, Kurzzeitgedächtnis und Langzeitgedächtnis.

Gehirn: Teil des Zentralen Nervensystems. Es gliedert sich in verschiedene Bereiche: im Großhirn laufen die Denkvorgänge ab, hier entstehen Wahrnehmungen, es ist der Ort des Gedächtnisses und des Bewusstseins. Das Kleinhirn ermöglicht die Feinsteuerung von Bewegungen. Das Zwischenhirn regelt u. a. Wasserhaushalt und Kreislauf. Das Mittelhirn steuert z. B. den Pupillenreflex. Das Nachhirn stellt die Verbindung zum Rückenmark her und ist eine Schaltzentrale für wichtige Reflexe.

Gelber Fleck: Stelle des schärfsten Sehens in der Netzhaut ungefähr gegenüber der Linsenmitte. Hier befinden sich nur Zapfen.

Gene: Erbanlagen

Genetische Variabilität (genetische Vielfalt) liegt vor, wenn die Individuen einer Population Merkmalsunterschiede aufweisen und diese Unterschiede erblich bedingt sind. Genetische Variabilität hat zwei Ursachen: Neukombination der Erbanlagen bei der Bildung der Geschlechtszellen und der Befruchtung sowie Mutationen.

Genotyp: Gesamtheit der Erbanlagen (Gene) eines Lebewesens.

Geschlechtschromosomen: Chromosomen, die das Geschlecht des Menschen bestimmen. Der Mann besitzt als Geschlechtschromosomen ein X- und y-Chromosom., die Frau hingegen zwei X-Chromosomen.

Haploider Chromosomensatz: (=einfacher Chromosomensatz) Im Zellkern kommt jedes Chromosom nur einmal vor. Geschlechtszellen haben einen haploiden Chromosomensatz.

HIV: Humanes Immunschwäche-Virus, das AIDS verursacht.

Hominiden: Systematische Gruppe der Menschenartigen. Dazu gehören der Mensch und seine direkten Vorfahren, also die Vormenschen und Frühmenschen.

Homo erectus: Gruppe in der stammesgeschichtlichen Entwicklung des Menschen. Sie lebten vor 1,8 Millionen bis 130 000 Jahren v. Chr. In Ostafrika, Asien und Europa. Sie stellten sorgfältig bearbeitete Faustkeile her und benutzten das Feuer.

Homo habilis: Gruppe in der stammesgeschichtlichen Entwicklung des Menschen. Sie lebten vor etwa 2,3 bis 1,6 Millionen Jahre v. Chr. in Ostafrika. Sie stellten einfache Steinwerkzeuge her und konnten das Feuer noch nicht nutzen.

Homo sapiens: Jüngste Gruppe in der Stammesgeschichte des Menschen. *Homo sapiens* entwickelte sich vor einigen hunderttausend Jahren in Afrika aus *Homo erectus*.

Homologe Organe: Man bezeichnet Organe verschiedener Lebewesen, die nach dem gleichen Bauplan gebaut sind, als homologe Organe. Die Vordergliedmaßen von Pferd, Wal und Maulwurf sind ein Beispiel für homologe Organe. Homologe Organe sind ein Hinweis für stammesgeschichtliche Verwandtschaft von Lebewesen.

Immunität: Durch das Immunsystem vermittelter Schutz vor Infektionskrankheiten. Durch Impfung oder Krankheit kann eine Immunität erreicht werden.

Immunsystem (körpereigene Abwehr): Das Immunsystem erkennt Krankheitserreger, die in den Körper eingedrungen sind und bekämpft sie. Zum Immunsystem gehören unter anderem das blutbildende Knochenmark, Mandeln, Milz und Lymphknoten. Die weißen Blutzellen bekämpfen Krankheitserreger.

Impfung: Herbeiführen eines Schutzes vor Infektionskrankheiten. Man unterscheidet beim Impfen die aktive und die passive Immunisierung. Bei der aktiven Immunisierung bildet der Körper nach der Impfung selbst Antikörper. Bei der passiven Immunisierung werden Antikörper in den Körper gespritzt.

Infektionskrankheiten: Krankheiten, die durch das Eindringen bestimmter Bakterien, Viren, Pilze und einiger anderer Mikroorganismen in den Körpern hervorgerufen werden.

Inkubationszeit: Die Zeit, die von der Infektion bis zum Ausbruch der Krankheit verstreicht. Sie ist bei jeder Krankheit unterschiedlich.

Intermediärer Erbgang: Die beiden für ein Merkmal verantwortlichen Erbanlagen wirken bei der Ausbildung des Merkmals annähernd gleich stark.

Karyogramm nennt man die übersichtlich geordnete Darstellung der Chromosomen eines Menschen. Karyogramme sind wichtig für die genetische Beratung.

Körperliche Abhängigkeit: Sie besteht, wenn es beim Absetzen der Droge zu Krankheitsanzeichen kommt. Bei körperlicher Abhängigkeit hat sich der Körper an die Droge gewöhnt.

Krebs (Krebsgeschwulst, Tumor): Bezeichnung für die unkontrollierte, bösartige Vermehrung und Wucherung von Zellen, die in benachbartes Gewebe hineinwachsen, es zerstören und Tochter-Geschwülste (Metastasen) an anderen Stellen im Körper bilden können.

Kultur: Darunter versteht man alles von Menschen Geschaffene, z. B. Technik, Bauwerke und alle geistigen Errungenschaften. Die kulturelle Entwicklung des Menschen von den Frühmenschen bis heute gründet auf verschiedenen Fähigkeiten: Verständigung mit einer Wortsprache, vorausschauende Planungen, Werkzeuggebrauch, Arbeitsteilung und Kooperation, Nutzung der Erfahrung anderer Menschen.

Kurzsichtigkeit: Augenfehler, bei dem weit entfernte Gegenstände nicht scharf gesehen werden können. Ursache ist ein zu langer Augapfel. Die Korrektur erfolgt durch Zerstreuungslinsen.

Lernen: Lernen kann man als Verhaltensänderung beschreiben, die durch Übung, Beobachtung oder Einsicht entstanden ist.

Linse: durchsichtiger Teil des Auges, der das Licht in einem Brennpunkt sammelt. Dabei entsteht ein umgekehrtes und seitenverkehrtes Bild auf der Netzhaut.

Lymphozyten: Untergruppe der weißen Blutkörperchen, die an der Immunabwehr maßgeblich beteiligt sind. Man unterscheidet zwischen T- und B-Lymphozyten.

Meiose: Zellteilung, bei der aus Zellen mit doppeltem Chromosomensatz Geschlechtszellen (Eizellen, Spermazellen) mit einfachem Chromosomensatz entstehen.

Menschenaffen: Dazu gehören Gibbon, Orang-Utan, Gorilla, Schimpanse und Zwerg-Schimpanse. Schimpansen sind dem Menschen am ähnlichsten.

Mischerbig: Vorhandensein zweier unterschiedlicher Erbanlagen für die Ausbildung eines Merkmals.

Mitose: Zellteilung, bei der genetisch identische Tochterzellen entstehen.

Modifikation: Unterschiedliche Ausbildung eines Merkmals aufgrund verschiedener Umweltbedingungen. Modifikationen sind nicht erblich.

Mutationen: Veränderungen von Erbanlagen. Die meisten Mutationen sind schädlich für Lebewesen, manche Mutationen bringen jedoch auch Vorteile. Mutationen tragen mit dazu bei, dass Lebewesen mit neuen Eigenschaften im Verlauf der Evolution entstehen.

Nervenzelle: Baustein des Nervensystems, der der Weiterleitung und Verarbeitung von Informationen dient. Eine Nervenzelle besteht aus Dendriten, Soma und Axon.

Netzhaut: Haut im Inneren des Auges, die das Licht aufnimmt. Sie steht über den Sehnerv mit dem Gehirn in Verbindung.

Neukombination bedeutet, dass im Vergleich zu den Eltern bei der Bildung der Geschlechtszellen durch Meiose und bei der Befruchtung Gene in neuer Kombination auftreten.

Phänotyp: Äußeres Erscheinungsbild eines Lebewesens.

Prokaryoten sind Lebewesen, deren Zellen im Gegensatz zu den Eukaryoten keinen abgegrenzten Zellkern und keine Zellorganellen enthalten. Bakterien sind Prokaryoten.

Rassen: Rassen sind Untergruppen einer Art. So gehören die Rassen Nebelkrähe und Rabenkrähe zur Art „Aaskrähe". Nebelkrähe und Rabenkrähe unterscheiden sich in bestimmten Merkmalen, können sich aber trotzdem fruchtbar untereinander fortpflanzen. Daher gehören sei zu einer Art.

Reaktion: Antwort auf einen Reiz. Vom Sinnesorgan werden über afferente Nerven Informationen zum Zentralen Nervensystem geleitet. Dort werden die Informationen verarbeitet und über efferente Nerven werden Befehle zu den ausführenden Organen (Muskeln oder Drüsen) geleitet.

Reinerbig: Vorhandensein von zwei gleichen Erbanlagen für die Ausbildung eines Merkmals.

Reiz-Reaktions-Schema: Ein Reiz-Reaktions-Schema umfasst Reizaufnahme durch Sinnesorgane, Informationsleitung durch Nerven, Informationsauswertung und Befehlszusammenstellung durch das Gehirn, Befehlsweitergabe über Nerven an Muskeln und Bewegung von Muskeln als Reaktion.

Reize: Alle Einflüsse, die mithilfe der Sinnesorgane aufgenommen werden können und Informationen darstellen.

Rezessive Erbanlage: Erbanlage, die sich gegenüber einer dominanten Erbanlage nicht durchsetzt.

Rückenmark: Teil des zentralen Nervensystems im Wirbelkanal der Wirbelsäule. Es dient der Leitung von Informationen vom Gehirn zum Körper und umgekehrt und ist Schaltzentrum vieler Reflexe.

Säugetiere: Alle Tiere, die ihre Jungen aus Milchdrüsen säugen, sind Säugetiere. Sie haben als Körperbedeckung Haare, eine gleichbleibende Körpertemperatur und vier Gliedmaßen. Zu den Säugetieren gehören etwa 4500 Arten. Die Säugetiere bilden eine Klasse der Wirbeltiere.

Schlüssel-Schloss-Prinzip meint allgemein, dass zwei Strukturen zueinander wie Schlüssel und Schloss passen. Substrat und Enzym, Antigen-Antikörper-Reaktion sowie komplementäre Basen der DNA sind Beispiele für das Schlüssel-Schloss-Prinzip.

Seelische Abhängigkeit: Schwer bezwingbares Verlangen eines süchtigen Menschen nach einem bestimmten Zustand. Dieser Zustand stellt sich bei dem abhängigen Menschen ein, wenn er die Droge einnimmt oder das Verhalten ausübt, von dem er abhängig ist.

Selektion: ist ein Begriff für unterschiedlichen Überlebens- und Fortpflanzungserfolg. Eine andere Bezeichnung dafür ist natürliche Auslese. Lebewesen mit zweckmäßigen Merkmalen und Verhaltensweisen haben eine höhere Wahrscheinlichkeit zu überleben und sich fortzupflanzen und ihre Erbanlagen an die Nachkommen weiterzugeben. Selektion bewirkt im Verlauf langer Zeiträume, dass Lebewesen mit zweckmäßigen Merkmalen und Verhaltensweisen in einer Art häufiger werden.

Sinnesorgan: Organ, mit dessen Hilfe der Mensch Informationen über seine Umwelt und seinen Körper erhält. Im Sinnesorgan befinden sich Sinneszellen, die bestimmte äußere oder innere Einflüsse (Reize) aufnehmen und in elektrischen Impulse umwandeln. Diese werden zum Gehirn geleitet und dort ausgewertet.

Stäbchen: Sehr lichtempfindliche Lichtsinneszellen in der Netzhaut, für das Schwarz-Weiß-Sehen.

Stress: Vorgänge, die einen Menschen schnell in einen Zustand erhöhter körperlicher Leistungsbereitschaft versetzen, werden als Stress bezeichnet. Dabei wird unter anderem das Hormon Adrenalin in das Blut abgegeben.

Symptome: Krankheitsanzeichen, an denen der Arzt oft erkennen kann, um welche Krankheit es sich handelt.

System: Von einem System spricht man, wenn mehrere Teile so zusammenwirken, dass sie gemeinsam als Ganzes funktionieren. Nervensysteme und Sinnesorgane arbeiten in einem System zusammen.

Vegetatives Nervensystem: Teil des peripheren Nervensystems. Es steht mit dem zentralen Nervensystem in Verbindung und kontrolliert über afferente und efferente Nerven die Tätigkeit der inneren Organe. Das vegetative Nervensystem wird in Sympathikus und Parasympathikus unterteilt, die als Gegenspieler wirken. Der Sympathikus bewirkt eine allgemeine Leistungssteigerung des Körpers, der Parasympathikus Schonung und Erholung.

Virus: Viren sind so klein, dass man sie meist nur durch ein Elektronenmikroskop sehen kann. Viren vermehren sich mithilfe von Wirtszellen, die dadurch geschädigt werden. Viren sind häufig Krankheitserreger.

Vormenschen: Sie bilden die älteste, zur Zeit bekannte Gruppe menschlicher Vorfahren. Zu ihr gehören die verschiedenen Australopithecus-Formen. Einige Merkmale im Skelettbau zeigen, dass die Vormenschen aufrecht gehen konnten. Zu den Vormenschen gehört u. a. „Lucy" ein Fund aus der Afar-Wüste in Äthiopien. Lucy lebte vor etwa 2,6 bis 2,9 Millionen Jahren.

Weitsichtigkeit: Augenfehler, bei dem nahe gelegene Gegenstände nicht scharf gesehen werden können. Ursache ist ein verkürzter Augapfel oder fehlende Elastizität der Linse (Altersweitsichtigkeit). Die Korrektur erfolgt durch Sammellinsen.

Wirbeltiere: Fische, Amphibien, Reptilien, Vögel und Säugetiere haben als gemeinsames Merkmal eine aus einzelnen Wirbeln zusammengesetzte Wirbelsäule. Sie werden deshalb zum Stamm der Wirbeltiere zusammengefasst.

Zapfen: Lichtsinneszellen in der Netzhaut, die dem Farbensehen dienen.

Züchtung: Gezielte Auswahl und Vermehrung von Pflanzen und Tieren durch den Menschen, z. B. bei Haus- und Nutztieren.

Bildquellennachweis

A1PIX - Your Photo Today, Ottobrunn: 48 (BIS); Agro-Concept GmbH , Bonn: (6x) 106; akg-images GmbH, Berlin: 70, 82, 97, 160, 168, 178, 179 (Erik Bohr), 179; alamy images, Abingdon/Oxfordshire: 38, 51, 120 (E.D. Torial), 122; Anders, Uwe, Cremlingen/Destedt: 8, 52, 72; Animals Animals/Earth Scenes, Chatham: 9 (Breck P. Kent), 168 (Breck P. Kent), 182 (Breck P. Kent); Arco Images GmbH, Lünen: (2x) 103 (O. Diez), 110 (Hans Reinhard), 152 (H. Reinhard); argum Fotojournalismus, München: 105 (Christian Lehsten); Bibliograph. Institut & F.A. Brockhaus AG, Mannheim: 176; BioLogis, Köln: 151 (Dr. Fernando Pérez Vera); Blickwinkel, Witten: 152 (A. Hartl); bpk–Bildagentur, Berlin: 41; Bundeszentrale für gesundheitliche Aufklärung (BZgA), Köln: 39; Charité Universitätsmedizin Berlin - Institut f. Hygiene u. Umweltmedizin - Aktion Saubere Hände, Berlin: 28; Comet Photoshopping, Weisslingen: 171; dieKLEINERT, München: 140, 145, 148, 149, 182 (Mario Kessler); Druwe & Polastri, Cremlingen/Weddel: 174; eye of science, Hamburg: 8, 38, 147; F1online digitale Bildagentur GmbH, Frankfurt/M.: 92; Fabian, Michael, Hannover: 48; Focus Photo- u. Presseagentur GmbH, Hamburg: 26, 83, 87 (Science Photo Library), 96 (Catherine Kamow), 181 (Michael Peukert), 181, 181 (Olivier martel/Icone), 181 (Susanne Rogozinski), 181 (Thomas Hoepken/Magnum); Fotofinder GmbH, Berlin: 4 (Eberhard Grames), 155 (Eberhard Grames); fotolia.com, New York: 3 (iriska), 30 (Magalice), 72 (iriska), 78 (adisa), 124 (julialine802), 124 (Elena Stepanova), 124 (ChantalS), 130 (JackF); Fred Mayer, Zürich: 181 (Fred Mayer/Magnum); Galerie Beckel-Odille-Boicos, Paris : (6x) 71 (William Utermohlen); Georg Thieme Verlag KG, Stuttgart: 126 (2x) (aus: Dockter., G., Lindemann, H.: Mukoviszidose, 4. Aufl. 2006); Getty Images, München: 66 (National Geographic), 85 (De Agostini Picture Library), 90 (Biophoto Associates); Greiner, Alois, Braunschweig: 172 (Meyer); Hauck, Arthur, Pfalzgrafenweiler: 105, 111; Hausfeld, Rainer, Vechta: (2x) 110; Huk, Thomas Dr., Braunschweig: 14, 166; Interfoto, München: 122 (3x) (ARDEA/Bill Coster); iStockphoto.com, Calgary: 4, 93, 164 (track5); Johannes Lieder GmbH & Co. KG, Ludwigsburg: 93 (2x); juniors@wildlife Bildagentur GmbH, Hamburg: 19, 103, 150 (E. Geduldig), 152, 152 (J. M. Simon), 152 (R. Usher); KAGE Mikrofotografie, Lauterstein: 14; KALOO Images, Wertingen-Hirschbach: 48, 54, 61; Karlsruher Institut f. Technologie (KIT) Institut f. Organ. Chemie, LS Biochemie, Karlsruhe : 12, 40; Keystone Pressedienst, Hamburg: 72 (Dominique Ecken); laif, Köln: 178 (Michael Lange); MARUM - Zentrum für Marine Umweltwissenschaften, Universität Bremen, Bremen: (2x) 138; mauritius images GmbH, Mittenwald: Titel, 8 (W. Weinhäupl), 88 (Phototake), 90 (Phototake), 120 (Phototake), 173 (Ernst Harstrick); Minkus Images Fotodesignagentur, Isernhagen: 48; Museum für Naturkunde, Berlin: 148; Museum Wiesbaden, Wiesbaden: 142 (Fritz Geller-Grimm); Niedersächsisches Ministerium für Umwelt, Energie und Klimaschutz, Hannover: 64; OKAPIA KG - Michael Grzimek & Co., Frankfurt/M.: 9 (Manfred Pforr/SAVE), 19 (Manfred P.Kage), 19 (Dr.Gary Gaugler/OKAPIA), 22 (2x) (Kage), 47 (Reschke), 48 (Ulrich Zimmermann), 92 (Ca.Biological/Phototake), 93 (Ca.Biological/Phototake), 97 (Maximilian Stock Ltd.), 101 (Jack Green), 105 (NAS/Dr. D.W. Fawcett), 108 (NAS/Tom McHugh), 109 (Ted Levin), 109 (Brock May), 127 (Longcore/Science Source), 134 (Alan Root), 134 (Dr. Frieder Sauer), 147 (D.P.Wilson/FLPA), 150, 155 (Alan Root), 161 (Cyril Ruoso/BIOS), 163 (J-L Klein & M-L Hubert), 172 (Frank Hecker), 172 (Manfred Pforr), 172 (Dr. Frieder Sauer), 173 (Jany Sauvanet); Picture-Alliance GmbH, Frankfurt/M.: 55 (akg-images), 70 (dpa/Kay Nietfeld); Popko, Mathias, Meine: 112, 113; Reinhard-Tierfoto, Heiligkreuzsteinach: 97, 101, 102, 105, 110, 134, 161, 171, 174, 183; Schrempp, Heinz, Breisach-Oberrimsingen: 172; Science Photo Library, München: 3 (Biomedical Imaging Unit, Southampton General Hospital/SPL), 11 (AMI/SPL), 28 (Biomedical Imaging Unit, Southampton General Hospital/SPL), 30 (Ami Images/SPL), 38 (VOLKER STEGER / SPL), 43 (Martin Dohrn/SPL), 46 (Steve Gschmeissner), 59 (SPL), 84 (Pascal goetgheluck/SPL), 127 (Dr. Tony Brain/ SPL), 135 (Myers/SPL); SeaTops, Neumagen-Dhron: 155; Seidel, Ingo, Werneuchen: 163; Shutterstock.com, New York: 25 (Alexander Raths), 36 (Alex Cofaru), 73, 74, 78, (2x) 115, (2x) 124, (2x); Staatliches Museum für Naturkunde, Karlsruhe: 143 (Volker Griener); Stoppel, Franz , Bakum: 53, 55, 92; Superbild - Your Photo Today, Ottobrunn : 5 (YPT/Sunset), 60 (Powell), 91 (Silvestris/J. & C. Sohns), 172 (Schmidbauer), 181 (YPT/Sunset); Tierbildarchiv Angermayer, Holzkirchen: 161 (Reinhard), 171, 183; TopicMedia Service, Mehring-Öd: 151 (photopr), 171 (2x) (Silvestris), 172 (Daniel Buehler), 183 (2x) (Silvestris); ullstein bild, Berlin: 116 (Pachot); Universitätsklinikum Halle (Saale) /AVGC4, Halle: 114; Valentinelli, Mario, Rostock: 55; vario images, Bonn: 48 (Tetra images); Visuals Unlimited, Hollis: 171 (Gerald & Buff Corsi), 171 (Gilbert Twiest); Westdeutscher Rundfunk, Köln: 89 (Quarks & Co. 2007); Wissenschaftliche Film- und Bildagentur Karly, München: 87, 105.

Einbandgestaltung
Jennifer Kirchhof, Braunschweig, unter Verwendung einer Aufnahme von mauritius images GmbH, Mittenwald (Mint Images)

Grafiken
Julius Ecke, www.naturstudien.de
Christine Henkel, Dahmen
Satz & Grafik Partner, Meitingen
Schwanke & Raasch, Hannover